复旦佛学
研究丛书

郑伟宏 ◎ 著

玄奘因明思想研究

中西书局

图书在版编目（CIP）数据

玄奘因明思想研究／郑伟宏著. —上海：中西书局，2023

（复旦佛学研究丛书）

ISBN 978-7-5475-2180-9

Ⅰ.①玄…　Ⅱ.①郑…　Ⅲ.①玄奘（602—664）—因明（印度逻辑）—思想史—研究　Ⅳ.①B949.92

中国国家版本馆 CIP 数据核字（2023）第 213070 号

国家社会科学基金重点项目

复旦大学哲学学院高峰学科资助项目

上海易顺公益基金会资助出版

XUANZANG YINMING SIXIANG YANJIU

玄奘因明思想研究

郑伟宏　著

责任编辑　唐少波
装帧设计　黄　骏
责任印制　朱人杰

出版发行　上海世纪出版集团
　　　　　　中西书局（www.zxpress.com.cn）
地　　址　上海市闵行区号景路 159 弄 B 座（邮政编码：201101）
印　　刷　启东市人民印刷有限公司
开　　本　700 毫米×1000 毫米　1/16
印　　张　23
字　　数　450 000
版　　次　2023 年 12 月第 1 版　2023 年 12 月第 1 次印刷
书　　号　ISBN 978-7-5475-2180-9/B·126
定　　价　128.00 元

本书如有质量问题，请与承印厂联系。电话：0512-52601369

《复旦佛学研究丛书》序

佛教传入中国已有两千多年的历史,是中国历史上最重要的文化交流与文明互鉴的载体。经过中国化的佛教,是中华优秀传统文化的主干之一,她与本土儒道文化一起,共同铸就了中华民族共同体的活的灵魂,在传承文明、维护社会稳定、加强民族认同等方面有时甚至发挥着不可替代的作用。

作为一种现代意义上的学术研究,佛学研究与近代宗教学的兴起同步,时至今日,已成为横跨哲学、宗教学、史学、文学、语言学、文献学、社会学、艺术学等各学科领域的"显学"。百余年来,数代中国学人基于本土化的问题意识,以汉语文献的资源优势,在借鉴海外相关学术方法与学术成果的基础上,构建起了具有中国特色的佛学研究的基本框架。如何继往开来,进一步加强中国佛学研究的深广度和表现力,从而在坚持中国学术本位的同时,在国际学界发出中国学者的声音,则是时代交付给当代学人的重大课题。有鉴于此,我们准备分批出版《复旦佛学研究丛书》,以集中展示复旦大学佛学研究的最新成果,为新时代中国佛学研究的长足推进略尽绵薄之力。

复旦大学的佛学研究,有着悠久的学术传统与深厚的学术积淀。老校长陈望道先生 1931 年出版的《因明学》是我国首部白话文的佛教逻辑学专著。1964 年,按照国家的总体部署,与中国社会科学院世界宗教研究所的成立几乎同步,复旦大学开设了"佛教哲学史"的课程。1996 年,隶属于哲学系的佛学研究中心成立;2001 年,复旦大学宗教研究所成立;2008 年,复旦大学成立了有独立编制的宗教学系,隶属于哲学学院。佛学研究成为复旦大学宗教研究最具特色的方向之一,为我国培养了一大批佛学研究的中坚力量。

复旦佛学坚持以语言、文献为基础,以哲学为本位的学术定位,强调打通梵、巴、汉、藏的全体佛教的理念,认为只有基于对全体佛教的研究,才能更为完整、更为准确地把握佛教中国化的内涵和价值。我们不仅开设了从本科到博士研究生的系统全面的语言、文献和佛教哲学的课程,也积累了一些相关的学术成果。丛书的出版,为这些成果的集中展示提供了一个平台,诚挚地希望能得到海内外学界、教界及社会各界朋友的关心、支持和批评!

　　是为序。

傅新毅

2023 年 11 月 12 日于光华楼

前　言

百年以来,尤其是四十年来,因明研究领域成果丰硕,盛况空前,但面临瓶颈。其最大的得,在于"绝学"不再,不可能再出现历史上有过的失传风险。其最大的失,则是玄奘法师因明成就的弘扬不力和因明领域文化自信的严重缺失。

玄奘法师的重要遗训是研究印度陈那因明和汉传因明的指南,它是汉传因明具有文化自信的根源。因而,揭示玄奘法师伟大的因明成就,并进一步向国内外广而告之,是汉传因明研究的最重大课题。①

国内的因明论坛本来应该继承和弘扬玄奘法师开创的汉传因明的优秀遗产,可是在几年前,国内权威的哲学杂志发文批评弘扬玄奘遗训的文章,对唐疏精华大行挞伐。玄奘遗训在当代反而成了口诛笔伐的对象,受到不应有的对待。这不能不是当前中国因明研究进展缓慢的一个重要原因。

中国的汉传因明研究面临瓶颈的第二个原因是国内外因明名家(甚至连苏联社会科学院院士舍尔巴茨基也在内)连形式逻辑知识都很成问题。放眼海内外,百年以来,因明与逻辑比较研究的常识错误比比皆是。再加上诸如非历史主义、不讲逻辑体系整体性和内部一致性等是研究方法上的常识错误,就使得因明论坛貌似热闹而无趣,好像高深实际浅薄。

第三个原因是懂因明的人太少,缺乏优秀裁判。在中世纪的印度,辩论是一件很严肃的事。所设辩论场地要求就很高。回顾国内因明论坛,外行的权威品评一切。在学术自由百家争鸣的幌子下,尽管是因明与逻辑的常识错误,也都有了存在的理由,甚至自诩为国际领先。真所谓"画鬼容易画人难"。

---

①　本前言据郑伟宏论文《论玄奘因明伟大成就与文化自信——与沈剑英、孙中原、傅光全商榷》(中国社会科学研究杂志·子刊 2021 年第二期)补充修改而成。

印度陈那因明体系的原貌是什么？用西方逻辑的眼光来衡量，其逻辑体系是什么性质，或者说是什么种类？要正确回答这一问题是有标准答案的。印度逻辑史家威提布萨那的《中世纪印度逻辑史》和《印度逻辑史》讲不清楚，苏联科学院院士舍尔巴茨基的世界名著《佛教逻辑》也未讲清。日本名家大西祝和宇井博寿没有跳出欧洲学者的传统。他们望文生义，都不懂得陈那佛教因明体系的原貌和论辩学科性质。他们的因明修养和眼光与当年在印度那烂陀寺学习和实践的亲历者——玄奘不可同日而语。标准答案应当从汉传因明中找根据，应从玄奘因明思想中找根据。

因明学科源于印度，从唐至今，只有玄奘法师最懂得印度七世纪时那烂陀寺的陈那因明的原貌。他对陈那因明的译传和弘扬，是当今汉传因明自立于世界因明之林的雄厚资本。

当代国内因明领域诸多重大理论的争论都与未搞清因明学科的性质有关。玄奘开创的汉传因明提示，因明学科中的逻辑是论辩逻辑。"同、异品除宗有法"和"同、异喻体除宗以外"是玄奘弘扬因明的重要遗训。"同、异品除宗有法"是打开陈那因明体系大门的钥匙。这把钥匙可以帮助我们找到印度陈那因明逻辑体系之标准答案，可以正确总结百年来国内外因明研究之得失。

一、玄奘因明成就还应广而告之

玄奘法师的因明成就在民间很少有人知晓，在国外也罕有宣传。这都并不奇怪。在国内，完全否定玄奘和汉传因明成就的，至今也仅有一人一文。因明界普遍赞扬玄奘取得的因明成就。然而，玄奘因明的主要贡献究竟在哪？国内因明界还未能取得一致意见，甚至有严重分歧。因此，对玄奘因明成就有辨明之必要，有大力弘扬之必要。向国内外进一步广而告之，对汉传因明工作者来说责无旁贷。

玄奘因明研究是一根红线，可以串起印度佛教因明两个高峰陈那因明与法称因明的研究，可以串起由他开创的汉传因明与后起的藏传因明比较研究；玄奘因明研究又是一根标杆，可以用它来衡量印度新古因明的异同；玄奘所传的因明保存了法称之前那烂陀寺正统的陈那因明学说的精华，因而玄奘因明研究成为我们今天打开陈那因明大门的一把钥匙;它又是我们批评国内外一系列代表性著作重大误解的利器。

迄今为止,玄奘因明研究散见于国内外的各种论著之中,还没有一本全面深入并有力度的专著。

我认为,在印度学成回国前夕,玄奘的因明修养已达到全印度超一流高度。玄奘法师"道贯五明,声映千古"(其弟子窥基语)。述说玄奘法师的因明成就,可分为印度求学和回国弘扬两大阶段。

在讲述这两大阶段之前,还不能不追述他在西行之前的准备工作。玄奘法师准备了充足的精神资粮。他能创造中外佛教史上的奇迹,还与他个人的天赋分不开。他自小随兄出家,有良好佛学熏陶。他有常人所罕有的最强大脑,他挑战了一系列不可能,年少便精通并能宣讲诸多经论,西行前已成为誉满大江南北的青年高僧。他有国内游学四方的经历,积累了丰富的旅行经验,再加上他又有重大决心、非凡毅力和过人胆识,才能排除万难,绝处逢生,最终到达印度。他的西行取得了真经,简直把一座佛学宝库搬回了大唐。

求得真经(学习大乘有宗的代表性著作《瑜伽师地论》)是他西行的主攻方向。因明研习虽说只是副产品,但他在印十七年间,自始至终,殚精竭虑致力于这项最重要的副修。在求学阶段,他既是研习因明的楷模,又是运用因明的典范。

玄奘法师是那烂陀寺中能讲解 50 部经论的十德之一,是由那烂陀寺众僧推派并由住持戒贤长老选定以抗辩小乘重大挑战的四高僧之一。他是四高僧中唯一勇于出战的中流砥柱。四高僧之一的师子光曾在那烂陀寺宣讲龙树空宗而贬斥瑜伽行大义。应戒贤长老之请,玄奘登坛融合空有二宗,驳得师子光及其外援噤若寒蝉,哑口无言。足见玄奘的学术和论辩水平在那烂陀寺达到了超一流。

第一,他学习因明的起点很高。他得到了印度几乎所有因明权威的亲自传授。公元 628 年,玄奘到达印度的第一站北印度的迦湿弥罗国就学习到因明。该国精通三藏的僧称大论师为玄奘破例开讲了因明和声明。在西行目的地大乘佛教的最高学府那烂陀寺,印度的佛学权威百岁老人戒贤住持不辞衰老,复出讲坛,专为玄奘开讲《瑜伽师地论》和陈那因明代表性著作。玄奘游历五印,"遍谒遗灵,备讯余烈"(明濬《因明入正理论后序》)。玄奘又到杖林山,向与戒贤齐名的胜军求学。玄奘不但随他学了许多经论,还请教了许多《瑜伽论》和因明论的问题。

第二,学习的内容非常全面。他既学习了古因明的代表著作《瑜伽师地论》和《阿毗达磨集论》,又反复学习了陈那因明前期代表著作《因明正理门论》(简称《理门论》《理门》《门论》《大论》)和后期代表作《集量论》以及商羯罗主的《因明入正理论》(简称《入论》《因明论》《小论》)。可以说,玄奘几乎研习了他那时代新、古因明的所有代表性著作,甚至通晓小乘和外道如胜论、数论的学说,在学问上做到了知己知彼。

第三,反复学习。他对因明的研习贯穿始终。在那烂陀寺一住将近五年,除听戒贤法师讲三遍《瑜伽师地论》(内有古因明)外,又听《因明入正理论》和《集量论》各两遍。还到各地访学,反复请高师解答疑难。为了回国弘扬因明这门新鲜学问,玄奘在求学之际显然不允许有似是而非、似懂非懂之处,尽可能生起定解,以便做到将来回国译传时,除了求助所带回的论疏,不需要再请教别人,完全有独立自主、彻底断除疑惑的能力。他精研了因明经典,详考其理,穷源竟委。我们不能不惊叹,没有逻辑工具作指导的玄奘法师对陈那因明三支作法论证规则的领会和阐发竟然做到如此的精准。

第四,继承和整理三种比量理论,使陈那因明臻于完善,并且运用这种理论在辩论中取得了辉煌的胜利。玄奘对待自己的老师,也不轻易盲从。胜军经四十余年深思熟虑而提出的"两俱极成诸大乘经皆是佛说"的比量流行日久,却无人发现其论式上的错误,玄奘敢于提出修正意见,使其避免过失。对共比量、自比量和他比量三种比量理论的整理发展是玄奘对印度陈那因明的独特贡献。

第五,玄奘是运用因明理论于论辩实践的典范。他留学 17 年,以辩论始,以辩论终。他善于运用,敢于超越,真正做到了学以致用,战无不胜。玄奘本人在戒日王于曲女城召开的全印度各宗各派无遮大会上甚至表态,有人能更改一字则"斩首相谢"。玄奘的唯识和因明修养,经受住了严峻考验。大会持续十八天,以玄奘的胜利而告终,获"大乘天""小乘天"称号。

第六,回国时,玄奘法师带回因明专著 36 部。回国后,他对因明的弘扬是述而不作,把全部精力放在译讲上。他在译经的前二年,就译出了陈那弟子商羯罗主的《入论》，几年后，又译出了陈那的前期代表作《理门论》。由于玄奘的弘扬，因明传播到了日本和新罗。特别是日本，一千多年历久不衰，对汉传因明典籍有保存之功，并且反哺了中国。

第七，发展了陈那新因明的过失理论。陈那、商羯罗主二论的过失论，限于共比量范围。玄奘把它扩大到自比量和他比量，使得过失论更为丰富和细微。其过失理论在窥基《大疏》中反映得最为充分，稍嫌不足之处是窥基把过失论搞得过于繁琐。

第八，留下一把打开陈那因明体系并引导破解逻辑体系的金钥匙。在本课题的研究中，在因明史料上有三处重大发现。一是在日僧善珠的《因明论疏明灯抄》(简称《明灯抄》)中发现玄奘译场中人玄应法师关于四家唐疏主张"同品除宗有法"之说，是日籍因明中最早保存的唐疏资料。二是汤铭钧博士发现藏译的《入论》中因的第二、第三相都强调了"别处"，即"同、异品除宗有法"。三是发现善珠的《明灯抄》将同喻体中的"若"字，解释为"如同"的"如"，而非今人所谓的"如果"。这还是汤博士的贡献。前两处阐明玄奘强调"同、异品除宗有法"，是印度陈那因明的潜规则。第三处表明陈那三支作法的同喻体并非全称命题。这三处新发现表明今人判定陈那三支作法为演绎论证不符合因明规则和同、异喻体的规定。

第九，对陈那新因明核心理论因三相规则的翻译极其准确甚至高于原文。他准确地翻译和诠释了陈那新因明大、小二论。特别是对陈那新因明核心理论因三相规则的翻译，我的评价是"既忠于原文，又高于原文"。这是汉传因明对印度因明的一大贡献。翻译怎么能"高于原文"呢？原来，在《入论》因三相"遍是宗法性""同品定有性""异品遍无性"中，两个"遍"字和一个"定"字是梵文中没有的，为玄奘所加。因三相是对陈那九句因中的二、八正因的概括。加上这几个字便把二、八正因固有的逻辑意义揭示得清楚明白。他把原文中固有的隐而不显的义理用明确的语言表达出来，就更有利于准确地表达原著的思想。这说明玄奘对陈那因明体系的把握是何等透彻，即使今天用逻辑眼光来审视，也精当无比。

第十，对大、小二论中有的专题讲解保留了当时那烂陀寺的最新见解。大、小二论本来都把宗作为能立三支之一，但陈那晚期代表作《集量论》改变为以因和同、异喻或者以因三相代替能立三支。唐疏的代表性著作都持此见解。每每研读唐疏,都以为唐疏有误,其实为正解。汤博士解释了缘由,这应是玄奘法师弘扬当时那烂陀寺的最新见解。①

二、同、异品除宗有法是玄奘的重要遗训

由于玄奘法师对印度陈那因明的弘扬,重点放在对立破学说的译传和阐发,因而其最重要的因明遗训就在这里。国内因明领域的重大分歧也集中在同、异品要不要除宗有法上。

什么是同品、异品?印度人喜欢争辩声音是无常的还是常的。因明中的论题称为"宗"。其主项称为"有法"(体),其谓项称为"法"(义)。例如,佛弟子对婆罗门声论派立"声是无常"宗。具有"无常"法的对象被称为"同品",瓶等一切具有无常性质的对象都是同品。不具有"无常"法的对象被称为"异品",例如印度人共许的虚空和极微。

什么是除宗有法?佛弟子赞成"声是无常"宗,声论派则反对。声音是无常的还是常的,要靠辩论来回答。只要立论人与敌论者双方坐下来辩论,同品、异品的范围就已经定了。它们都不包括声。同品的外延必须把声除外,异品的外延也必须把声除外。否则,就不要辩论了。在这一辩论中,双方共许,同、异品都除宗有法(声)。

陈那因明是论辩逻辑,而非纯逻辑。其中的逻辑规则带有明显的辩论特点。以纯逻辑眼光看,声音既不算无常的同品,又不算无常的异品,显然违反了形式逻辑排中律。同、异品要不要除宗有法,这不是一个在书斋里讨论的纯粹的逻辑问题,而是与印度陈那时代辩论实践密切相关的辩论术问题。在除宗有法的基础上来讨论陈那三支作法的论证种类,这才是逻辑问题。

玄奘法师留给后人的遗训除了对陈那文本逐字逐句的诠释,还有对文本上没有专门论述的隐而不显的言外之意的阐发。他深知把一门新鲜的学问传回大唐,必须把该理论产生和运用的背景一并介绍清楚,以帮助研习者正

---

① 参见汤铭钧《汉传因明的"能立"概念》,《宗教学研究》2016 年第 4 期。该文引述 Tom J. F. Tillemans 教授在其 1991 年的文章"再论为他比量、宗与三段论",在汉传因明的传统中,"能立"概念被一致解释为因命题、同法喻命题和异法喻命题三者的结合,或直接认定为因三相即正确理由的三项表征。这观点来自陈那晚期著作《集量论》。

确地理解和把握陈那的因明体系。从古因明发展到陈那因明,偏偏有一条最重要的辩论规则不见诸文字。这个法则在玄奘法师翻译的因明大、小二论文本中,除了《理门论》关于因的第二相"于余同类,念此定有"中强调过宗有法(例如声)之"余"的才是同品外,就没有做过特别的说明。

"同、异品除宗有法",对立、敌双方来说都是不言自明的潜规则。它是一条铁律,是题中应有之义,在因明论著中说出来便是多此一举。说同、异品不除宗是不可思议的事。

"同、异品除宗有法",这是陈那因明的 DNA。用数理逻辑的语言来说,它们是两个初始概念。一座陈那因明大厦就建立在这两个初始概念之上。陈那因明关于因的规则的建立(九句因理论)、因三相规则和同、异喻的组成以至三支作法整个体系的逻辑性质,都要坚持"同、异品除宗有法"。这是每一个因明家,每一个逻辑学家都应懂得的最基本常识。

假如双方都不除宗有法,则双方都会循环论证,不分胜负,辩论回到原点;假如双方都除,那么双方都不占规则便宜,就得另举论据;假如辩论的规则偏袒了一方,同、异品只除其一,使其中一方凭规则稳操胜券,另一方则未辩先输,这样的辩论赛还有人参加吗?有人甚至说陈那因明内部有矛盾,因此要修改其异品定义。替古人捉刀,这有违古籍整理的历史主义准则,根本就不是古籍研究。① 可见,同、异品不除宗有法或只除其一的辩论规则只能是今人在书斋里拍脑袋的产物。其理由种种,都从根本上违背了陈那因明的理论基础。

"同、异品除宗有法"并非本人的创见,它有文献依据。在日僧善珠(723—797)所撰《明灯抄》中引用了唐总持寺玄应法师《理门论疏》中关于同品定义的一段话。照引如下:"玄应师云:'均等义品,说名同品者,此有四说。一有云,除宗已外,一切有法皆名义品。品谓品类,义即品故。若彼义品有所立法,与宗所立邻近均等,如此义品,方名同品。均平齐等,品类同故。彼意说云,除宗已外,一切有法但有所立,皆名同品,不取所立名同品也;二有云,除宗已外,一切差别名为义品,若彼义品与宗所立均等相似,如此义品,说

---

① 参见郑伟宏《佛家逻辑通论》对巫寿康博士《〈因明正理门论〉研究》的批评,上海:复旦大学出版社,1996 年版。

名同品;三有云,除宗以外,有法、差别,与宗均等,双为同品;四有云,陈那既取法与有法不相离性,以之为宗。同品亦取除宗已外,有法、能别不相离义,名同品也。此说意云,除宗已外,有法、能别皆名义品。若彼义品二不相离,与宗均等,说名同品。'今依后解以之为正。"①

可见,唐疏有四家在给同品下定义时虽说法不一,但都强调了"除宗已(以)外"即"同品除宗有法"。按照佛教论著说法的习惯,异品也是除宗有法的。汉传因明向有"互举一名相影发故,欲令文约而义繁故"②的惯例。窥基释同品不提除宗有法,释异品定义"异品者谓于是处无其所立"则标明"'处'谓处所,即除宗外余一切法。"以异品除宗来影显同品亦除宗。

日籍《因明论疏瑞源记》(简称《瑞源记》)里不仅保存了唐代玄应法师的记载,还补充说明三家归属。第一家为文轨,第二家为汴周璧公,第三家佚名,第四家为窥基。③查窥基《因明大疏》原文,未明言同品除宗(实际也主张除),异品处则明言"即除宗外余一切法"。④玄应说唐疏有四家在给同、异品下定义时强调了"同、异品除宗有法"。又据敦煌遗珍中唐代净眼的《略抄》可知,净眼法师也是主张同、异品除宗有法的。可见,连同玄应疏和后出的慧沼的《义纂要》,唐疏至少有七家主张此说。这应当看作是玄奘的口义。

唐疏不仅揭示同、异喻依(例证)必须除宗有法,唐疏代表作窥基的《因明入正理论疏》(后世尊为《因明大疏》《大疏》)更是进一步明言同、异喻体必须"除宗以外"。《大疏》在诠释同法喻时说:"处谓处所,即是一切除宗以外有无法处。显者,说也。若有无法,说与前陈,因相似品,便决定有宗法。"⑤在诠释异法喻时说:"处谓处所,除宗已外有无法处,谓若有体,若无体法,但说无前所立之宗,前能立因亦遍非有。"⑥用今天的逻辑语言来说,就是"同、异喻体是除外命题",即除论题主项的较普遍的命题,并非真正的全称命题。

① 凤潭:《瑞源记》卷第二末,新文丰出版公司影印《大藏经》第68册,页二六六下至二六七上。

② 郑伟宏:《因明大疏校释、今译、研究》,上海:复旦大学出版社,2010年版,第120页。

③ 凤潭:《瑞源记》卷三,上海:商务印书馆,1928年版,页二左。

④ 窥基:《大疏》卷三,南京:金陵刻经处,1896年版,页二十一右。本书除标明外,所引出处均为金陵刻经处版。

⑤ 窥基:《大疏》卷四,页二左至右。

⑥ 同上,页八右。

从唐疏对陈那因明体系的诠释中我们可以整理出陈那因明的逻辑体系。为了避免循环论证，规定初始概念同、异品必须除宗有法；以此为基础，陈那因明建立起推论规则。九句因中的二、八句因、因三相虽为正因，但并非证宗的充分条件；三支作法的同、异喻体从逻辑上分析，而非仅仅从语言形式上看，并非毫无例外的全称命题，而是除外命题；因此，陈那三支作法与演绎论证还有一步之差，我称之为最大限度的类比论证。与古因明相比，它大大提高了论证水平，能"生决定解"，有助于取得论辩胜利。这成为印度逻辑史上一大里程碑。

置唐疏文献而不顾，有人认为，同、异喻依要除宗有法，而同、异喻体以至整个因明体系却不要除宗有法。他说："这原本就不成其为问题，却有学者于此大做文章，将举譬时需'除宗有法'，扩充到喻体也要'除宗有法'，从而又冒出一个所谓的'除外命题'来，以否定陈那因明具有演绎的性质。"①说初始概念要除而整个体系不除，这是否有违逻辑常识呢？

玄奘开创的汉传因明保存了印度陈那因明的原汤原汁。玄奘回国以后，由于陈那因明被后起的法称因明所代替，再加上佛教整体在印土的衰落，陈那因明学说资料在印度本土逐渐失传。因此，玄奘所传的因明就成为印度中古逻辑史研究不可或缺的重要篇章。

百年来，国内老一辈的因明家大都重视玄奘的这一重要遗训。太虚法师的《因明概论》认为，陈那因明的"同喻体多用若如何见如何"，如果同品不除宗有法，则"辞费而毫无所获"。他又认为言"凡"、言"皆"的同、异喻体由同、异喻依归纳而来，因而主张因明三支作法既演绎又归纳，高于逻辑三段论。②

其后，几乎所有因明家如熊十力、吕澂、慧圆（史一如）、陈望道、周叔迦、龚家骅、密林、虞愚、陈大齐等，都有"同、异品除宗有法"之说。几十年后，吕澂先生仍沿用太虚法师的说法，认为梵、藏本喻体上用"若"而不用"诸"是假言命题而非全称肯定命题，"口气就活些"。

其实，在玄奘的译本中，既用"若"，又用"诸"，都不做"如果"解。唐疏把"若"和"诸"当一个词用。汤博士曾发现，梵本的原意是"如同""像"，是举例

①　姚南强：《因明论稿·序（沈剑英）》，上海：上海人民出版社，2013 年版。
②　太虚：《因明概论》，武昌中华大学讲义，武昌正信印务馆，1922 年版。

说明,没有假言的意思。我查汉语大词典,"若"既可解作"如同""像",还可解作代词"如此,这样",或"这个、这些",而"诸"除了"全体"的意思外,还有"众多"之意。在奘译所用汉语词"若"和"诸"有多种含义情况下,不能轻易断定其为"如果"或"全体"。

善珠《明灯抄》明确解释同喻体中的"若"是"如同"的"如",这与今人理解的"如果"大相径庭。《明灯抄》:"且如同喻云,若是所作者,见彼无常,譬如瓶等。明知瓶上,自有所作,复管声上所作之义,故名为'若'。'若'者如也,谓若此若彼,两相如也。"①在下一页又重申这一段话。这清楚解释了"若"是"如同"之义,而非今人所谓"如果"。在《理门论》中,"若"又为"诸"所替代。二字均为多义词。也不能一见"若"和"诸"就轻易判定三支作法为演绎论证,陷入极大误区。因为其语言表达不等于逻辑形式,更重要的是看其逻辑规则能否保证其为演绎论证。

虞愚在20世纪30年代撰写的著作中第一次把威提布萨那在《中世纪印度逻辑史》中的因的后二相释文和陈那因明为演绎论证的观点都照搬过来,对汉传因明有很大误导。② 其照搬行为也曾于1944年民国教育部组织评审时被吕澂先生所批评:"不明印度逻辑之全貌,误以论议因明概括一切实为失当,又抄袭成书、谬误繁出,以资参考为用亦鲜,似不应予以奖励。"③

曾任北京大学代理校长的陈大齐,作为逻辑学家,他在抗战时期在重庆撰写了因明巨著《因明大疏蠡测》,后来在台北政治大学又撰写了教材《印度理则学(因明)》。二书以坚强正当之理由论证同、异品必须除宗有法,并连带使因同异品亦除宗有法,毫不讳言因后二相亦除宗有法,甚至不讳言同、异喻体并非毫无例外的普遍命题。"若用这样不周遍的同喻体来证宗,依然是类所立义,没有强大的证明力量。"④

陈大齐能持有上述见解,十分难得。可惜百密一疏,临门一脚踢偏了。他对陈那逻辑体系的总评价则不正确。他误以为三支作法中自带归纳,每立

① 善珠:《明灯抄》,新文丰《大藏经》第68册,卷第二末至页二六七中。
② 虞愚:《因明学》,北京:中华书局,1989年版,第12页。
③ 中山大学人文学院佛学研究中心:《汉语佛学评论》第四辑,上海:上海古籍出版社,2014年版,第299页。
④ 陈大齐:《印度理则学(因明)》,台北:台湾政治大学内部教材,1952年版,第115页。

一量则必先归纳一次,于实践和理论两方面都缺乏依据。在形式逻辑的范围内,又以为借助"归纳的飞跃"可以获得全称命题,有违逻辑常识。

在很多论著中我都阐明了陈那因明与法称因明在辩论术、逻辑和认识论三方面都有根本差别。以威提布萨那、舍尔巴茨基为代表的欧洲因明家不懂得陈那因明的潜规则,不了解玄奘译传的遗训,从而在比较研究方面失足,是一点也不奇怪的。印度、欧洲和日本的有些学者完全用法称因明(论证形式相当于三段论)来解释陈那因明,既拔高了陈那因明的逻辑体系,又贬低了法称因明的历史地位。

总结我国百年因明研究,吕澂先生和陈大齐先生各擅胜场,他们分别在梵汉藏对勘研究和因明与逻辑比较研究方面做出了突出贡献。最大的教训是,多数人未能以玄奘遗训为指南,把它逻辑地、内部一致地贯彻到整个因明体系中。又误以为陈那三支作法自带归纳。须知归纳说犯了窥基《大疏》中所说的"成异义过"和"同所成过",即转移论题。详细的解释另见本书中的专论。陈大齐的失误则在于未能看到法称因明的译传,完全不了解印度陈那、法称两个体系的根本不同。这是他所处时代的局限。

中国逻辑史学会第二任会长周文英先生就承认自己的论著,"在评述'论式结构'和'因三相'时有失误之处","这些说法当然不是我的自作主张,而是抄袭前人的,但不正确"。① 这令人肃然起敬,竟承认"抄袭"。在自己赖以成名的研究领域,敢于检讨失误。这需要多大的勇气和魄力,充分体现了一个襟怀坦荡的大学问家实事求是的治学品格。他是讲究学术规范的一个杰出榜样。周先生失误的重要原因是偏信了印度和苏联的传统观点。

三、因明学科性质与标准答案

对印度陈那新因明逻辑体系的研究,是有标准答案的。尽管陈那因明中的逻辑是论辩逻辑,然而其逻辑成分仍必须用形式逻辑来衡量。形式逻辑只有真假二值,是就是,非就非,没有模糊一说。有人称其为"初步的演绎推理"。那是模糊逻辑,而因明与模糊逻辑无关。形式逻辑就像做四则运算,

---

① 周文英:《周文英学术著作自选集》,北京:人民出版社版,2002 年,第 46 页。

1加1等于2,只有这一个标准答案,除此之外其他千千万万个答案都是错的。因明的逻辑最多是做中学代数,不需要很高深的逻辑学问。有准确的三段论知识就够了。

衡量标准答案有客观标准。众所周知,假说被普遍认可为科学,必须具备三个条件。其一,自洽性和无矛盾性,即自圆其说。其二,对已有的发现不但能准确描述还能圆满解释并且符合现有科学实践。其三,据此做出推论和预知。

因明的标准答案也应满足这三条。根据我们的观点,能一通百通地解释整个陈那因明体系而没有矛盾。不但能圆融无碍地解释整个陈那因明逻辑体系,还能和谐一致地把陈那因明与后起的法称因明的异同讲清楚。对净友们的各种非难,全都能给予合理解答。反之,则寸步难行,矛盾百出。

因明已经作古,本身不再发展,但是,以之为研究对象,找到了标准答案,还可有推论和预知作用。例如,在梵、汉、藏、英文本对勘研究中,汤博士曾发现意大利著名学者杜齐用英语将《理门论》转译时,就漏译了因的第二相"于余同类,念此定有"中那个关键词"余"。这位享誉世界的因明大家稍有不慎就与"同、异品除宗有法"擦肩而过。又如,前文提到,汤博士发现吕澂先生把同、异喻体上的"若"解作假言的"如果"是一误释。再如,有人认为,陈那因三相没说异品也要除宗有法,批评我们对因的第三相解释过多。为此,汤博士根据《集量论》藏译(金铠译本)对应文句作了汉译:"而且在比量中,有如下规则被观察到:当这个推理标记在所比(有法)上被确知,而且在别处,我们还回想到(这个推理标记)在与彼(所比)同类的事物中存在,以及在(所立法)无的事物中不存在,由此就产生了对于这个(所比有法)的确知。"① 汤博士解释说,两个藏译本都将"别处"(gźan du/gźan la, anyatra)即"余"作为一个独立的状语放在句首,以表明无论对"彼同类有"还是"彼无处无"的忆念,都发生在除宗以外"别处"的范围内。藏译力求字字对应;奘译则文约而义丰,以"同类"(同品)于宗有法之"余"来彰显"彼无处"(异品)亦于余。两者以不同的语言风格都再现了陈那原文对同、异品都应除宗有法的明确交代。

---

① 汤铭钧、郑伟宏:《同、异品除宗有法的再探讨》,载《复旦学报》(社会科学版),2016年第1期,第78页。

国内外有好几位用数理逻辑来研究因明的学者,把两个初始概念搞错了,犯了南辕北辙的错误。英国剑桥大学出版的美籍华人齐思贻的著作,把陈那的同品除宗和法称的异品不除宗合在一起,搞了个四不像理论,成了国内不少名家的模板。①日本的末木刚博教授用数理逻辑整理陈那因明,由于同、异品都不除宗,其对陈那因明逻辑体系的刻画就太过离谱。

美国学者理查德·海耶斯(Richard P. Hayes)从陈那《集量论》藏文本的字里行间读出了正解,值得大力弘扬。其主要观点在拙著《佛家逻辑通论》中引述过。其著作中的两章由台湾学者何建兴译出,题为《陈那的逻辑》,发表于台北《中国佛教》,1991年第9、10期。几乎同时,我在1985年,从唐代疏记的白纸黑字中也推出了相同的逻辑结论,可谓殊途同归。多年过去,陈大齐的许多具体论述和海耶斯的正解还未被国内的因明工作者接受。我们欣喜地看到,当代越来越多的欧美学者接受了理查德·海耶斯关于陈那因明非演绎的观点。

众所周知,20世纪50年代末到60年代初,国内哲学界爆发一场形式逻辑大讨论。在20世纪五六十年代,中国发生过一场关于形式逻辑学科性质的大讨论。讨论的结果是,关于形式逻辑的学科性质的认识在学术界空前一致,从此河清海晏,不再有风浪。

在毛泽东的支持下,他的老同学、复旦大学的历史学家周谷城教授力排众议,取得了完胜。这场辩论的重大启示是,因明研究的前提条件是搞清楚因明学科的性质。周谷城教授讲清了形式逻辑不同于形而上学(20世纪40年代艾思奇把形式逻辑当形而上学批判),形式逻辑没有阶级性,只管推理形式、不管推理内容,三段论推不出新知识等常识性问题。总之,讲清了这门学科的性质,在全国范围内空前普及了形式逻辑学科的基本知识。从此,该领域不再有众多常识问题的争论。

因明学科是论辩逻辑这个常识,还远未取得共识,作为"绝学"更需要在烈火中重生。因明研究落后形式逻辑研究60多年。我曾经一再呼吁,因明界也应来一场学科性质的大讨论,该领域的所有重大分歧当迎刃而解,也能一了百了。

---

① R. S. Y. Chi: *Buddhist Formal Logic*. Motila Banarsidass, Delhi, 1984年版。

形式逻辑学科性质的大讨论有很多启示。以现在的眼光回看,连形式逻辑学科性质都会有普遍的错误理解,似乎是那样的不可思议。其实,这没什么奇怪。国内把形式逻辑当形而上学、唯心主义来批判,也是舶来品。早在20世纪二三十年代,苏联哲学界就把形式逻辑当形而上学、唯心主义来批判。中国的一批学术名家包括艾思奇也深受影响。艾思奇于1936年在《大众哲学》中宣布形式逻辑学"死刑"。甚至连毛泽东同志在20世纪30年代都曾是这一错误观点的赞同者。毛泽东在《矛盾论》的最初版本中曾把形式逻辑定性为形而上学加以批判。这是中国学者持有错误认识的理论背景。①

随着20世纪四五十年代斯大林和苏联哲学界为形式逻辑翻案,批评苏联哲学界过去对形式逻辑的批判是将"马克思主义庸俗化"。苏联哲学界的重大转变改变了形式逻辑学科在苏联的命运。受此哲学背景影响,毛泽东同志较早地在50年代对形式逻辑有了正确认识。辩证法也必须遵从形式逻辑的基本规律。毛泽东把形式逻辑学科与语法、修辞相并列。他在《工作方法(草案)》文件中号召广大干部学文法和逻辑。这大大促进了形式逻辑的复苏和繁荣。他与老同学周谷城的谈话表明了二人的共识。逻辑学界还有一批学者停留在苏联哲学界早期的偏见中而未及时转身。一场形式逻辑学科性质大讨论在20世纪五六十年代终于爆发。其时,本来以金岳霖为首的数理逻辑学家们最有发言权。他们因为解放后受到的不应有批判而噤若寒蝉,远离了大讨论。最终,形式逻辑学科重生,在该领域赢得了迄今为止近70年的太平盛世。

这场形式逻辑大讨论给今日因明界的启示是:讲清楚印度陈那因明的学科性质,是解决当代因明领域重大纷争的前提。按理,中国社会科学院哲学等所的一批逻辑、哲学、佛学的专家学者,曾经是抢救绝学因明的领军人物,后来却变成了重重障碍。绝学当然要抢救。关键在怎样抢救。因明博士论文《〈因明正理门论〉研究》把当代最高研究机构中相关的几个专家都卷进了旋涡。可是他们的学术观点都受到国外传统观点的误导。当美国学者理查德·海耶斯以现代逻辑工具为武器,以梵、藏文献为依据,以陈那晚期著作

---

① 参见鞠实儿《当代中国逻辑学研究·第一章 传统逻辑与非形式逻辑》,北京:中国社会科学出版社,2013年版。

《集量论》为准绳,正确揭示陈那因明逻辑体系,更新了西方的传统观点时,国内主流的研究机构和研究人员仍然作茧自缚、故步自封。在权威哲学刊物上与玄奘口义对着干,令人难于理解。

学术问题必须由学术讨论来解决。我再次呼吁,因明学科必须有一场形式逻辑学科那样的大讨论,以彻底更正不懂因明学科性质的大错误。

四、与《评价》所发论文商榷①

百年来,国内的因明研究,老一辈因明家除吕澂、陈大齐等外,大多照搬印度、苏联和日本的错误观点。沈剑英论文的学理要义问题很多很严重。他往往背离因明经典原著的界定,甚至批评《理门论》自相矛盾,批评《入论》定义片面,因而要修改同、异品定义。

在沈剑英《因明研究的学理要义与现实使命》中,他说:"因明的核心理论是因三相,因三相是因的三个方面,其主语都是因。有学者误将第一相的主语读作'有法',将第二相的主语读作'同品',将第三相的主语读作'异品',这就难以准确地诠释因三相的含义。"他的这一语言逻辑思想倒很有创见。

姑妄认可汉译因三相语句的"主语都是因",但我们要讨论的对象是因三相的逻辑形式,即因三相命题或判断的逻辑形式,而不是语句。命题主项不等于语句主词。因的第一相汉译为"遍是宗法性"。古今中外,几乎举世公认第一相的逻辑形式为"凡宗有法(论题主项)都是因",即"所有宗有法都包含于或真包含于因"。沈先生的论著也从不反对该命题主项为宗之有法而不是因概念。例如,"凡声(宗有法)是所作(因)"。

话说回来,因概念也可以作为命题主项,但是,第一相的逻辑形式相应改为"因包含或真包含宗有法"。两种表述逻辑等值。这是中学逻辑代数的基础知识,无须多言。

日本的末木刚博教授研究陈那因明,用的是数理逻辑工具,由于不理解

---

① 《中国社会科学评价》2020年第3期发表因明论文三篇:沈剑英的《因明研究的学理要义与现实使命》,孙中原的《因明绝学抢救性研究的意义》和傅光全的《因明何以成绝学》。拙稿《论玄奘因明的伟大成就与文化自信》发表前应编辑之约,补写了简短的商榷之文。

陈那因明体系基本知识,重走了印度威提布萨那、苏联舍尔巴茨基和日本宇井博寿的老路。

孙中原先生在《因明绝学抢救性研究的意义》说:"末木刚博的《因明的谬误论》,用数理逻辑符号,分析因明 33 种似能立过失,是齐思贻(美籍华人,英国剑桥出版因明专著)、杉原丈夫、林彦明、宇井伯寿、北川秀则等诸家学说的集大成。"孙先生怎么就把日本北川秀则与末木刚博拉在了一起?

北川秀则是日本 20 世纪 50 年代主张同、异品都除宗有法的代表人物。他一整套观点都与后学末木刚博和沈、孙二先生所主张的大异其趣。怎么末木刚博的论著就成为"诸家学说的集大成"?

孙中原先生的《因明绝学抢救性研究的意义》提出三观,一是"世界逻辑整体观",二是"研究范式转换观",三是"逻辑传统比较观"。三观都很重要。笼统说来,每一个合格的因明研究者都必须具备。具体到每一个研究者所具有的三观却可以天差地别,你有你的三观,我有我的三观。不同三观,水火不相容。

孙先生根据"三观"指导的博士论文中的因明要义是鉴别"三观"的一个标准。该博士论文认为第一相的逻辑形式是"因法遍是宗法性",即"凡因都是宗法(所立法)",违背古今中外公认的解释"凡宗有法(论题主项)都是因"。该文所举例为"凡所作皆无常",完全等同于同喻体,而不是三支作法中的因支"凡声(宗有法)是所作(因)"。

这一谬误竟得到一批相关专家的赞赏。论文作者甚至自诩为"国际领先",由于太过离谱,在国内因明界受到一致批评,连沈先生一派也看不下去。我曾撰文指出,该"国际领先"的观点不是自创,而是抄自明代因明研习者瞎子摸象的错误。即使是正确见解,抄袭古人而不声明也有违学术规范。

五、陈那因明非演绎非归纳

(一)陈那因明非演绎

本人的最新论文《论印度陈因明非演绎》①总结百年来国内外关于印度

---

① 见《西藏研究》,2021 年第 1 期。

佛教陈那新因明逻辑体系的研究,反对国外代表性著作以法称因明解读陈那因明的错误倾向,纠正传统的以陈那因明为演绎论证的普遍错误。

本文对陈那因明为演绎论证的主要 6 种理由一一加以辨析。种种说法的一个共用特点是不懂得或忽略了陈那因明的同、异品概念是除宗有法的。

欧美的最新成果以美国理查德·海耶斯教授的《陈那的推理标记》为代表。他从陈那《集量论》藏译文献的字里行间出发,推导出陈那因明的逻辑体系并非演绎论证。我则从唐代玄奘弟子所撰的汉传文献的白纸黑字中找到充分证据,以准确的逻辑知识,判定陈那因明的逻辑体系既非演绎论证,其三支作法更毫无归纳可言,总体上还未跳出类比推理的窠臼。我们都认为,印度佛教因明自陈那因明之后才发展起来的法称因明才真正达到演绎水平。

很少有人去关心和研究为何要讨论陈那因明的逻辑体系。要知道,只有搞清楚陈那因明非演绎论证,才能理解它在印度佛教逻辑史乃至印度逻辑史上的地位,才能真正讲清楚法称因明的历史贡献,才能讲清楚法称因明在佛教逻辑史乃至印度逻辑史上的历史地位。

(二)陈那因明逻辑体系并非自带归纳

本人的另一篇最新论文《陈那因明体系自带归纳考辩》①对陈那因明体系自带归纳的专题作了详细考辨。本文是在传统的分类标准即将推理分为演绎、归纳、类比三种类型的意义上使用归纳,与当今非演绎即归纳的分类相区别。

本文有点新意,从因明文献出发,讨论印度陈那因明体系自带归纳的常识错误,因明称为"成异义过"或"同所成过"。它们不见于玄奘翻译的因明大、小二论,详见于窥基的《因明大疏》。一个三支作法只有一个论证过程,在这一个论证过程之外的归纳说都犯"成异义过"或"同所成过"。因和喻都是立敌双方共同认可的已有的经验或知识,不是临时归纳所得,它们来自忆念。这与逻辑三段论的前提内容吃现成饭,借用已有的经验或知识相同。怎样得到真实而又普遍的同、异喻体,与三支作法的使用者的知识背景有关,因明本身不可能提供帮助,这与三段论只管形式不管内容相同。

---

① 　见《西南民族大学学报》,2020 年 12 期。

请持归纳观点的研习者注意,我们争论的对象是一个三支作法的论证种类或性质是什么。在一个三支作法中,除了说它是演绎或类比外,再没有出现过另外的称为归纳的思维过程。

六、唐代诸疏是研究玄奘因明思想的可靠依据

毫无疑问,玄奘口述的要义大量保留在唐疏之中。要对玄奘的因明思想作出全面准确的评价,必须将其本义与弟子们的创见(如果有的话)或者错误发挥区分开来。这历来是个难点。

众所周知,玄奘全身心投入译经事业,除奉诏口述并由弟子辨机整理《大唐西域记》外,述而不作。他译讲因明的口义全部由玄奘译场中人所记载。好在几代奘门弟子撰写了几十本疏记。虽然大多零落不存,但几种代表性的著作主体犹存,可供后人研究其因明思想。在这个意义上,我们把本课题定名为"玄奘因明典籍整理与研究"。本课题包括四本著作:一为《玄奘因明思想研究》,二为《文献学视野下的玄奘因明思想研究》,三为《因明导论》(教科书),四为《因明正理门论直解》的修订本。

唐疏今存文轨的《入正理论疏》残本(20世纪30年代南京支那内学院曾辑佚补足)、神泰的《因明正理门论述记》前半部和窥基的《因明大疏》,这三种在清末由东瀛回归故土。此外,还有敦煌写本净眼的《因明入正理论略抄》和《因明入正理论后疏》。前三种是我们研究玄奘因明思想的主要依据。研究唐代诸师的因明疏抄,目前现存较完整的有窥基《因明入正理论疏》(未完稿部分由慧沼《续疏》补足)、文轨《因明入正理论庄严疏》(南京支那内学院辑佚本)与净眼的《因明入正理论略抄》和《因明入正理论后疏》,神泰《因明正理门论述记》尚存半部。

对唐代几种代表性的著作的研究,我在《汉传佛教因明研究》中已做了初步的探讨。框架已立,基础已经奠定。借本项目机会,重新审视唐代几种代表性的著作,进一步做了精耕细作的探究。

神泰的《述记》、文轨的《庄严疏》中保存了很多奘师口义,是研究玄奘因明思想的重要文献。

窥基的《因明入正理论疏》被后世尊称为《因明大疏》《大疏》。《大疏》

是唐疏集大成之作。它代表了唐代因明研究的最高成就。《大疏》保存的奘师口义最多。它又学习继承了古疏,并且批评、发展了古疏。基疏内容几乎涉及除十四过类外所有重要的理论问题。窥基著述,善于提纲挈领和阐发幽微,内容富赡,为诸疏之冠。基疏是未成之作,其中缺陷,毋庸讳言。其最为突出的成就就是较全面地整理了奘师关于三种比量的理论(也有概括不当之处),其最大的误解也是不按三种比量的标准来判定奘师"唯识比量"的性质。《大疏》曲为之解,把自比量解释成共比量,难于服人之口,也不能服人之心。

窥基《大疏》在汉传因明中的至尊地位与窥基弟子慧沼和再传弟子智周的继承、捍卫和大力弘扬是分不开的。到了慧沼这一代,对因明理论的疏解已很难有新的贡献。慧沼和智周都有因明疏记传世,其内容是疏解《大疏》,批评异见,维护《大疏》的权威。慧沼、智周的疏记对后人读懂《大疏》还是很有帮助的。随着法相唯识宗的盛极而衰,在智周这一代,因明的弘扬也有江河日下之感。连正理派创始人足目是内道还是外道,号称慈恩宗三祖的智周都搞不清楚,这恐怕是玄奘译场中人想不到的。在智周的《后记》中,我发现一重要论据,可以据此断定,赵城藏中的十四过类疏作者为文轨而非窥基。

《入论》之唐疏,最初有神泰、靖迈、明觉三家,随后有文备、文轨、璧公诸作,还有净眼、灵隽、胜庄、顺憬、玄范和窥基等疏,如同雨后春笋。除神泰撰写有《因明正理门论述记》外,《理门论疏》还有文备、玄应、定宾和圆测各家。此外,普光述有《对面三藏记》(有云伪撰),元晓著有《判比量论》。并非佛门弟子的尚药奉御吕才是位博学多才之人,他靠自学也撰写了本《立破注解》,对神泰、靖迈和明觉三家义疏提出40多条商榷意见。以上各疏中,以窥基之疏为集大成者。

窥基的弟子慧沼、慧沼的弟子智周薪火传灯,著述颇丰。对慧沼的研究虽前进了一大步,自以为还是差强人意。其《义纂要》《义断》屡读屡辍,比《大疏》更难读。

奘门弟子中的新罗、日本僧人又将因明种子带回本国撒播。尤其是日本后来居上,不仅将部分珍贵的唐疏保存至今,而且千多年来著述不绝如缕,其中善珠的《明灯抄》和凤潭的《瑞源记》保存有大量唐疏的重要论述。

通过对唐代因明全面深入的研究,可以确认汉传因明是印度陈那新因明的真传,唐疏的诠释是迄今为止研究陈那因明的最可靠依据。欲知陈那因明真谛,舍此无由。

最后,要说明一下,关于玄奘唯识比量究竟是自比量还是共比量的评价,汤铭钧博士的著作《玄奘因明思想论考》有新的研究,本丛书异说并存,不作统一,以利今后作更深入的讨论和研究。

目　录

第一章 道贯五明，声映千古
——玄奘因明的光辉历程

如果说古因明在汉地的初传(以龙树的《方便心论》为代表)是一次不成功的尝试的话，那么玄奘法师对新、古因明的翻译和弘扬可谓极一时之盛。弟子窥基赞奘师曰："道贯五明，声映千古。"①玄奘法师的生平事迹主要集中在其弟子慧立、彦悰所撰《大慈恩寺三藏法师传》(后文简称《法师传》)中。

玄奘(602 或 600—664)俗姓陈，本名祎，生于隋文帝开皇二十年。洛州缑氏县(今河南偃师缑氏镇陈河村)人。玄，深远，深奥，神妙；奘为壮大。人如其名，一生灿烂辉煌。曾祖陈钦，为后魏上党太守。祖父陈康"学优仕齐，任国子博士"。父陈惠曾任隋朝江陵县令，崇尚儒学，"早通经术"。

总括玄奘的光辉一生，可分为三大阶段：一是国内修学，二是西行求法，三是主持译经。每一阶段都有中国佛教史上无与伦比的特殊表现与辉煌成就。评说玄奘法师开创汉传因明的辉煌历程，也可以分为三大部分：一是国内修学，积蓄资粮；二是西行求法，学习和运用因明；三是主持译讲因明，培养人才，开创汉传因明。

玄奘法师在因明领域的修养称得上博大精深，作为留学僧，他的因明造诣达到了印度当时最高水平。在中国佛教史上，只有独一无二的才能，才能创造西行求法无与伦比的奇迹。即使以今天逻辑学家的眼光来看，他对印度陈那前期因明的弘扬，其准确，其缜密，其系统都无可挑剔。历久弥坚，千古不朽。

第一节 国内修学，积蓄资粮

玄奘法师在因明领域的非凡成就与他本人所具备的超凡条件密不可分。青

---

① 窥基：《因明入正理论疏》(以下简称《大疏》)，南京：金陵刻经处，1896 年版，卷一，页一右。

少年时期的国内修学,为他积蓄了西行的丰厚资粮。西行资粮的积累是全方位的,包括从小具备的儒学熏习之恭敬和严谨,精神追求上的恢宏志气,佛学方面的深厚学术涵养,行脚僧的丰富游学经历,堪称佛学领域博闻强记的最强大脑,深刻准确的领悟理解能力,辩才无碍的弘法宣讲口才。西行之前,用他自己的话说:"名贤胜友,备悉咨询,大小乘宗,略得披览。"①天才加勤奋,使他早早成为一代青年高僧,挑战了那时代佛学领域的一系列不可能。被名僧称为"释门千里之驹"。可以说,西行之前,玄奘法师便发出了他的世纪之问,引领了中国佛教之潮头。

一、承儒学传统,揽圣哲遗风

玄奘五岁丧母,十岁丧父。家庭巨变,童年失怙,使得玄奘早熟,异于常人。虽有俗语说:"不吃苦,就不能做佛祖。"但佛教并不提倡苦行,在苦乐之间倡导中道。玄奘幼小心灵过早地承受了巨大的磨难,这培育了他百折不挠的坚毅品格。

据《续高僧·玄奘传》记载,玄奘八岁时,父亲在家讲授儒家经典《孝经》。讲到曾子避席处,玄奘立刻离席肃立。父亲问其何故,他回答道:曾子听到老师的教诲就要避开座席,我今接受慈父指教,岂敢安坐?他自小博通经典而爱古尚贤,非正雅之籍不观,非圣哲之风不习。早年接受儒学传统教育,培育了玄奘谦恭知礼、好学不倦的品行和中国士人的圣哲遗风。

玄奘丧父之后,随二兄长捷法师于洛阳净土寺学习佛经。人生是苦,佛陀苦集灭道的教导有如甘露滋润、龙雨淋漓。可以说佛法与之有天然的亲近感,十一岁就熟习《妙法莲华经》和《维摩诘所说经》,在稚嫩的心田中佛教的非凡种子早早破土发芽。

二、精神高尚,志向恢宏

学佛之人都知道,菩萨之所以成为菩萨,就是因为愿力大。玄奘自小就志向阔大。

隋炀帝大业八年(612)玄奘正式出家。主试人郑善果问:"出家意欲何为?"答曰:"意欲远绍如来,近光遗法。"此无与伦比之发心在众多的应试者中脱颖而

---

① 慧立、彦悰:《大慈恩寺三藏法师传》,北京:中华书局,2000 年版,第 22 页。本章引文均见此传。

出。主试人郑善果,以玄奘相貌出众、谈吐高雅、志气恢宏,遂以特例将其入选。唐高祖武德五年(622),玄奘于成都空慧寺受具足戒。

当西行之初,他离开第四烽燧,进入方圆八百里环境恶劣的莫贺延碛时,皮囊失手,存水洒尽,勒马东归取水时,耳边响起自己的发愿:"若不至天竺,终不东归一步。"便再次发誓,舍身赴死求正法,掉头继续迈向西北。

三、遍谒众师,究通诸部

奘师西行前就在国内游历各地,参访名师。先后受学十三师,全为当时名宿。"遍谒众师,备餐其说,详考其义,各擅宗途"。

《大慈恩寺三藏法师传》记载说:"既得出家,与兄同止,时寺有景法师讲《涅槃经》,执卷伏膺,遂忘寝食。又学严法师《摄大乘论》,爱好愈剧。一闻将尽,再览之后,无复所遗。众咸惊异,乃令升座复述,抑扬剖畅,备尽师宗。美闻芳声,从兹发矣,时年十三也。"

他谙熟当时所传的佛学,而偏重法相之学。但是,他通过多年来在各处讲筵所闻,深感异说纷纭,"各擅宗途",无从获解。于是"入汉川,遂逢空、景二法师,皆道场之大德",进向成都后,"敬惜寸阴,励精无怠,二三年间,究通诸部"。"法师理智宏才皆出其右,吴、蜀、荆、楚无不知闻"。"至于钩深致远,开微发伏,众所不至,独悟于幽奥者,固非一义焉。"长安有常、辩二大德当面赞许玄奘:"汝可谓释门千里之驹。"

四、博闻强记,穷源竟委

在佛教史上,记载了阿难尊者在第一次结集时把佛陀数十年的说法背诵出来,供大众结集佛陀的言行,所谓"佛法大如海,流入阿难心"。这当然是佛教史上天生的出类拔萃的非凡大脑。

奘师自幼天资聪颖,博闻强记,具有异于常人的最强大脑,如虚空一般,包容接纳一切。更兼好学不倦,穷源竟委。

"法师年满二十,即以武德五年于成都受具,坐夏学律,五篇七聚之宗,一遍斯得。"

复北游至相州(治今河南安阳),"质难问疑",又到赵州(今河北赵县)学《成实论》,入长安,学《俱舍论》,"皆一遍而尽其旨,经目而记于心"。

五、行脚僧的丰富游学经历

玄奘的西行,是何等的波澜壮阔,是何等的惊天地、泣鬼神。他称得上前无古人,后无来者。孤身一人,居然闯过了古代多少探险家无法逾越的死亡之地,挑战了那时代的一系列不可能。这一壮举,就连现代探险家都无人可比。

没有行脚僧的丰富的游学实践,西行印度从何谈起?行脚僧的游学实践,练就其吃苦耐劳的品格、野外生存能力和辨别方向能力。其行脚的种种经验,为日后的西行在心身两方面都做好了充分准备。他不仅要应对官府的阻挠和捉拿,更要应对万里征途上的千难万险。在莫贺延碛,四夜五天,滴水未入。《心经》的心理支撑使他突破了生命的极限。真可谓吉人自有天相。凉风乍起,甘霖突至,绝境中出现的这一灵异现象或许可以说是佛祖的照应吧。

第二节　西行求法目的明确

一、主攻方向明确,求学欲望强烈

在贞观元年(627),玄奘遇一贵人。中印度僧波颇密多罗(光智)从海道来华,在长安大兴善寺译经传法。波颇密多罗广研大小,博通内外,是印度佛教中心那烂陀寺主持戒贤法师的弟子。戒贤是《瑜伽师地论》传授者无著的嫡传弟子。拜访波颇密多罗获取重大信息后,玄奘萌发了去印度那烂陀寺向戒贤学习以会通一切的誓念。《法师传》说:"法师既遍谒众师,备餐其说,详考其义,各擅宗途,验之圣典,亦隐显有异,莫之适从,乃誓游西方以问所惑,并取《十七地论》以释众疑,即今之《瑜伽师地论》也。"

是年玄奘结侣陈表,请允西行求法。但未获唐太宗批准。贞观三年(629)四月,玄奘乃"冒越宪章,私往天竺"。求取真经的宏愿支撑他经受千难万险。九死一生,惊天地而泣鬼神,最终到达目的地,并求得真经,凯旋而归。

研习因明并非玄奘西行求法的主要目的,他是为取真经而前往印度。用他自己的话来说是(玄奘《请御制三藏圣教序表》):"沙门玄奘言:奘以贞观三年往游西域,求如来之秘藏,寻释迦之遗旨。"他带着心中的疑难远赴印度,这疑难便是南北朝以来争论不休的佛性问题。

西行之初,途经高昌国(今新疆吐鲁番),受到高昌王麴文泰的强力挽留,玄奘以死相拼,在回绝高昌王的挽留时,亲自对"以问所惑"和"以释众疑"作了具体的阐发:"但远人来译,音训不同,去圣时遥,义类差舛,遂使双林一味之旨,分成当现二常;大乘不二之宗,析为南北两道。纷纭争论,凡数百年。率土怀疑,莫有匠决。玄奘宿因有庆,早预缁门,负笈从师,年将二纪。"

什么是"当现二常"?什么是"南北两道"?

早在北魏时,北天竺僧菩提流支携带大量梵文经典来到洛阳。他继承无著、世亲的大乘瑜伽行学说。世亲对《十地经》的解释《十地经论》影响最大。此论主要讲菩萨修道所经过的十个等级。该经论上与《般若》相贯,下为瑜伽开宗,在中国北方形成地论师一派。东魏时,《十地经论》由菩提流支与勒那摩提合作译出,由于两位高僧理解上的差异,在解释上产生分歧。后人以菩提流支与勒那摩提所居寺庙不同,称菩提流支的观点为北道系,称勒那摩提的观点为南道系。

菩提流支(北道)主张佛性是后天具有,染净缘起以阿赖耶识为依持,觉悟需要累世修行。这便是当常说。

勒那摩提(南道)主张染净缘起以法性(真如、净识)为依持,佛性是先天本有,法性为诸法本源。由于阿赖耶识"随妄流转",众生通过修持,离染显净即可成佛。这就是现常说。

到印度的佛教中心那烂陀寺向戒贤论师学习《瑜伽师地论》,寻求佛性问题的答案是他的主攻方向。

二、副业研修,全面精准

玄奘西行之前,曾师从十三位名师,向其中六人学习瑜伽理论,虽说对因明不会一无所知,但不见其有专门研习因明的记载。奘师主修的副业是因明。古因明本来就是《瑜伽师地论》中的内容,是该论的有机组成部分。《瑜伽师地论》在古因明的发展史上有着显著的地位。作为佛家逻辑的因明,其名称就是在此论中正式确定下来的。因明是印度教育中必修的五明之一。《瑜伽师地论》主张,菩萨求法当于五明中求。因明既然是《瑜伽师地论》的重要内容之一,研习因明自然成为玄奘求法的必修课。

瑜伽有相应、一致、和合等义。本论说三乘行者(即瑜伽师)所观的境、所修的行、所证的果位(即瑜伽师地),互有方便善巧、相应的意义,故总以瑜伽师地为名。本论共一百卷,包括五大部分。第一部分(本地分)是主要部分(从第一卷到第五十卷),把瑜伽师所依、所行的境界区分为十七地,故本论旧有《十七地论》之称,后面四部分是对《本地分》的释论。

在本论第十三卷后半卷到第十五卷之间论述了因明问题。本地分"十七地"中的第十地"闻所成地"专讲应学习什么,提出菩萨应学的五明之说,亦名"五明处",即:内明、医方明、因明、声明和工巧明。五明是佛家对教外学问的分类。本论以正理学派的正理学说为基础,广泛搜集当时各派的逻辑学说。佛家因明源于正理,但又不全同于正理,大概由此之故,被弥勒称为因明。

陈真谛曾译《瑜伽师地论》五十一卷至五十三卷,题为《决定藏论》。古因明初传汉土的《方便心论》虽然被传译两次,但无人讲授,几乎毫无影响。在玄奘赴印之前,因明在中国仍是一门十分冷僻因而无人研习和弘扬的学问,许多佛门中人甚至不知因明为何物。今人说刘勰写《文心雕龙》成就中国文论史上的奇迹与学因明有关,那是牵强附会,凭空想象。玄奘在西行之前就未读到过《瑜伽师地论》中完整的古因明,不具备因明知识,对陈那的新因明更是闻所未闻。但他读过并讲解过《杂心论》,该论中倒是涉及相关的因明理论。

大乘瑜伽行派特别看重因明的工具作用,把它当作论证和弘扬大乘法相唯识学的有力工具。因明是关于论证的理由的学问。玄奘之所以对因明发生浓厚的兴趣,是因为因明是通往正理的门户,又是通往正理的阶梯。虽然它不直接回答佛性问题,但是它是论证佛法的工具。

尽管在5世纪后半叶到6世纪初,因明在印度有重大变革,以世亲为代表的古因明为陈那创建的新因明所取代。陈那的新因明对中国的佛教徒来说恐怕更是闻所未闻。

玄奘访印之际,陈那新因明在那烂陀寺都算是一门新鲜学问。这更激发起留学僧的强烈求知欲望。学习因明成为玄奘求法印度的副攻方向。这就难怪他在印度十多年间自始至终十分重视因明的学习和钻研。

在玄奘进入北印度到无遮大会的十多年中,玄奘自始至终十分重视对因明的学习和钻研,这构成他西行求法的重要内容。

三、研习的楷模,运用的典范

(一) 研习的楷模

为了回国弘扬因明这门新鲜学问,玄奘在求学之际显然不允许有似是而非、似懂非懂之处。尽可能生起定解,以便做到将来回国译传时,除了求助所带回的论疏,不需要再请教别人。完全有独立自主、彻底断除疑惑的能力,是玄奘学习因明的目标。

　　玄奘从小就有强烈的求知欲望,玄奘在童年时期所接受的儒家教育,使他懂得向尊者看齐,成年后,又继承了中国古代士人不远万里求学问道的优良传统。国内的游学已经使他穷通诸部,声誉大著。一到佛国,更是如鱼得水。在因明研习方面,他同样求师若渴。每遇名师,他必谦恭求教。他的足迹遍及五印,且行且学,可谓遍谒众师,观摩溥德。

　　贞观四年(630),玄奘到达北印度的迦湿弥罗国(今克什米尔)。这是玄奘研习因明的起步之地。玄奘在迦湿弥罗驻留大约两年("如是停留首尾二年,学诸经、论,礼圣迹已,乃辞")。该国的僧称法师是位高僧大德,年约七十,既精通经律论三藏,又精通因明和声明。对于从大唐远道而来的玄奘,他不顾年迈体衰,破例开讲。他白天为玄奘讲授《俱舍论》《顺正理论》,晚上则讲因明、声明等。称法师对玄奘的佛学根底非常赞赏,"唯因明妙术,诲其未喻,梵音觏止,冰释于怀"。① 因明学尽管是一门高深的学问,但对玄奘来说,得此机遇,便如饥似渴地聆听了僧称老法师对《入论》的讲解,并迅速对这一全新的学问有较为深刻的领会。当众同修不服僧称老法师对新人玄奘有世亲遗风的高度评价而发难时,玄奘辩得众同修心服口服。这说明对玄奘来说,因明学习入门既不难,深造也是容易做到的。

　　在贞观六年(632),玄奘来到中印度的至那仆底国。该国的毗腻多钵腊婆(调伏光)也是一位"善三藏"的高僧,他原是北印度的王子。玄奘花了十四个月向他学习《对法论》《显宗论》和《理门论》等。在《对法论》中有关于《瑜伽师地论》七因明的论述,属于古因明的重要内容。《理门论》则是陈那新因明的代表作。

　　贞观七年(633)秋,玄奘来到摩揭陀国的那烂陀寺。这是印度当时的最大寺院,也是大乘佛教的最高学府。那烂陀寺的住持戒贤是印度的佛学权威,在因明方面也得到陈那新因明的真传。年高德劭、学问渊博的戒贤不辞衰老,复出讲坛,专为玄奘开讲《瑜伽师地论》等,同听者数千人,历一年五个月讲毕。玄奘在那烂陀寺一住将近五年。在这一期间,他听戒贤讲授《瑜伽师地论》三遍,听《因明》和《集量》各两遍。其中《因明》指商羯罗主的《因明入正理论》(简称《入论》)。《集量》即《集量论》,是陈那新因明的后期代表作。陈那的因明八论中,最有代表性的是前期的《理门论》和后期的《集量论》。前者重点在立破,后者重点在量论即知识论。在戒贤的悉心指导下,玄奘的因明研习"更广其例,触类而

_____

　　① 明濬:《因明入正理论后序》,载窥基《大疏》,南京:金陵刻经处,1896年版。

长,优而柔之",①已达到很高的造诣。

他还听过《中论》《百论》各三遍。《俱舍》《婆沙》《六足》等论,他先在诸国听过,至此更披寻决疑,兼学大、小乘及外道。因明中涉及很多大、小乘及外道的宗派知识,玄奘归国后译讲因明时之所以游刃有余,与此有关。

此后,玄奘开始游历五印,进一步广博见闻和学识。他到了南印度的憍萨罗国,用了一个多月的时间,向一位精通因明的婆罗门学习《集量论》。随后进入案达罗国,寻访了陈那写作《理门论》的遗址。

后来又南游数年,遍访高僧大德。据传记所载,他在印度所参访的名师,有名字可考的就达十四人之多。因此,他的成就远超当时印度一般学者的水平。经过几年游学,玄奘又回到那烂陀寺。不久就听说附近有一小乘论师,精通"说一切有部"和因明、声明等,玄奘用了两个月请他解惑答疑。

接着,玄奘又到离那烂陀寺不远的杖林山,向与戒贤齐名的胜军求学。胜军是多方面的权威,他曾师从贤爱论师学习因明,师从安慧论师学习声明和大小乘经论,还向戒贤学《瑜伽师地论》,举凡天文、地理、医学、方术,无所不精,可谓道贯五明。他不愿做摩揭陀国王和戒日王的国师,宁愿隐居山林,收徒传道。玄奘不但随他学了许多经论,还请教了许多瑜伽论和因明论的问题。玄奘在杖林山一住又是一年有余。

(二) 运用的典范

玄奘既是研习因明的楷模,也是运用因明工具宣传其唯识思想的典范。玄奘的留学生涯,可以说,以辩论始,也以辩论终。在辩论中他一而再再而三地捍卫了那烂陀寺大乘瑜伽派的尊严。

因明学在当时是一门实用性很强的学问。作为论辩逻辑,能否恰当运用,直接关系到辩者的荣辱甚至生死大事。一个人,若能正确审议精微的议论,能评议精妙的理论,辩论时思路敏捷,就会被请去坐宝象,前呼后拥,随从如林;如果词锋被挫,脸上就会被人涂上红白黏土,身上撒上尘土,被排斥于旷野,或丢弃于沟壑。也有人发誓,倘辩论输了,愿截舌相谢,甚至斩首相谢,不像我们现在坐在书斋里讨论因明义理,可以如此轻松潇洒。

玄奘是真正做到了学以致用。他不仅能娴熟地运用现成的因明理论,而且有所创造、有所发展,并多次获得辩论的胜利。在迦湿弥罗国他受到僧称法师有世亲遗风的高度赞扬之后,众僧多有不服,纷纷诘难。玄奘一一化解,众人无不

---

① 明濬:《因明入正理论后序》,见窥基《大疏》。

愧服。

玄奘对待自己的老师，也不轻易盲从。玄奘就纠正了胜军师经过四十多年深思熟虑而建立的一个比量之宗是"诸大乘经皆是佛说"。这个比量是一个有过失的共比量，却无人发现其论式上的错误，玄奘给它加上简别语，成为自比量，从而避免了过失。

学用结合，两方面都俱臻上乘。玄奘在印后期，已是饱学之士。他要回国弘通佛法的宏愿得到戒贤的赞许。就在他庄严经像，辞别戒贤，准备东归之际，小乘论师打上门来，向大乘宣战。当时南印度王灌顶的老师是个老婆罗门，名叫般若毱多，即智护。他熟谙正量部义，很看不起大乘所主张的心外无境的唯识学说，著《破大乘论》七百颂，宣传小乘正量部心外有境、心境各别的观点，受到小乘各部特别是正量部的欣赏。智护要求与大乘人对决。他在五印度之王戒日王面前夸下海口："岂有大乘人能难破一字者?"戒日王说他们是狐鼠之群，自以为比狮子厉害，真见了狮子要魂飞魄散。"师等未见大乘诸德，所以固守愚宗。若一见时，恐还同彼。"

戒日王致书戒贤法师，诚邀那烂陀四大德。戒贤集众商议，推派海慧、智光、师子光和玄奘四人应战。可是，人家敢下战书，印度著名高等学府那烂陀寺的高僧们却不敢应对。玄奘以中国僧人的身份挺身应战，他对大家说，自己在本国和自入北印度以来，遍学小乘诸部三藏，非常熟悉。小乘义理破不了大乘，我去应战，"当之必了"。即使输了，自是支那国僧，无损于那烂院寺。

后因戒日王暂缓此事而未成行。就在这当口，又有一顺世派外道打上门来，面对顺世派的叫板，整个那烂陀寺居然无人出来辩论。那烂陀寺不乏饱学之士，却罕有舌辩之才。又是玄奘法师降服了这位顺世外道。此顺世外道曾听过五遍《破大乘义》。奘师不耻下问，将数处疑难，"令讲一遍，备得其旨。遂寻其谬节，申大乘义而破之"。玄奘著《制恶见论》大长了大乘学者的志气。后来戒日王看过此论说："弟子闻日光既出则萤烛夺明，天雷振音而槌凿绝响。"他遍示众人，无人敢驳。有个上座部的学者叫提婆犀那，自称"学该众哲，解冠群英"，经常诽谤大乘学说，这次却闻风而逃。

在那烂陀寺内部，四高僧之一的师子光是龙树空宗的忠实信徒，他在那烂陀寺极力贬低瑜伽行派的有宗，甚嚣尘上。应戒贤之邀，玄奘登台宣讲，融会二宗，驳得师子光无言以对。他搬来的救兵也哑口无言，落荒而逃。

不久，玄奘又得遇一大因缘。为了开导尚守愚迷的小乘、外道，取信当世，戒日王于曲女城为玄奘召开全印度辩论大会。在大会上，五印度中有十八位国王光临，有谙知大、小乘僧人三千多人和婆罗门及尼乾(耆那教)外道二千余人出席,还有那烂陀寺僧人一千多人。

"请法师坐为论主,称扬大乘序作论意,仍遣那烂陀寺沙门明贤法师读示大众。别令写一本悬会场外示一切人,若其间有一字无理能难破者,请斩首相谢。"五日后,"小乘外道见毁其宗,结恨欲为谋害。"被戒日王明令禁止,约束规范。戒日王宣令,动武者斩其首,毁骂者截其舌,但申辞救义者不在此限。"竟十八日无人发论。"

"唯识比量"是创造性运用因明的光辉典范。由于玄奘在"唯识比量"中设置了重重防卫措施,使自己立于不败之地,取得了辩论的胜利。这为奘师惊心动魄、艰苦卓绝的留学生涯画上了圆满的句号。玄奘一而再再而三地捍卫了那烂陀寺大乘瑜伽派的尊严。十八日无遮大会的胜利,使他名震五印,被大乘人尊为"大乘天",被小乘人尊为"解脱天"。稍后,戒日王又坚请玄奘参加五年一度、历时七十五天的无遮大会。此后,便正式踏上了归途。

(三)因明研习特点鲜明

1. 起点很高

他得到了印度一大批代表最高水平的学者的传授。"唯戒贤法师一切穷览,德秀年耆,为众宗匠。"有戒贤,有胜军,还有婆罗门中因明专家。甚至对手都是印度国内各宗各派的顶尖高手。后来又南游数年,遍访高僧大德。因此,他的成就远超当时印度一般学者的水平。

2. 内容全面

既反复学习了古因明的重要著作《瑜伽师地论》和《对法论》(即无著的《阿毗达磨集论》),又反复学习了陈那的新因明。因明学习既精通了前期代表作《理门论》,又谙熟后期代表作《集量论》。

3. 精研经典,详考其理

奘师自幼天资聪颖,博闻强记,且好学不倦,穷源竟委。在国内游学时"遍谒众师,备餐其说,详考其义,各擅宗途"的优良传统在西行求法活动中得到发扬光大。因明著作,尽管晦涩艰深,玄奘仍能将其中奥旨,抉择无遗。他虽然没有逻辑知识,其对因三相的理解以今日逻辑眼光来衡量也精当无比。北印度迦湿弥罗国的僧称法师就曾当众赞叹:"此支那僧智力宏赡,顾此众中无能出者。以其明懿,足继世亲昆季之风。所恨生乎远国,不早接圣贤遗芳耳!"

4. 反复学习

尽管玄奘是佛门中的学霸,既有超凡的记忆,又有过人的理解能力,一闻将尽,再览之后,无复所遗,可谓"皆一遍而尽其旨,经目而记于心",但是他对于因明这门新鲜学问，除了不断拓展新的学习内容，对于已学过的各论，还是不断寻师解答疑难，以求定解。反复学习，究源竟委，成为他研习因明的一个显著特点。

第三节 主持译经，开创汉传因明

一、高度的政治智慧，圆融无碍的处世哲学

（一）弘法要务，争取皇权支持

犯禁出关，空手而去，与求学后得到王权支持满载而归所形成的巨大反差，无疑在玄奘法师头脑中留下深刻烙印。自回国途中直到译经二十年之终，他并非仅仅是一个学富五车、才高八斗、满腹经纶的海归生，而且是一个有高度政治智慧的高僧，加上他具有圆融无碍的处世哲学，能够利用和调动一切有利因素，使得他回国后为译传和弘扬佛法，达到史无前例的辉煌成就。

他十分懂得，要弘法必须有皇权的支持。犯禁出关，遭遇多大的阻碍；他能西行到达目的地，若无高昌王的襄助，几无可能；没有雄居东印度实力仅次于戒日王的鸠摩罗王的推举，不会有那么大的影响；没有统治五印度的戒日王做强力后盾，更难问鼎全印。

玄奘为鸠摩罗王讲授佛理，以梵文著《三身论》三百颂，专为度化该王而造。他答复小乘的《制恶见论》和会通瑜伽与中论的《会中论》得戒日王的高度赞赏。在戒日王召开的全印度十八日无遮大会上，玄奘坐为论主。悬挂二论六千颂，内有"唯识比量"，高度自信地夸口，有能更改一字者"斩首相谢"。他不战而胜，荣获"大乘天"和"解脱天"称号。

在回归途中，已踏入国境，却止步不前，滞留于阗（今和田）。玄奘来到瞿萨旦那国后，从高昌人马玄智那里知道高昌国已被唐太宗灭国。当初自己犯禁出关，而今学成归来，唐太宗会怎样对待自己呢？

他完全不知道自己名声在外，已经是墙外开花墙内香。唐太宗此前已从戒日王派遣的使者中知道玄奘留学已大获成功，认可了他这位无冕的外交使节。他带着负罪感给唐太宗写了《陈还国表》，以试探唐太宗的态度。信中把他获得的辉煌成就完全归功于当年禁止出关的唐太宗。

原来唐太宗对天竺并不陌生。玄奘在初见戒日王时，就介绍了唐太宗的治

国之道,引发了戒日王对中国的思慕,第二年便遣使入唐。两国外交使团的几番互访,使太宗更想了解天竺国。太宗在回信中写道:"闻师访道殊域,今得归还,欢喜无量,可即速来与朕相见。"

玄奘载誉归来,先后为唐太宗、唐高宗所钦重,供养优厚,赐号"三藏法师"。唐太宗曾两度劝其弃道辅政,玄奘均以"愿守戒缁门,阐扬遗法"而固辞。唐太宗只得随顺其志,助其译经。

回国后,玄奘述而不作,连在印度撰写的梵文三论"会宗论""制恶见论""三身论"都顾不上译为汉语流通,却遵皇上之命费不少时日口述了《大唐西域记》。

在译经的近二十年间,他先后得到唐太宗、武则天、唐高宗等的支持,为译经事业提供了政治上、译经场所、译经人员和物资上的保障。在道、儒、佛三教竞争的局面下,他自始至终竭尽所能维系着与皇权的密切关系。

甚至为了译经大局,其得意门生辨机因绯闻被斩,也隐忍心中的巨大悲痛而未向唐太宗求情。

除译经外,他的所言所行桩桩件件都围绕着依赖靠山,在道儒佛三家中争得一席之地。

(二)圆融无碍,众缘和谐

从《大慈恩寺三藏法师传》可知,玄奘与汉地、西域和印土各色人等打交道,可用众缘和谐来概括。中国礼仪文化赋予玄奘深谙义理的智慧,佛教的慈悲为怀让玄奘具有博大的胸襟,由二者交汇而成的圆融无碍的处世哲学,使得他在求学、西行、译经和弘法等方方面面,都能得到各方襄助,能够利用和调动起一切有利因素为我所用。真可谓"玄音净六尘,启示众生开悟,奘志通三学,观摩普德鸣谦"。

由于他尊敬师长,谦恭有礼,所以在国内外求学时,所求之高僧大德都能毫无保留地为其指点要义,解疑排难。他得到的是真知灼见。

他对待听众,总是循循善诱。对待持异见各路众僧,从不恃强凌弱,平等相待,以理服人,从而赢得对方尊重。国内讲学,"于是征诘云发,关并峰起,法师酬对解释,靡不辞穷意服。其中有深悟者,悲不自胜","唯法师备谙众教,随其来问,各依部答,咸皆惬服"。

西行"至活国","彼有沙门名达摩僧伽","推为法匠","其疏勒、于阗之僧无敢对谈者。法师欲知其学深浅,使人问师解几部经论。诸弟子等闻皆怒。达磨笑曰:'我尽解,随意问。'法师知不学大乘,就小教《婆沙等》问数科,不是好通。因谢服,门人皆惭。从是相见欢喜,处处誉赞,言已不能及"。

在北印度迦湿弥罗国受到大德僧称高度赞扬,众僧不服,"既见法师为大匠褒扬,无不发愤难诘法师,法师亦明目酬酢,无所蹇滞,由是诸贤亦率惭服"。

在那烂陀寺,玄奘降伏一个上门问难的信奉顺世外道的婆罗门,为保全其命,废"斩首相谢"之约,仅役其为奴,随听教命。又不耻下问,向其请教小乘所制《破大乘义》,将数处疑难,"令讲一遍,备得其旨。遂寻其谬节,申大乘义而破之"。由于知己知彼,撰写出著名的《制恶见论》一千六百颂,大长大乘学者的志气。随后,玄奘还其自由身,"随意所之"。想不到他向鸠摩罗王大谈"法师德义",成就了奘师与鸠摩罗王和戒日王的一番大因缘。玄奘因此受到戒日王的高度赞扬:"弟子闻日光既出则萤烛夺明,天雷震音而锤凿绝响。"

对待供养,除供西行旅途之用外,他从不贪图享受,总是少取甚至不取。《法师传》说玄奘视"如山"供养,"一无所取"。"法师受一半燃灯,余外并施诸寺"。"王甚喜,乃陈金宝饮食施法师,皆不受而返"。归国前,戒日王"命施金钱等物","鸠摩罗王亦施众珍,法师并皆不纳",唯受防雨之毛帔。

对待旅途上的千难万险,有赖精神支助。"从此已去,即莫贺延碛,长八百余里,古曰沙河,上无飞鸟,下无走兽,复无水草。是时顾影唯一,心但念观音菩萨及《般若心经》。初,法师在蜀,见一病人,身疮臭秽,衣服破污,愍将向寺施与衣服饮食之直。病者惭愧,乃授法师此《经》,因常诵习。至沙河间,逢诸恶鬼,奇状异类,绕人前后,虽念观音不得全去,即颂此《经》,发声皆散,在危获济,实所凭焉。"

西行之初,新收的弟子石盘陀夜半"拔刀而起"欲加害玄奘,"疑有异心,即起颂经,念观音菩萨",以德报怨,念经止恶。在北印度境灯光城有佛留影,法师欲往礼拜,遇五贼人拔刀而至。贼云:"师不闻此有贼耶?"答云:"贼者,人也,今为礼佛,虽猛兽盈衢,奘犹不惧,况檀越之辈是人乎!"以"人"相待,贼人亦懂礼遇之恩,"彼五贼皆毁刀仗,受戒而别"。

在殑伽河,劫匪选中玄奘,要杀他作祭品。"船上诸人皆共同请,亦有愿以身代,贼皆不许"。玄奘"颜无有惧,贼皆惊异"。"既知不免,语贼'愿赐少时,莫相逼恼,使我安心欢喜取灭'。法师乃专心睹史多宫念慈氏菩萨,愿得生彼恭敬供养,受《瑜伽师地论》,听闻妙法,成就通慧,还来下生,教化此人令修胜行,舍诸恶业,及广宣诸法,利安一切。于是礼十方佛,正念而坐,注心慈氏,无复异缘。于心想中,若似登苏迷庐山,越一二三天,见睹史多宫慈氏菩萨处妙宝台,天众围绕,此时身心欢喜,亦不知在坛,不忆有贼。同伴诸人发声号哭。须臾之间黑风四起,折树飞沙,河流涌浪,船舫漂覆。贼徒大骇,问同伴曰:'沙门从何处来?名字何等?'报曰:'从支那国来求法者此也。诸君若杀,得无量罪。且观风波之状,天神已瞋,宜急忏悔.'贼惧,相率忏谢,稽首归依.时亦不觉,贼以手触,尔乃开目,谓贼曰:'时至耶?'贼曰:'不敢害师,愿受忏悔.'法师受其礼谢,为说杀盗邪祠诸不善业,未来当受无间之苦.何为电光朝露少时之身,作阿僧企耶长时苦种!贼等叩头谢曰:'某等妄想颠倒,为所不应为,事所不应事.若不逢师福德感动冥祇,何以得闻启诲.请从今日已去即断此业,愿师证明.'于是递相劝告,收诸劫具总投河流,所夺衣资各还本主,并受五戒,风波还静.然群欢喜,顶礼辞别.同伴惊叹转异于常.远近闻者莫不嗟怪.非求法殷重,何以致兹."

玄奘在回国计划中,拒绝了戒日王安排的安逸的水路,为的是兑现当年的承诺,回国时在高昌说法三年.虽然临时得知高昌已亡,但其信守诺言的品德让人钦敬.

踏上东归路不久,玄奘便在毗罗那拿国都城遇到那烂陀寺同修师子光、师子月.学术分歧上的恩怨并未影响三人的友情.两人不计前嫌,诚邀玄奘讲授《瑜伽师地论》.玄奘也欣然从命,耗时两个月.

玄奘组建译场,除个别人外,群贤毕至,群星灿烂,成就了中国佛教翻译史上的伟业.

玄奘对待仅靠自学研习因明又在学术观点上有异议的尚药奉御吕才,不以势压人.论战伊始,他不出面,只是个旁观者.即使后来不得不应战,也是以理服人,令其"词屈而退".玄奘平息了轰动朝野的一场纷争,挽回了译场的声誉.还为日后的译经取得朝廷的支持,选派贤良审核译文.

二、专事译讲,培养人才

求法归来,玄奘虽然有很高的因明造诣,但是无暇著书立说,并无论著,他把全部的精力智慧都贯注到译讲活动中.培养了一大批弘扬陈那新因明的人才,使中国成为因明的第二故乡,并且为新罗、日本培养了人才.

对中国佛门中人来说,古因明是陌生的学问,对陈那新因明更是一无所知.玄奘把新因明这门新鲜学问输入汉地,激发了译场中人的浓厚兴趣.奘师随译随讲,听者"记之汗简,书之大带","竞造文疏".短短几年,便有二论疏记二十多种.玄奘在印度是得到因明的真传的,他是学习的典范,也是运用的楷模.回国以后,又得到唐太宗的支持.理论上的需要,梵本的可靠,主观条件的完备,译场方面物质条件的优越,译场人才的出类拔萃,诸般条件的综合,便使得因明的第二次输入在佛门中掀起冲天巨浪.

新罗高僧圆测,可算玄奘的"弟子"和"同志".

玄奘诏译新经，组织了规模完备的长安译经院，召集了各地名僧二十余人相助，分任证义、缀文、正字、证梵等职。助译者非但集一时海内之硕彦，且可谓历代佛徒之荣华。神昉、嘉尚、普光、窥基，号称奘门四哲，皆为法相之大家；普光、法宝、神泰，则称俱舍三大家；窥基、神泰、顺憬等又为因明巨匠；新罗高僧圆测，为玄奘神足；新罗元晓，为华严大家；西域利涉，为护法名僧；任职证义的南山道宣，乃律学宗师；玄应，则为义学名家；东塔怀素，后为新疏之主。

一方面他组织了雄厚的译经班底，译出高质量的本子；另一方面又热心培养出一批高水平的弘扬人才。译场中的多位助译者本来就是各地奉诏而来的高僧大德，他们各随所闻"竞造文疏"，一时间蔚为壮观。

《入论》之唐疏，初有神泰、靖迈、明觉三家，继有文备、文轨、璧公诸作，还有净眼、灵隽、胜庄、顺憬、玄范和窥基等疏，如同雨后春笋。除神泰撰写有《因明正理门论述记》外，《理门论疏》还有文备、玄应、定宾和圆测各家。此外，普光述有《对面三藏记》（有云伪撰），元晓著有《判比量论》。并非佛门弟子的尚药奉御吕才是位博学多才之人，他靠自学也撰写了本《立破注解》，对神泰、靖迈和明觉三家义疏提出四十多条商榷意见。以上各疏中，以窥基之疏为集大成者，被后世尊为《因明大疏》。窥基的弟子慧沼、慧沼的弟子智周薪火传灯，著述颇丰。奘门弟子中的新罗、日本僧人又将因明种子带回本国撒播。尤其是日本后来居上，不仅将部分珍贵的唐疏保存至今，而且千多年来著述不绝如缕，其中善珠的《因明大疏明灯抄》和凤潭的《因明论疏瑞源记》保存有大量唐疏的重要论述。

唐疏今存文轨的《入正理论疏》残本、神泰的《因明正理门论述记》前半部和窥基的《因明大疏》，这三种在清末由东瀛回归故土。此外，还有敦煌写本净眼的《因明入正理论略抄》和《因明入正理论后疏》。前三种是我们研究玄奘因明思想的主要依据。

三、汉传因明独具特色

玄奘之学，博大精深，充分反映了公元五世纪以后印度佛学的全貌，其所译经论亦总赅一切。先后于弘福寺、大慈恩寺、玉华宫译经，近二十年，前后共译经论 75 部，总计 1335 卷。译出之主要经典有：《大般若经》600 卷、《瑜伽师地论》100 卷、《大毗婆沙论》200 卷，还有《俱舍论》《成唯识论》《摄大乘论》等。玄奘于印度所学遂大多传至中国。声誉之隆，千古一人。

玄奘译经大致可以分为三个阶段：第一阶段（645—650）以译《瑜伽师地论》为中心，同时译了与此论学说有关的著作。如《显扬论》是此论的提要；《佛地论》是此论发展的归宿;《摄论》是此论发展中的枢纽。作为新因明的奠基作《理门论》和此论的入门著作《入论》也在这期间译出。六年功成,他出国求法的最大心愿算是满足了。第二阶段(651—660),这中间十年以翻译《俱舍论》为中心,并遍及与它有关的著作。第三阶段最后四年(660—663),则以《大般若经》的翻译为中心。该经阐述的思想学说对印度大乘佛教思想的发展有深远影响。玄奘所译这部大经有600卷之多,与旧译相比,译文更精确,言辞更典雅,文义更畅达,在翻译史上闪耀着光芒。

奘师安排译事,严谨有序。其出国求学之本意,是要解决心中的疑难。印度法相之学至护法而详密,论理之法至陈那而精审。玄奘入印躬逢其盛,因而唯识、因明二科,得以发扬光大,亦在情理之中。

当时印度那烂陀寺等处的佛学,已经明显分为因明、对法、戒律、中观和瑜伽等五科。他于因明科译出《理门论》和《入论》,树立了在论议基础上的佛家逻辑轨范。

玄奘从印度带回了因明著作36部,《瑜伽师地论》等有古因明内容的论书还不计算在内,因明在这些论书中是附属的。玄奘从贞观十九年(645)开始译经,两年之后就先后译出新因明的专著两种。贞观二十一年(647)译出陈那门人商羯罗主所撰的《因明入正理论》,贞观二十三年(649)译出陈那本人的早期代表作《因明正理门论》。

在译经初期,玄奘就译出因明专著两部,可见其对因明的重视。当然,玄奘译经的重点是《瑜伽师地论》,因明不过是论证佛学的工具。因此,在译经的头一年他就开始译《显扬圣教论》。此书为无著所著,阐扬《瑜伽师地论》的理论。因明部分完全因袭弥勒因明学说,先行译出是为译《瑜伽师地论》做准备。紧接着又译出安慧编著的《阿毗达磨杂集论》(无著《阿毗达磨集论》的注释本),这两种论书都是包含有承述并发挥《瑜伽师地论》的七因明的内容。二论译出之后,过了几个月,即贞观二十年(646)五月开始翻译《瑜伽师地论》,两年后译完。此论首次完整地阐述了大乘佛教的辩论术和逻辑体系。佛家因明学的名称就是从这一论书开始的。本论提出七因明说,包括辩论和逻辑两方面的内容。在唐高宗永徽三年(652)又译出了无著的《大乘阿毗达磨集论》,其中第七卷对弥勒的七种论法即七因明总称为"论轨决择",在论式部分即五分作法中,与《瑜伽师地论》和《显扬圣教论》大同小异,用合、结二支代替了同类、异类。无著在此论中开始有自己的创见。

以上四种为瑜伽行派有关因明的代表著作,都属于古因明范围。加上前人翻译的《方便心论》和《如实论》,古因明的主要资料在汉地大致齐全了。

　　还有两本书是新因明应用方面的范本。一本是大乘中观派清辩的《大乘掌珍论》，另一本是陈那门人护法的《广百论释》，分别在译经的早期公元649年和650年译出，前者对玄奘的唯识比量的构成有重大影响。玄奘门人定宾将奘师的唯识比量和本宗旧说作了比较。他说"此量头放掌珍，身象唯识"，意思是因明的格式仿效了《掌珍论》，而宗、因、喻三支的内容又像护法解释唯识理论所立的量。据说陈那有因明的专著八种，玄奘除了译出《理门论》之外，在公元657年还译出了《观所缘缘论》。在本论中陈那用三支作法来论述自己的现量学说。

　　以上是奘师所译因明的全部。其中古因明部分填补了从《方便心论》到世亲《如实论》之间的空白，使汉地学者了解到古因明的发展轨迹。两本新因明专著的弘扬则代表了汉传因明的方向。

　　对中国佛门中人来说，古因明是陌生的学问，对陈那新因明更是一无所知。玄奘把新因明这门新鲜学问输入汉地，激发了译场中人的浓厚兴趣。奘师随译随讲，听者"记之汗简，书之大带"，"竞造文疏"。短短几年，便有二论疏记二十多种。玄奘在印度是得到因明的真传的，他是学习的典范，也是运用的楷模。回国以后，又得到唐太宗的支持。理论上的需要，梵本的可靠，主观条件的完备，译场方面物质条件的优越，译场人才的出类拔萃，诸般条件的综合，便使得因明的传习在奘门蔚然成风。

　　在前言中，已经概述了玄奘的因明成就十条，汉传因明的特点与此密切相关，以下再从"汉传"的角度作个总结。

（一）以立破为中心

　　唐玄奘对因明的翻译和讲授的特点代表了整个汉传因明的方向。玄奘弘扬的是陈那前期的新因明，以立破为主，以认识论作为准备条件而附带论述。玄奘本人不但对陈那因明的前期代表作《理门论》十分精通，而且对陈那因明的后期集大成之作《集量论》反复钻研，可谓穷尽幽微。玄奘在译经初期，就先译出了《瑜伽师地论》，同时又译出了两本专著，但他始终没有翻译《集量论》。从玄奘译讲因明的取舍可以看出，他把因明的重点放在立破的原理和轨式方面。

　　明明知道《集量论》是后期代表作，是因为与《正理门论》和《入正理论》相比，分量太大，难度太大，时间不够，精力不济？实在想不出有什么充足理由弃而不译。联想到窥基《因明大疏》的宋版广胜寺本于抗日战争时发现，虽经八路军与老百姓奋力抢救，艰难辗转各地，但今日所见仍残缺不全。似可提供一种猜想，莫非梵本《集量论》在归程中就失落了？

　　在唐代几十种疏记中，对《入论》《理门论》的疏解，几乎不见有对《集量论》

相同内容的引用。以玄奘对《集量论》的研读,其听讲、阅读、求教次数和精研甚解都不亚于《理门论》。对《集量论》缄口不言,似乎有种切肤之痛。

《会宗论》《制恶见论》《三身论》系统阐发了大乘佛教精髓。带回国经卷中却无三论踪影。三论与集量莫非均在返程渡河时落水。

玄奘重视弘扬无著、世亲、护法的法相唯识学。唯识家的主要论书所说学习因明的目的,与《正理门论》和《入正理论》基本相同,即采用因明论式以证成其说。阐发陈那因明的原理和轨式,是汉传因明自唐疏以来至今几乎所有论著的主要任务。

从玄奘译讲因明的取舍可以看出,他把因明的重点放在立破的原理和轨式方面。玄奘重视弘扬无著、世亲、护法的法相唯识学。唯识家的主要论书所说学习因明的目的,与《理门论》和《入论》基本相同,即采用因明论式以证成其说。

玄奘在印度反复深究陈那后期代表作《集量论》,应该说他对《集量论》之奥义是精通的,但是他不译以认识论为中心的《集量论》,而译以立破为中心的《入正理论》和《正理门论》,客观上说明译者看重的是陈那新因明的逻辑工具性质。"可以权衡立破,可以楷定正邪,可以褒贬是非,可以鉴照现比"。①

玄奘开创的汉传因明既不同于以辩论术为中心、以逻辑和认识论为附庸的印度古因明,又不发展成陈那后期因明。

法称因明一方面对陈那因明作重大改革,使其真正成为演绎论证,另一方面又沿着陈那后期因明的方向发展,以认识论为中心。藏传因明弘扬的是法称因明,把因明直接当作解脱成佛的工具。这是汉传因明与藏传因明的区别。阐发陈那因明的原理和轨式,是汉传因明自唐疏以来至今几乎所有论著的主要任务。

(二)整理和发展了三种比量理论

汉传因明继承和发展陈那的新因明理论主要表现在三种比量理论。玄奘及其弟子对共比量、自比量、他比量三种比量理论有整理发展之功。在陈那《理门论》和商羯罗主《入正理论》中,讨论范围限于共比量。玄奘留学期间,三种比量及其简别方法在因明家手中还很生疏。玄奘学成将还之际已经运用自如。他修改胜军的比量和提出"唯识比量"便是两个成功典范。如同不同的哲学派别都可以运用形式逻辑来宣传各自的观点一样,玄奘也成功地运用因明工具来论证其唯识思想。他对三种比量及简别方法的整理发展主要反映在窥基的《因明大疏》之中。

---

① 文轨:《庄严疏》卷一,南京:支那内学院,1934年版,页二右。

（三）同、异品除宗有法和同、异喻除宗以外

三种比量理论属于辩论术。大、小二论只涉及共比量，按照辩论的潜规则，同、异品定义中无须明言同、异品除宗有法。根据陈那因明的共比量性质，同品、异品概念必须除宗有法。在印度的文化背景下，这是题中应有之义，不言而喻。作为新鲜的学问传播到中国，不把这隐而不显的要点明确揭示出来，便无法理解陈那因明的整个逻辑体系。唐疏至少有七家明确提出同、异品除宗有法，窥基《大疏》中明言喻中"除宗以外"。这对于我们今天确定陈那因明的学科性质是论辩逻辑有重要意义。

（四）因三相翻译，忠于原著又高于原著

玄奘所译各籍，提倡忠于原典、逐字对译之译经新规则（有少数例外）。由于他对梵文和汉语的造诣精深，又亲自主译，所以译文既信且达。名相的安立，文义的贯练，莫不精确异常，且能矫正旧译的讹谬。由于奘译在中国译经史上开辟了一个新纪元，后人通称其译籍为新译。

对陈那新因明核心理论因三相规则的翻译，既忠实于原著，又高出于原著。这是汉传因明对印度因明的一大贡献。在因三相"遍是宗法性""同品定有性""异品遍无性"中，两个"遍"字和一个"定"字是梵文中没有的。因三相是对陈那九句因中的二、八正因的概括。加上这几个字便把二、八正因固有的逻辑意义揭示得清楚明白。这一方面说明玄奘对陈那因明体系的把握是何等透彻，另一方面又充分展示其"既通华言，又娴梵语"[1]，"意思独断，出语成章"[2]的翻译优势。因三相的奘译，可以说是对陈那新因明的又一发展。对比今日有的逻辑学家、因明家对"定"字的错误理解，更加赞叹奘译及其释义之准确。

（五）发展了陈那新因明的过失理论

陈那、商羯罗主二论的过失论，限于共比量范围。玄奘把它扩大到自比量和他比量，使得过失论更为丰富和细微。玄奘的过失理论在窥基《大疏》中反映得最为充分，但窥基把过失论搞得过于烦琐，这是应当指出的。

---

[1]　季羡林：《大唐西域记校注·前言》，北京：中华书局，2000年版，第5—6页。
[2]　道宣：《续高僧传·玄奘传》第五卷，见《大正藏》第50册，第455页上栏。

（六）传播了那烂陀寺的最新观点

因明的古今传习者都会质疑，明明大小二论中说多言为能立，梵文中三为多，宗、因、喻三支才为多言，唐疏为何吊销宗的能立资格？按照今人的最新研究，唐疏这一新解来自陈那晚期著作《集量论》，是玄奘在那烂陀寺的学习成果。

（七）汉传因明鼎盛一时而终归绝响

汉传因明盛传三十年，在历史长河中不过短暂一瞬。就在其盛传之际，奘门以外的其他佛教学者就很少关心它，更不用说一般思想界了。当时佛门外仅靠自学研习因明的尚药奉御吕才对奘门弟子的疏文提出异议，客观上可能引发外界对唐疏的负面评价。或者出于这种担忧，译场中人群起而攻，一下就超出了学术讨论的界线。若能正确处置，有则改之，无则加勉，岂不是好事？最终吕才在辩才无碍的玄奘面前"辞屈而退"。从这场僧俗之辩中可看出奘门弟子在因明的弘扬方面的宗派性、保守性。这应是盛唐代因明传不过三代，前后只有几十年的原因之一。

根本的原因，从大的背景上看，印度有辩论的传统，玄奘可以介绍因明的辩论背景，却无法把印度的辩论环境和风气搬回大唐。玄奘译经的年代，恰逢禅宗勃兴，连华严宗都就此衰落，注重诠释名相的法相唯识学说更难适应时代的需要。因明可谓随法相唯识学说"一荣俱荣，一衰俱衰"。这说明一个基本道理，理论满足实践的程度，视其满足社会的需要程度而定。这是因明成为绝学的根本原因。

会昌法难，元代兵燹，给因明典籍带来灭顶之灾，是其后一千多年因明沦为绝学的一个重要原因。

第二章　证义领衔，理门佳作

——神泰《理门论述记》再研究

《因明正理门论述记》(以下简称《述记》)是玄奘译场中任职证义的神泰法师所撰。此书是对玄奘译讲陈那《因明正理门论》所作的记录和阐述。《述记》在唐以后长期失传，日本保存有残本三卷。它的回归东土晚于窥基《因明大疏》，1923 年由南京支那内学院校刊后印行。

第一节　神泰其人其书

神泰原为蒲州(今山西永济)普救寺僧，于唐贞观十九年(645)六月应诏进入玄奘主持的译场，任证义之职。显庆二年(657)奉敕住持西明寺。其后又迁蒲州栖岩寺、大慈恩寺。

神泰身为证义，地位仅次于译主。证义的任务是协同译主评量梵文，以求正确理解梵文原意，并且评判汉译的意义与梵文的差异。担任玄奘译场证义的尽管有十二人之多，但都不是等闲之辈。入选者都是"谙解大小乘经论，为时辈所推者"①。唐初哲学家吕才称誉神泰法师等人"神机昭晰，志业兼该，精习群经，多所通悟"②。

神泰著作颇丰，有《俱舍论疏》(与普光、法宝之疏合称"俱舍三大疏")、《摄大乘论疏》《道品章》《大乘四善根章》《十二缘起章》等，所撰因明疏记除本书外，还有《因明入正理论疏》《掌珍论疏》《观所缘缘论疏》。这三种均亡佚，诚为可惜。神泰关于《入论》和《理门论》的疏记在汉传因明史上都很有影响，与其在译

---

① 慧立、彦宗：《大慈恩寺三藏法师传》，第 131 页。
② 同上，第 167 页。

场身份的学术地位密切相关。

神泰是第一批为玄奘译讲的因明二论作疏记的人。他先撰《入论》疏,继写《述记》,这在《述记》中作了交代。在解释《理门论》"宗等多言说能立者,由宗、因、喻多言辩说他未了义"一句处,神泰只用了极其简洁的四个字"同《小论》说"①。这么重要的一句话,《述记》释文却如此省俭,说明他自己对《小论》即《入论》已有详细疏解。神泰关照读者参照他先前写的《入论疏》,隐含了此不赘述之意。今人把《理门论》称为《大论》,把《入论》称为《小论》,就是从神泰的《述记》中来的。正因为有《小论》疏写作在前,《述记》对《大论》的解释显得稍微简略。倘时人读过其《入论疏》,《述记》中不少文句便不至误读。例如,在引论部分解释了因,直接用"所作性"实例作为遍是宗法的义了因。

有关《入论》的唐疏有十多种,神泰的疏是较早在奘门中流传的。京师普光寺沙门栖玄任译场中的"缀文"。缀文的任务是根据梵文、汉语的不同结构转译经典,调整句式,疏通文理。缀文共有九人,栖玄位居第一。在栖玄手中就有神泰、靖迈和明觉三家的《入论疏》。在朝廷中任尚药奉御的吕才是博学多才之士。他从少时伙伴栖玄手中借来三家义疏,反复究习,颇有心得,写成《因明注解立破义图》,引发一场激烈的争论。神泰虽然没有直接参与,但是他的《入论疏》是讨论的对象。既然作为讨论的对象,其影响之大可以想见。《述记》成书于《入论疏》之后,受到论战的影响是推想得到的。唐代关于《理门论》的疏记总共不过六七种。在证义中除神泰外,只有京师弘福寺沙门文备有《理门论疏》。另外,负责定字真伪的"字学"玄应也撰写过此论之疏。玄应的疏完成较晚,因为疏中提到文轨的《庄严疏》。总之,《述记》在众多唐疏中举足轻重。

由于唐以后《理门论》疏记仅存《述记》一种,而且只残存前半部,其作用更显得重要。神泰对陈那因明思想的理解和阐发,无论正确与否,都对其他疏记有影响。文轨和窥基的《入论》疏尽管也引述《理门论》,特别是基疏对《理门论》有较多阐发,但是毕竟不是对陈那原著完整系统的讲解。《小论》本来就比《大论》好读,因此玄奘也是先译《小论》、后译《大论》,奘门弟子中为《小论》作疏的也多于为《大论》作疏的。《述记》的问世在当时十分难得,在今日它更是研习《大论》的必读书。

《理门论》共分作为简要序言的"序述发起分"、作为正文的"辨释正宗分"和末颂显示的"所为契真分"三部分。《述记》残本三卷包括"引言"和对《理门论》前两部分的疏解。引言部分解释"因明"、"因"与"明"、《正理门论》和《入正理

---

① 神泰:《述记》卷一,南京:支那内学院,1923 年版,页三右。

论》的含义。疏解部分在解释到《理门论》宗五过处，末尾有一问而无答，答文佚失。残本在讲解到"似能立"中的"似喻"部分，只提到"倒合""倒离"两种似喻，以下内容便全部缺失。

《述记》对许多重要的因明理论作了阐发，对该论的写作背景、理论的古今沿革作了交代，对文字上的难点作了疏通，对许多实例作了讲解。本书题名《述记》，表明记录了玄奘译讲时的大量口义，当然也加上了神泰自己的发挥。

第二节　《述记》阐发的因明思想

一、《述记》引言概述的因明要义

引言是为解题而写。《理门论》题目包括"因明"和"正理门论"两部分。《述记》先简要解释这两部分。神泰开宗明义阐明因明是印度教育中的五明之一。"初言因明者，五明论中论，即是诸因明论之通名也。"①在玄奘撰述的《大唐西域记》中记述了印度的教育分为五种学问：声明、医方名、工巧名、因明和内明。神泰解释因明是五种"明"之一。既然声明是对声的阐明，医方明是对医术、医药的阐明，以此类推，因明是对论辩中因的阐明，也就是关于因的学问。唐代疏记包括《述记》关于因明这一名称还有多种解释。神泰的这一解释最为切合。

"《正理门论》，此论之别目也。"②神泰接着指出题中的《正理门论》是表明此论归属为因明类。梵文题目中只有"正理门论"，而无"因明"二字，吕澂先生指出书名中"因明"二字为玄奘所加，神泰没有交代。

总论过《理门论》书名后，神泰用一大段文字解释因明中的"因"特指什么。"初言因者有其二种：一者生因，二者了因。今此所辨正说了因，兼辨生因。"③

《述记》这段关于因论的释文有着丰富的含义。一般而言，佛家把因分为生因和了因。《涅槃经》说："有二因：一者作因，二者了因。如陶师轮绳，是名作因；如灯烛等照暗中物，是名了因。"④"作因"即生因，生因是指事物发生的原因，

① 神泰：《述记》卷一，页一左。
② 同上。
③ 同上。
④ 《大般涅槃经》(南本)，《大正藏》第 12 册，第 735 页。

了因属主观因素,是用智慧照解法性之理。

世亲在《如实论》中也把因分为两种:"一生因,二显不相离因。"①世亲说的"生因"就是种生芽的事物因,而"显不相离因"就是了因,指论辩中的逻辑理由。世亲已经把论辩中的"显不相离因"与"生因"即事物因作了明确区分,他强调"我说因不为生所立义"。"所立"即宗,论辩中的因不是生因,不是生出了所立(宗)之义。出现在论证式中的因只是显示因、宗不相离关系。

陈那进一步发展了世亲"显不相离因"的理论,他在《理门论》本论中把"显不相离因"称为"证了因"。《述记》在此引论中特别强调说:"今此所辨,正说了因,兼辩生因。"神泰认为《理门论》中阐明的是了因,属正说。只是附带提到与了因相对的生因。

什么是了因呢?神泰说:"就了因中复有三种:一者义因,谓通是宗法所作性义;二者言因,立论之者所作性言;三者智因,诸敌论之者及证义人解前义因及言因。心心数法,通名为智。此之三因并能显照'声无常'。如灯照物,故名明也。"②

这是说一个了因须具有三个要件。神泰举出佛弟子用"所作性"因证"声无常"宗的例子。满足因的第一相的"所作性"因义和表达出因义的因言固然都出自立论人之智,这三种了因合在一起共证了"声无常"宗,但是此三因作为正因的提出,必须符合一个条件。那就是必须征得"敌论者以及证义人之智"的认可。即是说,此了因之智必须是"敌论者以及证义人之智因"。为什么必须符合"敌论者以及证义人之智因",陈那在后面本论中作了回答,姑且不论。

这就阐明,因明中的因是指了因,指论证中的逻辑理由,并非指事物发生的原因。换句话说,《理门论》中正说的了因与事物因意义上的生因无关。它们都能证了"声无常"宗。打个比方,用灯照亮了物,而不是造出了该物。"如灯照物,故名明也"。

这就清楚表明在本论中免谈生因。为什么又要说"兼辨"呢?那是为了解释了因的特点,作为对照,附带说了一下生因。在后面本论中论主陈那就专门解释了因与种生芽那样的生因的区别。

庄严寺僧文轨的《因明入正理论疏》(简称《庄严疏》)是旧疏中的佳作,但对生、了二因广衍其说,混淆概念,使人不得要领。该疏将生、了二因各开言、义、智三种,成为六因。在种生芽的生因上再分为言生因、义生因和智生因。这三种生

---

① 世亲:《如实论》,《大正藏》第 32 册,第 31 页。

② 神泰:《述记》卷一,页一右。

因与陈那三支比量中所用的因毫无关系,在《理门论》中完全可以不讨论。文轨疏发挥三种生因之说已远离因明论,窥基的《因明大疏》又进一步广衍其说,更加远离了陈那的《理门论》。对陈那新因明来说,唐疏的"六因说"是发挥过当。

陈大齐对因明之因与逻辑理由作了比较。因明所说的因,含有原因和理由二种意义。"因明所说的因,其中有所谓生因,因上加一生字,表示生起的意义,这明明是原因,不是理由。又把立敌的智作为因的一部分。立敌的智是心理学上或认识论上的原因,也不是理由学上的理由。……道理义因是理由中的主要部分,言因是理由中的辅助部分。但这二因之上都不可以加生字,因为一加生字,便成原因了。……所以本书此后说因,专指理则学上所云理由而言。因此,可把因明的定义减缩范围,因明是研究理由的学问"。① "因明是研究理由的学问",因明中的逻辑是论辩的逻辑,其因只是理由,而非原因。"因上加一生字,表示生起的意义,这明明是原因,不是理由。"陈大齐是把生因从因明之因中剔除的。这就祖述了神泰的观点。但是,陈大齐在《因明入正理论悟他门浅说》中又承续窥基《大疏》六因之说,详加解释,未能将生因从因明之因中剔除的观点坚持到底,是为一憾。

阐明了因的证宗作用,就叫明。因是所明,明是能明。这说法与对因明的总释还是一致的。引论接着说:"此即因是境名,明是智称。又即此明智,能照因境了得本宗,故云因明。"②还是以因为对象,阐明了因的证宗作用,因而称为因明。

关于因明二字的意义陈大齐说因明学家大体有四种解释:第一说以因为生了二因的总称,以明作阐明解。因和明合起来,解作因的阐明,亦即阐明因的学问。第二说的分释和第一说差不多,其合释则大相径庭。此说谓因阐明一切正理,明是因的功用,可说因即是明。依第一说,因是所明,依第二说,因是能明。第三、第四两说都解因为生因或言生因,解明为了因或智了因,分释是相同的,合释则不一致。第三说谓由立者的因解发敌者的明,因明即是明的因。第四说谓因是因,明是明,因与明异,因明是研究因与明的。陈大齐认为,"四说之中,第一说似乎最平实且最近理",因为以了因称呼明,与其余四明的明都解作阐明不一致。"就是把明解作声等的功用,说声即是明,医即是明,工即是明,也觉不妥。而且照第一说那样解释,其余三说的意义都可以含摄进去,都可以包括在因字里面。……我们根据此说,可为因明作一定义,因明是研究因的学问。"③

---

① 陈大齐:《印度理则学》,第8—9页。
② 神泰:《述记》卷一,页一左至右。
③ 陈大齐:《印度理则学》,第6—7页。

二、《述记》疏解"正宗分"因明要义

（一）关于《理门论》的写作背景

陈那在《理门论》开首便提出了本论的写作目的："为欲简持能立能破义中真实故造斯论。"神泰为此解释了本论的写作背景："自古九十五种外道，大小诸乘，各制因明，俱申立破。今欲于彼立破义中简智采言、持取真实。谓昔因明，或非过谓过、过谓非过，今显简智持取，此过云是过、非过云非过者，此即若能立、能破似，俱名能立、能破。能立、破名真实义，非一向取无过能立、破。"①

神泰的这段释文阐明，陈那以前，印度数量众多的"外道"和佛教内部大小诸乘"各制因明，俱申立破"，但是在各家的立破之则中，本身就存在着是非混淆的情况，"或非过谓过、过谓非过"。陈那为明辨是非，故著本论。"今欲于彼立破义中简智采言、持取真实"，对前人的立破之则去伪存真，是是非非，建立起正确的规则。神泰认为陈那原文中的"能立、能破"是包括真似能立和真似能破的，因为各宗各派都把自己的立破之则说成真立破。《理门论》就是要在各种立破中把真实的道理简别持取出来。神泰的这段释文表明，陈那批判地继承并发展了印度因明学说。

（二）关于"相违义"所指既可为似宗，也可以为正宗

"相违"从逻辑上讲是个对称性的关系词，从语词上说是中性词。甲与乙相违，则乙与甲也相违，是对等的。同样，《理门论》中的"相违义"，既可用来指称似宗，也可用来指称正宗。

在对《理门论》初颂第四句"非彼相违义能遣"作疏解处，《述记》说："宗有五过名相违义。以此五过即义与宗相违故。此相违义，能遣正宗，令成至似。若非彼相违义能遣之宗，名正宗。"②明确解释"相违义"是似宗过失即谬误之名。要是说这第四句意为，正宗是不被正宗所遣的宗，那是明显的同义反复。作为陈那大论师前期代表作的初颂第四句，说同义反复的空话，有点不可思议。这一句其实是说成立正宗的条件之一是远离似宗，不为彼所遣。

神泰又在后面长行中解释《理门论》"为显离余立宗过失故言非彼相违义

---

① 神泰：《述记》卷一，页二右。
② 同上，页三左。

遣"一句说："即是颂文，但略无'能'字也。言'相违义'者，即是似宗。与正宗相违，故名相违义。即此真实宗不为似宗所破，故言非相违义能遣。言'义'者，即是相违义言声下所诠义也。'遣'者，即除破义也。此之一义，《入理论》无也。"① 这段话也是坚持"相违义者，即是似宗"。

紧接着对《理门论》"若非违义言声所遣"一句又作了大段讲解："'非违义言声'，即是离五过真宗所目义，与有过宗相违故名相违义。若有过宗便为彼有过相违真义所遣。若无过宗便非为彼有过相违真宗所遣。即此宗若非彼五过宗言所遣名为真宗。此即五过宗相拟议中当其能遣，真宗为所遣也。下出能遣，显此能遣不能遣真宗。又释似宗望真宗非是能遣，以有过故。故言非彼相违义言声所遣。谓真宗有所遣。下举五过望其真宗但为所遣，显非彼为能遣也。即是释颂第四句。"②

神泰费很多笔墨反复解释似宗与正宗在相违意义上的对称性。似宗只是在"拟议"即揣度、估量当中有能遣的作用，而把真宗当作了所遣的对象。真宗实际上被似宗遣不了，似宗要被真宗所遣。以下的几个实例都是似宗，它们名为能遣却"不能遣真宗"。因为它们本身有过，所以不是真正的能遣。本句论文则说非有过的相违义言词即真宗是有所遣的对象的，即本论下述的五过。这样就把论文中"相违过"一词的所指讲明白了，并无前后不一致之处。

《述记》在解释论文关于世间相违过"又若于中，由不共故无有比量，为极成言相违义遣，如说'怀兔非月，有故'"一段话处，又有长篇解释，除错误地把世间相违宗过比作不共不定的所闻性因过外，对"相违义"语词的解释还是正确的。《述记》说："'相违义'者，即言词所诠共许月义，即此共许月义，能遣其所立'怀兔非月'义。若准此释，前言'非彼相违义能遣'者，非谓似宗与真宗相违，名相违也。谓若立宗有其过失，即与五种道理相违。即此道理，与似宗相违名相违义。真宗既顺道理，则不同彼似宗为相违义遣，故言'非彼相违义能遣'。"似宗之所以为相违义正宗所遣，是被正宗具备的五种道理所遣。似宗与五种道理相违，所以称相违义。正宗符合五种道理，所以不是相违义似宗所能遣的。唐人没有逻辑关于语词对称性的理论，就不那么容易说明白，甚至可能引起误解。

（三）关于生、了二因之区别和三种证了因之相互关系

神泰《述记》在"本论"中继续发挥"引论"义了因生智了因思想，进一步把生

---

① 神泰：《述记》卷一，页八左至右。

② 同上，页八右至页九左。

因从论证中清除出去,并且阐发了三种证了因之相互关系。

佛家虽然把因分为生因和了因二种,但神泰《述记》紧扣陈那《理门论》的实质,"正说了因,兼辩生因"。这种证了因在共比量中必须立敌共许,"何以故?今此唯依证了因故,但由智力了所说义,非如生因由能起用。"①神泰解释说:"言非如生等者,如种为芽生因,不由智力知故为因,不知故亦可为因。但由种有生芽之用,即是其因。不由知与不知,方成因也。言了因者,要由共了知故,方得成因也。故言'非如生因由能起用'。"这是说,用来证宗的"证了因"必须由敌方之智了知,必须为敌方之智所接受。证了因不同于种子生芽那样的生因。不管你主观上接受不接受,种子都有生芽之功用。陈那特别强调作为论辩中定观理由的证了因不同于现实世界中的生因必须立敌共许,才有证宗的功能,才能令敌者了知所立之义。神泰始终把握住陈那关于生、了二因的界说,正说了因,再将了因分为言、义、智三种。这样就把生、了二因的区别解释得简单明了。

《理门论》又说:"若尔,既取智为了因,是言便失能成立义。"神泰解释说,这是别人的非难。既然这样强调敌论之智为了因,那何必还要言了因呢?陈那答:"此亦不然,令彼忆念本极成故。"立者之因义必须由立论者通过语言表达出来。神泰解释说:"今明言因,令彼敌论人忆念此声上有'所作性'于瓶等同品上本极成定有、异品通无。此'所作性'因敌论人亦先成许有,名曰极成。恐彼废忘,复须多言,令彼忆念本极成义。"②

陈那认为因言的作用是令敌方忆念起此因是双方原本就共许的。神泰举例说明"所作性"因本来就是敌论人认可的,而且是三相俱足的正因,为了怕你忘记,就用语言表达出来,起到提醒作用。"忆念"二字还表明,"所作性"因能满足因的第二相规则同品定有性和满足第三相规则异品遍无性,不是临时归纳出来的,相应的同、异喻体也绝不是每立一量则临时归纳一次,而是立敌双方共同认可的已有的知识。这与国内外现当代因明家所谓三支作法自带归纳大相径庭。明乎此,有益于解决当代因明研究的重大纷争。

(四)关于古因明五支作法的构成

《述记》介绍了陈那以后诸因明师对五分作法的评论。"陈那已后诸因明师云第四合是重说第二因、第五结是重说第一宗故,后二分是前三分摄。"③这是说

---

① 神泰:《述记》卷一,页十七左。

② 同上,页十八右。

③ 同上,页九左。

五分作法中的第四支"合支"实际是第二支"因支"的重复，而第五支"结支"就是重述宗支，可见"合支"和"结支"并非逻辑论证的必要成分。陈那以后诸因明师肯定陈那改五支为三支的合理性。

（五）关于四种宗义

神泰在解释初颂中的两句"是中唯随自意乐，为所成立说名宗"时，指出有四种宗义，其中第四种"随自意宗"是无过的正宗，解释了陈那立宗的标准。

《述记》说："一共所许宗，如言青莲华香。此立有已成过，故不立。二本所习宗，于自教中立亦有已成过，故不立。三义准宗，如立'声是无常'，准是'空''无我'。非本其所立，故不立。四随自意宗，乃至自教中立余教义，故无过也。"①

陈那的颂文，言简意赅，神泰的释文交代了理论背景。第一种"共所许宗"是立敌双方和证人都普遍认同的，没有成立的必要。第二种"本所习宗"，是对本宗派内部的人立本宗派共同的主张，也是多此一举。第三种"义准宗"，是立宗者意中所许、隐而不显的宗。立义准宗，有转移论题的意味，也非正宗，但陈那没有把它列为宗过，在"相违因过"中默认其为正宗。第四种"随自意宗"违他顺己，是因明立论的宗旨，是"无过"正宗。其四又称为不顾论宗，这是随立者自意所乐而立之宗，例如佛弟子对声论派立"声无常"宗。吕澂在《因明正理门论本证文》中说："不顾论宗，勘《集量》作不顾自论。"（《内学》一○四一页）接着又引法上释云，自宗法义有多，今不悉顾，但乐立一也。论即是宗，故云论宗。

（六）关于九句因与因第一相关系

现代因明研究者中有少数人误认为九句因不涉及第一相"遍是宗法性"，其实《理门论》已经交代了九句因都是满足第一相的。《理门论》说"因与似因多是宗法"，又有"宗法与同品，谓有、非有、俱"的说法。

对这两句，神泰的释文是："意因多分是宗家法，如'六不定'及'四相违'并正因。谓'遍是宗法性'是宗家法，其'四不成'于宗上无，名为不成，既不成因即非宗家之法故。此唯有四，名少；余'不定'等，简少名多，故言'多是宗法'也。"②除了"四不成因"外，其余数量更多的似因和正因都是满足第一相的。对后一句，神泰说："宗法者即遍是宗法性因也。"这就说明九句因的每一句都是以满足第一相为前提的。

---

① 神泰：《述记》卷一，页三左。
② 神泰：《述记》卷三，页十一左。

（七）关于除宗有法

玄应曾指出唐疏有四家认为同品应除宗有法，神泰在玄奘译场地位很高，其《述记》和《入论疏》影响也很大，为什么四家中没有神泰？其实他也是主张同品除宗有法的，只是没有明言。

在解释了四不成因之后，陈那总结说"如是所说一切品类所有言词皆非能立"。对这一句，神泰《述记》解释说："如是类释，更于所说余一切品类有法上所有四不成言辞皆非能立。"①因作为宗法，是说因是宗上有法之法。四不成因是说因不成为宗上有法之法。宗之有法只有一个，为什么说"余一切品类有法"呢？这是说宗上有法之外的其余一切有法。在陈那的三支作法中，除宗的主项是有法外，还有同品、异品和同喻依、异喻依可以成为有法。有法与法相对，有法为体，法为体上之义。有法相当于事物，法相当于事物的属性。如同因法对于宗上有法有成和不成的关系一样，一切法对于有法同品、异品、同喻依和异喻依都有成、不成的关系。如果存在四不成的情况，都不能算能立。《述记》的这一解释实际上已经说明了宗有法被排除在同、异品之外，换句话说同、异品除宗有法，同样同、异喻依除宗有法。因为宗有法是不是所立法的同、异品，正是立、敌要争论的问题。宗有法如声能不能成为无常的同、异品，在立宗之际还没有共许极成，如果立、敌双方任一方把它列为同品或异品，就有所依不成之过。如果同、异品不除宗有法，则"余一切品类有法"根本没有四不成问题。

（八）关于喻体用"若"与用"诸"同义

玄奘的《理门论》汉译本对同喻体的表述是"以诸勤勇无间所发皆见无常"，对异喻体的表述是"谓诸有常住见非勤勇无间所发"。同、异喻体在主词前都用相同的量词"诸"。玄奘的《入论》汉译本对同喻体的表述是"谓若所作，见彼无常"，对异喻体的表述是"谓若是常，见非所作"。②同、异喻体在主词前都用相同的量词"若"。显然，玄奘所用"若"，同于"诸"，而非"如果"，即不是在假设的意义上用"若"。因此，不能一见"若"，便断言陈那因明的喻体是充分条件假言命题。在古汉语中，"若"字有一义表示代词的"如此""这样"，或"这个""这些"；还有一义是表示"如同""像"。这些词义都与"诸"接近。"诸"在古汉语中表示"众多""各"，与逻辑全称量词"所有"完全不同。

---

① 神泰：《述记》卷一，页二十右。
② 转引自吕澂：《因明入正理论讲解》，北京：中华书局，1983 年版，第 15 页。

神泰《述记》遵循了奘译的观点。在对《理门论》如下一句"若于其中俱分是有,亦是定因,简别余故"的讲述中,两次在同喻体上用"诸"字,两次在异喻体上用"若"字。这表明神泰将"若"看作与"诸"同义。

神泰《述记》:"若所立因,于不定中,同、异品上,俱悉分有,不但是不定因,亦是相违及正因也。言'简别余故'者,以所立因,不于一分异品转,故是定因。《论》如立'声常宗,无质碍故因,诸无质碍悉皆是常,犹如虚空同喻;若是无常即有质碍,犹如瓶等异喻'。以虚空为同品,以瓶为异品。既简瓶等无常有碍法故,复望虚空为同喻,故是正因。若望心心法等其因即成相违。谓'声是无常宗,无质碍故因,诸无质碍法悉无常,如心心法同喻;若是其常即有质碍,犹如极微异喻。'此三不定,望异品一分无边即成决定,望异品一分有边即是犹豫。其不共因于一切宗无有定义,故有差别。"①

(九) 关于不共不定因过

不共不定因是九句因中的第五句。《述记》指出古因明师不许四不定因过外别有此因,这是说第五句因是陈那首创,同时也说明九句因也为陈那首创。这对理解陈那因明的逻辑体系很有帮助。今人有谓九句因为足目所创,缺乏依据。

(十) 关于宗因宽狭与正因、不定因之关系

在解释不共不定因与四不定因的差别时,《述记》对宗、因宽狭与正因、似因的关系作了考察。从逻辑角度看,《述记》是从宗的谓项与因概念的外延关系来考察因的正与不正以及共不定因与不共不定因的区别。

《述记》说:"宗有二种:一宽二狭。宽宗者,如云'内身无我',除宗已外余一切法悉是无我,故是其宽。狭者,如立'音声是常',除宗已外即有无常,故是其狭。因亦有二:一宽二狭。宽者'所量性''所知性'等,除此以外更无非所知等故。狭者,'勤勇所发性'或'所作性'等,除此以外更有非勤勇所发性或非所作性等故。"②

神泰接着解释说,若对狭宗"声是其常",立"所量性"宽因,则此宽因通同异品常、无常,是不定因;这同一的宽因用来证"内身无我"宽宗,又成为正因(定因);用狭因"所作性故"证此宽宗,亦成正因。总之,狭因可成宽宗和狭宗;宽因只能证宽宗,而不能证狭宗。这里的论域是讨论宗因宽狭与正因、不定因的关系,并不涉及相违因。神泰认为,同一个共因(宽因)对宽狭宗有定和不定两种情

---

① 神泰:《述记》卷三,页十二左至右。

② 同上,页十一左。

况,而"不共不定因"则只能是不定,而不可能是定因。这就是"共不定因"和"不共不定因"的区别。用宗因概念之间的宽狭即外延关系来讨论正因和不定因,这是一种创见。神泰的解释有一定的道理,但不全面。"共不定因"满足第二相,"不共不定因"不满足第二相。这是二者的主要区别。

(十一) 关于自语相违宗过实例的讲解

自语相违是《理门论》中第一种宗过。陈那举出的实例是"一切言皆是妄"。《入论》关于自语相违宗过的实例是"我母是其石女"。这两个实例与世亲《如实论》中两个实例相仿,《如实论》的两个实例是"一切所说我皆不许"和"童女有儿"。

"一切言皆是妄"是关于涉及命题自身的悖论,"我母是其石女"是一个命题中主词与谓词相矛盾。

神泰对"一切言皆是妄"的解释比《如实论》详细,世亲对"一切所说我皆不许"的评论都被神泰继承下来了。

世亲评论道:"汝说不许一切,此说为入'一切'数,为不入'一切'数? 若入'一切'数,汝则自不许汝所说。若自不许者,我义则是汝所许,我义自成,汝言便坏。若不入'一切'数者,则无'一切',若无'一切',汝不许'一切'。若不许'一切',我义便非汝不许,我义亦成,汝言终坏。"[1]

世亲的意思是,你这句话本身算不算"一切"中的一句? 如算在内,则你自己也否认了这句话。你否定了自己的话,则我的话便真。如不算在内,你怎么能说"一切"呢? 既然不能说"一切",我的话便真,我的话真,你的话便不成立。

世亲指出这句话算入"一切"之中,便导致自我否定,这样反驳是对的。但是从"不许一切"这句话为假,只能推导出"有的所许为真"。却不能说,这句话假了,"我义则是汝所许",即我的话一定真。"有的"为真,不等于"我的"为真。

神泰说:"谓有外道立'一切语皆悉不实',此所发语便有自语相违。何故? 说'一切语是妄'者,汝口中语为实为妄? 若言是实,何因言'一切皆是妄语'? 若自言是妄,即应一切语皆实。若复救云'除我口中所语余一切语皆妄'者,更有第二人闻汝所说'一切语皆是妄',即复发言'汝此言谛实',彼人发语为妄为实? 若言是妄,汝语即虚;若言是实,何故便言除我所说? 若复救言'除道我语此一人是实,余一切语皆悉是妄',若尔更有第三人复云第二人语亦是实,此第三人语为虚为实? 若言是虚,此第二人并初人语是实应妄;若第三人语是实,何故言'除我及此人余虚妄'耶?"[2]

---

① 世亲:《如实论》,《大正藏》第32册,第30页。

② 神泰:《述记》卷一,页九左至右。

神泰的意思是，你口中的这句话若是实的，你怎么能说"一切语皆妄"呢？如果你补救一下，说除此之外都妄，那么又会有第二个人说你这"除外"之话是实话，以此类推，就有第三人、第四人，例外就不成为例外。神泰的这一连串反驳都是对的，但是后面他又过度发挥，说了一句不合逻辑的话。留待下文陈述。

（十二）关于遮诠和遮的含义

遮诠与遮是一对相对概念，相当于表诠与遮诠的对立。今人有解作命题的肯定与否定，其实是误解。它们是陈那有关明确概念的特殊方法。

《述记》在解释"前是遮诠，后唯止滥"一句时说："名言……诠共相，要遣遮余法，方诠显此法。如言青，遮非黄等，方能显彼青之共相；若不遮黄等，唤青，黄即应来。故一切名言欲取其法，要遮余诠此，无有不遮而诠法也。然有名言但遮余法，更无别诠。如言无青，更不别显无青体也。今同喻云诸是勤勇无间所发遮非勤勇无间所发，显勤勇无间所发。皆是无常，遮是常住，诠显无常生灭之法。故云前是其遮，后是诠也。其异法喻云诸常住者但遮无常，故云常住，不欲更别诠常住。即非所作，但欲遮其所作，不别诠显非作法体。此意但是无常宗无之处皆无所作，但是止滥而已，不欲诠显法体，故言后为止滥也。"[1]

神泰的释文阐明，陈那用名言来诠释事物共相的方法有两种：一是遮诠，亦遮亦诠，先遮后诠；二是遮，只遮不诠。陈那将他特殊的概念理论用来说明喻的组成。同喻体的组成，其主、谓词都是逻辑上所说的正概念，异喻体的主谓词都是逻辑上所说的负概念。神泰没有说到喻依。同喻依必须是立敌共许的所谓有体的对象；异喻依可以是立敌不共许的无体的对象，例如小乘经部不承认的"虚空"，甚至是虚构的"龟毛""兔角"。总之，遮诠与遮，表诠与遮诠，不涉及命题的肯定与否定，是涉及概念的理论。

第三节　引言和本文中引起探讨的专题

一、关于宗与能立的关系

不承认宗为能立的组成部分，只承认一因二喻或因三相为多言称为能立，这

---

[1]　神泰：《述记》卷三，页十八左至右。

是唐疏的共释。《述记》是这一解释的代表。这一共释与《理门论》和《入论》原文的本意不符。"能立"这个词在《理门论》和《入论》中实际上有两种用法。

第一种用法是，与似能立和能破、似能破相对，包括宗、因、喻三支，三支才能称为多言，二喻只能算为一支。因此，一因二喻只能说是二言，不能说是多言。在《理门论》中："宗等多言说能立者，由宗、因、喻多言辩说他未了义。"神泰加了四字注解："同小论说。"①天主在《入论》中说："此中宗等多言名为能立，由宗、因、喻多言开示诸有问者未了义故。"②又说："唯此三分说名能立。"③从语言表达来看，二论都把宗算在多言的能立之中。

第二种用法是，与所立相对，所立为宗，能立只包括因和喻。这是陈那的创新之论。④

神泰却主张只有一因二喻为能立。他在解释《理门论》"故此多言，于《论式》等，说名能立"一句处说："引天亲所造诸论亦立一因二喻为多言，名能立。"⑤接着对"又以一言说能立者，为显总成一能立性"一句解释说："颂中宗等多言，总说名能立者，为显一因二喻总成一能立性。"⑥

《理门论》将三支中任一支缺减的过失都归入能立过。该论说："由此应知，随有所缺，名能立过。"神泰的解释是："宗、因、喻三支中，随一种缺减，名能立性过。"⑦又指出陈那以前，缺宗或缺因、喻都称为能立过，而陈那则不同，"但于因、同喻、异喻能立之中，有减性过。"⑧在《集量论自义·比量品》中，讲完"辨比量支"里的"说三相正因"后，接着就"说缺相似因"，而不提《理门论》的能立缺宗过。

综上所述，神泰应读懂了《理门论》和《入论》关于能立二义的原文，也读懂了《理门论》关于支缺的论述"由此应知，随有所缺，名能立过"。不能不承认"宗、因、喻三支中，随一种缺减，名能立性过"。可他为什么坚持把宗排除在能立之外呢？根据汤博士的最新研究，他认为陈那晚期代表作《集量论》改造了《理门

① 神泰：《述记》卷一，页三右。
② 转引自文轨《庄严疏》卷一，页四右、页六左。
③ 同上，页二左。
④ 陈大齐：《因明大疏蠡测》考察《入论》十五处"能立"中，兼摄宗者有九，指因法者有六。
⑤ 神泰：《述记》卷一，页三右。
⑥ 同上。
⑦ 同上，页四左。
⑧ 同上，页四左至四右。

论》关于能立的旧说,将宗剔出能立。能立只指称因一喻二或因三相。①《述记》和文轨《庄严疏》以及窥基《因明大疏》均采用了《集量论》的说法而未加说明,这引起后人的批评。

在《集量论》卷三"他义比量品"中,不见有《理门论》"宗等多言说能立"文字。在"辨所立"部分,直截了当述说宗为所立,因为能立。对颂文"其显所比者,许为因义境"的长行解释是:"或曰:显所比者是为立宗。因明论中所立他义比量,其义云何?曰:唯应问彼。吾等说所比者,是许为因义之境。诸支分中,其说为所比,吾等不许为能立。以彼生犹预故。然为因义,显彼境故,彼亦定当成立。"②

在"辨能立"部分讲九句因的组成和九句因的正误,即正因与似因。这说明《集量论》突出了论主陈那本人的新因明与古因明的一个根本不同,即在一个三支论式内部,宗与因喻相对,宗是所立,只有因、喻才是能立,而不再提《理门论》和《入论》中能立多言包括宗在内的观点。大小二论确实留有古因明的尾巴。总观唐疏,都讳言大小二论关于能立二义的本义,讳言陈那晚期代表作《集量论》对早期著作观点的修改。这是造成唐疏关于能立概念的解释令人费解的主要原因。

按照汤博士的研究,《述记》和其他唐疏的能立解释,应是玄奘的口义,是玄奘在印时那烂陀寺的最新解释。这一新解又为日后兴起的法称因明开辟了道路。

二、关于宗的有法、能别互相差别

《述记》说:"言'差别性者',如立宗言'声是无常','无常'与'声'更相差别,至言必尔,何须更以差别之言而差别耶?是故此论无此之句也。"③"差别性"的说法出自《入论》,原文是"此中宗者,谓极成有法、极成能别差别性故",意思是说宗由能别(宗的谓词)对有法(主词)加以差别才构成的,没有主、谓词互相差别的意思。神泰认为在"声是无常"宗里,"无常"能差别"声",此乃无常声而非常声;"声"也能差别"无常",此乃声无常而非瓶无常。神泰认为这是必定如此的道理,所以《理门论》不必提及。由此可知,神泰认为,二论关于宗的组成即

---

① 汤铭钧:《汉传因明的"能立"概念》,《宗教学研究》,2016 年第 4 期。
② 陈那造、法尊译编:《集量论略解》,北京:中国社会科学出版社,1982 年版,第 60 页。
③ 神泰:《述记》卷一,页八左。

有法与能别的不相离性,有不同的解释。神泰认为,《理门论》主张有法与能别本来就互相差别,而不必说能别差别有法。例如,不必说"无常"差别"声"。

其实,在一个命题中,只有谓词能差别主词而主词不能差别谓词。在"声是所闻"中,"所闻"差别了声;在"所闻者是声"中,"声"差别了"所闻者",所谓互相差别须由两个命题来承担。一个宗体的形成固然要依赖于有法与能别的不相离,但是不相离不等于互相差别。神泰与文轨、窥基都主张互相差别。这一看法基于神泰《述记》对《理门论》的解释而不同于对《入论》的解释。这引起了后人的批评。

在唐代古疏之中,玄应的《理门论疏》对《庄严疏》和基疏"有法及法互相差别"之说持反对意见。他认为"互相差别"会出现"无常是声"这一本不应出现的宗体。玄应疏今不存,其说为《瑞源记》所引述。"为显宗体,说'差别'言,谓立论者说'声无常',以无常言,简别有法,是无常声,非常性故,即显无常与声和合不相离性之宗体也","立者但用无常别声,故声、无常非互相简。由此能别唯在无常。不尔。便应有相滥失。"①

玄应所说甚是,且不说"无常是声"有宗过本身不能成立,此宗与原宗"声是无常"是不同的宗,已经转移了论题。互相差别说与基疏对体义三名的界定显然有矛盾,按照互相差别说前后陈都应有所别、能别二名,对此,前文中基疏释难说:"今陈两诤,但体上义,故以前陈名为所别,后名能别。亦约增胜以得其名。"这是说立敌争论的只是体上之义,如声体上之无常义,因此前后陈按胜义被规定为所、能别。若果贯彻此义,立敌不诤无常体上之声义,何来声差别无常之说。那是另立宗的问题,与本宗无涉。

三、关于颂文"若无所违害"释义

《理门论》用颂文总结四相违因说:"邪证法、有法,自性或差别,此成相违因,若无所违害。"

对于颂文第四句,西明寺圆测法师与神泰法师有不同解释。② 二说各有道理,我倾向于采用神泰的释文。神泰认为"若无所违害"一句是将相违因过与宗相违过区别开来。意思是相违因不同于五种相违宗过直接妨碍了宗的成立。相违因并非宗过,而是因过。

---

① 转引自凤潭《瑞源记》卷二,页十七左。
② 详见郑伟宏《因明正理门论直解》,上海:复旦大学出版社,1999 年版,第 84 页。

日僧善珠采用了神泰的解释。《明灯抄》："说不定已，既有摄颂，故四相违亦有摄颂。'言邪证'等者，此之一颂摄四相违。文有三节，初之二句显四相违。'言邪证'者释相违义，能倒立故名为邪证。又不善取证即名邪证。'法'谓宗法，如'无常'等。轨生物解故名为法。言'有法'者宗有法也，如色、声等。能有宗法故名有法。如是二种各有二相，故成四种。谓法、有法，各有自性及差别故。《入理论》中名为自相，此论名为自性。性是性相，其义同也。次有一句结成相违。此谓四因，由倒证故名相违因。后有一句释成所所由。夫与他因作相违过。所立比量必须违害他许宗，而不违害自、共所许现量等义，方成相违，故云'若无所违害'。"[①]

全颂意为，假如因法颠倒成立有法自相，或颠倒成立有法差别，或颠倒成立法自相，或颠倒成立法差别，那么此因便成为相违因，而此因对于宗作为论题的建立并无妨碍（并非宗过，与五相违过直接影响宗的建立有别）。

第四节　《述记》的不足

《述记》在文字疏通、实例讲解和理论阐述方面也有一些误解。

一、关于世间相违宗过

《述记》将"世间相违宗过"解释为因的不共不定过，"亦如所闻性故因，此因不共"[②]，这是明显的误解。《理门论》所举世间相违宗过的实例是"怀兔非月"。印度人普遍认为月亮里的阴影是兔子，"怀兔非月"违背了印度民间众所周知的神话传说，因此《理门论》说"由不共故无有比量"，[③]立宗与世人所共许的观念相违背，没有什么道理可组成论式。立宗违背世人公认的常识，在论辩中先处于下风，《理门论》把它定为过失宗。此宗过失与因的不正毫不相关，神泰却把此一宗过解释成不定因过——"不共不定因"，即九句因中的第五句因，缺第二相"同品定有性"。

---

① 善珠：《明灯抄》卷第五末，页三九四下。
② 神泰：《述记》卷一，页十左。
③ 陈那：《理门论》，页一右。

二、解释"相违义"前后不一

在解释"非彼相违义遣"处,《述记》说:"言'相违义'者,即是似宗。与正宗相违,故名相违义。"①后面对"非违义言声"又解释说:"'非违义言声',即是离五过真宗言所目义,与有过宗相违故名相违义。"②前文已释"相违义"为似宗,后文为什么又把"相违义"释为真宗呢?《述记》未能守一,又未作出相应的解释,徒生疑虑。对"相违义"一词的确定解释详见后文对文轨疏的评论。

三、关于以宗义一分为因之举例

在解释《理门论》"若以有法立余有法或立其法,如以烟立火或以火立触,其义云何"一句处,神泰把一个正确的三支作法当作了宗义一分过的实例:"此火有热触宗,以是火故因,犹如余火喻。此岂不是有法成立法耶?"③"此火有热触宗"衡于逻辑,是单称命题。"以是火故因"即"此火是火",单称之"此火"包含于即不同于一般之"火",并非以宗义一分为因。"犹如余火喻"是正确的同喻依,既是除宗以外的宗同品,又是除宗以外的因同品。陈大齐评论说:"此自火热之普遍原则论定此火亦热之特殊事实,本属正量,述记视为过例,得非千虑一失。"④

四、关于喻体构成的解释

关于同喻体的正确构成方式,陈那规定为"说因宗所随逐",关于异喻体的正确的构成方式又规定为"说宗无因不有"。为什么只能这样说呢?陈那的回答是:"由如是说能显示因同品定有、异品遍无,非颠倒说。"

对此,神泰解释说:"由如是二喻先后不同说故,便能显示勤勇因同品上定有、异品遍无,故非颠倒说。若同品中言,声是无常宗,勤勇发故因,若言诸无常者皆勤勇发为同喻者,即同品不定有,以电是无常品,然无勤勇因故。……"⑤

---

① 神泰:《述记》卷一,页八左。
② 同上,页八右。
③ 神泰:《述记》卷二,页三右。
④ 陈大齐:《因明大疏蠡测》(以下简称《蠡测》),重庆书商刊印,1945年版,第三八页。
⑤ 神泰:《述记》卷三,页十九右。

从"以电是无常品"这一句看来,神泰是在说宗同品(无常)上定有因(勤勇发),而不是说因同品(勤勇发)上定有宗同品(无常)。神泰认为,陈那这一句话解释了同、异喻体与因第二、三相的关系。这一理解应是合理的。但是神泰又认为,若颠倒说同喻体为"诸无常者皆勤勇发",就有"同品不定有"的过失,因为有的无常品,例如电,就无"勤勇发"因。这一解释有些问题。因为"诸无常者皆勤勇发"这一颠倒的说法并不违反"同品定有",而是超出了"同品定有",变成了"同品遍有"。推测神泰的意思,他似乎是说,如果将同喻体颠倒过来,那么宗"同品"(无常)就不一定有("不定有")"勤勇发"因。但这里容易造成混淆,因为玄奘法师对"同品定有"的"定有"有明确界定,就是说只要同品中至少有一个具有此因即可,并不需要同品遍有此因。神泰这里的解释容易使人将"同品定有"误解为"同品遍有",事实上这种误解在唐疏中确实屡有出现。

五、对"一切言皆是妄"的过度解释

在对"一切言皆是妄"的谬误作了正确批评后,神泰又说:"若自言是妄,即应一切语皆实。"此语不合逻辑,因为从"一切语是妄"(等值于"一切语不是实")这个全称否定判断为假,推不出"一切语是实"这个全称肯定判断为真。根据逻辑对当关系,不能从全称否定命题推出全称肯定命题。对比文轨《庄严疏》,除对"一切言皆是妄"的谬误作了正确疏解外,并无神态不合逻辑的过度解释。这说明同时听奘师译讲《理门论》,各人理解不同,那错误的发挥是不应归咎于奘师的。

六、误以古因明《论轨》为世亲所造

在讲解《理门论》"故此多言,于论式等,说名能立"一句处,神泰说:"引天亲所造诸论亦立一因二喻为多言,名能立,以正前文。言论式等,即等取《论轨》及《论心》,此三论并世亲所造。"[①]查陈那《集量论》,明言《论轨》非世亲所造。其中"天亲所造诸论亦立一因二喻为多言,名能立"也有失实,"一因二喻为多言"是陈那首创,不是世亲的观点。

---

① 神泰:《述记》卷一,页三右。

七、未明言同、异品除宗有法

在《述记》关于同、异品的解释中没有直接作出除宗有法的规定,这是一大缺憾。神泰在他的《入论疏》中有没有奘师的这一口义呢?也没有。日籍《明灯抄》和《瑞源记》中转引了奘门弟子玄应的《理门论疏》中提到唐疏有四家明言同、异品除宗有法,其中没有神泰。

第三章　幸同入室，时闻指掌

——文轨《庄严疏》研究

第一节　文轨其人其书

一、文轨其人

文轨法师是庄严寺的高僧，生卒年不详。其所撰《因明入正理论疏》，又名《因明入正理论庄严疏》《因明入论庄严疏》，简称《庄严疏》。他在玄奘译场中的身份史无记载。《庄严疏》自述："轨以不敏之文，慕道肤浅，幸同入室，时闻指掌，每记之汗简，书之大带。"①可见，他在玄奘译场中亲闻奘师口义，笔录见闻，等同于奘门中的入室弟子却是言之凿凿的。看来他不具备译场的正式身份，是个旁听者，或者是个管理人员等。或许这使他有更多精力心无旁骛地记述奘师口义。尽管窥基曾批评轨疏改动《入论》原文"差别性故"处有不敬之辞："况非翻经之侣，但是肤受之辈。诳后徒之幼识，诱初学之童蒙。委率胸襟，迥换圣教。"改动《入论》原文"差别性故"者有二人。一为文轨，在《庄严疏》中将原文"差别性故"改为"差别为性"。二为吕才，亦改为"差别为性"。窥基前两句很可能就是对文轨身份看不上眼。后四句更像是对佛门之外人吕才的严厉指斥。窥基的传人慧沼在《义断》《义纂要》中也对文轨多有不恭之辞。但从晚出的净眼疏和《大疏》中有与文轨疏大量相同解释可知，轨疏的确记载了奘师的大量口义，不该以人废言。《庄严疏》应是研究玄奘因明思想的重要依据。

---

① 文轨：《庄严疏》卷一，南京：支那内学院，1934 年版，页二右。

二、南京支那内学院辑佚本《因明入论庄严疏》

本疏写作于玄奘译出《理门论》之后,具体年代不详。《入论》的旧疏先后有神泰、靖迈、明觉、文备、文轨和璧公六家之作,以上各家均被窥基的《大疏》称为"古疏"。在窥基《大疏》问世之前,《入论》古疏以《庄严疏》较为流行。支那内学院版文轨疏《后记》中有基师"疏既盛行,人多信学"①语。从撰写于文轨疏与窥基疏之间的净眼疏中可知,净眼以文轨疏的得失为评述对象,可见其在《入论》唐疏之中的地位。

《入论》古疏除《庄严疏》和净眼的疏、抄外均散失不存(窥基《大疏》的宋刻本于抗日战争时期发现于山西赵城县霍山广胜寺),《庄严疏》在日本流传有二卷或三卷之两说。其中第三卷是依据陈那的《理门论》十四过类的内容来疏解似能破部分。它的残本在宋初被改题为《因明论理门十四过类疏》,作者也改为窥基,于1933年在山西广胜寺的《金藏》中发现。另外,日本也存有《庄严疏》第一卷的残本。南京支那内学院1934年4月出版了辑佚本。南京支那内学院根据日本僧人善珠的《因明入正理论疏明灯抄》、明诠的《大疏里书》、藏俊的《大疏钞》等书所引轨疏之说,订正残本第一卷文句,并辑出第二、三卷佚文,再依第三卷残本作了部分补缺,大致恢复了《庄严疏》的全貌。南京支那内学院刊出此疏辑佚本时,改为四卷,题为《因明入论庄严疏》。这个本子还拿窥基《大疏》作详细对照,同异之处于正文旁一一标明,便于研究。

应当说,辑佚和文句校勘工作总体上确实是做得非常出色,但难免有疏漏。例如,《大疏》在能立法不成之后为慧沼《因明入论续疏》(以后简称为《续疏》),在解释同、异喻体时明言除宗以外,而慧沼《续疏》在解释同喻过失之一无合时,又明言同喻把声是所作和声是无常"合"了进去。慧沼两次引问者之难和解答,然后加以驳斥。"问,诸所作者皆是无常,合宗因不?有云不合,以'声无常',他不许故,但合宗外余有所作及无常。由此相属,能显声上有所作故,无常必随。"②《明灯抄》明言问者之难和解答是:"此轨法师说也。"③慧沼反对轨疏之问答。南京支那内学院之文轨《庄严疏》辑佚本无此设难。

《明灯抄》:"'又设难云'等者,轨师所设难也。若以'诸''皆'合声瓶一切无

————————

① 窥基:《大疏》卷六,第九页左。

② 慧沼:《因明入论续疏》卷一,南京:支那内学院,1933年版,页十一左。

③ 善珠:《明灯抄》卷第六本,页四〇六中。

常者，又异喻中亦云'诸''皆'，岂欲笼括宗及因耶？答：'不例'。"《明灯抄》解释说"又设难云"也是"轨师所设难也。"①辑佚本也没有收入这一非难。

本文以南京支那内学院辑佚本为据加以评介。

三、《入论》古疏之佳作

文轨《庄严疏》之初步研究，已见于拙著《汉传佛教因明研究》。该研究纲要已立。本次重读该疏，大体维持原有评价，然而在深度和广度上有大变化。经过更深入和更细致的研读，对有的专题吸取了他人的新的研究成果重新作了评价，例如宗只是所立而非能立，有法、能别互相差别说。根据自己的最新研究，发现1934 南京支那内学院《庄严疏》版所述窥基《大疏》与本疏同异特别是所异即可破之处还可商量。例如，对《入论》初颂似立、似破为何归为悟他门，二疏解释显然不同，南京支那内学院《庄严疏》版却漏标了。文轨对不成因过的正确解释也受到该版本校刊者误解。该版释不成因之旁注受到《明灯抄》影响，应为《庄严疏》翻案。又如，该版本认定《庄严疏》释相违决定二因胜负说又为《大疏》所破，其实两家源流并无龃龉。这些新成果一并归入第二部分"《庄严疏》阐发的因明思想述"和新增设的第三部分"引起探讨的专题"中。

《庄严疏》对窥基《大疏》的影响是十分明显的。据内学院版书末附记所言："基疏晚出，损益旧闻与轨同异亦独多。沼、周诸师于基破轨之处皆有注记。至于所同略而不谈。实则通途矜为基师创说者，如四宗，如六因，如因同、异品，如能立过绮互，如四相违分合等，皆已见于轨疏。基即非从轨说，亦必同禀奘传。不勘两家，源流安见。"②南京内学院对勘二疏，揭其同异源流，费力颇巨，很有参考价值。据其对勘结果，所同者有 80 余处，轨疏为基疏所破者有 8 处。毕竟同多异少，足见古今演变。若对校勘者说的所同所异详加考察，可见美中不足。其所同处未必都同，也未必穷尽；其所异处也未必皆异，亦未必穷尽。例如，《庄严疏》设有义因、无义因和通二之因。第三种通二之因被陈大齐批评为"另立标准"。因为有义、无义之判别，在于本身是表诠还是遮诠，而通二法判别之由在于有法，无关表、遮。《大疏》无通二之说，连有义、无义都不谈，陈大齐认为："大疏不设，独具灼见。"③这一显著所异，就未见校刊。所异 8 处中有的却被对勘者误

---

① 善珠：《明灯抄》卷第六本，页四〇六下。
② 文轨：《庄严疏》卷四，页二十七左至二十七右。
③ 陈大齐：《蠡测》，第一九九页。

读了。如释因不成过，其实是基疏因循轨疏之释，可是校刊者却加上旁注"大疏五卷二十二左破"①。又如，对《入论》关于相违决定过"此二皆是犹预因故，俱名不定"一句的解释，轨疏解得不错，基疏固然比轨疏之解更有条理，但也不能说轨疏有的解答为基疏所破。以上二例详见后面第三部分"引起探讨的专题"。总之，窥基之疏倘无古疏特别是《庄严疏》作借鉴，恐难成为诸疏之冠。

在现存唐疏之中，《庄严疏》最为突出的内容是原书第三卷疏解十四过类。十四过类是指似能破（错误的反驳）中的十四种因过。十四因过出自陈那《理门论》。其详细的疏解唯见《庄严疏》。十四因过部分归属文轨疏还是归属窥基疏，历史上有误解。在日僧凤潭的《因明论疏瑞源记》中题为《理门论过类疏》，由慈恩窥基撰。尽管当代还有异议②，但根据我的考证，应归属文轨疏。我在智周的前、后记中找到证据，文轨疏确有十四因过解。在智周《后记》中有一段注释提到文轨疏中对十四过类有详细讲解。基疏在解释相违决定因过处，讲到似能破中的分别相似过。对此，智周解释说："便成过类分别相似者，意云因喻无其过，妄立道理而分别，但是似破非真破也，如轨法师疏，当广分别也。"③从这一解释中可知文轨疏中有十四过类疏而窥基未对十四过类作疏。如果窥基对十四过类有疏解，智周不可能说"如轨法师疏，当广分别"的话。《后记》中这一在当时极为平常的解释，在今天却成为极其珍贵的史料，它可以帮助我们确定1933年赵城发现的十四过类疏署名为窥基是后人误题。支那内学院版文轨疏把十四过类疏当作佚文收入是可信的。

窥基《大疏》本身就是未完成之作，这么重要的内容都不见窥基未完作品中，也不见其弟子慧沼续疏和《大疏》足本之中，可见，将《因明论理门十四过类疏》作者归之于窥基是一大失误。简明的《入论》删去了这部分内容。过类理论也非陈那始创，而是古已有之。在《正理经》和世亲《如实论》中种类本来更多。陈那对前人的理论有所继承和批判。《理门论》中的这部分内容最为难解。文轨疏对其详加诠解，为后人留下了十分珍贵的思想资料。

此外，还有其他一些有价值的思想资料散见于全书，需要搜集和整理。例如，关于古因明传入中土的反响，《庄严疏》一开头便作了交代。中土学者是怎样看待因明这门学问的呢？《庄严疏》在解释五明之一的因明时说："今古所翻经论

① 文轨：《庄严疏》卷一，页十三左。
② 参见水月《谁是因明论理门十四过类疏的作者》，《因明文集》第二册，台南：台湾智者出版社，1992年版。
③ 智周：《后记》卷中，《卍续藏经》第87册，页二十四。

多是内明所收，于中《如实论》等并即因明所摄，而或者管窥，乃言旧无新有，或寻之不晓，便云外道论门。此犹捧土以塞孟津而不知其量。"①《如实论》等古因明著作虽然早已传入中土，但并未得到传播。其间原因，文轨认为有两条，一是"或者管窥，乃言旧无新有"，不知因明这门学问的产生年代久远，《如实论》等古因明早已传入。又如，佛家最早的因明著作《方便心论》就有过二次翻译，但无人弘扬传习。二是"寻之不晓，便云外道论门"。对这门学问不了解，便把它当作外道而拒之门外。玄奘翻译和大力弘扬新因明，纠正了上述二种错误见解，为因明正了名。因明并非外道邪说，它也是内明的工具。因明古已有之。当然，佛家建立因明的系统学说要晚于《正理经》。文轨疏又说："《杂心论》云，因明论方便是即为法辨，所以大圣散说因明，门人纂成别部，或以'如实'存号，或以'正理'标名。"②轨疏指出，佛家有系统的因明著作之前，有一段"散说因明"的过程。窥基有"文广义散，备在众经"的说法，是因袭此说。

对因明的弘扬，玄奘把全部精力都放在新因明大小二论之上。在唐疏中不乏新古因明的对比，这说明玄奘在译讲新因明时，少不了要拿古因明作参照。这一点从《庄严疏》中也可看到。疏中多次提及《如实论》，还有《对法论》（即《大乘阿毗达磨集论》）、《掌珍论》等。

玄奘从印度带回因明专著36部，但是大多数书名都未留下记载。南京支那内学院版《庄严疏》在解《入论》二正因后，有校者注："《明灯钞》卷二末解第八句勤发因云，梵本《理门释论》解云，声从勤发者，约近因等起。其择灭涅槃远因所显，谓由散心求发入方便，或隔无量心，始显涅槃，故非勤发云云。文详见后。"③日僧善珠在《明灯钞》中说《庄严疏》曾引述过梵本的《理门论》释论。这说明从印度带回的因明专著中有《理门论》的释论，这种释论想必成为译讲时的主要参考书。

陈那在《集量论》中说过《论轨》并非世亲所著，对此《庄严疏》作了补充："陈那《集量论》云《论轨》非世亲造，或是世亲未学时造，学成以后造《论式论》，即以所作、无常为同喻体。"④"以所作、无常为同喻体"，说明以"所作"与"无常"之间不相离性为同喻体，首创者不是陈那，而是世亲。但是，世亲还不是新因明的首创者。世亲为陈那提供了思想资料。我在拙著《佛家逻辑通论》中指出过。文轨

---

① 文轨：《庄严疏》卷一，页一左。
② 同上，页一右。
③ 同上，页二十一左。
④ 同上，页二十四右。

之说是有关因明史的重要资料,很可能是奘师口义。

对于《入论》的重点文轨也有正确的认识。当有人问:"自疾先救,方可济人。何故此中前陈他悟?"为什么在八义之中要先说悟他门四义? 文轨解答说:"余经据行生起次第,必先自后他。此论宗明立破,故先他后自。"①"此论宗明立破",指出《入论》的重点是放在立破之上,而把属于量论即认识论的自悟门放在从属的地位。这与《理门论》是相一致的。玄奘对因明的译讲,重点是放在立破之上,而且一部汉传因明发展史也主要是围绕立破之说展开的。

第二节　《庄严疏》阐发的因明思想述要

一、《庄严疏》的贡献

（一）关于因明的功用

轨疏在开篇就对内明和因明的功用作了区别。"且内明之用也,为信者而施之;因明之用也,为谤者而制之。夫至理冲藐,非浅识所知,故于奥义之中诸见竞起。或谤空而拨有,或耽断而习常,或计法自生,或执相由起,或言我作业,或言空是因,或言未无,或言三世有,遂使道分九十六种,剖析二十不同,并谓握隋侯之珠,冠轮王之宝。然法门不二,岂有殊归,一理若真,诸宗便伪。故欲观形好丑,则鉴以净镜清池,定理正邪,必照以因明现比。"②内明是宣传教义,因明是制定正确的论辩法则,在论辩中运用正确的法则来战胜论敌。因明是内明的工具。佛法在弘扬过程中,要破斥种种邪见异说。因此,"因明之用也,为谤者而制之"。它又有类似形式逻辑的性质。"一理若真,诸宗便伪"。真假不能并立。找到一个标准答案,便可否定其他一切。针对当时学者"立义非宗,难无定例,不崇因明之大典",在论辩中"但以语后者优,不以理前者为正"的弊病③,概括了新因明的功用:"岂若因明总摄诸论,可以权衡立破,可以楷定正邪,可以褒贬是非,可以鉴照现比。"④文轨强调了因明的工具性质,它是一门关于立正破邪的标准的学问。

---

① 文轨:《庄严疏》卷一,页四左。
② 同上,页一左至右。
③ 同上,页二左。
④ 同上,页二右。

（二）主张初颂从本为论区分悟他与自悟

《入论》的初颂概括了陈那新因明的全部内容。文轨疏作更简略的概括，"义开八门，合为两悟"。轨疏指出在初颂前两句"能立与能破，及似唯悟他"中，"及似二字该上立破，故有四门"。① 意思是前两句应读作"能立与能破及似，唯悟他"。悟他门包括能立、能破、似能立、似能破四门。能立与能破作为正确的证明和反驳是能开启敌方的智慧的，为什么作为错误的证明和反驳的似能立、似能破也归入悟他门呢？轨疏解释说："夫立破之兴在于言论，言论既起，邪正可分。分在于言，理非自悟。言申立破，明是为他，虽复正似不同，发言皆为济物，故此四义，合为悟他。"②初颂后二句读法相同。似现量和似比量作为错误的感觉知识和错误的推理知识，尽管起不到自悟的作用，由于出发点是为了晓己，从本为论，也归入自悟门。

似现量与似比量中的"似"是似是而非的意思。似现量与似比量既然是不真实的知识，自然起不到自悟的作用，但由于建立它们的出发点是为的使自身了解内外情况，所以《入论》仍把它们统摄在自悟门中。《庄严疏》说："夫现比之兴在于心识，心识既起邪正可分，分在于心理非他悟，心游现比足明自益。虽复正似有殊，内鉴皆为晓己，故此四义合为自悟。"③这段话是说尽管正、似现比量实际功用不同，但由于它们都是没有表达出来的思维，即心识，"内鉴皆为晓己"，即只是为了使自己了悟。根据这两点便把似现比二义统摄入自悟门中。

与此相对照，悟他门四义的存在方式是言论，而不是心识，悟他门四义的目的不是晓己而是为他。尽管似能立与似能破是不真实的，在悟他过程中不能奏实效，但是说出来其目的还是为他，因此《入论》仍把它们归入到悟他门中。

把《庄严疏》前后两段话对照起来看，可以清楚地看出文轨是把似立破本身归到悟他门中的。"虽复正似不同，发言皆为济物"与"虽复正似有殊，内鉴皆为晓己"都是强调出发点，两个"皆"字准确地解释了初颂中两个"唯"字。我认为文轨的解释是符合《入论》的原意的。吕澂先生指出《入论》的梵、藏本在初颂"唯悟他""唯自悟"后都有"故"字。④ 这也可资佐证，把似立破归到悟他门中，强调了出发点，似立破的建立者不自觉其为似，而仍以"似"来悟他的缘故。

---

① 　文轨：《庄严疏》卷一，页三右。
② 　同上。
③ 　同上，页三右至页四左。
④ 　吕澂：《讲解》，第6页。

因明论式,宾主对扬。对扬两方,一自一他,本是相对而言。当甲方为自,则乙方为他,当甲方为他,则乙方为自。建立真、似立破论式一方为自,己方提出似能立,必定不自觉其为似,若知其为是,则不会任其谬种流传,贻误他人。纵然己方能知其为似而揭其似,那也只能说是悟自而非悟他。若是由敌方或中证人来揭其似,则对敌方和中证人说是真能破了。敌方和中证人的真能破固然能悟他,这个"他"指提出似能立的"自"。所以,站在似能立的立论主的立场上看,无论是己是他揭其过失,实际受益的是己,都是自悟,而非悟他。可是,这有违《入论》初颂"唯悟他"。

根据同一律,我们一开始是站在似能立之立论主一方来看问题,《入论》既把似能立列入悟他门,可见是就立论者的主观愿望来说的。同理,似能破也是就其本来目的而言才归入悟他门的。诚如慧沼弟子道邑所著《义范》所说:"似立似破本欲悟他,从本为论不名自悟。"①。我以为《义范》的这一解释是符合《入论》原意的。

玄奘弟子窥基在《大疏》中不赞成《庄严疏》的疏解。他也提出了两种解释:从多名唯和从真名唯,未得正解。在论窥基专论中再作详解。

(三)间接回答玄奘译文中不译"不为现量等违害"

在释"极成有法,极成能别"之最后特设一个问答。"问:'违现量等并非宗依,何故此中简偏三种?'答曰:'理应俱简,然宗亲揽法、有法成,故欲明宗,先辨宗所依法。顺现量等六是差别义门,不揽成宗,故依中不说。'"②这一问答实际是针对奘师不译梵本中的"不为现量等违害"③文轨的解释合乎义理,对此唐疏有共识,或许这就是玄奘法师的口义。

吕澂先生认为梵、藏二本有此句"考系后人所补"。也有人认为"猜测是所依据的底本不同"。汤铭钧博士发表了不同见解。他认为"不译'不违现量等'的用意是积极的,是为了突出宗的构成"。④ 详见本书第十一章《现当代因明梵、汉、藏对勘研究评介》中第五节《韩廷杰的〈入论〉梵汉对照研究》中的评论。

(四)关于自性、差别与有法、能别之关系

《庄严疏》说:"诸法有二:一自性,谓色、声、香等。二差别,谓常、无常等。

---

① 凤潭:《瑞源记》卷一,页十一左。
② 文轨:《庄严疏》卷一,页九左。
③ 吕澂:《讲解》,第10页。
④ 汤铭钧:《陈那、法称因明推理学说之研究》,上海:中西书局,2016年版,第71页。

自性有两名：一有法，二所别。差别有两名，一法，二能别。……此从多释，若据理言之，不简自性及差别，但先陈者为有法及所别，后述者为法及能别。"①意为，作为语词，一切语词分为两种：自性与差别。在多数情况下，自性往往拿来做宗支中的有法、所别，差别通常拿来做宗支中的法、能别。"据理言之"，即在句子中，不去分别哪个语词本来是自性还是差别。有的自性反成为法和能别，有的差别却成为有法、所别。"但先陈者为有法及所别，后述者为法及能别"。

文轨举例说："数论立'我为思'，'我'差别为有法及所别，'思'自性为法及能别。故知不必要以自性为所别、有法，差别为法、能别也。"②

意为，数论认为一切法中的"思"本来是自性，"我""无我"本来是差别，而在数论立的"我为思"之宗中，"我"成为自性，"思"成为差别。

（五）关于新因明以宗体为宗有别于古因明以宗依为宗

"古因明师或有以声为宗，以成立声为无常故；或有以无常为宗，以不许声有无常故；或有以声、无常合以为宗，以声、无常别非宗故。陈那破云，声及无常元来共许，何得为宗？故我但取声及无常不相离性以之为宗，以敌论者不许不相离故。"③以"声是无常"为例，有的古因明师以"声"为宗，有的以"无常"为宗，又有的以"声"和"无常"为宗。古因明的共同特点是以名词、概念即以宗依为宗。陈那认为立宗要违他顺己，对这两个名词、概念即宗依来说，立、敌双方本来就是立、敌共许的，用不着争论，怎么能成为宗呢？针对敌方"不许声有无常"的观点，陈那把反映声有无常这种不相离性的命题或判断作为宗。按照逻辑的观点，只有陈述句表达的命题或判断才能成为论题，名词、概念不能成为论题。在印度因明史上，达到这样的认识是从陈那才开始的。

（六）关于新、古因明因三相原理之差别

《庄严疏》说："陈那以前诸师亦有立三相者，然释言，相者体也。三体不同，故言三相。初相不异陈那，后之二相俱以有法为体，谓瓶等上所作、无常，俱以瓶等为体故，即以瓶等为第二相。虚空等上常、非所作，俱以空等为体，故即以空等为第三相。"④文轨指出，因三相古已有之，陈那的新因明三相中第二、第三两相与

---

① 文轨：《庄严疏》卷一，页六右至页七左。
② 同上，页七左至右。
③ 同上，页九右。
④ 同上，页十六左。

古师不同。古师以同喻依瓶为第二相同品有,以异喻依虚空为第三相异品无。陈那则以两个判断来陈述第二、三相。这与古因明有根本的差别。

文轨还指出,世亲在《如实论》和《论式论》中提出的因三相原理与陈那的因三相比较接近,所谓陈那以前诸师者是指世亲未学时所著《论轨》《论议》二书。

(七) 关于同、异品必须除宗有法

同品、异品是陈那因明中最重要的两个基本概念。它们是陈那建立因明体系的两个初始概念,是理解陈那三支作法推理的关键。

在唐疏中《庄严疏》是较早明确规定同、异品必须除宗有法的。例如,在"声是无常"宗中,同品瓶等和异品空等都不应包括有法声。以避免循环论证。在《理门论》的九句因中,隐含了这一规定,《理门论》关于共比量的理论实际也规定了这一点。由于《理门论》和《入论》都没有直截了当加以陈述,所以在奘门弟子的疏记中往往作明确揭示。《庄严疏》说:"除宗以外一切有法俱名义品,不得名同。若彼义品有所立法与宗所立法均等者,如此义品方得名同。"①意思是说,除了宗有法例如"声无常"宗的声以外的一切有法都可以成为品,但不是都可以称为同品。只有其义品有与宗所立法即宗之法的属性相似,该义品即属性或实体才可以称为同品。

同品要除宗有法,异品也要除宗有法。该疏对异品也作了这样相反的规定。《入论》的异品定义是:"异品者,谓于是处无其所立。"轨疏解释说:"所立者,即宗中能别法也。处者,除宗以外一切有法者名为处。处即是品。若于是有法品处但无所立宗中能别,即名异品。"②除宗有法以外的一切有法都可以成为异品,但不是都可以称为异品。只有其义品不与宗所立法即宗之法属性相似,即"无"该义品(属性或实体)才可以称为异品。

在解释不共不定因过(第五句因)时又说:"如佛弟子对声论立宗云,'声是无常,因云所闻性故',此因望自同异二品皆悉非有,望他声论即于异品声性是有,故是自不共也。"③第五句因之所以是似因,是因为除宗以外,同异二品皆无所闻性。第五句因本身就隐含了同异品都要除宗有法这一重要规定。这段话还强调,即使对立"声无常"的佛弟子来说,当用"所闻性"因来证"声无常"宗时,也要把声除外。除声后,同、异二品都无"所闻性"因。有人主张自比量中不必除宗有

---

① 文轨:《庄严疏》卷一,页十六左。
② 同上,页十七左。
③ 文轨:《庄严疏》卷三,页二右。

法,违反轨疏之释。

在日僧善珠《明灯抄》中转引了玄奘译场玄应法师的记载,玄应的《理门论疏》说唐疏中共有四家强调同、异品除宗有法①。一千多年后,日僧凤谭的《瑞源记》又注明,其中文轨疏为第一家②。玄应古疏中最早问世的神泰、靖迈和明觉三家都排除在外。虽身份不明但身在译场,至少是旁听的文轨对奘师同异品“除宗”的如此重要口义作了忠实的记录。这说明他多么的细心,多么的重视。轨疏如此强调同、异品除宗有法,并非多此一举。这可以看作是奘师对于一门生疏学问中的重要概念的明确阐述。强调同、异品必须除宗有法,是汉传因明对印度陈那因的独特贡献,在今天,包括印度的逻辑史家威提布萨那都不了解中世纪陈那所处时代印度人参与辩论要遵守什么样的辩论规则。揭示不言而喻又隐而不发的题中应有之义,对于印度陈那因明逻辑体系的理解,有着多么重要的意义。这可以认为是文轨《庄严疏》对汉传因明的一大贡献。

(八) 对“所作性”因和“勤发”因的详细解释

什么是“所作性”因?《庄严疏》说:“声从众缘所作故曰所作性。”③什么是“勤发”因?《庄严疏》说:“勤勇者,或云是精进,或云是作意。”④又详释了“无间所发”从勤勇起心、寻伺、起内风乃至击唇口等发而为声的过程。接着比较了宗因宽狭。宽因“所作性”对应宽宗“内外声无常”(《入论》通常省略为“声无常”)。狭因“勤发”对应狭宗“内声无常”(《入论》也通常省略为“声无常”)。“此释但约遍是宗法。”⑤宗上有法与因法宽狭的对应是对满足因的第一相的两种因的约定。接着文轨又引入《入论》省略了的《理门论》的九句因理论。正因中同品与因的关系有“遍不遍”二种。“谓所作性因同品遍有。勤勇发因同品不遍。”⑥

九句因首创于陈那《理门论》。陈那考察同品、异品与因的关系,共有九种情况。《入论》作为《理门论》的入门著作略去了九句因这一重要理论基础,自有其作为通俗著作的理由,但对于理解陈那新因明体系和逻辑体系来说可能是个缺陷。在讲解《入论》时完整恢复九句因理论,是《庄严疏》的贡献。以上都为窥基《大疏》所继承。

---

① 善珠:《明灯抄》卷第二末,页二六六下至二六七上。
② 凤潭:《瑞源记》卷三,页二左。
③ 文轨:《庄严疏》卷一,页十九右。
④ 同上。
⑤ 同上,页二十左。
⑥ 同上。

（九）因的第二、三相以满足第一相为基础

唐疏中就见有人问，九句因涉及第一相吗？即每一句因都满足第一相吗？现代因明著作中也提出此问。《庄严疏》在解释第二、三相处已作肯定回答："定有性者，其遍是宗法所作性因于同品瓶中定有其性，方是因相。"①又说："遍无性者，其遍是宗法所作性因于异品空中遍无其性，为第三相。"②此答有据，因的第二、三相是从九句因的二、八正因中概括出来的，《理门论》规定九句因的组成必须满足颂文"宗法与同品"。宗法即因法是宗上有法之法。因是宗法才谈得上与同、异品的九种关系。

（十）关于同喻体是否除宗有法

窥基《大疏》是唐疏中唯一明言同、异喻必须除宗有法的。文轨《庄严疏》中虽未明言同、异喻除宗有法，但其释文中却体现此一观点。轨疏明言同、异品除宗有法，按理，在同、异喻中也一定要除宗有法。慧沼《续疏》有一问："'诸所作者皆是无常'，合宗、因不？有云不合，以'声无常'，他不许故，但合宗外余有所作及无常。由此相属，能显声上有所作故，无常必随。"③善珠《明灯抄》："此问意云，'诸所作者皆是无常'，为唯合瓶等上所作、无常，为兼合声上所作、无常？'合宗、因不'者，即合声上所作、无常耶？"④慧沼《续疏》之问意为：在同喻体"诸所作者皆是无常"中，是否把声上所作、无常概括进去？有人说没有把声上所作、无常概括进去。因为"声无常"为敌论者所不许，这同喻体只合宗上有法声以外的瓶等上的所作及无常。由瓶等上的所作及无常相联结，能显示声上因为有所作性，无常性必定随逐。这"有人"指谁？"有云不合"至"无常必随"，这一段是引文轨《庄严疏》说，字句并非完全相同但意思一样。《明灯抄》："'有六（云）不合'等者，此轨法师说也。故彼疏云，'所作性'因，敌论许'诸'言合，故可合因。'声是无常'，他不成，'皆无常'言，如何合？文言少异义意无别。今不合者，唯在宗言，许因合故。此师意云，声上所作，两极成。可由诸言合'所作'，在'声无常'，不共许，'皆'言如何合'无常'？"⑤可见文轨早有同、异喻体也除宗有法的意思。

---

① 文轨：《庄严疏》卷一，页十五左。
② 同上，页十五右。
③ 慧沼：《续疏》卷一，页十一左。
④ 善珠：《明灯抄》卷第六本，页四〇六中。
⑤ 同上。

在同喻体"诸所作者皆是无常"中没有把因"声是所作"和宗"声是无常"合进去,这一回答是正确的。因支"声是所作"起归类的作用,只是把声归到所作一类中。至于"诸所作者皆是无常"中包不包括所作声是无常,在陈那的因明体系中是没有的,第五句因可以证明。

慧沼《续疏》不赞成文轨之说:"今谓不尔。立喻本欲成宗,合既不合于宗,立喻何关宗事?故云'诸所作'者,即(苞瓶等一切所作及)声上所作。'皆是无常'者,(即瓶等一切无常并声无常),即以无常合属所作,不欲以瓶所作合声所作,以瓶无常合声无常。若不以无常合属所作,如何解同喻云'说因宗所随'?"[①] 括号内文字为金陵刻经处的《大疏》简本所无。

慧沼《续疏》认为立者举喻本来就是为了成立宗,同喻要合,既然不合于宗有法声上的所作与无常,那么立喻与成宗有什么相关呢?因此说在"诸所作"中,即包括了瓶等一切所作,当然也包括了声上所作。所谓"皆是无常",即包括瓶等一切无常,当然也包括声无常。

慧沼把立喻为了成宗与所立之喻能必然成宗这两个意思混为一谈。"说因宗所随"里的宗指所立法,即同品。同品已除宗,喻中喻体与喻依也就相应除了宗。因此轨疏为正解。

(十一)将九句因概括为四句

陈那用四句偈颂对九句因作了概括,九句因分为正因、相违因和不定因三种。轨疏对九句因也作了简明的概括,"若总摄之可为四句。一同有异无,谓第二第八两句;二同无异有,谓第四第六两句;三同有异有,谓余四句;四同无异无,谓第五。"[②]我们发现,在藏传因明大师僧成的著作中也有与轨疏同样的四句。有的因明研究者认为,僧成大师的这一概括,是理论上的贡献。可以肯定的是,唐疏对藏传因明没有发生影响,殊途同归。把九句概括为四句,是在陈那之后,印度就已经有了,并非汉藏研习者贡献。不过引入四句说,汉传要早于藏传。

(十二)关于用因同品概念来解释同法喻

对于《入论》"同法者,若于是处显因同品决定有性"一句,今人有两种不同理解,一是把"因"与"同品"断开,二是"因同品"三字连读。《庄严疏》采用第二种读法,明确解释此处同品非宗同品而是因同品:"同品谓与此因相似,非谓宗同

---

① 慧沼:《续疏》卷一,页十一左。
② 文轨:《庄严疏》卷一,页二十左。

名同品也。"文轨接着又说:"决定有性者,谓决定有所立法性也。此谓随有有法处,有与因法相似之法,复决定有所立法性,是同法喻。此则同有因法宗法名同法喻。"①文轨的上述解述是合乎《入论》原意的。《入论》这句话是陈述"同法者",即回答什么是"同法",而不是说明同法喻与因的规则有什么关系。要回答同法是什么,就要指出它是怎么构成的。轨疏指出,第一,《入论》这一句中的"同品"是"因同品"而不是宗同品;第二,同法喻是因同品有宗同品(又称所立法或宗法),即因同品是肯定命题的主项,而宗同品是该命题的谓项;第三,"于是处"即同喻依,例如于瓶处,必须因、宗双同,既具有因同品,又具有宗同品。因、宗双同称同法,因同品单有因法,宗同品单有宗法。特别要指出的是,因的第二相同品定有性与同喻体的命题结构是不相同的。同品定有性的逻辑形式是"除宗有法以外,有的同品是因"。这与"因同品"决定有所立法显然不同。

《入论》后文在总结能立三支处,列举了同喻的实例:"若是所作见彼无常,如瓶等者。"论主评论说:"是随同品言。"②即宗同品无常随因同品所作。这表明《入论》作者主张同喻体的构成是宗同品随因同品,即因同品决定有所立法。文轨的解释是有依据的。文轨说:"瓶上所作与声所作同故名同品,瓶上无常随此同品,故云随同品。由瓶无常随同品故,即显声无常亦随所作因也。"③对原著梵文本的语言释读应以陈那整个因明体系的义理为准则。

《入论》关于同、异喻体的构成与《理门论》的规定是相一致的。《理门论》关于同、异喻的构成有四句颂文:"说因宗所随,宗无因不有,此二名譬喻,余皆此相似。""说因宗所随"就是因同品决定有所立法的意思,是规定同喻体的构成方式;"宗无因不有"也就是《入论》"异法者,若于是处说所立无因遍非有"的意思,是说异喻体的构成方式。晚出的窥基疏完全采用了文轨的解释,甚至还引入了因异品概念。

总之,用因同品概念来解释同法喻在理论上是讲得通的,是符合新因明大、小二论的本意的。

(十三) 关于新古因明喻支差别之阐发

文轨疏在解释《入论》同喻体时,引述了陈那在《理门论》中与古师的辩难,

---

① 文轨:《庄严疏》卷一,页二十二右至二十三左。
② 文轨:《庄严疏》卷二,页一右。
③ 同上。

详细解释了新因明与古因明在喻支上的区别。这为窥基《大疏》进一步阐发同、异喻体与因后二相之关系作了铺垫。

（十四）关于三种比量理论的阐发和运用

由于奘译大小二论仅限于共比量，既没有对共比量的解释，也没有对自、他比量的任何阐发。玄奘对印度因明中共比量、自比量和他比量这三种比量理论在理论整理和实践运用两方面都是有重大贡献。他对三种比量理论的整理发展之功保留在唐疏之中，《庄严疏》是现存唐疏中最早反映这一成果的著作。这说明在玄奘译讲二论之时，就已经对译场中的听讲者讲解过三种比量理论。

除了宗九过中的自语相违、自教相违过不分自他共外，文轨对宗的其余七过都作三种比量区分和"胜义简别"。在因过中对不成因、不定因都一一举出三种比量实例。又对同喻能立法不成过举出自成他不成实例。

《庄严疏》在疏解现量相违过处说："现量有三，一自、二他、三共。或有立宗违自现量非他非共。如胜论者对佛法立义云，地水火实非眼所见，因云异青等故，同喻云如香味等。以胜论自宗计色所依地水火实亦可见故。此虽亦是违自教过，今此且取违现量义。"①

又如，《庄严疏》在解释所依随一不成过时有一问答："问，内道破外道云，我非常住宗，以动作故因，如灯焰等喻，然动作因内道不许于我上有，我又是无，何故非即所依随一不成过收。答，今此文中但约立敌共许比量有此分别。若自比量或他比量但有不成，无有随一及两俱过。今动作因是他比量，故无所依不成过也。"②

上例中，佛家不承认"我"，故宗为他比量，佛家又不许"动作"因于"我"上有，故因也为他比量，只有喻是共比量。整个论式是他比量，由于对"动作"因说明了是他比量，即作了简别，故无过失。这是共中有他的他比量。

《庄严疏》中说到对共比量的胜义简别，未见对自、他比量简别的一般理论和简别词的特别介绍，也未有三种比量功用比较的介绍。这比起神泰《述记》完全没有三种比量理论的记录要好得多。

《庄严疏》运用共比量、自比量、他比量的理论来解释各种过失，并举出了相应的实例，对后人领会三种比量很有帮助。例如，对共不定因过的疏解："此共不定略有三种。一自共不定非他，谓大乘对小乘成七、八识云：'六识身离自体更有

---

① 文轨：《庄严疏》卷二，页四左。
② 同上，页二十一左。

余识,是所知故,如色等法.'此宗以色、龟毛等法为共同品,其所知因于此遍有。无共异品,唯以自许八识为异品,其所知因于此亦遍,是故不定。为如自许八识是所知,故六识离自体外更无余识;为如色等是所知,故六识自体外更有余识。二他共不定非自,谓小乘对大乘立:'极成之色非识所变之色,是所知故'。此非识所变色宗以声等为共同品,其所知因于此遍有。无共异品,唯以大乘许他方佛色为异品。其所知因于此亦遍,是故不定。此极成色为如声等是所知,故非识所变。为如大乘许他方佛色是所知,故是识所变现邪?三自他共不定非他自……"①这第三种共不定实例即《入论》所举共比量的实例"声常宗,所量性故因"。

(十五)关于唯识比量的疏解

玄奘在印度曲女城大会上所立的唯识比量是运用三种比量及其简别方法的光辉典范。在玄奘谢世之后,对这一比量究竟属共比量还是自比量,在奘门弟子中就出现了对立的意见。在现存唐疏中,《庄严疏》是较早解释这一比量的疏记。虽说解释得也不很详细,其基本见解为窥基及其弟子沿袭,即解为共比量及理由。宋代延寿《宗镜录》和明代的一些疏文也都一以贯之,因循了文轨、窥基的解释。尽管今人对此仍有各种不同的评论,文轨疏的首次讲解有引路之功。

(十六)关于世间相违宗过

神泰在《述记》中对世间相违宗过作了错误解释,解释成不共不定因过,轨疏则解释为立宗违背世间共有的知识,符合《入论》本意。

(十七)关于全分、一分

《庄严疏》对各种过还加上全分、一分的解释,为过失论留下了宝贵而丰富的思想资料。尽管与窥基疏相比要逊色一些,毕竟有开拓之功。

(十八)以"即因"为主并以"之因"兼说相违因过

《庄严疏》说:"此则宗、因两形为相,因返宗故名违。此释即因,因直接违宗。"②《庄严疏》又释:"如立常为宗,无常返常,名为相违。立因为欲成常住宗,

---

① 文轨:《庄严疏》卷二,卷三页一右至页二左。
② 文轨:《庄严疏》卷三,页六左。

其因乃成无常宗义,与相违为因,故名相违因也。"①此释之因,《大疏》与此相同,窥基主之因说而斥即因。陈大齐先生《蠡测》说:"相违即因云者,谓所作因违于常宗,其违在因自家,相违之因云者,谓无常相违法之因,其违在宗中法。《庄严》《略纂》,兼取二义。《大疏》虽取之因而斥即因,然亦不无兼取即因之嫌。"②陈大齐认为,《大疏》有几处言其"违害宗义""所乖返宗""能乖返因",颇同即因之说。他还指出,《理门》和《入论》均兼取二解,可见,"衡以理则,即因为胜"。可见,文轨《庄严疏》对相违因的解释是正确的,而《大疏》未得正解。

(十九)关于似能破二种

如果不是实在地指出能立的过失,能立本来无过而说成有过,叫作似能破。能立本来圆满无缺,敌者却显示其有缺减过。宗言无过,却指责其有过;因无不成或不定,或亦无相违;却指责其有不成,或有不定,或有相违,喻本无过,却指责其有喻过。以上所举的各种言词称为似能破,因为它们不能显示"他宗"即原立论主所信奉的道理中的过失。此似能破之所以不能显他宗过失,是由于他宗为正能立,并无过失可指摘。以上为《入论》对似能破的概括,但不全面。似能破还应包括另一种情况,即能立本来有过,但破者"不能实显能立过言",反而弹诘了无过之处,也应算似能破。《入论》这一错误为《庄严疏》所修正而为《大疏》所因循。《庄严疏》说:"亦有于他有过量中不知其过,而更妄作余过类难,亦是似破。"③《庄严疏》的说法根源于《理门论》。《理门论》说:"……名似能破,由彼多分于善比量为迷惑他而设施故。"意思是说似能破的过失多数是误以善比量(真能立)为有过而造成的。并没有排除《庄严疏》说的那种情况,但是《入论》却把"多分"说成了全部。

(二十)关于法差别相违过

关于实例方面的注释,往往涉及各宗学说,这对不谙佛学和外道各宗的人来说,确是一大困难。而轨疏围绕例证介绍各宗学说,确实做到提纲挈领、清楚明确。例如,《入论》中关于"法差别相违因"过的实例,自来异解纷呈,号称难解。《入论》原文是:"法差别相违因者,如说眼等必为他用,积聚性故,如卧具等。此因如能成立眼等必为他用,如是亦能成立所立法差别积聚他用。"这是数论

---

① 文轨:《庄严疏》卷三,页六左。
② 陈大齐:《蠡测》,第一四五页。
③ 文轨:《庄严疏》卷四,页一左。

派对佛弟子立的量。如果数论是想成立实我为受用者,受用眼等,如果实我是宗之有法,实我受用眼等,而佛家不许有实我,有法又名所别,便有宗中他所别不成,再从积聚性因来说,也有过失。如果"我"是有法,数论说实我是常,因此不允许有积聚性因,佛法根本就不承认有实我,更谈不上有积聚性因,这样,此因便有两俱不成的过失。如果说眼等必为实我用,实我为能别,便有能别不成之过,并且缺无同喻,这积聚性因与能别法的自相(语词直接表达的意思)相违,喻依卧具便有所立不成之过失。如果说数论立眼等为假我用,就会有相符极成的宗过,因为佛法也承认假我。

面临左右为难的局面,数论便调弄方术,立宗不用"实我",也不用"假我",而代之以"他",即立宗为"眼等必为他用"。这里的"他",就是数论"实我"之代名词。按照数论的观点,"我"有二种,一者实我,即数论派二十五谛中神我谛,即永恒不变的实体,体既常往,故非积聚。二者假我,即眼等根积聚成身,假名为我,包括在数论二十三谛中。数论神我(实我)是非积聚性的,而假我则是积聚性的。佛法承认假我而不许实我。数论宗中若立实我,便有上述种种过失。于是数论便故意含糊其辞。

按照数论的观点,由于神我受用声、触、色、味、香五唯境时须亲用眼等,所立神我用眼等,其用殊胜,相反,假我用眼等劣,但是假我亲用卧具,故胜,而神我要通过眼等来用卧具,故劣。

既然这样,如果积聚性因能成立数论所立法自相,那么也能成立法差别相违宗。数论所立宗为眼等必为他用宗,其法自相是为他用,此"为他用"未分神我、假我,故不与积聚性因相违,不会出现过失。数论本来要成立的是不积聚性他,但与积聚性因相违,陈那就用了这因来成立与作为法差别的不积聚他相违的聚积性他。这宗就叫"眼等必为积聚他用胜"。如果这宗不加胜字,就会犯相符极成的过失。

窥基《大疏》对此例的解释与轨疏同。熊十力在删注《大疏》此例处评点说:"以假我于眼等用胜,而难数论,论无明文,疏主创发。清干诸家,颇于疏义有所翻违,吾谓过矣。……推详数论所计,积聚他假我,用卧具胜,用眼等劣;不积聚他实我,用眼等胜,用卧具劣。彼之本计如是。今检彼对佛弟子,立眼等必为他用宗,积聚性因,如卧具等喻。彼宗,意许法差别,是不积聚他用。以此是对敌所诤故。然彼积聚性因,则于法差别不积聚他上无。于法差别之相违法积聚他上有。故此因,是法差别相违因也。但彼因虽有过,而敌者违量亦不易成。设陈那不约假我用眼等胜以难。而直申量云,眼等必为积聚他用,因喻同前,此虽以彼因喻,返成相违,而陈那量,亦犯相符过。……原数论亦许假我用眼等,陈那答复立之，即有相符之失也。今疏主设为陈那难数论量云，眼等必为积聚他用胜。因喻仍数论之旧。意说，卧具等是积聚性故，既为假我用胜，眼等亦是积聚性故，应如卧具亦为假我用胜。由是，此量无相符过。方与数论而作相违。"①

（二十一）关于十四过类的疏解

《理门论》说"似破谓诸类"包括下面两种类型：第一种指同法相似等过类称为似能破，这种较为多见的过类是针对正确的比量为迷惑敌论和证人等而建立起来的，它们不可能显示被破斥对象有什么错谬，因为用来破斥的是非正当的理由，便使自己堕落于能被破斥的境地。这样就与真能破的对象（似能立）成为同类，被称为过类；第二种似破类型是针对似比量加以破斥，如果那样，或者出现不能真正了知其过失之所在，或者不知如何才能方便破斥，这两种情况虽为似破，但不称为过类。

前文已述，对《理门论》似能破十四过类的疏解首见于《庄严疏》。外道对正因的错误破斥，自古正理和古因明以来种类繁多，陈那从中择取了最能得到各方赞同的十四个种类。对此十四种错误反驳之因的再反驳，是《理门论》中最难理解的文字。《庄严疏》详加疏解，功莫大焉。也有少数解释，不够简明。

例如，从对第一过同法相似的疏解来看，《庄严疏》作详细疏解的文字引导研习者登堂入室，如入门阶梯。后来净眼的《后疏》对十四过类的疏解全部用谒文来表述，删其枝叶，仅留部分支干，就令初习者不知其来龙去脉，自然不如轨疏长行讲述那么清楚。

《庄严疏》："第一同法相似过类者，内曰：如有成立'声无常宗，勤勇无间所发性故因，诸勤勇无间所发性者皆是无常，譬如瓶等同喻，若是其常见非勤勇无间所发如虚空等异喻。'外曰：'声常宗，无质碍故因，诸无质碍皆悉是常，譬如虚空同喻，诸无常者见彼质碍犹如瓶等异喻。'此之外量有不定过。其声为如空等无质碍故即是常耶，为如乐等无质碍故是无常耶？此则以异法为同法，不以同法为同法，故名相似过类。"②

《庄严疏》又说："内曰，声瓶既俱勤发，理即并是无常。内又曰，空是其常非勤发，声既勤发是无常。外破曰，声同瓶勤发，同瓶即无常。声同空无碍，同空应是常。外又破曰，声不同空非勤发即不同空说是常。声既同空是无碍，即应同空说是常。内曰，勤发定是无常义，故声类瓶说无常。无碍非唯是常义，何得同空

---

① 熊十力：《因明大疏删注》，上海：商务印书馆，1926 年版，页七十九右至页八十左。

② 文轨：《庄严疏》卷四，页二左至右。

说常住。"

第一段疏文讲清了原立论者"内"即佛弟子之正能立,外道反驳之三支作法有不定因过。所谓同法相似是由异法喻依替换同法喻依,颠倒成立相违之宗,因此称其为同法相似。例如成立"声是无常"宗,以"勤勇无间所发性故"为因,在这一正能立之中以"虚空"为异法喻,作为破斥的一方却故意以"虚空"为同法喻,并且另以"无质碍等故"为因,试图证成"声是常"宗。如上所述,按照立方的"勤勇无间所发性故"因来组织论式,则"瓶"应为同法喻依,而在敌方为破斥而建立的论式中却以异法喻依"虚空"代替同法喻依"瓶",正由于此,把这一相似过类称为同法相似。

第二段疏文先用古因明原理驳外道,遭到外道以同样方式作反驳。佛弟子再以陈那新因明原理因宗不相离性"勤发定是无常"作发驳,给予最后一击,才取得辩论胜利。由此可见古因明之弊和新因明之利。

又如,《庄严疏》对第三过分别相似作了详细的解释:"第三分别相似过类者,内曰:'声无常,勤勇无间所发性故,譬如瓶等。'外曰:'声常,不可烧故,或不见故,如虚空等。'外意云,汝以声同瓶勤发即同瓶无常者,然瓶是可烧、可见,声即不可烧、不可见。可烧、可见可无常,无烧、见者应是常。此于同法喻中分别可烧、不可烧,可见、不可见等之宗义异,名分别相似。前异法相似直望以一同法为异法,不分别差别之义,故不同也。此外人不烧等因通同、异品,有不定过。谓此声为如空等不可烧或不可见故即是常,为如乐等不可烧或不可见故即无常?此名以不定破定,故是似破也。内曰:'瓶从勤发既也(然)无常,声从勤发何容常住?'外破曰:'声从勤发同瓶等,即同瓶等说无常;瓶是可烧、声不烧,瓶自无常、声应常。'内曰:'勤发唯在无常中,故得独证无常义;不烧通常、无常内,何得偏成常住宗?'"①

文轨的这一大段解说可分几层意思;一、通过交代立、破双方的论式说明本过之由来。二、说明分别相似与异法相似的差别。三、说明外道所用的"不可烧"或"不可见"之因是不定因,既同"常",又通"无常"。立者是定量,破者是不定量,以不定破定,因此是似破。四、答难。佛家以瓶类声,不说喻体遭到外道反驳,佛家再阐明因、宗不相离性,定因能证成"无常"宗义,而外道所用"不烧""不见"因通"常""无常",是不定因,不能单单证成"常住"宗。

从本例可见文轨之释,层次分明,易于理解。从他对第一、二、三过的解释来看,都先用古因明遭外道反驳后再用新因明原理才达到最终反驳便不够简明。

---

① 文轨:《庄严疏》卷四,页五右至六右。

此外,关于四种宗义,关于表诠与遮诠,关于四相违分合,都留下了宝贵而丰富的思想资料。

二、引起探讨的专题

(一)关于宗只是所立而非能立

《庄严疏》在初颂释文"一能立"注中说:"善申比量,独现己宗,邪敌屏言,故曰能立。"①在"二似立"注中说:"谬缘三支,妄陈伪执,危犹累卵,故名似立。"②能立与似立相对,文轨并未否认宗在能立。

在释《入论》"此中宗等多言名为能立"一句中说:"陈那以前诸师皆云宗为一言,因为二言,喻为三言,如多名身,言即是名,故云多言。此之多言,总名能立。故《对法》云,所立有二:一自性谓色等。二差别谓可见等。能立有八:一宗、二因、三喻、四合、五结、六现量、七比量、八至教量。"③与神泰《述记》一字不提古因明有宗为能立一说不同,《庄严疏》毫不讳言古因明师以宗、因、喻三支为多言,此三支多言名为能立。宗既是所立,又是能立之一。

《庄严疏》接着说:"陈那云,宗言是所立,因等是能立,举其能等意取所等。所等之中因一喻二即是多言,如此多言即是能立。能立立其所立,故举所立等之。若不举所立,不知谁之能立也。陈那意以古师云宗因喻三俱是能立,不能乖古,故举其宗。言虽同古,意恒异也。"④这一段直接表明文轨的主张,陈那的能立多言不包括宗。在解释《入论》"唯此三分说名能立"处,文轨将三分解释为因、同喻和异喻,直截了当把宗排除在三分之外。"宗是所立。为立此宗唯因分同喻分异喻分名为能立。"⑤

文轨的"不能乖古"之说,当即受到责问:"宗为能立,诸论备详,今日所成岂非乖古?"⑥既然古因明诸论都把宗算作能立之一,事实上陈那不承认,已经乖古,你还要说"不能乖古",岂不是自相矛盾? 文轨答得勉强:"据义有别,理亦无

---

① 文轨:《庄严疏》卷一,页三左至右。
② 同上,页三右。
③ 同上,页四右至页五左。
④ 同上。
⑤ 文轨:《庄严疏》卷二,页二左。
⑥ 文轨:《庄严疏》卷一,页五左。

违。"①既然"义"有明显差别,"理"又谈何一致?

文轨的"若不举所立,不知谁之能立也"和"不能乖古"理由二种均为窥基《大疏》所沿用。对此陈大齐教授在《蠡测》中作了详细的批评。他把第一种解释概括为"显所立而简滥"。他认为,如果说在"宗等多言名为能立"中"举宗"是为了"简滥",那么会"适得其反"。既然说"宗等能立",把宗放到能立中去了,又怎么来显示它是所立呢?如此非但不能简滥,反而违背初衷,陷入自相矛盾的境地。《蠡测》认为这种自相矛盾之说不会是《入论》的本意。

《大疏》之第二释:"陈那等意,先古皆以宗为能立,自性差别二为所立。陈那遂以二为宗依。非所乖净,说非所立。所立即宗,有许不许,所净义故。……因及二喻,成此宗故,而为能立。今论若言因喻多言名为能立,不但义旨见乖古师,文亦相违,遂成乖竞。陈那天主,二意皆同。既禀先贤而为后论。文不乖古,举宗为能等。义别先师,取所等因喻为能立性。故能立中,举其宗等。"②《大疏》的意思是,"宗等多言名为能立"从字面上说顺古,实际所表达的意义却不同。

《蠡测》认为《人疏》的"文不乖古"说也是"曲为解释,于理亦有未顺"。其一,有自教相违过。"文以显义,应与义符,今文谓此,义则指彼,文与义违,何以悟人。自教相违,诚为过失"。其二,《大疏》"文不乖古"之释未能一以贯之。疏释宗为乐所成立时,说过"又宗违古,言所成立以别古今"③。这与"文不乖古"相抵触。其三,"夫惟别创新义,尤应阐述明显,庶令墨守之徒,知新是而旧非。隐约其词,且不足以阐扬新义,暗违明顺,徒为旧说张目而已。"④

综上所述,文轨也应读懂了《理门论》和《入论》关于能立二义的原文,可他为什么坚持把宗排除在能立之外而且成为《入论》唐疏新旧疏代表作的共识呢?同样的道理,我们在关于神泰《述记》的研究中,已指出,根据汤博士的最新研究,他认为陈那晚期代表作《集量论》改造了《理门论》关于能立的旧说,将宗剔出能立。能立只指称因一喻二或因三相。⑤《述记》《庄严疏》以及《因明大疏》均采用了《集量论》的说法而未加说明,它们均讳言《理门论》和《入论》作为陈那新因明早期代表作保留了古因明旧义。这引起唐代研习者及后人的质疑,也就不奇怪了。

---

① 文轨:《庄严疏》卷一,页五左至五右。
② 窥基:《大疏》卷一,页二十二左至右。
③ 窥基:《大疏》卷二,页十四右。
④ 陈大齐:《蠡测》,第七页。
⑤ 汤铭钧:《汉传因明的"能立"概念》,《宗教学研究》,2016 年第 4 期。

（二）关于两宗依互相差别

前面说过,自性可以在任意一个命题或判断里担任有法,也可以担任能别,既可充当主项,也可充当谓项。差别也一样。但是在一个特定的命题或判断中,有法与能别是固定不变的,两个宗依的不相离性只能体现在能别差别有法,而不可以说有法与能别互相差别。文轨疏改动玄奘的译文,将"极成有法,极成能别,差别性故"中的"差别性故"改为"差别为性"①,受到窥基的严厉批评。改动译文固然值得商讨(定宾律师认为另一梵本就是"差别为性"),其引发争议的主要问题则在于是否把"差别为性"解释为宗中的有法、能别可以互相差别。按照神泰《述记》的解释:"言'差别性者',如立宗言'声是无常','无常'与'声'更相差别,至言必尔,何须更以差别之言而差别耶？是故此论无此之句也。"②在神泰看来,《理门论》本来就主张一个宗中的有法与能别是互相差别的,根本不用说"差别性故"。衡于逻辑,在一个直言命题中,只能由谓项来陈述主项,而不能相反。窥基既错误强调了有法与能别的互相差别,又强调过一个陈述句只能由能别差别有法,说明在此问题上有自相龃龉的毛病。

（三）关于唯识比量的判定

关于唯识比量是共比量还是自比量,自唐以来就争论不休。从现存唐疏看,文轨疏最早认定为共比量,代表了以他开始,由窥基、慧沼和智周作详尽发挥的正统观点。唐代佛门人中不乏质疑者。宋代延寿《宗镜录》和明代诸家都祖述共比量。直到现当代吕澂先生还是坚持这一正统说法。具体讲解唯识比量的三支构成,使研习者读懂奘师唯识比量是怎么回事,文轨疏是功绩的。至于怎么评价唯识比量,则是另一回事。依照三种比量的标准,因支有自比量标识词"自许",又判定整个比量为共比量,有偏袒大乘唯识宗人之嫌。文轨在疏解似能立十四过类的第一过同法相似处,提出有四种反驳:"一以定破不定,二以定破定,三以不定破不定,四以不定破定。"③对新罗大乘高僧顺憬以小乘口吻用自比量应对"共比"唯识比量的质疑,文轨批评其有不共不定因过,属于第四种"以不定破定",恐难服人之心。

《庄严疏》:"问：如立量云,真故极成色非定离于眼识宗,自许初三摄,眼根

---

① 文轨:《庄严疏》卷一,页九左。
② 神泰:《述记》卷一,页八左。
③ 文轨:《庄严疏》卷四,页三左。

不摄故因,如眼识喻。有人破此比量作相违决定云,'真故极成色定离于眼识宗,自许初三摄,眼识不摄故因,如眼根喻。'此四句中何句所摄? 答:此当第四以不定破定句摄,以眼根非同品故。谓小乘宗自许眼根定离眼识,若大乘自在菩萨六识互用眼识亦得缘彼眼根现眼相分,及成所作智亦缘眼根现眼相分。如此相分眼根并是初三之中眼根所摄。此则大乘不许眼根定离眼识。此之眼根望自虽是同品,望他即是异品,然无共同品故,是同品无。以眼识为异品,因复非有。此自许初三摄,眼识不摄因于同异品既遍非有,即六不定中不共不定也,复是喻过中他随一所立不成过也。"①

文轨判定奘师唯识比量为共量,为定量,又判定小乘量为不共不定量,因此以不定破定是错误的破斥。为什么说这一解释偏袒了大乘的唯识比量呢?因为唯识比量的因明明有"自许"二字,这是自比量的标记,且"眼根不摄"又为小乘不许,并非共比量因,因此,整个比量只是自比量,有自保之功而无破敌之用。小乘以其人之道还治其人之身,也用自比量与唯识比量相对,虽然也无破敌之功,却也有自保之用。这不失为一种反驳方式。

(四)关于《入论》是否涉及陈那晚期代表作《集量论》

今有因明家猜测《入论》作者商羯罗主是陈那早期学生,其理由是《入论》未涉及陈那晚期代表作《集量论》。轨疏的看法与此相左。文轨认为,《入论》初颂中的八义两悟"总摄《集量》《理门》等论诸要义也"②。若如文轨师所言,天主当属陈那晚期学生。但是,文轨《庄严疏》并未指出《入论》本身内容与陈那晚期代表作《集量论》完全一致,而只是在某些观点上采用了《集量论》的观点。反之,只要指出在《集量论》中才出现而在《理门》《入论》中相反的观点,就能证明天主不懂《集量论》并只是陈那早期学生。如前述宗只是所立和互相差别二例所言,唐疏采用《集量论》新说,但《入论》只代表陈那前期观点,而不能证明其为晚期学生。还有一种可能,尽管天主是陈那晚期学生,但他写作《入论》较早,《入论》中不可能有陈那晚期观点。孰是孰非,最终有待新的史料印证。

(五)关于所立法"为因所成"与《大疏》"因正所成"有无关联

文轨在解释同品定义时说:"所立法者,宗中能别名之为法。此法为因所成

---

① 文轨:《庄严疏》卷四,页三右至页四右。
② 文轨:《庄严疏》卷一,页四右。

名所立法。"①应该说这一解释本意是限于对什么是所立法做出解释,它是宗支上的能别法,又是因所要证成的法。因是能立,因作为名言来说是能立法,宗上能别法是能立法所要证成的对象(为宗有法所有),就称为所立之法。这一解释还不涉及同品。后面释文"若彼义品有所立法与宗所立法均等者,如此义品方得名同"才涉及什么是同品。总之,回答什么是同品与因无关。当然,定义所立法,可以与因无关,可以根本不提及因。文轨只是拖了个尾巴。窥基《大疏》却说:"虽一切义皆名为品,今取其因正所成法。"②把什么是同品与正因所成扯上了关系,做了过度解释。这一误解与文轨无关。文轨《庄严疏》在解释异品定义处就不再说所立法与能立法相对是"为因所成"的话。一个对象是否"为因所成"与它是不是同品无关。今人又以窥基《大疏》误释为据,将同品定义为既是宗同品,又是因同品,其至批评《入论》定义过窄。这一批评完全曲解了陈那新因明的本来意义,牵一发而动全身,导致了许多矛盾而不能自拔。

(六) 关于不成因过是否只与因体不成有关

文轨对不成因过的正确解释历来受到误解,应为之翻案。《大疏》批评古疏只以因体不成定义不成因过,古疏有片面性。《大疏》因循了文轨《庄严疏》说。南京支那内学院版《庄严疏》却为此句误作旁注"大疏五卷二十二左破"。考其旁注的依据为慧沼《义纂要》③。慧沼用"然有释云""此不应尔",把只以因体不成来释不成因的错误按到了文轨头上。《后记》只解释了《大疏》本义:"此难古执也。古师唯'自不成'名不成,不望'不能成宗'名不成也,故为此难。"④《明灯抄》因循慧沼《义纂要》之误:"此破轨师唯约一义名不成也。"⑤

《庄严疏》以简约准确的文字解释了《入论》"不成不定及与相违,是名似因"。文轨首先界定说:"具三相因方证宗义。若不善解初相有不成过。若不善解后之二相有不定、相违过。"⑥不成、不定和相违因分别对应因三相的不满足。不成因对应的就是违反了因的第一相遍是宗法性。接着文轨具体列举了四不成因的不同特点,并总结说:"如此之因名为不成。"⑦

---

①　文轨:《庄严疏》卷一,页十七左。

②　窥基:《大疏》卷三,页五右。

③　慧沼:《义纂要》,《卍续藏经》第86册,页四百三十一右。

④　智周:《后记》卷中,页二十右。

⑤　善珠:《明灯抄》卷第四本,页三四一下。

⑥　文轨:《庄严疏》卷二,页十三左。

⑦　同上。

紧接着他将不成因与宗过中的俱不成等三种不成作了区分。"如宗过中俱不成等,此即因体名不成也。若言因体不能成宗名不成者,不然。"他明确表示不能用宗过中因体不能成宗来定义不成因。后面他举"所闻性"因不能成宗然非四种不成。又举了九句因中不定和相违的特征以说明不能成宗之因不仅限于不成因。窥基《大疏》是赞成文轨之释的。不过窥基做了补充:"能立之因不能成宗,或本非因不成因义,故名不成。"①不能成宗包括违反因三相和本非因即因体不成两种情况。单以因体不成来定义不成因是片面的。为破此义,基疏增设三难:初离宗无因难,二因、喻相例难,三文义相违难。可见,文轨只是批评了单以因体不成来释不成因的错误,并非主张不成因仅指因体不成。

(七)对"如是多言是遣诸法自相门故"一句的解释

在释"极成有法,极成能别"的末尾,《庄严疏》设问:"何故,违彼现量等五是宗过者?以此五宗是遣诸法自相门故。谓声是诸法自相,其声自相为耳等所闻通生耳识,即所闻义名之为门。今言'声非所闻'者,不失声之自相,但遣所闻之门,故成过也。余四种过类此可知。"②

文轨认为"法自相"指有法"声","门"指"所闻"。以现量相违的似宗"声非所闻"为例,解释五相违似宗都是违背了声有法之自相的属性,声自相的应有属性即是门。文轨认为"所闻"是产生敌、证智慧之门,用"所闻"来陈述声,就能产生敌证的智慧。"声非所闻"没有否定"声",而是遣除了"所闻",所以是"遣诸法自相门"。

汤铭钧博士认为根据梵本,是"通过法自相的遣除作用",法自相是能遣而非所遣,自相是法的语言表达,门是虚词,本无所指。法自相相当于《理门论》中的"相违义",指真宗的后陈。因此,文轨对本句的解释有误。③

(八)关于不定因过相违决定与比量相违宗过之差别

《庄严疏》设问:"此与比量相违何异?"自答:"前比量相违但立其宗,即违其因。今立因已方违其因,故不同也。又但相违决定即比量相违,自有比量相违非相违决定也。"④文轨讲明了二者的不同,比量相违之宗一经提出,无须举因,即已

① 窥基:《大疏》卷五,页二十一右。
② 文轨:《庄严疏》卷一,页九左。
③ 详见汤铭钧《陈那、法称因明推理学说之研究》,上海:中西书局,2016年版,第72—73页。
④ 文轨:《庄严疏》卷三,页五右。

有宗过。相违决定之二因待提出后才可认其为不定因。这是二者在立论之际，在思维过程的不同阶段才分别出现的宗过和因过。这是《庄严疏》指出不定因过相违决定与宗过比量相违之差别的根本点。

但是，"前比量相违但立其宗，即违其因"不好理解。比量相违之宗一定与论敌相违之正宗矛盾，"但立其宗"便已有过。"宗宗相违"应是正违。《理门论》指出"瓶是常"等为极成比量"瓶是无常"相违义所遣除。《入论》的举例也是："比量相违者，如说瓶等。"一举出"瓶是常"宗，就知道违背了世间共许的比量知识即推理知识"瓶是无常"。不问以何因来证所立之宗，该宗一定为似宗。可见，此过为宗违正宗，今人陈大齐先生认为"宗宗相违"才是正违。正宗由正因所证成，比量相违既为正宗，必然与其正因相违。因此，本过兼违正因。《庄严疏》"前比量相违但立其宗，即违其因"一句并没有错，只是未得正解。

《庄严疏》本段答句后半段"但相违决定即比量相违，自有比量相违非相违决定也"不无疑问。既然前面说了二过"故不同也"，怎么又说"相违决定即比量相违"呢？相违决定过是两宗、两因皆满足因三相，也都不能破斥对方，乃至两宗皆不定，因而两因成为不定因。这与比量相违宗在先有之随应极成比量宗后面提出，本身一经提出便有宗、因二过根本不同。况且比量相违是宗过，相违决定是因过，不可以说"相违决定即比量相违"。"自有比量相违非相违决定也"似乎是说有的比量相违非相违决定。实际上凡比量相违皆非相违决定。文轨之解又为窥基所因循。

（九）关于相违决定过胜负之释是否为《大疏》所破

对《入论》关于相违决定过"此二皆是犹预因故，俱名不定"一句的解释，基疏固然比轨疏解释更有条理，但也不能说轨疏解胜负之说为基疏所破。有相违决定因过的两个因之所以被天主称为"犹预因"，"俱名不定"，《庄严疏》用一个总释和七个问答做了正确解释。"此二比量虽无余过，然令证人听众不测理之是非。谓彼疑云，一有法上其宗互反，因喻各成，何正何邪？相俱犹豫，名为不定。"①这个总释已经简明扼要地讲清楚了胜论的"所作性"因对声论的"所闻性"因都具备三相，能各证自宗，却令证人和听众难断是非而生犹豫，就同被称为不定因。随后他又用七个问答作分释，应该说全面解答了《入论》这句原文。其中第三问和第四问涉及胜负和是非的判定标准。校刊者加旁注为"大疏六卷二十四左破"。因明立量是要讲胜负的。第三问是："主立宾破理有是非，岂容俱失而

---

①　文轨：《庄严疏》卷三，页四左。

无胜负？"答"前负后胜"。第四问是："虽分胜负理未必然，多言显宗，此说何据？"答："论其胜负一如前辨，理之是非依现教断。"又答："此之二因无论前后，若闻现教，此即为胜；若乖现教，即堕负门；若俱违顺，依前后断。"①对二问之答无可指摘。一般而言，古因明断胜负如杀迟棋"前负后胜"，是非之辨则以是否符合现量和圣言量断，而不分先后。如双方俱违现教，则回到先后之分。《庄严疏》的解答没有问题。再看《大疏》的解释，强调了"二俱不定摄，故不应分别前后是非"，又引《理门论》"又于此中现教力胜，故应于此思求决定"，还指出《入论》举例胜论先声论后，故"声强胜论应负"，而《理门》则反是。窥基指出二论举例差异，没有影响基疏与轨疏之同。总之，不应强调二者之异，即不应认为轨疏为基疏所破。

（十）关于"相违即因"与"相违之因"的相互关系

对相违因的成因有两种说法：一为相违即因，二为相违之因。《庄严疏》主张相违即因，兼顾相违之因。校本旁注以《大疏》"相违之因"破《庄严疏》"相违即因"说。随后又有旁注《大疏》与《庄严疏》所兼顾的相违之因说相同。本文对校本所标同异是非，试作探讨。

所谓相违即因是指因法直接与宗相违，过失在因。所谓相违之因是指该因与原宗法相违，反证成了与原宗法相违之法，成了相违法之因。其过失之命名着眼于宗中法。

陈大齐先生说："相违即因云者，谓所作因违于常宗，其违在因自家，相违之因云者，谓无常相违法之因，其违在宗中法。庄严略纂，兼取二义。大疏唯取之因而斥即因，然亦不无兼取即因之嫌。"②

《入论》本身未对相违因作过定义。《庄严疏》在对似因作总释处说："若所立因同无异有或……，故名违。"③文轨指出"同无异有"是相违因的根本特征，因在宗中法上同无异有。因直接与宗相违，此为即因说。又在总释《入论》"相违有四"处用两个问答讲明为什么不称宗过而称因过。第一问为："宗亦乖因，岂唯因过？过不在宗，何得名相？"这一问中包含连续两问。相违因既与宗有关，为何只追究因过？既然是说因过，过不在宗，相违因之名又从哪来？文轨答："如言父子

---

①　文轨：《庄严疏》卷三，页三左至四。

②　陈大齐：《蠡测》，第一四五页。

③　文轨：《庄严疏》卷二，页十三右。

相生,子不生父亦得名相。此则宗因两形为相,因返宗故名违。"①因言是为证成宗言而设的一支,犹如子与父关系,衡于逻辑,因法与宗法为一对关系概念。要维持这一关系,谁也离不开谁。少一方,则对方也不成其为一方。虽说"宗因两形为相",但此相违因过只是追究因对宗的相违,故称相违因,相违即因。第二问是:"常义既返所作,何不宗说相违?"文轨答:"宗言常住过失未生,因言所作方乖所立,故因说违,宗无此过。"②此答继续明言相违因过不在宗,过在因自家。因为立了宗而还未举出因时,宗是否有过失还不能确定,它只是争论的题目。因都还未出现,也无相违因可言。当举出因后,它是正因还是相违因,才有判定的必要。其因过在因自身,故为即因。

校本在"因言所作方乖所立"有旁注"大疏七卷一左破"。《大疏》相关文字为:"相违因义者,谓两宗相返。此之四过,不改他因,能令立者宗成相违。与相违法,而为因故,名相违因。因得果名,名相违也。非因违宗名为相违。故无宗亦违因,例而成难。"③意为因所能证成的宗与因原本所要证的宗相矛盾,由于两宗相违,此因称为相违因。强调成为相违法之因是因为宗相违,"因得果名"是从宗出发命名,"非因违宗名为相违",的确是以之因说否定即因说。

《前记》:"因依主得名,亦得名因违宗也。主者,相违宗是也。因是相违宗之因,故名相违因也。主即违宗,因亦得违宗之称。"④又对"故无宗亦违因,例而成难"一句解释说:"若以因违于宗名相违者,即有难言,因违于宗名相违因,亦宗违因应名相违宗。由有此难,故言'与相违法为因',故言'无宗例而成难'。"⑤其实《大疏》与《前记》的解释没什么必要。

《蠡测》在"相违因"这一专题中搜索《大疏》相关论述,见其即因、之因二说并存。"之因即因,本互相同。所作性故,与无常宗为因,无常返常,因亦违于常宗。故疏虽取之因之说,难免羼入即因之义。窃观二论,亦若兼取。"⑥《蠡测》又举出《理门》《入论》相关论述数则以证其说。可见,即因与之因二说,其实有相通之处。同一个相违因,从因出发,站在因的角度则为即因;从宗出发,站在宗的角度看,则为之因。二者没有根本不同。陈大齐又进一步指出,"衡以理则,即因

① 文轨:《庄严疏》卷三,页六左。
② 同上。
③ 窥基:《大疏》卷七,页一左。
④ 智周:《前记》卷下,《卍续藏经》第86册,页四百七十六左。
⑤ 同上,页四七六右。
⑥ 陈大齐:《蠡测》,第一四六页。

为胜"①。日僧孝仁取即因说,且谓违其正因。"准因明理,此说最胜,于论于疏,亦有依凭。"②最后,陈大齐总结说:"疏于此文已得正解,其后说过,别取他义,舍本逐末,为可惜耳。"③今人熊十力循《大疏》之因说,虞愚则取即因说,都未作评论,不无片面。今人巫寿康先后并列引述熊、虞二说以注疏文,亦未得其解④。

(十一) 关于唯识比量的种类

自唐迄今,对玄奘唯识比量一直有不同的解读。从现存文献来看,文轨首创以共比量解读。后起的窥基对三种比量理论作了详细整理和阐发,并且进一步以共比量解读唯识比量,被弟子慧沼和再传弟子智周尊为圭臬;新罗的高僧元晓、顺憬则按照三种比量理论判定其为自比量。奘门一系的定宾也说它是自比量。他根据自比量的功能,说此量只能是应急措施,起"一时之用"⑤;日僧善珠则遵从窥基《大疏》观点,认为"此语非也……明知此量万代之通轨也"⑥。

它究竟是共比量还是自比量,是"万代之通轨",还是"一时之用"? 要正确地回答这两个问题,先要搞明白争论的焦点在哪里? 玄奘唯识比量是借助陈那的三支作法,运用三种比量理论来宣传大乘唯识思想。虽说与辩论术、论式(逻辑)和知识论三者都有关系,但争论的焦点还是集中在辩论术方面。共、自、他三种比量理论归属于辩论术。共、自、他三种不同的比量各有其不同的功用。唯识比量究竟是哪一种比量,牵涉到在辩论中是否处于有利地位从而影响辩论胜负的问题。只有搞清楚了唯识比量与辩论术、量论、逻辑三者的关系,才能给出一个符合其本来面目的评价。

如果说它是共比量,是"万代之通轨",那么按照规则面前人人平等的道理,它应当是一种立敌双方都能使用的辩论方式,大乘可用,小乘和外道都可用;无遮大会上立敌双方可用,玄奘圆寂后奘门弟子包括为小乘辩护的定宾以及新罗元晓、顺憬都可用。同理,真理可借助其立正破邪,谬误也可拿它来立邪破正。于是世界上任何谬论都可立于不败之地。显然,"万代之通轨"说不无疑问。

围绕"唯识比量"的大、小乘之争,其胜负在历史上有无定论呢? 在无遮大会

①　陈大齐:《蠡测》,第一四五页。

②　同上,第一四六至一四七页。

③　同上,第一四七页。

④　转引自《中国逻辑史资料选》,兰州:甘肃人民出版社,1991年版,第202页。

⑤　凤潭:《瑞源记》卷四,页十四左。

⑥　善珠:《明灯抄》卷第三末,页三一五上至中。

召开五天后，小乘、外道中人结根欲谋害玄奘。戒日王宣令："众有一人伤触法师者斩其首，毁骂者截其舌。其欲申辞救义，不拘此限"。① 无遮大会持续了十八天，名义上以奘师的胜利而告终，"令无量人返邪入正，弃小归大"。②

从奘门一系所传文献看，奘师取得了胜利，获得"大乘天"和"小乘天"称号。但文献中只是说"若其间有一字无理能难破者，请斩首相谢"。奘师之所以敢说"斩首相谢"的话，意思是说我的防守天衣无缝，无懈可击，你根本无法破我。能防守不等于能进攻，还不能据此判定其为攻守兼备的共比量。文献中既然提到小乘人捣乱的事实，说明他们心里是不服的。

自唐以来，争论的双方都是立足于陈那因明和汉传因明的范围来评判唯识比量，是非难有定论。我发现把它放回到印度佛教因明发展史上来考察，答案便显而易见。玄奘回国不久，陈那因明便被法称因明所取代。在法称因明中再也找不到唯识比量的踪迹。

以上两个史实可以帮助我们更恰当地评价唯识比量的历史地位。

在因支"自许初三摄，眼所不摄故"中，"自许"是简别辞。有"自许"的就是自比量，这没有什么例外可言。古今许多因明家曲为之解，硬说"自许"之因仍为共比量。文轨《庄严疏》说："此云自许不简他许，以他亦许极成之色初三所摄眼所不摄故。问，既不简他许，何须自许言耶？答，此为遮相违故，须自许言。谓他作相违难云，极成之色应非即识之色，自许初三摄，眼所不摄故，如眼识。今遮此难云，此极成色，为如眼识，自许初三摄，眼所不摄故，非即识之色耶？为如我宗所许他方佛色，自许初三摄，眼所不摄故，是即识之色耶？若不云自许，即不得与他作不定过。遮相违难。"③

从现存唐疏看，这是把唯识比量看成共比量的最早解释，窥基《大疏》因循此说。这种解释延及宋明，陈陈相因直至今日。

文轨的解释是十分勉强的。他没有顾及宗之有法色实际指的是相分色，相分色不极成，若不加简别，就会犯他所别不成宗过。现在宗中相分色是意许而非言陈，在宗上未加简别还能说得过去，但一到举因时，矛盾就暴露出来了。若因支再不加"自许"，以弥补宗的不简，必有"他随一所依不成过"。纵使因法为双方所共许极成，敌论也不许因于宗有法上转，因为宗有法的意许是不极成的，意许是双方对诤的对象。总之，因支不能是共比量，若当作共比量看，就不可避免

①　慧立、彦悰：《大慈恩寺三藏法师传》卷五，第 109 页。

②　同上。

③　文轨：《庄严疏》卷二，页二十一右。

地犯"他随一所依不成过"。

所谓敌出相违过,是说敌论可以针对奘量立如下比量:

> 宗　极成之色,应非即色(不离)眼识色,
>
> 因　自许初三所摄,眼所不摄故,
>
> 喻　犹如眼识。

为了预防这一有法差别相违过,玄奘在因支上加了自许,就可以复出敌论相违量的"不定"过。文轨认为可以用自许的"他方佛色"作同喻依,立如下比量:

> 宗　极成之色是即色不离眼识色,
>
> 因　自许初三所摄,眼所不摄故,
>
> 喻　如自许他方佛色。

文轨随后解释说,如果因支不加"自许",就不能用自许的"他方佛色"来作同喻依,因为敌论不许,又会犯他不定过。

义轨说因上加"自许",目的是事先预防敌论来出相违过,敌出相违过,则以"自许"救自。我们前面说过,宗有法意许为自比,即为无体,因若共许(有体),已经有过,加了自许,方可救自。不加自许,自身尚且不保,又哪里谈得上事先设防以破敌难呢?

文轨关于因支加自许仍为共比量的主张有混淆不同思维过程的逻辑错误,是违反同一律的。我们在前面讨论因、喻为什么必须极成时曾说过,因、喻不极成,不能证宗,如果另立量去证成因、喻,有"成异义过"。同样,玄奘唯识比量的因支自许也只能管唯识比量本身。等到论敌出己之不定过时,己方再用自许因、喻去出敌之不定过。这是另外一个思维过程,是成异议。既然在唯识比量中用不着"自许",何必要加呢?

文轨的解释早就引起后人的疑问。道邑在《义范》中作了讨论。"问:本意欲取他方佛色与他作不定过,即应作不定时方言自许,何仍预于本量即置自许言耶?"道邑的回答是"预隐后用"。"问:宗中既言极成即已简于他方佛色,因中复言自许而又取之于一量中,或遣或存,一何乖返?答:有法能别,理必极成,互有不许,皆须简尽。因中预防出过,他方佛色既非本量所须,设置自许之言,理无违失。"①既非本量所须,何必置于此处呢?

可见,"自许"二字是管到整个因支的。因支为自比量。由于因支为自比量,

① 凤潭:《瑞源记》卷四,页十八右。

必然影响到喻支为自比量。

从形式上看,唯识比量三支为共、自、自,实际上三支皆为自。总而言之,整个比量为自比量。

（十二）关于自悟门现比二量中的自相、共相

文轨给现比二量中的自相、共相下定义说:"自共相者,一切诸法皆离名言,言所不及唯证智知,此为共相。若为名言所诠显者,此为共相。"①南京支那内学院本有旁注"大疏八卷十三右破"。首先要问慧沼《续疏》是否破斥了《庄严疏》,其次要问此破是否有理?

窥基的《大疏》是未完稿,由弟子慧沼续完。慧沼的《续疏》在日本流传繁简两种版本。即金陵刻经处的《大疏》版本为慧沼《续书》的简本,该疏说:"其二相体,今略明之。一切诸法,各附己体,即名自相,不同经中所说自相。以分别心假立一法,贯通诸法,如缕贯华,此名共相,亦与经中共相体别。"慧沼《续书》中相应文字比较繁琐,不如金陵本简明好读。依金陵本慧沼续文,因明自相与该名言即概念在宗中的位置有关。前陈有法只指称自身,所谓"各附己体"即为自相。就是说,只要是宗论题的主项概念,就是自相。后陈能别法除了指称前陈有法,还指称其他对象,所谓"贯通诸法,如缕贯华"即为共相。就是说,只要是宗论题的谓项概念,就是共相。虽然因明的自、共相作为名言概念都以分别心假立一法,但只以在宗论题中所处位置来区分。

可见,《庄严疏》与慧沼《续书》简本对此处的自共相各自下了定义,很难说是前者为后者所破。即使算破,其破也不合理。

按照窥基自己的解释,自共相有三种不同的含义。他在卷二解释《入论》原文"谓极成有法,极成能别"处,就有交代。窥基说:"《佛地论》云,彼因明论,诸法自相,唯局自体,不通他上名为自性。如缕贯华,贯通他上诸法差别义,名为差别。此之二种,不定属一门,不同大乘,以一切法不可言说一切为自性,可说为共相。如可说中,五蕴等为自,无常等为共。色蕴之中色处为自,色蕴为共。色处之中青等为自,色处为共。青等之中衣、华为自,青等为共。衣、华之中极微为自,衣、华为共。如是乃至离言为自,极微为共。离言之中圣智内冥,得本真故名之为自。说为离言名之为共。共相假有,假智变故。自相可真,现量亲依,圣智证故。除此以外,说为自性,皆假自性,非真自性,非离假智及于言诠故。"②

---

① 文轨:《庄严疏》卷三,页十九右。
② 窥基:《大疏》卷二,页三右至页四左。

这段话有三层意思。第一,《佛地论》说,那因明论所说诸法之自相,只是局于自体,不贯通到其他法上,就称为自性。如同用线串花,贯通到其他法上之差别义,称为差别。这两种自性、差别,它们各自不是一定属于前、后陈。第二,这因明论中的用法不同于大乘。大乘唯识论以一切法不可用语言来表达者,这样的一切皆为自性,可用语言来表达者称为共相。第三,在可言说者中即名言者中,自共相又是相对而言的。五蕴等为自相,无常等为共相。色蕴之中色处为自相,色蕴为共相。色处之中青等为自相,色处为共相。青等之中衣物、花为自相,青等为共相。衣物和花之中极微为自相,衣物和花为共相。以此类推乃至离名言者为自相,极微为共相。

在讲完以上自共相的三种不同用法后,窥基又对第二种大乘唯识的自共相作了补充说明。离名言之中圣智于内心中冥附外境,得到法体之本真,因此称之为自相。若是发而为言的,由圣智离言证得,即称为共相。共相是假有,因为是由假智变成的。自相为本真,由现量直接缘取,因为由圣智可证得。除圣智证得以外的说为自性,都是假的自性,并非真的自性,因为它们没有离开假智以及由名言所诠。

在现当代因明家中,能领会到窥基《大疏》对自共相条分缕析精神的,数熊十力的《因明大疏删注》。

至此,可以判定《续疏》与《庄严疏》之孰是孰非。《庄严疏》在自悟门释二量处讲二量境,其自共相的定义来自大乘唯识论,颇为恰当,无可指摘。反倒是《续疏》把第一种和第二种含义混在一起,在此处来区分因明论与大乘唯识论的定义。《庄严疏》岂非无端被破?

三、疏解中的失误

(一) 关于把生、了二因衍生为六因

我在关于神泰《述记》的评介文章中指出过,对生因、了因的解释,神泰的解释简明而紧扣《理门论》原意。《述记》只把证了因分为言了因、义了因和智了因三种,并指出证了因与生因之不同,却对如种生芽的生因与言、义、智三种生因不作区别说明。六因说既然有蛇足之嫌,也就不同于立物因(生因)。这样就紧扣了《理门论》的本意。文轨把生、了二因衍生为六,又有混淆概念的意味。本来,从世亲到陈那都主张,生因是指立物因,如种生芽,"由能起用",不管你敌方了知不了知,种子都有生芽之用,证了因(逻辑理由)却不同,必须立敌共许。文轨疏

离开了共比量理论来谈六因便离开了论证的主题。六因说由《庄严疏》开新河,离开了《理门论》原意。后由基疏大大发挥,冲淡了因明主题。

(二) 关于能别法和因法各分为有义法、无义法和通二法三种

宗的有法称为体,宗的能别法称为义。轨疏把能别法和因法各分为有义法、无义法和通二法。"宗法有三:一有义法,如言声是无常,虽复遮常,正欲诠表生灭法故;二无义法,如言'我无',此但遮有,不别诠显,无无体故;三通二法,如言'诸法皆是所知',若有若无皆所知故。"①陈大齐批评说:"庄严于有义无义外,复立通二法为第三,篠山依广百论,亦立第三俱二。庄严疏曰:'三通二法,如言诸法皆是所知,若有若无皆所知故。(卷一页八右)'篠山钞云:三俱二法,如言诸法皆是所知,此所知法通知有无。(见《瑞源记》卷五页三左)有义无义,本属矛盾概念,既入于有,不得复归于无,有无不共,岂得通二。且有义无义之判别,以兼表诠与否为断,判别之由在于本身。今以俱二通依有无,别立为法,判别之由在于有法,无关表遮。标准既异,不应与有义无义鼎足而三。"②

有义法相当于表遮,亦遮亦表,无义法相当于遮诠,只遮不表。有、无义的分别标准与有、无体相同。但是对通二法的判别却另起标准。有义与无义本是矛盾概念,一个概念不可能既是有义,又是无义。陈大齐认为文轨使用了两个标准。判别有义、无义在于能别法自身是表诠还是遮诠,而判别通二法是看有法为有体还是无体。上例中,"所知"的有法既可是有体,也可是无体。总之,通二法是画蛇添足,多此一举,而且逻辑上也说不通。文轨把因法也分成这样三种,犯了同样的错误。

(三) 关于宗前五过"是遣诸法自相门"的解释

宗九过中的前五过是现量相违,比量相违,自语相违,自教相违和世间相违,它们有共同的特点,"是遣诸法自相门"是《入论》对五过的总结。意为离开了获知诸种事物实际情况的途径。《庄严疏》讲了前五宗过有上述共同点后,没有对这句话本身作解释,而是通过现量相违这个实例来解释"遣诸法自相门"。"谓声是诸法自相,其声自相为耳等所闻通生耳识,即所闻义名之为门,今言声非所闻者不失声之自相,但遣所闻之门,故成过也。余四种过类此可知"③,这一解释是

---

① 文轨:《庄严疏》卷一,页八右。

② 陈大齐:《蠡测》,第一九八至一九九页。

③ 文轨:《庄严疏》卷二,页十二左。

错误的。声非诸法之自相,声只是诸法自相之一。自相与义作为名词、概念来说立敌共许极成,不是争论的对象。作为两个宗依组成了宗体(命题),这宗体就有真假问题,才成为争论的对象。现量是获得正智之门,"声非所闻"这一表达似现量的命题离开了获知正智之门,并非"非所闻"这一概念离开了获知正智之门。同样,其余四种相违都是因为整个宗体远离了获知正智之门。可见,文轨还不是很擅长抽象地阐述原理,下面要说的一点也有这样的问题。

(四)关于因的第二相同品定有性

轨疏在解释什么是同品定有性时说:"同品者,即瓶等,……定有性者,其遍是宗法所作性因于同品瓶中定有其性,方是因相。此即正取所作,兼取无常。"[1]同品定有性是对九句因中二、八正因的概括,是对同品有、同品有非有的概括,其命题形式为"除宗有法以外,有同品是因",意为在所有同品中,至少有一个同品是因,多少不论,甚至可以所有同品有因。这就是逻辑关于特称肯定命题的意义,同品是主项,因是谓项。文轨疏没有抽象地讨论第二相的构成,又是以实例来解释,但在解释中又有片面,在"瓶"之后漏了"等"字,这是不能省略的。因为只要遍是宗法性因在瓶之外的盆、电等同品中有,也能满足第二相。"正取所作,兼取无常"似乎是在说第二相的命题构成,是先说因,后说所立法,但是表述错了,把同品定有性混同于同喻体了。须知,二者有内在联系,但表达形式不相同。

(五)关于二、八正因"是无常等因"之"等"

《入论》说"此中所作性或勤勇无间所发性"因"是无常等因"。《庄严疏》解释过度:"此之二因能成'无常'等者,等取'无我''苦''空'也。"[2]遭到了窥基《大疏》的批评:"此上二因,不但能成宗无常法,亦能成立'空''无我'等,随其所应非取一切。"[3]《入论》这一句是彰显因所成立之果。所谓"等",等取"空""无我"等。上述二因,不但能成宗"无常"法,而且能成立"声是空""声是无我"等,随二因所能成其三相者方可列入等取之中,但不能成立一切。假如"所作"因,也能成立意所许"苦"等一切法的话,此因便犯有不定因等过失。例如立比量说:"声亦是苦,所作性故。"以无漏法作为异品,"所作性"因于其异品一分上依转,就成为不定因。此所欲成立之有法声,以"瓶"等为同品,因为有"所作性"因,能

---

① 文轨:《庄严疏》卷一,页十五左。
② 同上,页二十一右。
③ 窥基:《大疏》卷三,页二十四左至右。

成立宗体"声是苦"。以佛家自宗"道谛"等法为异品，因为有"所作性"因，又能成立宗体"声是非苦"。上述"所作""勤勇"二因既然作为正因提出来，便无不定因过，因此这里说"等"，是随其因所能成三相者。

（六）释似宗为与现量等九义相违

《入论》说："虽乐成立，由与现量等相违，故名似立宗。"《入论》把似宗九过都归结为"与现量等相违"有概括不当之误，因为宗九过中后四种的成因并非"与现量等相违"。《理门论》的概括是恰当的："为显离余立宗过失，故言'非彼相违义遣'。"因为它不设后四种宗过。《大疏》对《入论》本句并未直接作疏解，但在疏解五相违过后，对宗九过分类："若为三科，上五显乖法，明相违义。次三显非有，明所依无。后一显虚功。"[1]"后一显虚功"仅广胜寺本有，而诸本皆无。《入论》在似宗九过之后虽然也有三科之分，但本句定为似立宗还是片面的。

文轨、靖迈法师因循《入论》之误，释似宗为与现量等九义相违，遭到玄应法师的批评，因为后四宗过非相违宗过。《明灯抄》说："玄应师云，谓虽乐为所成立性，由有现量相违等九种失故，故名似宗，非真宗也。以义应言，由与现量相违等故，说名似宗。以所等中后四非是相违义故。由此即知，有说由与九义相违，名似宗者非也。即文轨师云：'乐所成立，义该真、似。虽复乐为所立之宗，然与现量等九义相违，故似非真也。'迈法师亦云，与现等九义相违。今破两师，故云'非也'。"[2]

---

①　转引自郑伟宏《因明大疏校释》，上海：中西书局，2020年版，第三九九页。

②　善珠：《明灯抄》卷第三本，页三〇六上。

第四章　承前启后,别具一格

——净眼《略抄》《后疏》研究

第一节　《略抄》和《后疏》概述

根据日僧凤潭的《因明论疏瑞源记》卷四所附的《因明本支经论疏记总目》记载,唐代净眼法师仅有因明著作一种,题为《入正理论疏》。该疏早佚。

19世纪末敦煌藏经洞的发现为汉传因明研究填补了空白。在敦煌遗珍中有因明论疏抄本数种。其中《因明论三十三过》为《入论》的一部分原文。还有署名为文轨著的《因明入正理论疏》卷上,解释到相违决定因过为止。此外,有一本《因明入正理论略抄》(以下简称《略抄》),没有署名;还有一本《因明入正理论后疏》(以下简称《后疏》)则署名为"慈门寺沙门净眼续撰"。

一、《略抄》和《后疏》的作者

据日本龙谷大学校长武邑尚邦教授介绍,1970年在法国出版了《伯希和收藏敦煌出土支那文献抄本目录》,在第一卷2063号上,《略抄》和《后疏》一并作为净眼的著作而公之于世。两种抄本的原件是合在一起的,成为一卷。全部纸张连成一个整体。①

我猜想,这是该目录把《略抄》归到净眼名下的原因。很容易做出如下合理的推想:抄本的抄写者显然认为二书出于同一作者,才把它们抄写在一整张纸上。

---

① 参见武邑尚邦:《因明学的起源与发展》,杨金萍、肖平译,北京:中华书局,2008年版,第247页。

　　武邑尚邦教授提出了有力的证据。他将中日注释著作中所引用的净眼的解释与《略抄》相印证,认为大体一致。他指出,善珠的《明灯抄》中引用净眼的解释有 8 次,其中直接引述有 5 次。这些引述又被晚出的藏俊的《因明大疏抄》全部转录。据此,武邑尚邦教授确认,《略抄》应确定为净眼作品。

　　这一观点是完全可信的。《略抄》与《后疏》虽然从内容上看,注疏的方式大不相同,但是前后相续,毫无重复,联成一体恰好是对《入论》全书的较为完整的解释。二书应当判定为净眼疏解《入论》的姊妹篇。

二、《略抄》和《后疏》的写作年代

　　尽管二书准确的写作年代已不可考,就连净眼的生平也一无所知。但是,我们从二书的内容中可以推知大概的成书年代。首先,《略抄》中有大量的“疏中云”“疏云”“疏解云”皆来自文轨疏。这说明《略抄》是以文轨《庄严疏》为范本,酌加己意,论其得失。这足以说明,《略抄》成书于文轨《庄严疏》之后。从吕才与奘门的那场大辩论可知,《入论》的旧疏,最初有神泰、靖迈、明觉三家。随后才有文备、文轨、璧公诸作。《略抄》虽晚于《庄严疏》,仍属窥基所说古疏之列。这从《略抄》只以《庄严疏》为评判对象,而对窥基《大疏》丝毫没有涉及可以得到说明。净眼的这两种疏抄完成于《庄严疏》之后和《大疏》问世之前。从《后疏》在解释唯识的四分学说时转述了《成唯识论》中引述的《集量论》颂文来看,《后疏》的完成当在玄奘糅译《成唯识论》之后。公元 659 年为唐高宗显庆四年。该年从闰十月起到十二月,陆续译成《成唯识论》十卷。可以肯定,《后疏》的写作不早于公元 660 年。

三、两种注疏的特点和地位

　　《略抄》只注释了《入论》前半部的大部分内容,对后半部中关于自悟门和似能破的内容完全没有涉及。在前半部中解释到四相违因过而未注解喻过,其末尾仅有两个问答涉及相违因与同喻过之关系就结束了。《略抄》评注《庄严疏》的不完整,可能与同存于敦煌洞中文轨著的《因明入正理论疏》仅存卷上有关,该疏解释到相违决定因过为止而缺喻过和自悟门以及真似能破。

　　《后疏》对《入论》的后半部分作了疏解。令人不解的是,《后疏》是从解释《入论》的“如是等以宗、因、喻言非正能立”这一句开始的。《入论》这句话是对似能立三十三过的总结,理应放到《略抄》中去解释。《后疏》完整地疏解了自悟门的真似现量和真似比量,还有真似能破以及结颂。净眼对《入论》自悟门有详细疏解,不见其对文轨疏的评点。对似能破部分与文轨疏全用长行解释《理门论》十四因过不同,大多用七言或五言偈颂极其简要地点评了《理门论》十四因过。由此可见,《后疏》的写作无《庄严疏》作借鉴,是独立完成的。这也许就是净眼以所见文轨疏残本作评点对象而有《略抄》,没有轨疏借鉴,只能另起炉灶写作《后疏》的原因。

两种注疏虽然同出于一位疏主之手,但是二者注疏的方式却有显著不同。如果说《略抄》只是在文轨疏文的基础上对《入论》作简要的、有选择的、有重点的点评的话,那么《后疏》主要是对《入论》全部原文逐句加以详尽解释。把同一本著作分成前后两半作风格迥异的注疏,在唐疏中还没有先例。这种非同寻常的做法,是很耐人寻味的。在唐代疏家中,甚至在整个汉传因明发展史上,净眼对《入论》的疏解可谓匠心独运,别出心裁。他之所以要这样做,恐怕还是与其所见文轨疏残本有关。这是我重读净眼文本的新体会。

将《略抄》和《后疏》两种不同风格的疏解合在一起,基本上能反映净眼对《入论》全书的见解。

新因明大、小二论的重点在于立破之说,而把认识论放在从属的位置。玄奘选择大、小二论而不译《集量论》,也是把译介因明的重点放在立破之上。因此,唐代古疏对《入论》前半部关于真、似能立的内容疏解得是比较全面和充分的。由于各人理解不同,执见参差在所难免。吕才与奘门之辩就是明证。文轨的《庄严疏》是当时最有代表性的也最流行的著作,保存了奘师的大量口义。这从后来问世的《大疏》大量采用轨疏之释可以说明。《略抄》对古疏的代表作《庄严疏》加以评点,自然给人一种居高临下的感觉,显示出《略抄》继承古疏又高于古疏的地位。

对于奘师的口义,与文轨的理解相同的,净眼采用“如疏中述”“余解如疏中释,此不繁述”“如疏中释”“广如疏述”等说法,一言带过。对于自己不赞成的观点,则明确表示“若作此解,理亦不然”,“若作此解,……理恐不然”,然后做出不同解释。对于需要补充的,则二解并存,“有解云”“今解云”“助解云”“有一释如疏中,今,更助释云”,等等。《略抄》还常常解答疑难。答疑时有时直抒己意,有时引述西方之说而不加评论。总之,或因循,或批评,或助解,或答疑,活跃了学术讨论的空气,为因明的弘扬带来一股清风。净眼的疏解观点鲜明,资料丰富,尽管也有误解,但总的来说对理解《入论》的原文是很有帮助的。

《后疏》完全不提《庄严疏》,而是采用“论云”“述曰”直接地逐字逐句地疏解《入论》原文。《入论》后半部分主要内容是关于自悟门。本来就比前半部分关于悟他门的内容分量轻，篇幅小。玄奘译讲的重点也不在此。这从他只译新因明前期代表作，而不译后期以量论为中心的代表作《集量论》便可知道。文轨疏对自悟门的解释比较简要，这与玄奘的译讲较为简要大有关系。净眼的《后疏》成书于《成唯识论》译出之后，唯识学说在译场中已得到较为全面深入的介绍。净眼也就具备了详细疏解《入论》自悟门的有利条件。他不满足于前人的简略疏解是可以想见的。

在《后疏》中有对《理门论》十四因过的简要解释。这部分与文轨疏对十四因过的详细解释形成明显对照。十四因过部分归属文轨疏还是归属窥基疏，尽管当代还有异议①，但根据我的考证，应归属文轨疏。我在智周的前、后记中找到证据，文轨疏确有十四因过解。在轨疏残本中既然不见十四因过解，净眼用偈颂来疏解陈那十四因过实属不易，当然解读之功就远不及轨疏了。

《略抄》与《后疏》对后世的影响大不相同。前者对后世有广泛影响，后者除善珠的《明灯抄》引用过一句外，几无反响。这恐怕还是玄奘所传因明重在立破所使然。

敦煌遗珍净眼疏抄的原件开头部分有残缺，文中也有少量缺字，又用草体书写，字迹辨识非常困难。本论是以武邑尚邦教授的《因明学的起源与发展》书中的整理稿为依据而作评价。在拙著《汉传佛教因明研究》中仅限于评介净眼在立破方面的因明思想，这次重读，增补了量论和似能破十四因过等评介。

第二节　《略抄》因明思想述要

一、《略抄》的贡献

（一）关于因明的名称

在解释《入论》题目时说因明是"诸论之通名"，"云通名者，且西方内道外道总有一百余部，皆申立破之义，总号因明。"②在净眼看来，因明已经成为一门相对独立的学问，其主要性质是"申立破之义"，这种性质的书数量已经很多，包括外

---

①　参见水月：《谁是因明论理门十四过类疏的作者》，《因明文集》第二册，台南：台湾智者出版社，1992 年版。

②　转引自武邑尚邦：《因明学的起源与发展》，杨金萍、肖平译，第 272 页。

道正理论在内总称为因明。因明大、小二论原书名本无因明二字,玄奘在翻译时特别加上去的。因明是佛教论辩逻辑的特定术语。这是站在佛教瑜伽行派的立场上所作的概括。用因明来指称印度当时的一般论辩逻辑学说,不一定为外道特别是正理派所接受。因明本身是从正理论的基础上发展起来的。为内外道普遍接受的应是正理。神泰在《述记》中就说过:"正理者,即《集量》等五十余教名也。"①净眼的说法本于奘师在《大唐西域记》中关于印度教育的五明之说。《略抄》一开头就讲解了五明。但是五明之说还不足以说明在当时因明完全取代正理而成为关于论辩学说的总名。

对于因明这个名称,净眼还介绍说:"言明者,西方两释。一云:因即是明,故号因明,即持业释也。由因能显'无常'理故;二云:因家明故,名曰因明,即依主释也。"②这是现存唐疏中最早介绍唯识家用特有的"六离合释"方法来解释因明的词义。所谓六离合释,《佛光大辞典》(电子版)说:"即指解释梵语复合词(二语或二语以上之合成语)之六种方法。其作法为先将复合词加以分别解释(离释),次再总合解释(合释)其义,故称六离合释、六合释。此系源自梵语之文典,传入我国后,内容则多少有所变化。"净眼说的第一种是持业释,又名同依释。"即前节之语对后节之语,有形容词、副词,或同格名词之关系者,故后节之语常为名词或形容词。如'高山',即'很高之山'之意;'极远',即'非常远'之意。体能二义,持用,谓之持业,此义虽二,而体则一之名也。一体持一用,故名持业释。"③在因明中因为体,明为用,因体持明用,因有明之用,因此称为因明。因之义和明之义,同依一法体,因此又称同依释。第二种依主释,又称依士释、属主释、即士释。即复合词中的前节之语,作为名词,或视同名词,而对后节之语有"格"(格,梵文文法之一,有八种格)之关系者。如"山寺",即"山之寺"之意;"王臣",即"王之臣"之意。前节之语为于格,后节之语为属格(所有格)。④ 因是能依之体,明是能依之法,依因而生之明,故称因明。净眼的介绍有助于我们对因明词义的理解。净眼的这一说法为善珠《明灯抄》引用。

(二) 关于《理门论》名称

"陈那所造大因明论,名《正理门》。"⑤陈那的大因明论为什么叫"正理门"

---

① 神泰:《述记》卷一,页一右。
② 转引自武邑尚邦:《因明学的起源与发展》,杨金萍、肖平译,第273页。
③ 同上。
④ 同上。
⑤ 同上。

呢？净眼介绍了印度因明家的两种解释。"西方解云：宗是其正立论崇重，以为正故；因是其理，是彼正理宗所以理故；喻是其门，由能通显真宗理故。"①这是以宗、因、喻三支来对应正、理、门三字。"又解云：智因是正，由彼正解三相义故；义因是理，义即理故；言因是门，通显义故。彼论广明正理门故，名正理门也。"②因有智因、义因、言因之分，三种因分别对应正理门三字。以上两种解释于神泰、文轨疏记中所不见，看来玄奘也不见得赞同。净眼为后人提供了值得参考的印度因明史资料。这也是《略抄》的特色之一。

（三）关于真能立、似能立之四种解释

"能立之义西方释有四种：一真能立，谓三支无过是也；二真似能立，谓相违决定是也。具三相边，名之为真。为敌量乖反，名之为似故也；三似能立，谓余不定及相违因并喻过等是也；四似似能立，谓四不成因过是也。遍宗法因，正是能立之主。若缺此相，即是似立之中似也。"③净眼所传印度关于真似能立的四种情况除真能立外与陈那《理门论》和商羯罗主的《入论》不同。大、小二论把似能立分为宗过、因过、喻过三种，把相违决定和四不成因都归入因过之中。可是在西方之释的真能立要求三支皆无过，这是对的，在似能立和似似能立中却把宗过排除在外。净眼介绍的西方的四种解释很可能是古因明师的观点。由此可见，新因明的过失论比古因明的过失论更全面更有条理。

（四）关于真能破、似能破的四种解释

关于能破，净眼注解说，西方也分为四种情况。一真能破与新因明大、小二论相同，立量正确显示敌方过失，而自量又无过失；二真似能破单指相违决定过；三似能破，专指无过妄斥；四似似能破是指无过妄斥，自量复更有失。④ 后面三种情况的分类和解释也不如《理门论》条理清楚。陈那把似能破分为两类，一类是能立本无过而硬说有过，另一类是能立本来有过，却破得不准确。可见，对真、似能破的解释新因明也要优于古因明。

（五）关于宗依能别极成和宗体不极成

有人问："声上能别者若极成，即有相符极成过，若取余法上极成，即有非声

① 转引自武邑尚邦：《因明学的起源与发展》，杨金萍、肖平译，第273页。
② 同上。
③ 同上，第274页。
④ 同上。

能别过,有何义说极成耶?"①

这个问题本身就没有区分在立宗时宗依作为概念必须极成,宗体作为判断不能极成这样两重意义。作为宗体"声是无常"若立敌双方共许,则有相符极成过。在"声是无常"立敌不共许的情况下,宗依"无常"必须极成。这是《入论》"极成能别"一句所作的规定。

对上述问题,净眼引述了印度因明师的两种解释。"一解云:声上无常,是别无常。余法无常是总无常。以总合别,总极成故,别亦可成。故对声论,能别极成。若对数论,立声灭坏,若总若别,皆不成也。一师云:如立宗时,能别虽未极成,以立喻时,必极成。约当说现,故言极成。若对数论,立声灭坏。若当若现,俱不极成。"②前一解是说明宗依概念的极成,声论师接受"无常"这个概念,数论师不许"灭坏"这个概念。因此"声无常"是正宗,"声灭坏"是似宗。后一解是说正宗"声无常"违他顺自,但通过因、喻便能证成,而有能别不极成的似宗"声灭坏",即使立喻时也不能证成。因此,净眼说"故极成言,依斯义说"。③ 净眼《略抄》中的这一问答被善珠《明灯抄》所转录。

(六)关于宗之所立、能立之义与言关系

《大疏》说陈那以后,略有三释。《明灯抄》:"问:《瑜伽》《对法》,俱以自性、差别为所立,宗为能立,何故《理门》《入理》,皆共宗为所立耶?为会此违,陈那以后,略有三释。"④

《大疏》:"一云,宗言所诠义为所立,故《瑜伽论》第十五云,'所成立义有二种,一自性;二差别','能成立法有八种'。其宗能诠之言及因等言义,皆名能立。其宗之言,因、喻成故,虽亦所立,彼于论说,'何故先立宗耶?为先显示自所爱乐宗义',故亦所立,非定所立,能成义故。犹如于因、喻所成故,但名能立。宗所诠义,定唯所立,独名所成。"

《大疏》所说初释便是净眼所撰的《略抄》。此释意为,宗言所诠表的宗义,只是所立,不通能立。能诠表宗义的宗言既通所立,又通能立。宗言因为能表达宗义,因此是能立。它又被因、喻所证成,因此又是所立。弥勒的《瑜伽论》以宗言能成立宗义,称其为能立。陈那以宗为因、喻所成立,定为所立。诠释角度不

① 转引自武邑尚邦:《因明学的起源与发展》,杨金萍、肖平译,第276页。
② 同上。
③ 同上,第275页。
④ 善珠:《明灯抄》第一卷末,页二二五上。

同，因此不矛盾。净眼认为因有能立和所立二重身份。它能证宗，为能立；喻能助因成宗，因又成了被喻所成立的所立。宗也有类似因的二重身份。以上是净眼关于古师认为宗既是所立又是能立的理由。窥基没有引述净眼关于陈那三支中的宗与因、喻相对只能是所立的观点。净眼认为："陈那云，'声无常'言，但显所立，非正能立。又，为因、喻所成立故，亦非能立也。"①

（七）关于不成因与正因之关系

有人问："第二第八是正因收，且如不成因，亦于同有、异无，应是正因耶？"②

净眼答："因遍宗法，方论九句，既不成因，何用同有异无之相。故非第二、第八所收。"③这一解答完全正确。九句因是以满足因第一相遍是宗法性为前提的。既是不成因，根本就不用看它是否符合同有、异无，因此与二、八正因毫无关系。今人有谓九句因未涉及第一相，须知唐代净眼法师早就解答了这一问题。净眼的这一解释也被善珠《明灯抄》所保存。

（八）关于文轨对随一不成的解释

文轨对随一不成因过有误解，已见前述。净眼批评轨疏之释："准此疏文，即是不成中含三不成。三中随一，故名随一。若作此解，理不必然。难云：若以三不成中随一故名随一者，亦应四不成中随一故。两俱不成，亦名随一。若言一不成中含容三，三中随一者名随一者，亦可两俱不成含容二，二中随一名随一。言二者谓全分、一分等也。既有斯过，故知不得作此解也。今解云：且如两俱不成，由立敌俱不成，故知随一不成，由随一人不许，故名随一也。"④立敌两俱不许叫两俱不成，立敌任意一方不许叫随一不成。此解为正。

（九）关于不共不定因除宗有法

九句因中的第五句因，在《入论》中称为不共不定因。此因缺第二相同品定有性。"今解云：常、无常品皆离此因者，正释不共义。常、无常外余非有故，释成不共也。云何释成？且如问言：何故常、无常皆离此因耶？释成云，如声论师对佛弟子立'一切声皆是常'，因云'所闻性故'，除宗以外佛法、敌论常、无常品

①　转引自武邑尚邦：《因明学的起源与发展》，杨金萍、肖平译，第 275 页。

②　同上，第 278 页。

③　同上，第 279 页。

④　同上，第 275 页。

是宗余,故非有所闻因也。"①净眼明确解释,同、异品之所以皆无'所闻性'因,是因为同、异品除宗有法。

(十)关于有法自相相违过

四相违因过中的有法自相相违过自来号称难解。净眼指出一种错误的解释,就是把有法自相相违因的能违宗的能别法更改为所违宗的能别法的相违法。"夫(原为共,依《明灯抄》改)有法自相相违因,不得翻法作。若翻法作者,即有难一切因过。如言'声应非无常'是也。若不翻法,不违共许,破有法者,是有法自相相违因收。即如'有性应非有'是也。"②又说:"若依此解,但可言'有性应非大有'等,即违他许之有不得言有性,应'非离实、离德、离业有'。即是以法翻有法作便成难一切因过也。"③

这是说,如果声论破佛弟子立的"声无常宗,所作性故因,如瓶等",出有法自相相违因过说,"声应非无常宗,所作性故因,如瓶等喻",把立方的宗上之法"无常"翻成相违法"非无常",再拿来当作能违宗的法。假如允许这样,则一切因都可遭到这样的破斥,即一切因皆非正因。佛家的比量本来是正能立,不存在有法自相相违过。用"若翻法作",来出有法自相相违过,则正能立成了似能立。

净眼又对《入论》有法自相相违过的实例作解释。胜论立"有性非实、非德、非业,有一实故,有德、业故,如同异性"。宗的意思是说有性是离实、德、业的有性,即实、德、业之外的有性,而不是实、德、业之中的即实等有性。陈那便用相同的因证成"有性非有性",即"有性非离实、离德、离业之有性",即是说同样的因证成了与有法自相(有法本身)相矛盾的对象。净眼认为,不能把"有性非有性"改成为"有性应非离实、离德、离业"。

这里净眼说明了能违宗与所违宗的法是不相同的。仅此而已。可是在《明灯抄》中,善珠引用净眼的这一说法来批评定宾对玄奘在唯识比量因支上加自许的解释。据善珠说,定宾认为玄奘在因支加自许是为了预防小乘出有法自相相违过。小乘比量的宗为"真故极成色,非不离眼识之色"。玄奘的唯识比量的宗是"真故极成色,不离于眼识"。前者的宗法是有关色的,后者的宗法是关于眼识的,二者不对应。也就是说,定宾所说的小乘的宗没有犯"翻法作"的错误。善珠的批评没有针对性。小乘会不会出唯识比量的有法自相相违过,能不能用同样

---

① 转引自武邑尚邦:《因明学的起源与发展》,杨金萍、肖平译,第284页。
② 同上,第289—290页。
③ 同上,第290页。

的因来出此过，倒是很值得探讨的问题，但不是这里所要讨论的。

（十一）关于非正能立

对《入论》关于似能立三十三过的总结性语句"如是等以宗、因、喻言非正能立"一句中的"等"字作了三点解释。"一云，似宗因喻，是其总名，三十三过是其别称。举总等别，故称等也。一云，此中且约声等辨过，虽声、色等辨失皆然。举此等余，故言等也。一云，三十三种摄过不周。且如宗中有犯一、犯多等。不成因中有全分、一分等。不定因中有自共、他共等。相违因中有违三违四等。喻过之中，有两俱随一等。今且举此一连，等余多例，故称等也。"①

第一点解释，其义自明。第二点是关于三十三过的实例，意思是说用声等三十三种实例来解释三十三过，用色等别的实例来解释也一样。

第三点说《入论》所列三十三过"摄过不周"，是粗线条，要细分还可以补充很多。在宗九过中，有的只犯一过，有的除犯本过外，相互间还有兼过的。不成因中还可细分全分不成和一分不成。不定因中还要按自、他、共三种比量来细分。四相违因中也有除犯一过外，从理论上还有兼其他一过、二过、三过的。喻过中从立敌双方来说有共许不共许的。对因、喻中的过失还要作细分，在文轨疏中已经提出来了。净眼作了集中的全面的论述。这个意见在《大疏》中得到了实施，说明窥基是同意净眼的观点的。

二、引起探讨的专题

（一）关于宗是所立还是能立

净眼不赞成文轨对古师关于宗依是所立，宗体是能立的解释。"疏中云：古师以一切诸法自性差别，总为一聚，为所成立。于中别随自意所许，取一自性及一差别，合之为宗，宗既合彼总中别法，合非别故，故是能立。"②净眼批评说："若作此解，古师义者理恐不然。岂可一切自性差别皆此宗？因之所成立即一能立。又若合法为能立者，宗之所立为合为离。若言合者，何殊能立？若言离者，何益所成？"③净眼指出了文轨解释的古师以宗为所立的标准不能自圆其说。如果说两个宗依合在一起就成所立，那么与作为能立的宗无异，如果说所立宗的两个宗

---

① 转引自武邑尚邦：《因明学的起源与发展》，杨金萍、肖平译，第297页。

② 同上，第274页。

③ 同上。

依是分离的,那么怎么能成为立的对象呢? 古师以二宗依为所立,是古师的理论缺陷,怪不得文轨。文轨不过转述了古师的观点。

净眼认为古师区分所立与能立的标准是:"古师言声与无常,本不相离,敌论不解,妄谓为常。今,立论者以彼宗云显和合理,能显之言名为能立,所显之义为所立。"意思是以宗言为能立,以宗义为所立。

净眼本人的观点是:"陈那云,声无常言,但显所立,非正能立。又,为因喻所成立故,亦非能立也。"①与神泰、文轨的见解基本一致,都没有搞清楚,当能立与似能立和能破、似能破相对时,宗是能立的组成部分。当时有人问得好:"宗若非能立者,何故论文,解能立体中释宗耶?"②净眼的回答是:"为解能立之所立故,又对所立辩能立故。故解能立,便释所立也。"③这一回答非常牵强,宗既非能立,何必放在能立中来解释呢? 这不是自己给自己制造混乱吗?

(二) 对"如是多言是遣诸法自相门故"一句的解释

前文已述,文轨认为法自相指有法"声","门"指"所闻"。以现量相违的似宗"声非所闻"为例,解释五相违似宗都是违背了声有法之自相的属性,声自相的应有属性即是门。

净眼的解释有所不同。他援引了他人的解释,该立论者名号不详。该立论者认为"法自相"指宗的后陈法"所闻","门"为"方便义",非有实指。"遣诸法自相门"就是"声非所闻"遣除了"声"上的"所闻"法。④

前文已说过,汤铭钧博士认为根据梵本,是"通过法自相的遣除作用",法自相是能遣而非所遣,自相是法的语言表达,门是虚词,本无所指。法自相相当于《理门论》中的"相违义",指真宗的后陈。因此,净眼对本句的解释有正有误,值得探讨。

(三) 关于"因同品决定有性"

轨疏将"因同品"三字连读,将全句解为因同品决定有所立法生,是宗同品随因同品。净眼说:"若作此解,理即不然。"⑤他举出的最有力的根据是:"作此解

---

① 转引自武邑尚邦:《因明学的起源与发展》,杨金萍、肖平译,第 274 页。

② 同上,第 276 页。

③ 同上。

④ 同上。

⑤ 同上,第 279 页。

违《理门论》故，彼论云'由如是说，能显示因同品定有，异品遍无，非颠倒说'。"①
他认为"因同品决定有性"应倒过来理解，是因同品随宗同品。"同法喻言是显所作因，随逐宗之同品处有，即是显因同品定有性之言。若作此解，即显因第二相文并同喻文乃此结文，皆相随顺不乖违也。"②

　　净眼对文轨的批评是不能成立的。《理门论》那一句是说同异喻体的构成方式能正确显示因的第二、第三两相。《入论》这一句是说同喻体的构成方式，是因同品为主，决定宗同品，宗同品是从，随因同品而有。净眼的观点未被窥基《大疏》所采纳，《大疏》因循了轨疏的见解并加以发展。

（四）因明中的自性、差别

　　《大疏》指出因明论中的自性与差别不同于大乘唯识论。文轨《庄严疏》误引唯识论以"可言说"与"不可言说"来区分自性与差别。在本因明论的立破学说中讨论宗的组成，只能用因明论的自性、差别概念。实际上告知，文轨疏在此处用唯识论的"可言说"与"不可言说"来解释自性与差别，文不对题。《明灯抄》说："轨法师依《唯识》意，说因明论，自、共相义。故彼疏云，自、共相者，一切诸法，皆离名言，言所不及，唯证智知此为自相。若为名言，所诠显者，此为共相。净眼师等，亦同此说。今云'不同大乘'等者，即兼简去此师等义。"净眼也陷入误区。

第三节　《后疏》因明思想述要

一、释《入论》三十三过总结语

　　本来对《入论》三十三过总结语的解释应放在《略抄》结尾处，却放在了《后疏》的开头。这除了说明《略抄》与《后疏》是前后相续的两篇外，别无他意。

　　《入论》对三十三过的总结语是："如是等以宗因喻言非正能立。"

　　《后疏》解释说："上来别解法。此即总结也。总指前过。故称如是。所言等者。略有三释。一云。似宗因喻。是其总名。三十三过是其别你。举总等别。

---

① 转引自武邑尚邦：《因明学的起源与发展》，杨金萍、肖平译，第279页。
② 同上，第280页。

故称等也。一云。此中且约声等辨过。虽声色等辨失皆然。举此等余。故言等也。一云。三十三种摄过不周。且如宗中有犯一犯多等。不成因中有全分一分等。不定因中有自共他共等。相违因中有违三违四等。喻过之中。有两俱随一等。今且举此一连。等余多例。故称等也即所显之理有过。能诠之言称似。故似宗因喻非正能立也。"

二、关于自悟门现比二量

(一) 详列现比二量外其余六量

文轨疏中仅有"今陈那意唯存现比,余之五量摄在比中"一句,说到古师于现、比二量外,别有五量。有哪五量,则未说明。净眼《后疏》则详述古师于现比之外还有六量:圣教量、譬喻量、义准量、有性量、无性量和呼召量。

《后疏》说:"且如数论师及世亲菩萨等,立有三量:一者现量,谓量现境。二者比量,谓藉三相比决而知。三者圣教量,谓藉圣人言教方知,如无色界等。若不因圣教,何以得知? 故离现比之外别立圣教量也。或有立其四量,谓即于前三量之外,别立譬喻量。如世说言,山中有野牛。余人问言:'野牛如何?'彼即答云:'如似家牛,但角细异,故与家牛异。'此既应譬即解,不因三相而知,故离前三立此量也。或有立其五量,谓即于前四量之外,更立义准量。如言'声是无常,所作性故,诸所作者皆是无常,如瓶等;若是其常,必无所作,如虚空等'。因此比量即知无常。义准亦知无我,诸无常者必无我故。故离前四立此量也。或有立其六量,谓即于前五量之外,别立有性量。如言'房中有物'。开门见物,果如所言既称有为量,有故离前五立此量也。或有立其七量,谓即于前六量之外,别立无性之量。如言'房中无物'。开门见无,果如所言既称无而量无,故离前六量外别立此量也。或有立其八量,谓即于前七量之外别立呼召量。如'呼牛牛至,召马马来'。既称呼而成,故离前七量外立此量也。"①

净眼将陈那现比二量之外的其他量一一列举,是难得的因明史料。用日本善珠的《明灯抄》作比较,则有三点不同。其一,善珠认为:"陈那已前古因明师立有三量,一者现量,二者比量,三圣言量。又诸外道有立四量。于前三上别加声量。"②世亲菩萨为古因明师,只立三量。其二,诸外道立四量,例如数论派立声

---

① 武邑尚邦:《因明学的起源与发展》,杨金萍、肖平译,第 268 页。
② 善珠:《明灯抄》卷第六本,页四一三上。

量。净眼《后疏》则缺声量，而列譬喻量为四量，增补的第八量呼召量为善珠《明灯抄》所无。其三，《后疏》没有解释为何缺少声量？《明灯抄》则作详细解释，圣言量虽也属声量，但"以声量宽通凡圣语，圣言量狭唯圣者言"。

应当指出，《后疏》说第五种量义准量处，竟用新因明三支作法来解释古因明："如言声是无常，所作性故，诸所作者皆是无常，譬如瓶等；若是其常，必无所作，如虚空等。因此比量即知无常，义准亦知无我，诸无常者必无我故。故离前四立此量也。"三支作法为陈那新因明首创，而义准量为有的古因明师所主张，此处只能用古因明师之五分作法。

（二）自、共相各有三种

把自、共相再细分为三种，仅见于《后疏》，可能源于印度疏记。《后疏》说："此文但约散心，分自、共相为二量境也。言自相、共相者，泛论自、共，有其三种：一者处自相，即如色处不该余处，故言处自相。苦、空、无常等，通色、心等皆有，故称共相。二事自相，即应处自相中青、黄等别事不同，名事自相。总色自相转名共相。三自相自相，即于前事自相之中，且如眼识所缘之青。现所缘者，不通余青。亦不为名言之所诠及即是青自相中之自相。前事自相等，转名共相，为名言等之所及故，是假共相。且于色处作此宣说。虽例余亦有如此三自共相。虽处既尔，于界及蕴随其所应他此分别。今言自相者，但取第三自相自相。不为名言所及者，为现量境。言共相者，但为名言所诠。假共相者，为比量境。"[1]

意为，自、共相一般分为三种：一是处自相。色与苦、空、无常等相比，色为处自相，苦、空、无常等通色、心，称为共相。二是事自相。处自相中青、黄等色别不同，名事自相，总色不同于青、黄色别，称为共相。三是自相自相。即于前事自相之中，例如眼识现在所缘之青，不通余青，也不为名言之所诠及，即是青自相中之自相。与此自相自相相比，前事自相等，转名共相。由于为名言等之所诠及，就成为假的共相。

（三）判定戒贤释"定心缘无常、苦等共相之境，亦为现量"为正释

对"定心缘无常、苦等共相之境，为是现量，为是比量"之问，净眼答："依西方诸师，有两释不同。一上古诸师释云。无胜方便缘苦、无常等果是正证，故非证量。复正体智证得苦等真知。真如非一非多，但缘一真如，故是自相境，亦是现

---

[1] 转引自武邑尚邦：《因明学的起源与发展》，杨金萍、肖平译，第269页。

量。准此释顺决择分定心及后得智缘假共相,亦非现量也。二戒贤师释云,若约散心分自共相是二量境。若约定心缘自缘共,皆现量收。今评二释,后解为正。若依前释。即违教理。《瑜伽论》说定心是知摄。又云。见知是现量,觉是比量,闻是教量。若说定心通现比量。应说定心通觉知摄。及现比收。此即违教也。又,诸佛种智,为唯现量,为通比耶?若唯现量,应不缘瓶衣军林舍宅等,何名种智?若许缘者,即是缘假共相,何名现量?若通比量者,诸佛种智明觉照,定可比度方乃决知故。佛之心不通比量。一切诸佛无不定心。佛心缘假,既唯现量,故知余定不通比量。此即违理也。由此故知后释为正耳。"①

(四)简要介绍四分说

净眼的《后疏》写作于《成唯识论》糅译问世之后。唯识论所涉及的认识论四分说在《成唯识论》中都无详细阐发。《后疏》在《入论》自悟门"出二量体"处就大小乘废立四分中简要介绍了"六义不同":

初义如二十部小乘之中正量部"唯立见分,不立相分"。

第二唯相分不立见分,如大乘中清辨说。"缘境时但似境起,即是能缘非离似境更有见分,名为能缘"。

第三相、见俱不立,如安慧菩萨。唯立识自体,是依他起。相、见二分,是遍计所执。以正智证。如不作能缘所缘解。故为此安慧菩萨言。八识相见皆是遍计所执所摄。自证分是依他起所收。护法菩萨等破云。若尔诸佛后得智心亦有身土等相分。能缘身土等见分。亦应诸佛未遣遍计所执心。诸佛既遣执心。由有相见分等。故知相见非遍计所执也。

第四相见俱立,如无著菩萨及难陀菩萨等。并立有相、见二分。

第五陈那菩萨立有三分。彼云,相分为所缘,见为能缘。其见分既不能自缘,应无有量果。应别立自证分。谓相分为所量,见分为能量,自证分为果量。

第六立有四分,则是亲光菩萨及护法菩萨等义。彼立云。如以见分无能缘立有自证分义,亦以自证分无能缘故,须立证自证分。

《后疏》对以上六义作了简要评点。随后又对解答了为何不立第五分。"证自证分缘自证分时,自证分有其两用,一缘见分用,二者都缘证自证分用,故不须立第五分也。"②

---

①　转引自武邑尚邦:《因明学的起源与发展》,杨金萍、肖平译,第272页。

②　同上,第273—276页。

三、关于似能破十四过类疏解

现存唐疏中文轨详细疏解了似能破十四过类,窥基《大疏》残本和慧沼的《续疏》都未作疏解。其间,净眼的《后疏》对十四过类作了简要疏解,实为罕见。净眼说:"敌论者离三十三过失之外,妄作相似过类,诽谤正义故名似破。此诸过类若委细解释,稍涉繁言。举其梗纲,录其文意,且于一一过中,先标过类之名,次举相似之难,后述正释,显难非真。"①直言其疏解不同于《庄严疏》之详解,而是据其文意,多以七言或五言颂文概述。先标过类之名,次述过类内容,后作正解。以上文字以及对十四过类用颂文所作的全部疏解均见善珠《明灯抄》。令人十分诧异的是,善珠抄引了谁,竟无一字说明。这与《明灯抄》全书风格大异其趣。

《后疏》关于似能破十四过类疏解的是非得失,本文略作探讨。

(一)《后疏》颂文释过不及《庄严疏》长行疏解

从对第一过同法相似的疏解来看,《庄严疏》用长行作详细疏解的文字引导研习者登堂入室,如入门阶梯。《后疏》删其枝叶,仅留部分躯干,令初习者难窥其奥。

《庄严疏》:"第一同法相似过类者,内曰:如有成立'声无常宗,勤勇无间所发性故因,诸勤勇无间所发性者皆是无常,譬如瓶等同喻,若是其常见非勤勇无间所发如虚空等异喻。'外曰:'声常宗,无质碍故因,诸无质碍皆悉是常,譬如虚空同喻,诸无常者见彼质碍犹如瓶等异喻。'此之外量有不定过。其声为如空等无质碍故即是常耶,为如乐等无质碍故是无常耶?此则以异法为同法,不以同法为同法,故名相似过类。"

《庄严疏》讲清了原立论者"内"即佛弟子之正能立,外道反驳之三支作法有不定因过。所谓同法相似是由异法喻依替换同法喻依,颠倒成立相违之宗,因此称其为同法相似。例如成立"声是无常"宗,以"勤勇无间所发性故"为因,在这一正能立之中以"虚空"为异法喻,作为破斥的一方却故意以"虚空"为同法喻,并且另以"无质碍等故"为因,试图证成"声是常"宗。如上所述,按照立方的"勤勇无间所发性故"因来组织论式,则"瓶"应为同法喻依,而在敌方为破斥而建立的论式中却以异法喻依"虚空"代替同法喻依"瓶",正由于此,把这一相似过类称为同法相似。

---

① 转引自武邑尚邦:《因明学的起源与发展》,杨金萍、肖平译,第286页。

可见,文轨讲清楚了四点:一是此过的名称,二是内道的真能立三支作法和外道的似能破三支作法,三是似能破有不定过,四是得名由来,以异法喻依代替同法喻体。

净眼对同法相似的诠释分两个颂。第一颂为:"瓶有所作故无常。显声所作亦无常。亦可空有无碍故是常。显声无碍亦是常。"没有揭示内、外道的两个完整的三支作法,不好理解。前两句概括内道的真能立,以瓶所作故无常证声所作亦无常。仅此概括,还没有跳出古因明类比论证的明显局限,没有反映陈那新因明的因宗不相离性思想。

后两句是概括外道的似能立,既然称为"后疏",要是写给初习者所读,不揭示其完整的三支比量,也就不知其称为同法相似的缘故,即以异法喻依代替同法喻依,又改宗为"声常",改因为"无碍故"。要是写给内行人所读,何苦改长行为偈,徒增其难。总之,讲不清"相似之难",未达目的。这是颂文的先天缺陷。

净眼称后一颂为"正解":"我以所作证无常,无有所作非无常,汝以无碍证声常,乐等无碍应是常。"此颂中第一句尽管讲了"以所作证无常"的不相离性,但是第二句本应为异喻体"诸是其常见非所作",却写成了有倒离过失的"无有所作非无常"。对净眼这样的因明大家来说,这也许是笔误。正解不正,诚为可惜。在颂文第三、四句中虽然举出"乐等无碍应是常"不符合"诸无碍者皆见其常",毕竟不如文轨直言其患"不定过"。文轨长行与净眼颂文对比,解读效果之高低显而易见。

再从第二过异法相似的两个颂来看,虽说"正解"中有"一切常法皆非作",避免了倒离之过,但颂文体例之不足仍然显见。

(二) 用长行与颂文相结合释第八过优于《庄严疏》

第八过"至不至相似过类"的释文是由长行与五言颂文相结合,与第一、第二过的单纯颂文相比更好理解。第八过的解释较难,文轨疏内部就存在不一致。

所谓至非致相似,大意为:敌论者以因法通于所立法或不通于所立法都有过失,以此非难而使立论者不乐。敌论者的逻辑是,如果立者之因法能与所立法相通,那么因法便与所立法没有什么不同,能立因既与所立宗相同,因也不成为能立,如同池水流入海中,池水与海水相合后便不分彼此;敌论者又难破说,假如因法不与所立法相合无异,这就称为非相至。在不相至的情况下,宗要是能成立,那么这因既非本宗之因又是谁家的因呢?假如能立因法不与所立法相通,则这不至与非因没有差别,有不成因过。敌论者以上述至、非至来难破立论者,是错误的,被称为至非至相似。

敌论者对立论者的反驳使用了一个二难推理:

> 因或者至所立法,或者不至所立法;
>
> 如果因至所立法,则因与所立法无差别,因不成为因;
>
> 如果因不至所立法,因也不成为因;
>
> 所以,因不能成立。

这个二难推理形式没有问题,问题出在第一个假言前提"如果因至所立法,则因与所立法无差别,因不成为因"上。立方提出能至所立法之因,是要满足因与宗所立法的不相离性,即"说因宗所随",其中第二句因"所作性故"与所立法"无常"外延重合,而第八句因"勤发性故"则真包含于"无常",外延不重合。因此,从因至所立法不能断定因与所立法没有差别。再则,"所作"与"无常"尽管外延相同,但"所作"着眼于生,是了因,"无常"着眼于灭,是果,这就是差别。

敌论者的难破由于交代不清楚,令人费解。一是"至"与"不至"的逻辑含义是什么,不明确。二是"至所立宗""不至所立"是指至、不至宗有法,或者指至、不至宗的后陈法即所立法呢? 也无明确交代。三是敌论认为至则有宗、因无差别的过失,由于至、不至及所立不明确,这宗、因无差别的含义是什么也就难于理解。

今人对宗、因无差别有不同的理解。《佛家逻辑》解作"勤发"因与有法"声"无差别。[①]《因明正理门论研究》解作因与所立法无差别,例如"勤发"因与"无常"无差别。[②] 孰是孰非,试作探讨。因支的完整表述是"声是勤发",如因概念与宗有法声无差别,因支就等于说"声是声",同义反复,而且与立、敌不共许"声是无常"宗毫无关系,很难说是敌论者反驳的原意。如果说因至宗所立法,则"勤发"因确实与"无常"法相通,有不相离关系。敌方把这关系当作无差别是错误的。这后一解释恐怕较符合敌方的本意。

因至所立是至所立法,这一解释源于《庄严疏》。"(外曰)若言至者,立量云:'宗之与因应无因果宗,以相至故因,如池海合喻。'"对外道的这一反驳,文轨作了解释:"此量意云:阿耨达池流入海,但称为海舍池名。勤勇所发至无常,亦但名宗废因称。"[③]这里明确地把敌论者反驳的意思解释为"勤发"因等同于所立法"无常",这样,"声是勤发故"因等同于"声是无常"宗。敌论者硬说因等同于

---

① 沈剑英:《佛家逻辑》,北京:开明出版社,1992年版,第458页。

② 巫寿康:《〈因明正理门论〉研究》,北京:生活·读书·新知三联书店,1994年版,第86页。

③ 文轨:《庄严疏》卷四,页十九左。

宗,因就不成其为因了。

从《庄严疏》对敌论者关于不至的难破的解释来看,不至的对象似乎又是宗有法声。"若言不至者,即立量云:'勤勇所发应不成因宗,不至宗故因,犹如非因喻。如立'声常,眼所见故',此因不到声宗,故非因也。'此量意云,'眼所见性'不至宗,即是两俱不成摄;'勤勇发'因亦不至,何容即是极成收?"①这个例子有两点值得注意。第一,照此解释,因至、不至的对象应是宗有法声。前后不能一致,诚为可惜。第二,至、不至与是否满足第一相的极成因、不成因有关联。"眼所见"因与"勤发"因同样不至声,为什么前者为不成因而后者为极成因呢?对此,文轨就"勤发"因至、不至宗有法有大段讨论。《庄严疏》说:"内曰:'我所立因不为至宗,但为显了所立宗义。如色已有,用灯显之,何得以望至不至难?'此解意云,勤发、无常本来自有,然敌论愚暗,不了无常,故立义人以勤勇发为因成前所立,令于声上了无常宗,此即宗、因自有,非至不至,妄为此难是似不成。"②意思是说佛家立勤发因并非如你所说声与勤发完全相合,以至宗、因无异"声是无常"与"声是勤发"本来就有,原本就不同,现在以因证宗,让你明白无常宗义,不存在至不至的问题。

《庄严疏》接着又以子之矛攻子之盾:"又汝所难有自违害过,为汝前设难亦立宗因,若至不至还同此过。汝虽难我,乃复自违。"③

法尊法师的《略解》将"至"译为"会合"。"敌难云:'若此因与所立会合,能成立者,则与所立应无差别,如河水与海会合。非未成就。若与已成会合者,所立已成,此是谁因?若不会者,由不会合,则与诸非因无差别故,亦非能立。如是会与不会相同。'"④在这段话里,因与所立宗的有法还是法会合,仍无具体说明,但在后面解释不会合的对象是"同法"也即所立法。

交代完上述古今歧义,再来评析净眼的疏解。他对敌论者的"相似之难"的长行之释与文轨基本相同。对《理门论》中"所立宗"和"所立"的指称不作有法与所立法的区分。究竟指有法声呢,还是指所立法无常呢?净眼未解释。按理,在《理门论》中所立宗简称所立,与能立相对,是指宗体,例如"声是无常"。净眼未区分为有法或所立法是对的。在"正解"中,净眼说:"解至难。如灯光至所照,能照所照殊。因虽至所立,何妨能立所立异?解不至难。如慈石不至铁,而能吸

① 文轨:《庄严疏》卷四,页十九左。
② 同上,页十九左至十九右。
③ 同上,页十九右。
④ 法尊:《集量论略解》,北京:中国社会科学出版社,1982年版,第135—136页。

于铁。何妨因不至所立?"①这两个类比非常形象和恰当。灯光照物,虽说至,但光物非一,以喻能立、所立异,非常好理解。磁铁虽与铁有距离而能吸铁,以喻能立、所立异而非无关联。接着又用长行批评其说"即是谤一切因何名能破,又汝所言应成能破",敌论者的逻辑是否定了一切正因,并且否定了自己。净眼还进一步指出,敌论者用至不至相似过来批"我义"即内道,也有"至"和"不至"两难,同样"汝所言有自害过"。

可见,净眼用长行解释第八过,解得最好。

---

① 转引自武邑尚邦:《因明学的起源与发展》,第 289 页。

第五章　因明巨擘,唐疏大成

——窥基《因明大疏》研究

第一节　窥基其人其书

窥基(632—682),出身将门,俗姓尉迟,是唐左金吾将军、松州都督、江油县开国公尉迟宗之子,京兆(长安)人。《唐京兆大慈恩寺窥基传》说他天生"与群儿弗类"[①],少习儒经,善于文辞。"数方诵习,神晤精爽"。他九岁丧母,常感孤单,渐疏浮俗。贞观十九年(645),有一次玄奘在路上偶遇窥基,见其"眉秀目朗,举措疏略",禁不住赞叹道:"将家之种,不谬也哉。脱或因缘相扣,度为弟子,则吾法有寄矣。"一方是慧眼识珠,一方是出类拔萃,可谓明师识高徒。窥基十七岁时,被玄奘度为弟子,二十三岁时被朝廷度为大僧,二十五岁时应诏译经。他"躬事奘师,学五竺语,解纷开结,统综条然。闻见者无不叹伏"。基随侍受业,堪称多闻第一。他"讲通大小乘教三十余本。创意留心,勤勤著述,盖切问而近思,……造疏计可百本",后来有"百本疏主"之称。

窥基的《因明入正理论疏》被后世尊称为《因明大疏》《大疏》。窥基《大疏》是集唐疏大成之作。它代表了唐代因明研究的最高成就,在慈恩宗内被奉为圭臬。窥基独得玄奘秘传,其因明修养后来居上,超越译场前辈。若不探寻这座大山所蕴藏的珍宝,就无法真正领略到汉传因明的真谛,也不易解读印度陈那论师的新因明体系,要用逻辑与陈那因明作比较研究,更难得其确解。

随着法相宗的衰落,《大疏》也和其他因明古疏一样长期散佚。汉土失传,大约在元代兵燹之后。直至清末,《大疏》才从日本回归,由金陵刻经处出版流通。

---

① 赞宁:《宋高僧传》卷四,范祥雍点校,北京:中华书局,1987年版,第63页。以下引文均见第63—64页。

共有八卷两册。1935 年影印的宋藏遗珍中收有《大疏》残存中下二卷两册，是范成和尚于 1933 年从山西赵城广胜寺发现的。广胜寺本与金陵刻经处本文字略有不同。再说校释，我先后采用金陵刻经处本和宋藏遗珍即广胜寺本(中、下二卷)作底本。广胜寺本上卷和中卷开头所缺一小部分以金陵刻经处本补足。据我的研究，广胜寺本确实优于目前国内通行的金陵刻经处本。保存在日本的《大疏》有繁本和简本之别。特别是窥基弟子慧沼所续部分，作为繁本的广胜寺本与作为简本的金陵刻经处本有明显区别。我的校释较多地参照慧沼弟子智周的《前记》和《后记》。日僧善珠的《明灯抄》中所引疏文与广胜寺本几乎完全相同。本书还大量注疏采纳《明灯抄》的疏解。此抄在日本因明史上举足轻重。它以《因明大疏》为诠释对象，大体上对《因明大疏》进行了逐句的解释。善珠是日本兴福寺北寺系的代表人物。他对窥基《因明大疏》的弘扬，继承了法相宗二祖慧沼、三祖智周的传统，是唐疏正脉在日域的延续。

下文以金陵刻经处版和广胜寺版(中、下二卷)加以评介。

第二节　一部高深的学术专著

既然窥基的《大疏》代表了唐代因明的最高成就，研习者理所当然地把它当作治因明的入门书。可是初习者往往一上手，便毫无例外地感到荆棘丛生，十有八九会打退堂鼓。今人初习因明，连读懂熊十力先生的《因明大疏删注》和陈大齐教授的《因明大疏蠡测》都很难，要搞通原著更谈何容易。

因明难治，向有定论。因明对唐人来说，就是一门新鲜学问，在玄奘译场中还带有秘传性质。汉传因明的典籍为因明大、小二论，即陈那的《因明正理门论》(简称《理门论》《理门》《门论》)和其弟子商羯罗主的《因明入正理论》(简称《入论》)。二论言简意赅，晦涩艰深。若无师承，无异于读天书，根本无法入门。玄奘述而不作[1]，弟子们根据奘师口义各撰疏记，理解虽大体一致，但具体发挥起来也不乏歧见。当时任朝廷尚药奉御的吕才，是一位博学多才又绝顶聪明之人。他根据奘门弟子的疏记自学因明，既发现了诸疏之矛盾，也提出诸多疑问，难免还有不少误解。后来他与玄奘对决，落得词屈而退。《大疏》晚出，阐发富赡，又

---

[1] 季羡林：《大唐西域记校注》(中华书局 2000 年版)第 187 页把《因明大疏》说为玄奘所著是误认。

随处评判古疏诸家得失,更增加了阅读的难度和深度。到了明代,唐疏失传,仅有少数几位佛家僧俗弟子苦心钻研《入论》原文,犹如暗中摸象。有的经过二十多年苦思冥想,自以为豁然开朗,其实是丛生错解。

自唐以来,至今没有一本逐字逐句讲解此书的著作。佛学底蕴深厚的熊十力先生于八十年前撰写《因明大疏删注》,一方面为利始学,亦删亦注;另一方面反映他本人也有难过文字关的苦衷。"间遇险涩,不过数字,一发全身,竟日短趣。注之为事,不便驰骤。此后干枯,又且增苦。是则删非得已,注亦愈艰。"①曾任北京大学代理校长的陈大齐教授于七十年前撰写《因明大疏蠡测》。此书博大精深,堪称《大疏》研究的巨著。他也曾慨叹:"取读此疏,格格难入,屡读屡辍,何止再三。"②作为逻辑学家,他独擅胜场,在三本因明著作中都只限于阐释陈那新因明中与逻辑和辩论术有关的立破之说,完全回避了难于解读的佛家量论(哲学本体论和认识论),给后人留下"残缺美"。既尽显其大学者的坦诚,又透露出外行难治佛家量论的无奈。

为什么千百年来,因明始终是一门高深难治的冷僻学问?它在历史上曾为绝学,长期少有人问津,直至今日中国社会科学院甚至还要把它当作绝学来抢救。其中固然有原因种种,但种种解释还是不能令人信服。说这门学问文字艰深吧,唐代的语言比先秦的好读得多;说它因为与逻辑沾边而难治吧,其实有逻辑三段论的准确知识就够用,要求也不高,会数理逻辑那是锦上添花的事;要说它的一套名词、概念繁多且生涩难解,总比不上周易的术语繁多难解吧,更不要说与先秦逻辑、先秦哲学乃至整部中国哲学史相比了。此外,它的实用性在汉地比较差,确是一个重要原因(藏地僧人辩经天天在用)。除了上述,恐怕与《大疏》的形象和地位有关。因明东传至日本,主要也是以对《大疏》再注疏的方式加以弘扬。《大疏》也就天经地义、理所应当地成了必读书、入门书。把它当必读书对待固然对头。因为要想登堂入室,必须得其直解,舍此无由。可是,把它当入门书对待,那就上当受骗,误入歧途了。用今天的话来说,《大疏》其实是一本高深的学术专著。读这本书是先要有因明的知识储备的。还《大疏》一个本来面目,让它名实相符,或许能为因明研习者解除一点心理障碍。"一本高深的学术专著",是我对它的第一个评价。

因明难读,有原因种种:有一套新名词为汉典所无,令初习者不易接受;又有印度各宗背景之难;还有唐疏奥衍之旨,非常繁琐;内容兼有辩论术、逻辑和认识

① 熊十力:《因明大疏删注·揭恉》,上海:商务印书馆,1926 年版,第 7 页。
② 陈大齐:《蠡测·序》。

者三者,对绝大多数人来说是一门新鲜学问;再加上今人理解之误,古因明和陈那新因明所含内容之一是论辩逻辑,而非形式逻辑,单纯用形式逻辑作比较研究势必误入歧途。

单以唐疏奥衍之旨,非常繁琐来说,仅举一例,足以说明。因明是什么? 窥基开篇解题,就令读者心烦。他先罗列了唐疏四家之释,最后第五家是自释。

自释之中又分为三释。

基疏之五释为,"一云,明者,五明之通名。因者,一明之别称。入正理者,此论之别目"。又释因分生、了二因,生、了各分言、义、智三。此释因明为因的阐明,明为五明之通名。查神泰《述记》,与此释相同。此释有理;二云因明为"一明之都明。入正理者,此轴之别目",与前释同,但"明谓敌证者智",显与前释"五明之通名"相违:三亦云"明者智了因",并强调"因与明异,俱是因明"。意为因是因,明是明,因与明异,因明既研究因,又研究明;四云"因明者,本佛经之名。正理者,陈那论之称"。此释强调因明名称是佛经专有。正理指陈那《理门论》,与初释同。又说"明谓明显,因即是明,持业释也",释明异于神泰的"五明之通明";善珠《明灯抄》说五云包括三释,皆为窥基所说。其一说"因明、正理俱陈那本论之名。入论者,方是此论之称"。正理指《理门论》,与初释同。其二,"或因明者,即《入论》名。正理者,陈那教称。由此因明论,能入彼正理故"。其三,"或此应云因即是明",又与神泰说相悖。

窥基先罗列了唐疏四家之释,最后第五家是自释。自释又分为三释。总共有七种回答。正理也有五义。一是指诸法的本来真性;二是指能立、能破的幽深细致的道理;三指所成立的宗;四指陈那的《理门论》;五是总括前四种含义。由以上因明、正理各自五释,组合配对之后,合成二十五释。孰是孰非,窥基未做抉择。第一释来自神泰,与五明之通明相符,应为正解。第二、第三、第四和第五之明与五明之明不相符合。

前四释关于因和明二字的分释并不相同,甚至大相径庭。四释之中,第一释最为合理而又简明。印度的五种学问既然都称为明,这个"明"就应有统一的解释。声明应当是声韵的阐明,是阐明声韵的学问;医方明是医药的阐明,是阐明医药的学问;余类推。只有把明解作阐明、学问,才能在五明上说得通。若把明解作了因或功用,于因明之外的四明就十分勉强。在因明中,因既然包括生因和了因,不论立破之中是哪一种因在起作用,不论生、了二因相互关系如何,都不必别用明的名称来称呼了因,使明与生因相对,这造成名称上的不统一,徒生费解。因明作为一门新引进的学问,唐代因明家根据各自的理解,做出不同的解释,是很正常的。窥基对同门前辈各家相互龃龉之说兼收并蓄,未予轩轾,使人开卷便坠重重云雾之中。真该受"佛书训义,雅惯烦琐"之诮。试想,连一门学问的名字都不能定于一尊,其书卒读之难,可以想见。因明难于弘扬,于诠释之繁琐不无关系。

《大疏》虽说是汉地学者治因明的必读书,但把它当入门书,却大错特错。《大疏》对《入论》作逐字逐句的讲解,是讲经式的。它有力求通俗讲解的意图,但又不是一本通俗的因明著作。有的学者早就指出疏中大量概念的出现缺乏顺序性,即使是因明研究的专家要读通全书也绝非易事。

要是我们换一种角度看问题,不把它当作一本通俗的入门书来看,大量概念的出现缺乏顺序性也就算不上缺陷,如览天书的感觉也许会改变。用今天的眼光看,它是一本高深的学术专著。既然是高深的学术专著,当然要求研习者有因明的基础知识储备。

因此,即使对唐代初习者来说,也不能上手就读《大疏》,而要先读文轨《庄严疏》等古疏,待入门之后再来读《大疏》。对今日初习因明者来说,最好先读一读吕澂先生的《因明入正理论讲解》或者陈大齐的《因明入正理论悟他门浅释》。想登堂入室而不能不读《大疏》者,参阅陈大齐的《因明大疏蠡测》,会扫除很多拦路虎,获事半功倍之效。此外,日僧善珠的《因明论疏明灯抄》(以下简称《明灯抄》)是历史上最详细诠释《大疏》的著作,做了大量句解,是读懂《大疏》的重要参考书。

以我治因明三十余年之浅薄经验,虽然数度阅读《大疏》,敢说疏中大处基本明了,但是我发现"小处不可随便"。数不清的拦路虎偏偏就出在这些"小处"上。屡读屡辍,何止再三。稍有不慎,望文生义,便铸成大错。

说《大疏》是一本高深的学术专著,是因为它有以下几个特点:

一、独得因明薪传

当玄奘先后译出《入论》和《理门论》之际,窥基才刚刚出家皈依玄奘。与译场众多大德相比,他不过是后生小辈,在佛学与因明两方面还刚刚发蒙。窥基能在唯识和因明方面后来居上,又与他日后在译场中得天独厚的地位分不开。

窥基的许多著述都是在玄奘亲自指导下完成,他的学风和文风都有奘师的深刻烙印。《大疏》虽于奘师圆寂后才开始写作,但是,随其所闻见于笔墨者,为诸疏所不及。

窥基在唯识和因明两个方面都得到玄奘的特别栽培。翻译唯识论,本来由窥基等四人共同承担,窥基提出糅译十家建议后,玄奘量材授任,"以理遣三贤,独委于基"。窥基单独承担了《成唯识论》的编撰工作。正当玄奘讲译而由窥基编撰完成之际,西明寺圆测法师抢先于西明寺开讲此论。原来他买通门人偷听了玄奘译讲。"基闻之,惭居其后,不胜怅快。奘勉之曰:'测公虽造疏,未达因明。'遂为讲陈那之论,基大善三支,纵横立破,述义命章,前无与比。"①

玄奘译讲大小因明二论,圆测是听讲过的,他也曾撰写《理门论疏》,奘师却说他"未达因明"。《成唯识论》译出于显庆四年(659),在吕才与奘门辩论之后四五年。神泰等人的《入论》疏早就于650—652年写成。在这样的背景下玄奘单独为窥基讲陈那因明理论,就更有针对性,至少要纠正圆测等诸大德的误解,并深入地讲解以前在译讲中没有充分展开的内容,例如,关于共比量、自比量、他比量的理论,这是玄奘本人对发展印度因明理论所作的最主要的贡献。因此,可以说窥基是站在更高的层次上来研习因明理论的。窥基对汉传因明作出前无与比的贡献,与他独得薪传是密切相关的。

二、借鉴古疏,超越古疏

有众多古疏(窥基把前人的疏记称为古疏)作参考是基疏能成为汉传因明圭臬的重要条件。奘师尽管单独为窥基讲解过因明,但不可能为窥基从头至尾、详尽无遗地讲解。因此,基疏文不可避免地要利用古疏作借鉴。

《大疏》学习和继承了古疏,又批评、发展了古疏。其中有为古疏所无或所谈过简而独为《大疏》所述或详加发挥的,因而高于古疏。单与文轨《庄严疏》作个比较,南京支那内学院对勘二疏,所同者有八十余处,轨疏为基疏所破者有八处(不见得都对,详见对《庄严疏》的评介)。

关于能立古今同异、宗依、宗体、四悉檀、极成、同品、异品、表诠、遮诠、有体、无体、全分、一分,三种比量、唯识比量等,古疏都有所论述,但作出具体详尽的解释,则唯有基疏。

关于八义同异、简别、宗因喻间有体无体之关系、三十三过与自他共等现存古疏均未涉及,而为《大疏》独具并详加发挥。

以下择取基疏纠正轨疏失误之一例略加解释。《入论》说"所作性""勤勇无

① 赞宁:《宋高僧传》卷四,北京:中华书局,1987年版,第64页。汤用彤先生认为"此自是误会"。理由有二:其一,因明早已流行,连非佛之徒吕才亦晓其义,何即得谓圆测不知因明?又非窥基独得之秘,授此慰之,亦觉毫无意义。其二,赂金潜听事,稚气可笑。我根据窥基《大疏》确有独得之秘,不赞成汤先生的第一条理由。

间所发性"是满足因三相的正因,因而"是无常等因"。《大疏》解释说:"显因所成。'等'者,等取'空''无我'等。此上二因,不但能成宗'无常'法,亦能成立'空''无我'等,随其所应非取一切。"①。上述二、八正因不但能证成"声无常"宗,还能证成相应的"声是空""声是无我"等宗,但并非能证成一切宗。"随其所应非取一切",是针对文轨《庄严疏》的失误。《庄严疏》说:"此之二因能成'无常'等者,等取'无我''苦''空'也。"②《大疏》批评说:"若'所作'因,亦能成立言所陈'苦'等及'无常'宗,意所许'苦'等一切法者,此因便有不定等过。谓立量云:'声亦是苦,所作性故。'以无漏法而为异品,'所作性'因于其异品一分上转,应为不定言。此所成声,为如'瓶'等,'所作性'故,体是其'苦'。为如自宗'道谛'等法,'所作性'故,体是'非苦'。此既正因,无不定过,故此言'等',随其所应。"③这段话意思是,随二因所能成其三相者方可列入等取之中,但不能成立一切。假如"所作"因,也能成立宗言所陈"苦"等及"无常"宗,意所许"苦"等一切法的话,此因便犯有不定因等过失。例如立比量说:"声亦是苦,所作性故。"以无漏法作为异品,"所作性"因于其异品一分上依转,就成为不定因。此所欲成立之有法声,以"瓶"等为同品,因为有"所作性"因,能成立宗体"声是苦"。以佛家自宗"道谛"等法为异品,因为有"所作性"因,又能成立宗体"声是非苦"。上述"所作""勤勇"二因既然作为正因提出来,便无不定因过,因此这里说"等",是随其因所能成三相者。

三、提纲挈领,阐发幽微

正如《大疏》所说:"示纪纲之旨,陈幽隐之宗。④"窥基在短短的序言部分,论述了因明的源流,世亲的成就和不足,陈那革新因明,商羯罗主的贡献和玄奘的继承与弘扬,文字简约,立论精当。在释本文初颂中,先对八义作了简明扼要的定义,然后分三门来辨此八义,一明古今同异,二辨八义同异,三释体相同异(即后文释长行)。尽管对初习者来说,一上来要理解疏中的有些内容如辨八义同异,确实会摸不着头脑,不知其所云。但是辨八义同异是汉传因明对印度因明的非常重要的发展,是汉传因明最有特色的理论。以上论述无不显示《大疏》"示纪

---

① 窥基:《大疏》卷三,页二十四左至右。
② 文轨:《庄严疏》卷一,页二十一右。
③ 窥基:《大疏》卷三,页二十四右。
④ 窥基:《大疏》卷一,页二左。

纲之旨"的初衷,给人以高屋建瓴、博大精深之感。

窥基在序文的第一段叙所因部分论述了因明的源流,言简意赅,是关于因明发生和发展的重要史论。"因明论者,源唯佛说。文广义散,备在众经。故《地持》云,菩萨求法,当于何求,当于一切五明处求。求因明者,为破邪论,安立正道。劫初足目,创标真似。爰暨世亲,咸陈轨式。虽纲纪已列,而幽致未分。故使宾主对扬,犹疑立破之则。有陈那菩萨,是称命世,……匿迹岩薮,栖虑等持,观述作之利害,审文义之繁约。……佛说因明,玄妙难究。……于是覃思研精,作《因明正理门论》。商羯罗主,即其门人也。……既而善穷三量,妙尽二因,启以八门,通以两益,考核前哲,规模后颖,总括纲纪,以为此论。"①

一般认为,印度逻辑的第一个体系产生于正理派的经典著作《正理经》中,印度佛家因明是从《正理经》中发展起来的。唐疏提出了新的说法,文轨《庄严疏》说"大圣散说因明,门人纂成别部,或以如实存号,或以正理标明"。②强调佛经中已有因明理论,只是没有形成专门的著作。基疏进一步强调,"因明论者,源唯佛说",在佛经中可以找到许多分散的有关因明义理的文字。菩萨求法就从五明中求,其中包括因明。对此,慧沼门人道邑所撰《义范》作了很好的解释。日僧藏俊的《因明大疏抄》说:"邑记云:疏'因明论者,源唯佛说'者,如《涅槃经》破十外道,具宗因喻正明立破。诸经所言自相共相,即明现比,故源佛说。问:'劫初外道已说因明,何故此言"源唯佛说"? 答:且据内教因明,或过去佛说,皆不违也。'"③

《明灯抄》指出《解深密经》中四种清净相是因明:"此因明理,散在众经,如来略说,菩萨广演。如《深密经》,证成道理,略有二种,一种清净,二者不清净。《杂心论》云,因明论方便,是则为义辨,所以大乘,散说因明,门人纂成别部。大小经中,处处皆有,故云文广义散等。"④

对何谓清净,何谓不清净,唐代新罗僧圆测《解深密经疏》解释说:"谓由因明成立其义,无过失故,名为清净;有过失故,名不清净。"⑤日僧基辨《因明大疏融贯抄》解释说:"今云,清净者,真立破现比。不清净者,似立破现比也。"⑥基辨对道邑和善珠关于窥基"源唯佛说"的疏解又作了详细诠解。

①　窥基:《大疏》卷一,页二左至三左。

②　文轨:《庄严疏》卷一,页一右。

③　藏俊:《因明大疏抄》,《大藏经》第68册,卷第一,页一左下。

④　善珠:《明灯抄》卷第一本,页二〇五下。

⑤　圆测:《解深密经疏》卷卅五至四十,观空法师还译,北京:中国佛教协会,1981年,第39页。

⑥　基辨:《因明大疏融贯抄》卷第一,页八。

圆测《解深密经疏》认为七不清净相中前五相与六种不定因之前五因相关联的情况:"《因明入正理论》中所说六种不定,即共、不共、同品一分转异品遍转、异品一分转同品遍转、俱品一分转、相违决定。此中'共'者,如言声是常,是所量性故。由于常及无常二品皆共此因,故是不定。谓为如瓶等是所量性故,声是无常;是是为如虚空等是所量性故,声是其常?言'不共'者,如说:声是常,所闻性故。由于常、无常品皆离此因,常、无常外余非有故,是犹豫因,此所闻性,其犹何等?'同品一分转异品遍转'者,如说:声非勤勇无间所发,是无常性故。此中'非勤勇无间所发'宗,以闪电及虚空等为其同品,此无常性,于闪电等有,于虚空等无。又'非勤勇无间所发'宗,谓以瓶等为异品,此因于彼遍有。此因以闪电、瓶等为同品故,亦是不定。谓为如瓶等是无常性故,彼是勤勇无间所发;为如闪电等是无常性故,彼非勤勇无间所发。'异品一分转同品遍转'者,如立宗言:声是勤勇无间所发,无常性故。此'勤勇无间所发'宗,谓以瓶等为同品,其无常性,于此瓶等遍有;以闪电及虚空等为异品,于彼一分闪电等是有,于虚空等是无。是故如前亦为不定。'俱品一分转'者,如说:声常,无质碍故。此种常宗,以虚空、极微为同品,无质碍性,于虚空等有,于极微等无;以瓶、乐等为异品,于乐等有,于瓶等无。是故此因以乐及虚空为同法故,亦名不定。"①圆测疏中还列有七不清净相中前五相与六种不定因中前五因相关联之对照表。

因明在清末复苏以来,最早注意到因明"源唯佛说"的著作是2016年谢无量先生所撰的《佛教论理学》:"释迦论理思想之可见者,莫如《解深密经》,其如来成所作事品,分如来言语,略有三种:一曰契经,二曰调伏,三曰本母。第三之本母,分为十一种相:一世俗相,二胜义相,三菩提分法所缘相,四行相,五自性相,六彼果相,七彼领受开示相,八彼障碍法相,九彼随顺法相,十彼过患相,十一彼胜利相。此中第四行相,当知宣说八行观。八行观者,即观察之八种方法:一谛实,二安住,三过失,四功德,五理趣,六流转,七道理,八总别。八行观中,第七道理亦有四种:一观待道理;二作用道理;三证成道理;四法尔道理。其申证成道理之义曰:谓若因若缘,能令所立所说所标义得成立,令正觉悟,如是名为证成道理。……于是又谓证成道理有二种,清净与不清净是也。乃有五种清净、七种不清净,前者是正论,后者是误论也。其五种清净如下:

---

① 圆测:《解深密经疏》卷卅五至四十,第54—55页。

一、现见所得相	现量
二、依止现见所得相	比量
三、自类喻所引相	喻量
四、圆成实相	真能立
五、善清净言教相	圣教量

至七种不清净相,一者此余同类可得相,二者此余异类可得相,三者一切同类可得相,四者一切异类可得相,五者异类譬喻所得相,六者非圆成实相,七者非善清净言教相。以此七种,与前五种清道理相较,其谬误自明。"

他又解释《解深密经》说:"如是证成道理,由现量故,由比量故,由圣教量故,由五种相,名为清净。推释迦之意,盖以由现量比量、圣教量,为清净之说法,其七种不清净者反是。释迦固未尝用五分论法,然分说法为清净、不清净二种……。释迦直括从来所立之范畴,以五种清净、七种不清净为正与不正之标的。然不过以为三种说法中属于本母之一小类,非专明论理之意。则当时所传之五分论法,为世所盛行者,在释迦但视为说法之附庸而已。其后因明书中有五问四记答,五问为无著说,四记答则本于《涅槃经》。五问言问之分类有五种,四记答即言答之分类有四种也。五分论法为论议之大经,及其进也,斯五问四记答之法生焉,亦自然之势也。今略掇《涅槃》四记答之意于此。四记答者,一问记,分别记,反问记,舍置记是也。一问记者,观敌论者之立量,果出于正,而了无有误,然后许之;分别记者,若见敌论中虽有是者,而犹有未是者,则可与讲去其非;反问记者,见论敌中有自相矛盾之处,则与深辨之;舍应记者,向于敌论,不复抗言也。"①

以现今语言逻辑中问题逻辑之眼光衡之,四记答乃开问题逻辑之先河。经中关于对机应答的方式,分为四种,称四记答,即一向记,分别记,反问句,默置记(原译文为"置记")。林国良先生对四记答作了准确通俗的解释。"一向记",指对不容置疑的问题,可以作出肯定回答,如问:有没有如来、阿罗汉?可以肯定回答:有。又如:一切有情生后是否必定有灭?可以肯定回答:必定有灭。"分别记",指对有多个答案的问题,需作出分析后再给予回答。如:一切灭者是否必定生?对此问题需作分析:若一般有情,灭后必定有生。若是处有余依涅槃的阿罗汉,灭后入无余依涅槃,不再有生。"反问记",指对含义不确定的问题,通过反

---

① 谢无量:《佛教论理学》,《谢无量文集》第四卷下卷,北京:中国人民大学出版社,2011 年版,第 171—173 页。

问,明确问题,再作回答。如:十地菩萨为胜为劣?可反问:是与谁比?即明确是与佛比,还是与凡夫众生比,就可给予正确回答。"(默)置记",指对无意义的问题,纯属戏论的问题,不予回答。如:实有我是善是恶?石女(没有生育能力女性)之儿肤色是黑是白?这些都是戏论,不必回答。此外,原始佛教时期,佛陀对形而上的问题,如世界有边无边等问题,也作为戏论,不予回答。①

虞愚先生在1936年出版的《印度逻辑》一书中转述了谢无量先生对《解深密经》的引用,并进一步引述了《解深密经》关于清净五种相的解释:"现见所得相者,谓一切行皆无常性,一切行皆是苦性,一切法皆无我性,此为世间现量所得,如是等类,是名现见所得相。依止现见所得相者,谓一切行皆刹那性,他世有性,净不净业无(涅槃)失坏性,由彼能依粗无常性现可得故。由诸有情种种差别,依种种业现可得故。由诸有情若乐若苦,净不净业以为依止现可得故。由此因缘,于不现见可为比度,如是等类,是名依止现见所得相。自类譬喻所引相者,谓于内外诸行聚中,引诸世间共所了知所得生死以为譬喻,引诸世间共所了知所得生等种种苦相以为譬喻,引诸世间共所了知所得不自在相以为譬喻,又复于外引诸世间共所了知所得衰盛以为譬喻。如是等类,当知是名自类譬喻所引相。圆成实相者,谓即如是现见所得相,若依止现见所得相,若自类譬喻所得相,于所成立,决定能成,当知是名圆成实相。善清净言教相者,谓一切智者之所宣说,如言涅槃究竟寂静,如是等类,当知是名善清净言教相。……如是证成道理,由现量故,由比量故,由圣教量故,由五种相,名为清净。"

虞愚先生又详引了《解深密经》对七种不清净相的解释:"若一切法,意识所识性,是名一切同类可得相。若一切法,相性业法因果异相,由随如是一一异相,决定展转各各异相,是名一切异类可得相。善男子,若于此余同类可得相,及譬喻中有一切异类相者,由此因缘,于所成立非决定故,是名非圆成实相。又于此余异类可得相,及譬喻中有一切同类相者,由此因缘于所成立不决定故,是名非圆成实相。非圆成实故,非善观察清净道理。不清净故,不应修习。若异类譬喻所引相,若非善清净言教相,当知体性皆不清净。"②虞愚先生还引述圆测将七种不清净相与《入论》中不定因过之比较。

台湾湛然寺水月法师亦弘扬窥基关于因明学说"源唯佛说"的观点。因明是佛家的逻辑学说,有自己的源流。吕澂先生认为,这一名称他宗不一定同意。基疏在强调因明"源唯佛说"的同时,又肯定正理派代表人物足目"创标真似",即

① 林国良:《解深密经直解》,上海:上海古籍出版社,2019年版,第469—470页。

② 虞愚:《印度逻辑》,《虞愚文集》,兰州:甘肃人民出版社,1993年版,第116—117页。

首创逻辑体系的功绩。在正理的影响下，佛教古因明也逐步建立因明体系，世亲是古因明最高成就的代表。陈那创建新因明体系，匿迹岩数，作《因明正理门论》，不同于藏传说作《集量论》。陈那弟子商羯罗主对《理门论》作整理补充，于是有《入论》。

话说回来，窥基对佛说、足目之《正理》、世亲之《论式》、陈那之《理门》、商羯罗主之《入论》所作点评，无一不是精粹之谈。

基疏内容几乎涉及除十四过类外所有的理论问题，阐发富赡，为诸疏之冠。对一些重要的理论问题，如同品、异品、因同品、因异品、三十三过与自他共等，基疏作了深入细致的开掘。例如，解释同品分为七义，解释异品分为六义。尽管有些解释作了错误发挥，但这样全面论述同、异品各方面意义，于此仅见，确实称得上"陈幽隐之宗"。

基疏对三十三过的解释，颇费笔墨，其篇幅有三卷多，几占现存全疏之一半。本来陈那在《理门论》中对三支过失作了全面的说明，但是文义比较散漫和隐晦，《入论》对其条分缕析，举例说明，并增加宗后四过，使人更易理解。后人从三十三过入手研习因明，有思过其半之效。《大疏》对各过的解释都分成全分、一分和自、他、共等两类各四句，以明确各过失的特征。①

四、《理门》奥旨，详加抉择

《入论》是《理门论》的入门阶梯，是弘扬陈那新因明的佳作。商羯罗主在整理老师成说的同时，也对《理门论》学说作了一定的修订。例如，增加了一些内容，如宗依极成，即"极成有法"，"极成能别"，还有宗后四过等；也减少了一些内容，如九句因理论，如因法必须共许极成，同品有非有等也须共许极成，等等。基疏指出，《理门论》"不说所别能别极成及差别性，此论（小论）独言"②；还特别引述了《理门论》的重要论述："此中宗法，唯取立论及敌论者决定同许，于同品中有、非有等亦复如是。"紧接着指出："故知因、喻必须极成，但此论略。"③《理门论》的这一段话，是《理门论》关于共比量理论的总纲。《理门论》讨论立破之则限于共比量，而不涉及自、他比量及其简别理论。《入论》只字不提关于共比量的总纲，表面上二论有区别，实际二论是一脉相承，并无二致。二论的侧重点不同，

---

① 参见吕澂：《讲解》，第82页。
② 窥基：《大疏》卷二，页十一右。
③ 同上，页九右。

大论重原理,小论重论式。小论把大论中隐而不显的观点明确用语言显示出来,又把大论中显而不隐的道理隐而略去。总之,《大疏》将二论加以对照,有助于对因明理论的理解。

又如,陈那在答难中指出新因明三支作法避免了古因明无穷类比和处处类比(如把声与瓶处处类比)的缺陷,这是新古因明的重大区别。小论避而不谈,基疏参照《庄严疏》引述大论并详加解释,这对正确理解陈那新因明之利与古因明之弊显得十分必要。

在慈恩宗内,《大疏》之所以占有至高无上的权威地位,一方面由于《大疏》精审,阐发富赡,为诸疏之冠。另一方面,窥基之后,一传慧沼、二传智周的因明著作均以对基疏再注疏的方式进行弘传。慧沼的《续疏》使基疏成为足本,利于流通。他的《义纂要》和《义断》独尊基疏,抨击诸家,特别是流传广泛的文轨《庄严疏》。因此,基疏问世之后,其余古疏相形见绌,大多零落失传。中唐以后唐疏传至日本。日籍因明著作也主要是围绕《大疏》进行再注疏。

第三节　一把打开印度陈那因明体系大门的钥匙

我认为唐疏是打开印度陈那因明体系大门的钥匙,而《大疏》则是其中最重要的一把。《大疏》几乎对所有的理论问题都作了全面深入的阐发,以下列举其中有助于解读陈那因明体系和逻辑体系的主要观点。

一、重视《理门论》关于共比量理论的总纲

在陈那和商羯罗主时代,因明家讨论立破之则事实上仅仅限于共比量。陈那《理门论》有一完整严密的因明体系。

玄奘对新因明大、小二论的译讲忠于原著。从唐代疏记中可知,他对因三相的翻译,把梵文原典中隐而不显的逻辑精髓都用明明白白的词句表达得清清楚楚。唐疏保存大量玄奘口义,弟子们理解不完全一致,也有一些错误发挥,但基本上符合陈那的因明体系。这就为我们今天整理、刻画陈那因明的逻辑体系提供了保证。《大疏》特别指出《理门论》关于共比量的总纲虽然为《入论》所省略,但是解读陈那三支作法、九句因和因三相,不但宗依要立敌共许,而且"因、喻必须极成"。从《理门论》关于共比量理论的总纲中可读出同品、异品必须除宗有

法。这一点决定了陈那因明的体系是以同、异品除宗有法为基础的。从九句因到因三相中的同、异品都必须除宗有法,同喻、异喻也必须除宗有法,因此,同、异喻体是除外命题,而不是真正的全称命题。因而可以从中读出三支作法的准确的逻辑结构。

苏联科学院院士舍尔巴茨基的《佛教逻辑》、印度威提布萨那的《印度逻辑史》,二书完全不了解《理门论》关于共比量理论的总纲。这是二书对陈那因明体系产生误解的主要原因。有此对照,更能体会以《大疏》为代表的汉传因明忠实弘扬印度陈那因明体系所作出的巨大贡献。

二、同、异品除宗有法

同品、异品即宗同品、宗异品,是陈那因明体系中两个初始概念,是建立因三相规则的基础。正确理解这两个概念对把握陈那新因明体系有十分重要的意义。在唐疏中,文轨《庄严疏》是较早明确诠释同、异品必须除宗有法的。文轨说:"除宗以外一切有法俱名义品,不得名同。若彼义品有所立法与宗所立法均等者,如此义品方得名同。"①该疏对异品也作了同样的规定。文轨在解释不共不定因过(第五句因)时又说:"如佛弟子对声论立宗云,'声是无常,因云所闻性故',此因望自、异二品皆悉非有,望他声论即于异品声性是有,故是自不共也。"②这是说自比量中出现第五句因过的实例。对立论一方来说,当用"所闻性"因来证"声无常"宗时,也要把"声"除外。除声之外,任何同、异二品都无"所闻性"因。今人有谓,自比量中同、异品可以不除宗有法③,应当温习一下轨师之释。

同、异品除宗有法不是文轨的独家之释,而是唐疏四大家的共识。神泰《因明正理门论述记》还强调以同、异品都除宗有法为前提的九句因中的第五句因,为古因明所无,而为陈那所独创。第五句因的存在是判定三支作法非演绎的一个重要标志。

《大疏》没有直接论述同品除宗有法,但是玄应法师《理门论疏》提到有四家唐疏都说同品除宗有法,第四家就是窥基。窥基虽未直接定义同品除宗有法,但以异品除宗有法影显了同品除宗有法。

---

①　文轨:《庄严疏》卷一,页十七左。

②　文轨:《庄严疏》卷三,页二右。

③　姚南强:《论陈那新三支式的逻辑体系》,《复旦学报》,1990 年第 6 期。

《大疏》明言异品除宗有法:"处谓处所,即除宗外余一切法,体通有无。若立有宗,同品必有体,所以前言均等义品,异品通无体,故言是处。所立谓宗不相离性。谓若诸法处无因之所立即名异品。……此中不言无所立法,前于同品已言均等所立法讫,此准可知。同品不说处,异体通无故。"①"如立其无常宗,所作性为因,若有处所是常法聚,见非是所作,如虚空等,说名异品。"②

基疏关于同、异品概念的疏解内容非常全面和丰富(其中也有一些错误发挥)。评析如下:

第一,同品同于法与有法不相离性。意思是说,因所成立的宗体是由自性与差别即有法与能别不相离而构成的,同品也是这样,也是由宗有法以外的有体与所立法(能别)不相离而构成的。例如,声与无常不相离构成宗体,声之外的瓶体与无常不相离,因此瓶等无常称为同品。既不单说体为同品,也不单说体上之义为同品,而是总取体与义,一切有宗法之体名为宗同品。这是符合《入论》以"义品"为同品的定义的。③

第二,宗同品既是体类又是义类。基疏明言以体类为同品,并且又以《理门论》为依据,以义类为同品。宗同品体义相兼,并不矛盾。事物的同异就是属性的同异。体不能没有义,义不能离开体而存在。说"相似体类",是说义理相似的体类。说义相似,也是拿两类体上的义来比较。因此,尽管《理门论》明言以义为品,《入论》有两处还是直接以体类释品。

第三,同品不与有法全同。同品若要与有法全同,则根本不可能有同品。因为任何两种有法,都不可能所有的义都相同。除了没有同品还会导致另一错误,本来是异品的,也成了同品。例如虚空是常,是无常的异品,由于虚空有无我,与声上意许的无我相似,于是异品虚空反成了同品。这当然是不允许的。基疏强调这一条固然正确,然而似乎没有针对性。

第四,所立法兼意许。《理门论》《入论》虽未明言所立法兼意许,但都隐含了这一观点。本来以意许为宗,叫旁凭义宗,是不允许的。陈那新因明默认了旁凭义宗,不作为过失。基疏将二论隐而不显的观点作了明确阐述。窥基指出《理门论》和《入论》都有四相违因过,其中法差别相违因就是以意许的法为所立法。

---

① 窥基:《大疏》卷三,页二十一右。
② 同上,页二十二左。
③ 汤铭钧、王俊淇博士对勘梵本《入论》,瓶等与无常有不相离性与声无常有不相离性相同,相同的无常为所立法,被《入论》称为"共通性"。奘译同品定义将"共通性"省略,直接将所立法之有无区分为同、异品。

第五，同品通有、无体。"以随有无体名同品。"①又说："义谓义理,品谓种类,有、无法处。"②后一句说有法、无法即前一句说的有体、无体。宗同品有有体、无体之分。在共比量中,宗同品必须是有体的,必须是立敌共许的同品,即共同品。所谓共同品,包含两种含义,一是立敌共许其体为实有,二是共许其体有所立法。前一含义今人称其为实有极成,后一含义今人称其为依转极成。同品通有体是说同品既有实有极成,又有依转极成。例如,佛弟子对声生论立"声无常"宗,以瓶为共同品,立敌双方既共许其体实有,亦共许其有无常性,同品还有无体的,即立敌不共许的。立许敌不许的叫自同品,敌许立不许的称为他同品。有自同品的比量叫自比量,有他同品的比量叫他比量。

自同品又分两种情况,一种是立敌共许其为实有,自许他不许其有所立法;另一种是自许他不许其为实有,并且自许他不许其有所立法。准此,他同品亦有类似两种情况。

同品不允许两俱无体的情况存在。若立敌双方都不许某物为实有,则其不可能有所立法,也就不可能成为同品。基疏关于有、无体和极成的解释恐繁不引。

窥基还有"所立法为因正所成"的错误发挥,详见后文评析。

基疏关于宗异品的解释也非常详尽,共有以下八点:(一)宗异品除宗有法;(二)"所立"即"所立法"省略语;(三)宗异品异于不相离性;(四)宗异品是聚类,不同同品体类解品;(五)异品谓无所立,非谓相违或异;(六)异品通有无体;(七)宗异品兼意许;(八)宗异品非因所立。

以上八点,第二点关于"所立"即"所立法"省略语,第六点异品通有无体,第七点宗异品兼意许,都遵照同品释义标准,其义甚明。其余各点,略评如下。

关于宗异品除宗有法,这是陈那因明题中应有之义,也是唐疏的共识。《入论》没有明言同、异品除宗有法,基疏明言异品除宗,有其坚强正当之理由。立量之际,立以宗有法为宗同品(自同他异品),敌以宗有法为宗异品(自异他同品),宗有法是同是异,未能共许,立敌各行其是,则是非无以定论。例如,以"声常"为宗,"所闻性"为因,立方以声为同品,三相具足,"所闻性"是正因;敌以声为异品,异品有因,违反第二相异品遍无性,该因是似因。同一个因,一说正因,一说似因,无以定论。同品不除宗,立方陷入循环论证;异品不除宗,则授予敌方一种反驳的特权。无论立方立任何一量,敌方毫不费力以宗有法为异品,立方之量不

_____

① 窥基:《大疏》卷三,页五右。
② 同上,页二十左。

满足第二相,是似能立。当然敌方这种反驳也是循环论证。为使立敌双方都避免循环论证,同异品皆须除宗有法。

关于宗异品异于不相离性,意思是说除宗以外有法与所立法相离,与同品同于有法与法不相离正好相反。

三、同、异喻也要除宗有法

同喻依除宗有法是同品除宗有法的必然结果。对《入论》"同法者,若于是处显因同品决定有性"一句,基疏作了准确的解释:"处谓处所,即是一切除宗以外有无法处。显者,说也。若有无法,说与前陈,因相似品,便决定有宗法,此有无处,即名同法。……《理门论》云,'说因宗所随',是名同喻。除宗以外,有无聚中有此共许不共许法,即是同故,以法同故,能所同故,二合同故,此中正取因之同品,由有此故宗法必随,故亦兼取宗之同品,合名同法。"①

基疏两次说到同喻要除宗有法。"处"指体,与义相对。指宗有法以外的其他一切体,如声以外的瓶、盆、电等。不管其有体也好,无体也好,只要它与前陈因法相似,它便具有宗法。

这一大段释文可析为以下四点:一是同喻除宗有法;二是通有、无体;三是此句述说同喻体组成方式;四是因、宗双同,合名同法。

第一,同喻除宗有法,是指同喻依除宗有法,这是对同品除宗有法的进一步发挥。此说未见于文轨疏,为基疏所独家阐发。这是陈那因明体系题中应有之义。但是在大小二论中隐而不显,基疏抉择幽微,甚为精当,并且具有十分重大的理论意义。依基疏此释,衡以逻辑,同喻体非毫无例外的全称命题,而是除外命题。基疏此说,维护了陈那新因明体系的完整性和严密性,为今人作因明与逻辑比较研究提供了理论依据,为判明三支作法的推理性质和种类提供了标准。今人多谓三支作法为演绎法,其谬也甚。基疏同喻除宗有法的精当解释,值得今日从事因明与逻辑比较研究之吾辈深长思之。

第二,同法通有、无体,指同喻依通有、无体,比宗同品通有无体要更复杂,宗同品是单同所立法,同喻依须双同宗、因二法。同喻依不允许两俱无体,而异喻依则允许两俱无体的龟毛、兔角充当。详细的论述要另立专题,此处从略。

第三,同喻体的结构是"说因宗所随",因同品为前陈,宗同品为后陈,前陈决定有后陈,因是所随,宗是能随,有因法处便有宗法。

---

① 窥基:《大疏》卷四,页二左至页二右。

第四,既有能立法,又有所立法,因、宗双同称为同法,见之于体为因、宗双同的同喻依,体上之义便是表达因、宗不相离性的同喻体。

异喻依除宗有法也是异品除宗有法的必然结果。对《入论》"异法者,若于是处,说所立无,因遍非有"一句,《大疏》解释说:"除宗已外有无法处,谓若有体,若无体法,但说无前所立之宗,前能立因亦遍非有,即名异品。以法异故,二俱异故。《理门》颂云,宗无因不有,是名异法。"①释文中的"异品",可能是异法或异喻依之误。除宗以外的其他有法,不管有体、无体,只要无所立法,也就无能立因法。例如有法声以外的空,既离所立无常之法,又无能立因法。

关于异法,也有四点略陈于下,不作详解:一是异喻除宗有法;二是通有无法,可用两俱无体的龟毛、兔角充任异喻依;三是其结构为"宗无因不有",先陈宗无,后陈因无;四是因、宗双异为异法。

为什么同喻、异喻要除宗有法? 先看同、异喻依,一个正确的同喻依必须既是宗同品,又是因同品。异喻依既是宗异品,又是因异品。有法声是因同品,而非因异品,这由因支所表示,为立敌所共许。但是声是不是无常的同品,这正是立敌争论的问题。为避免循环论证,为避免是非无以定论,宗同、异品必须除去宗有法声。由于宗、同异品除宗,同、异喻依也就必然除宗。

再来看同喻体是不是毫无例外的普遍命题。本来,宗有法是因同品,同喻体中的能立因法可不必除宗。由于同喻体中的因法和宗法不相离之义,就是同喻依上积聚的因、宗双同之义,同喻依除宗,同喻体的因同品中也不得不除宗。

要证明陈那三支中的同喻体除宗,这只要找到一个实例证明它不是普遍命题就可以了。这就是九句因中的第五句因。第五句因被陈那判定为似因。第五句因的实例是:

声常,　　　　　　　　　　　　　　　　　　　宗

所闻性故,　　　　　　　　　　　　　　　　　因

诸有所闻性者,见是其常,(除声外,缺同喻依)　同喻

诸无常者,见彼非所闻性,如空。　　　　　　　异喻

在上述的比量中,不缺同喻体。同喻体"诸有所闻性者,见是其常",如果不除宗,则此同喻体等于"声常",用"声常"证"声常",犯循环论证错误。如果除宗,则此同喻体的主项是空类,这一同喻体反映的普遍原理便不适合任何对象,形同虚设。陈那规定,"所闻性"因不满足第二相同品定有性。正确的同喻依是

---

① 窥基:《大疏》卷四,页八右。

满足第二相的标志,缺同喻依便缺第二相。

仅此一例,便可知陈那新因明三支作法中的同喻体也是除宗有法的。

窥基弟子慧沼在《续疏》中专门讨论过同、异喻体是否概括了声的所作与无常的问题,但慧沼不赞成其说,认为若除宗,喻还有什么用呢?"问,诸所作者皆是无常,合宗、因不? 有云不合,以声无常,他不许故,但合宗外余有所作及无常。由此相属,能显声上有所作故,无常必随。"①"有云不合",乃是指文轨《庄严疏》所说"今不合者,唯在宗言,许因合故"②。可见文轨早有同、异喻体也除宗有法的意思。在同喻体"诸所作者皆是无常"中没有把因"声是所作"和宗"声是无常"合进去,这一回答是正确的。因支"声是所作"起归类的作用,只是把声归到所作一类中。至于"诸所作者皆是无常"中包不包括所作声是无常,在陈那的因明体系中是没有的,第五句因可以证明。

但是,慧沼不赞成这一说法:"今谓不尔,立喻本欲成宗,合既不合于宗,立喻何关宗事? 故云'诸所作者'即(苞瓶等一切所作及)声上所作。"③这一反驳不能成立。立喻固然是要成宗,问题是,立喻想要成宗与立喻能不能成宗,或者说怎样成宗,这是两个问题,不能混淆。不能说立喻是为了成宗,喻中就一定包含了所作声是无常。

慧沼接着又说:"即以无常合属所作,不欲以瓶所作合声所作,以瓶无常合声无常。若不无常合属所作,如何解同喻云'说因宗所随'?"④大意是说同喻体的组成是所立法无常跟随能立因法所作,而不是古因明五分作法那样以所作瓶类所作声,以无常瓶类无常声,否则,怎么理解《理门论》所说的同喻体是"说因宗所随"呢? 慧沼还是没有讲清为什么喻体里不除宗。前面我们已经解释过,同喻体的因法所作与宗法无常的关系是同喻依上因宗二同且不相离的体现。同喻中喻体与喻依是义与体关系,体义是和顺而不是矛盾的。

慧沼紧接上文又反驳说:"若云'声无常'他不许,不合者,不尔。若彼许者即立已成。以彼不许故须合显云,'诸所作者皆是无常,犹如瓶等'。"⑤意思是说,因为宗是敌方不许的,所以同喻体中把宗因合进去了。这话说了等于没说。

总之,在疏解同喻体的构成时,窥基强调同法除宗,但慧沼《续疏》在解释无

① 慧沼:《续疏》卷一,页十一左。
② 文轨:《庄严疏》卷三,页十八左。
③ 慧沼:《续疏》卷一,页十一左。
④ 同上,页十一左至右。
⑤ 同上,页十一右。

合过时,又不承认除宗,前后解释不一致,诚为可惜。

四、广泛使用因同品与因异品概念

因同品概念在文轨疏中已经使用,基疏广衍其说,借因的同、异品概念方便而又准确地解释同、异喻体结构和二喻与因的关系以及新因明三支作法的优点。对唐疏中出现的这两个概念,现代因明家评价不一。吕澂、熊十力认为因同品和因异品概念为印度原典所无,而由窥基新创,必须清除。① 陈大齐则认为因同、异品概念源出《入论》,《大疏》又因循文轨《庄严疏》,并非新创。即使新创,只要意义确定,守其界说而不与同法、异法混淆,足资阐述之方便。②

窥基弟子慧沼在《义纂要》中就曾指出大、小二论中有数处关于因同、异品的论述。《理门论》在讲古因明异喻的缺陷时用到了"因异品"概念:"世间但显宗、因异品同处有性为异法喻,非宗无处因不有性,故定无能。"③随后,陈那引述古师的反问:"云何具有所立、能立及异品法,二种比喻而有此失?"④其中能立的"异品"即指因异品。

《入论》中与"因同品"有关的说法共四处:其一是说"同法者,若于是处显因同品决定有性。"⑤其二是说同品一分转异品遍转:"此因以电瓶等为同品,故亦是不定。"⑥其三说俱品一分转:"是故此因,以乐以空为同法故,亦名不定。"⑦其四说同法喻:"若是所作见彼无常,如瓶等者,是随同品言。"⑧

基疏说:"同品有二,一宗同品,……二因同品,故下论云,'若于是处显因同品决定有性'。然论多说宗之同品名为同品,宗相似故。因之同品名为同法,宗之法故。"⑨这段话是说"因同品"三字应连读,宗同品之外还有因的同品,因的同品又称同法。

---

① 参见吕澂:《因明纲要》,上海:商务印书馆,1926 年版,页二十五右。熊十力:《因明大疏删注》,页三十一右。

② 陈大齐:《蠡测》,第六三至六五页。

③ 陈那:《因明正理门论本》,页九左。

④ 同上。

⑤ 转引自窥基《大疏》卷四,页二左。

⑥ 窥基:《大疏》卷六,页十七右。

⑦ 同上,页二十一左。

⑧ 窥基:《大疏》卷四,页十七左。

⑨ 窥基:《大疏》卷三,页六左。

又说:"处谓处所,即是一切除宗以外有无法处。……因者,即是有法之上共许之法。若处有此名因同品。……《理门论》云,'说因宗所随',是名同喻。除宗以外,有无聚中有此共许不共许法,即是同故,以法同故,能所同故,二合同故。此中正取因之同品,由有此故宗法必随。故亦兼取宗之同品,合名同法。"①

这段是说除宗上有法以外的一切有法,不论有体无体,只要有因法,就称为因同品。同喻是因、宗双同,合称为同法。这里解释了把同喻释为同法的理由是"能所同故,二合同故",是由于因、宗双同,正取因同品,兼取宗同品。基疏前一则说"因之同品名为同法"显然与此前后龃龉。

基疏又言:"有此宗处,决定有因,名因同品。"②意思是说因同品须兼及宗同品。本则又与前说有因法即为因同品不一致。基疏的矛盾说法与释宗同品时要求"因正所成"是一脉相承的,都是错误的发挥。基疏对因异品的错误解释类似因同品,就不再赘述。

与上述矛盾说法相对照,基疏对"品"和"法"又有明确的界定。在解释《入论》"喻有二种: 者同法,二者异法"处说:"又因、宗二同异名法,别同异名品。此同异二,故名为法。次下二因同异,及上宗同异,并别同异,故皆名品。"③意思是说,宗、因双同为同法,宗因单同为同品,与所立法相同为宗同品,与因法相同为因同品;仿此,宗、因双异为异法,单无所立法为宗异品,单无因法为因异品。基疏的这一界说明白无误地为宗同品、因同品与同喻依,为宗异品、因异品与异喻依划清了界线。同喻依是宗、因双同,异喻依是宗、因双异。

基疏若能守此界说,即使是别创因同、异品二名,能方便善巧地阐述因明义理,也是可取的。

五、同、异喻体与因后二相

同、异喻体与因后二相的关系是陈那在《理门论》中重点阐发的理论问题,涉及陈那新因明与古因明的根本分歧,也关系到陈那因明对古因明的重大发展。《入论》把重点放在论式的阐发上,省略了《理门论》关于同、异喻体与因后二相关系的论述。文轨疏在解释《入论》同喻体时,引述了陈那在《理门论》中与古师的辩难,详细解释了新因明与古因明在喻支上的区别。窥基《大疏》进一步对同、

---

① 窥基:《大疏》卷四,页二左至右。
② 窥基:《大疏》卷三,页六右。
③ 窥基:《大疏》卷四,页二左。

异喻体与因后二相的关系作了阐发。

基疏多次强调"二喻即因"的观点。"陈那释云,因有三相,一因、二喻"①。"陈那菩萨,因一喻二,说有六过,即因三相六过是也。"②又说:"因一喻二,即因三相。"③"陈那已后,说因三相即摄二喻,二喻即因,俱显宗故。"④

窥基又解释了一因、二喻与因三相的对应关系以及因外别说二喻的原因。因支显示第一相,二喻显示第二、第三相。陈那在《理门论》中对古师的问难作了答辩,阐述了因外别说二喻的理由。基疏对古师的问难作了解释,也对陈那的答辩作了申说。古师难云:"若尔,喻言应非异分,显因义故。"基疏解释说:"古师难意,若喻亦是因所摄者,喻言应非因外异分,显因义故。应唯二支,何须二喻?"古师意思是,既然说喻为因所摄,那么因明论式只要二支就行,同、异喻便是多余的。基疏引陈那答难并作解释:"喻体实是因尔,不应别说,然立因言,正唯为显宗家法性是宗之因,非正为显同有异无顺返成于所立宗义,故于因外别说二喻。"⑤这是说,二喻实际是因,但由于因言只表达了第一相,而后二相没有显示出来,因此必须在因外别立二喻以显示后二相。

"二喻即因"的观点在慈恩宗内得到继承和弘扬。慧沼的《义纂要》说:"应言二喻体即是因后之二相。"⑥智周《后记》也说:"问:'因后二相,为即是喻,为喻非耶?'答:'据喻所依名为喻者,喻非是因。取正喻体,名为喻者,后之二相,即是其因。'"⑦《后记》的意思是,在新因明三支的喻支中,从喻依(体)方面来看喻不是因,从喻体(义)方面看,二喻即因。

既然二喻即因,那么要问,同喻体与第二相的构成是否完全相同,异喻体与第三相的构成是否也完全相同。窥基及其弟子们似乎没有深究。

对于同喻体的组成,《入论》说"若于是处显因同品决定有性",是先有因同品,后有所立法或宗同品,也即因是所随,宗是能随,基疏对此有非常明确的解释:"《理门论》云,'说因宗所随',是名同喻,……此中正取因之同品,由有此故宗法必随,故亦兼取宗之同品,合名同法。"⑧又说"显因有处,宗必随逐,并返成

---

① 窥基:《大疏》卷一,页十一右。
② 同上,页十三左。
③ 同上。
④ 窥基:《大疏》卷四,页四左。
⑤ 同上,页四左至右。
⑥ 慧沼:《义纂要》,《卍续藏经》第86册,页四二九左。
⑦ 智周:《后记》卷上,《卍续藏经》第87册,页二右至页三左。
⑧ 窥基:《大疏》卷四,页二右。

故,令宗义成。"①同喻体的实例"谓若所作,见彼无常",也是因前宗后。

对于第二相同品定有性中的同品,基疏有明确解释,此同品为宗同品,"言同品定有性者,显第二相,……此中若品与所立法邻近均等说名同品。"②因三相是对九句因中二、八正因的概括,九句因中的同品都是宗同品,故基疏说:"于同品者,宗同品也。"③从基疏对九句因中同品有和同品有非有的实例的解释来看,第一句因是同品有并且异品有,其实例为"声常,所量性故"。基疏说:"此中常宗瓶为异品,所量性因于同、异品皆遍共有。"④显然,是说"凡同品都有所量性","凡异品也都有所量性",而不是说"凡所量是同品",也不是说"凡所量都是异品"。可见,同品定有性的含义应是有同品是因,即有同品是因,同品是所随,因是能随,不同于同喻体。

但是,基疏又解同品定有性等于同喻体。"然实同品,正取因同,因贯宗喻,体性宽遍。有此共许因法之处,不共许法定必随故。今明一切有宗法处,其因定有,故说宗同,不欲以宗成因义,故非正同品。其因于彼宗同品处决定有性,故言同品定有性也。因既决定有,显宗法必随。《理门》亦云,'说因宗所随,宗无因不有'等。"⑤这一段话的中心意思不是说宗同品决定有因,而是说因决定有宗同品。这就把同喻体与同品定有性混为一谈了。其中"今明一切有宗法处,其因定有",是说"凡宗同品皆有因",与第八句因中同品有非有因不合,是窥基的错误解释。可见,窥基对同喻和因第二相的命题构成的理解是若明若暗,至少可以说,窥基没有将同喻体与同品定有性的命题构成方式作明确的区别。

基疏对异喻体和异品遍无性的命题构成方式的解释是完全一致的,都是先说宗无,后说因无。同品定有性与异品遍无性的语言表达方式相同,既然异品遍无性先说宗无,那么同品定有性也应先说宗同品而后说因。总之,将同喻体等同于因第二相同品定有性,不能自圆其说。

如果说二喻即因,是说二者完全等同,那么既说同、异二喻,何必再说因后二相呢?陈那因明至约至精,等同说并非陈那原意。"二喻即因"说二者有密切联系,是正确的,说二者等同则是错误发挥。这一错误发挥为现代因明所因袭。

① 窥基:《大疏》卷二,页四右。
② 窥基:《大疏》卷三,页五右。
③ 同上,页八右至页九左。
④ 同上,页九右。
⑤ 同上,页六右至页七左。

六、正因之条件

九句因中二、八句因与相违决定因的同异以及正因的条件，神泰《述记》和文轨《庄严疏》都未曾涉及，《大疏》对这一题目作了阐发。

首先，正因必须满足因三相。疏曰：“举二正者，显九句中，此中‘所作’彼第二因，此‘勤勇’因彼第八句。陈那说二，俱是正因，具三相故。”①又说，“如上所说生、显二因，皆具三相，故成正因。”②陈那九句因理论中的二、八句因都满足因三相，都是正因。

其次，满足因三相的因要能令敌证生决定正智，否则仍属似因。九句因之外的相违决定二因虽具三相，但此二因令敌证生疑智，二因皆属似因。疏曰：“此之二因不定因摄，令敌证者生疑智故，如五不定。”③又曰：“二因皆不能令他敌证生决定一智，故如前五，俱是不定。”④

什么是相违决定因过？基疏解释说：“具三相因，各自决定，成相违之宗，名相违决定。”⑤这是说立敌各立一比量，二因各具三相，都是定因，能各自成宗，二宗相违，此二因就成相违决定之因。

在前面解释因三相时，基疏又曾明言：“或决定相违不具三相，他智不决定故。”⑥前后龃龉，不相一致。对此，《义范》有解云：“或决定相违不具三相者，三相本生他智，他智不决，故虽有三，不名三相，故言不具。”⑦意思是说，三相之用本生他智，相违决定二因虽有三相之义，却无三相之用，并非说相违决定二因连三相之义都不具备。

具备因三相的因是否一定是正因，换句话说，具备三相是否为正因的充足条件，基疏作了专门的讨论。窥基先引述古德关于相违决定二因为正因和二八因应非正因的两个比量，然后对前一比量立相违决定量加以破斥，接着对二八句因非正因作归谬反驳。

① 窥基：《大疏》卷三，页二十三右。
② 同上，页二十四左。
③ 同上，页二十二右。
④ 同上，页二十三右。
⑤ 同上，页二十二左。
⑥ 同上，页十二左。
⑦ 转引自凤潭：《瑞源记》卷三，页八右。

古德的第一个比量是："此之二因非是过因,三相具故,如二八因。"①在这个比量中,"相违决定二因非是过因"是宗,"三相具故"是因,"如二八因"为喻。

按照古德的逻辑,如果说具足三相的相违决定二因是过因,那么二八句因也应为过因,因此,有第二个比量云："或二八因应非正因,具三相故,如此二因。"②

由于同、异品除宗有法,这两个比量孤立地看,"三相具故"都是具足三相的定因。但是基疏指出,可以针对第一个比量立相违决定比量,从而显示其为不定因。"应为彼立相违量云,此之二因不定因摄,令敌证者生疑智故,如五不定。或此二因非正因摄,不令敌证生定智故,如五不定。或此二因非正因摄,不令敌证生定智故,如余过因。"③《大疏》的比量与古德的第一个比量构成相违决定,古德之因不能产生决定正智,因此是不定因。也就是说"三相具故"并非正因的充足条件。一个因虽然具足三相,如果对方能另举出一个具足三相因来证成相违宗,那么这前一个因仍非正因。

对于古德的"二八因应非正因",窥基破斥说："若二八因,许非正因,便无正量,违教、世间种种过失。故知彼是正因所摄,此二乃是不定所收。"④意思是说,如果连二八因都不是正因,那么没有任何正量可言,这是违背圣教量和世间知识的,就有种种过失产生,因此,窥基得出结论："故知彼是正因所摄,此二乃是不定所收。"

紧接着基疏又立一比量以证二八句因为正因,却不无疑问。"二八句因正因所摄,生敌证者决定智故,如余正因。"从字面意义看,此量有过失,因为二八句因之外别无正因,一切正因都可归为二、八句中,同品除宗有法之后,缺同品,缺同喻依。《后记》《义范》为此量解难,意为宗中二、八两句实际是指九句中实例所作、勤勇二因⑤,所作、勤勇之外当然还有无数正宗正因的实例。照此解释,"二八句因正因所摄"之宗应改为"所作、勤勇二因正因所摄"。

在二八句因中,由于第八句因是同品有非有因且异品无因,因此古德对第八句因为正因又曾质疑,认为有比量相违宗过。基疏先引古德比量然后用相违决定量加以破斥。"问,第八句因若正因摄,有比量相违,'第八句非正因摄,同品俱

---

① 窥基:《大疏》卷六,页二十二左至页二十三右。
② 同上,页二十二右。
③ 同上。
④ 同上。
⑤ 参见凤潭:《瑞源记》卷五,页三十一左至右。

故,如第七、九.'"①本来第七、九句因之所以为似因,是由于异品有因或异品有非有因,而不在于同品有非有因。第八句因与七、九句的不同,是在于第八句异品无因而七、九句异品有因。在问者的比量中,同、异品除宗,八句因既非同品,也非异品,因此该比量"同品俱故"因三相具足。

尽管"同品俱故"三相具足,基疏破曰:"此有决定相违量云,'第八句因正因所摄,九句因中具三相故,如第二句'。不言九句,但言具三相,恐有不定过。为如第二句具三相故,此第八句因正因所摄,为如决定相违等具三相故,此第八句非正因摄。故言九句中,便无此过。"窥基在此特别强调九句因中具三相因是定因,不讲九句因,只讲"具三相",就与相违决定因混为一谈,可能出现不定因过。

七、因明论、唯识论、《佛地论》中的自性和差别

自性和差别是组成宗支的两个宗依。这两个名词或概念貌似简单似乎不难理解,却是横亘在初习因明者面前不可轻视的拦路虎。《大疏》条分缕析,分层次全面疏解了这两个概念。窥基说:"一切法中略有二种:一体,二义。且如五蕴色等是体,此上有漏、无漏等义名之为义。体之与义各有三名。体三名者,一名自性,《瑜伽》等中古师所说自性是也。二名有法,即此所说有法者是。三名所别,如下宗过中名所别不成是。义三名者,一名差别,《瑜伽论》等古师所说差别是也。二名为法,下相违中云法自相相违因等是。三名能别,即如此中名能别是。"②

此段基师说了两层意思,一是说一切法可分为体与义二种,体与义大致相当于逻辑上的事物与属性。凡体有义,义依附于体。没有无义之体,也无无体之义。二是说体与义各有三种名称。体有自性、有法和所别三个名称,义有差别、法和能别三种名称。三体与三义分别依序配合使用。第一对为《瑜伽师地论》作者等古师所用,后两对为因明的专用术语。基师对三对名言的释义详见后文。

《大疏》接着说:"《佛地论》云,彼因明论,诸法自相,唯局自体,不通他上名为自性。如缕贯华,贯通他上诸法差别义,名为差别。此之二种,不定属一门。不同大乘,以一切法不可言说一切为自性,可说为共相。"③

第三层意思是转引《佛地论》论的说法,该论指出自性、差别在因明论、唯识

①　窥基:《大疏》卷三,页十一右。
②　窥基:《大疏》卷六,页三左至右页。
③　同上,页三右。

论、《佛地论》等大乘论中有不同含义。在因明的宗中,自性、差别有固定的位置,前陈即宗命题的主项一定是自性,它"唯局自体",不差别即不陈述其他对象。差别一定是后陈,即宗论题的谓项,它差别即陈述了自性。它又"如缕贯华",例如"声无常",属性无常还可以是瓶的无常,称为"贯通他上"。

第四层意思是,一般大乘论所说的自性、差别,既可充当宗中的自性,也可充当宗中的差别。这叫"不定属一门"。例如,"花"与"红",既可以立"花是红的",也可以立"红的是花"。此说因循文轨《庄严疏》。智周《后记》说:"自性、差别非一向定随前、后陈别也。不得自性唯属前陈,不得差别唯属后陈,所以言'不定属一门也'。"①道邑亦主此释:"如外道等,说'色为我','色'是自性,'我''非我'等为差别。或说'我是色',即'我'为自性,'色''非色'等为差别,故不定也。《理门》亦云,'观所成故,立法、有法,非德、有德'。"②

第五层意思是,因明论不同于大乘唯识论。唯识论以"可言说"与"不可言说"区分自性(自相)与差别(共相)。在本因明论的立破学说中讨论宗的组成,只能用因明论的自性、差别概念。实际上告知,文轨疏在此处用唯识论的"可言说"与"不可言说"来释自性与差别,文不对题。《明灯抄》说:轨法师依《唯识》意,说因明论,自、共相义。故彼疏云,自、共相者,一切诸法,皆离名言,言所不及,唯证智知此为自相。

第六层意思是,在因明论中,从不同角度看宗依的体与义,还有三重相对。

第一重称为局通对。已如前述,自性"唯局自体","不通他上",差别"通他之上",故名局通对。第二重为先后对。宗依自性在前面出现称为先陈,在它之前没有什么法需要分别。后面出现的宗依差别称为后陈,在它之前有有法可以分别。第三重为言许对。言陈表达出来的表面意义叫自相(自性)。言陈上没有表达出来而意中所暗许的意义称为意许,即差别。这第三重为解释《入论》四相违因过作了铺垫。宗前陈有法有自相和差别之分,因过相应有有法自相违过和有法差别相违过。宗后陈能别法也有自相和差别之分,因过有法自相相违过和法差别相违过。

八、"成异义过"和"同所成过"

窥基认为,组成宗的两个宗依必须立敌双方共许极成,同样因和喻也必须共

---

① 智周:《后记》卷上,页六左。

② 转引自《里书》卷上本,第177页。

许极成。倘若它们中有一个不共许,需要另外组织论式去证成,则患有"成异义过"或"同所成过"。

对《入论》"极成有法,极成能别"的疏解,《大疏》说:"'极'者至也,'成'者就也,至极成就故名'极成'。'有法''能别',但是宗依,而非是宗。此依必须两宗至极共许成就,为依义立,宗体方成。所依若无,能依何立?由此宗依,必须共许。共许名为至极成就,至理有故,法本真故。若许有法、能别二种非两共许,便有二过。一'成异义过',谓能立本欲立此二上不相离性和合之宗,不欲成立宗二所依。所依若非先两共许,便更须立此不成依,乃则能立成于异义,非成本宗。故宗所依,必须共许。依之宗性,方非极成。极成便是立无果故,更有余过。若许能别非两极成,阙宗支故,非为圆成。因中必有是因同品非定有性过,必阙同喻。同喻皆有所立不成,异喻一分或遍转过。若许有法非两极成,阙宗支故,亦非圆成。能别无依,是谁之法?因中亦有所依、随一、两俱不成。由此宗依,必依共许,能依宗性,方非极成。能立成之,本所诤故。"①

本段大意为,所谓"极"是至极,所谓"成"是成就,有至极的成就因此称为"极成"。"有法"和"能别"这两个名词,只是宗依,而不是宗支。这两个宗依必须立敌双方共许为至极的成就,作为宗依之义能够成立,整个宗论题方能提出。如果所依的宗依都不能成立,作为能依的宗体怎么立得住呢?因此两个宗依,必须立敌双方共同许可。共许就称为至极的成就,因为有至极的道理,有真实的法性。假若允许有法、能别二种并非双方共许,便有二过。一是有成立别的宗义的过失,这是说能立本来要成立由不相分离的二种宗依和合而成的宗体,不是要成立组成宗体的两个所依。假如所依即有法、能别不是先由双方共许,便须另外先来证成这不极成的宗依,乃至使得能立证成别的宗义,没有证成本来要成立的宗。因此宗之所依,必须共许。两个宗依组成的宗体,才是不极成的,因为宗体要是极成,便导致能立没有成果的过失,还会有其他过失。假若允许能别非双方共许极成,由于宗支有过失,就不是圆满成立。因中必有不满足因的"同品定有性"的过失,必定缺少同喻依。同喻都会有所立不成之过,异喻会有异品一部分有因或异品全部有因的过失。假若允许有法并非立敌双方极成,由于宗支有过失,就不是圆满成立。能别没有依靠,便不知是谁家之法?因中亦有所依不成过、随一不成过、两俱不成。因此宗依必须依赖于共许,而作为能依的宗体,才应当是不极成的。因为能立要证成的,本来就是立敌对诤的对象。

《大疏》又说:"因既带似,理须更成。若更成之,与宗无别,名同所成。似宗、

---

① 窥基:《大疏》卷二,页二右至页左三。

二喻亦在此摄。"①意为,本来举出共许之因,是为了证成宗果。因既然带有过失,此因本身理当另外证成。如果另外来证成其因,则与待证之宗没有区别了,这就叫与所成之宗相同。似宗和似同喻、似异喻也是这个道理。

"同所成"是"成异义"的反面说法。一个三支作法只允许一个宗,"同所成"是增加了宗,同样为因明所不许。窥基还用真因、真喻作对比说,真因、真喻由于没有各种过失,它们本身就是立敌共许的,因而不同于所要成立的宗。

现当代的一些因明研究者认为,同、异喻体是全称命题,是归纳所得,同、异喻依便是归纳材料,陈那的三支作法是演绎和归纳的相结合,因而优于西方三段论。这种观点明显有违窥基观点,患有"成异义过"或"同所成过"。

陈那的三支作法中同、异喻体是除宗有法的命题,并非真正的全称命题。这种除外的全称命题也不是靠临时归纳而得。陈那的三支作法除三支之外,不再有另外的论证过程。

"成异义过"或"同所成过"是在《入论》所列宗、因、喻的 33 种过失之外的过失,是立论方和敌论方都力求避免的过失。这是印度佛教因明著作中隐而不显的潜规则。

九、全分、一分

在《理门论》和《入论》的汉译本中,没有出现"全分"的术语。在《入论》六不定因过中有"异品遍转"和"同品遍转"。其中"遍"即相当于"全分"。"一分"的术语在二论中已经出现。《庄严疏》中已开始运用这两个术语来解释过失,《大疏》中可见到"全分""一分"术语的大量运用。

在 20 世纪初,谢无量的《佛学大纲》说全分相当于全称,一分相当于特称,从那时起,这一错误说法在汉地流传了半个多世纪。

《大疏》中全分有两种意义,一是就一名说其所指事物之全体,二是就多名总说其为全分。前者与逻辑全称约略相当,但因明全分重实质,逻辑全称只重形式。后者与逻辑全称相去甚远。

《大疏》在释所别不极成全分四句中举了"我是无常"宗②,这是佛弟子对数论言。在"我是无常"宗中,佛家不承认有灵魂,而数论却承认,此宗又未加简别语,因此佛家对数论立此宗便有自所别不极成之过。"我是无常"本身是全称肯

---

① 窥基:《大疏》卷二,页一右。
② 窥基:《大疏》卷五,页十左。

定命题。全分是指佛弟子对"我"这一概念全部不许其实有，是就佛弟子对这一概念的态度立说的，它与全称量项约略相当，但各有所重，不完全等同。

《大疏》在释现量相违全分四句中举了联系多名总说其为全分的实例，"同异、大有，非五根得"和"觉、乐、欲、瞋，非我现境"。① 这两个例子实际是逻辑上所谓联言命题，前一例由两个全称命题组成，即"同异非五根得"和"大有非五根得"；后一例由四个全称命题组成。这种全分与全称不相一致。

《大疏》中一分也有两种意义。一是指多名之分，二是指一名之分。

基疏释所别不极成有一分四句，其中："有自一分所别不成非他，如佛弟子对数论言'我及色等皆性是空'，色等许有，我自无故。"②

"我及色等皆性是空"多个联言命题包括"我是空"和"色是空"两个全称命题。佛弟子与数论共许"色"，而佛弟子对"我"不许其实有。这里的一分是指"我"与"色"两份中的一份。此例是多名之分。

疏释两俱不成曰："三有体一分两俱不成，如立一切声皆常宗，勤勇无间所发性因，立敌皆许此因，于彼外声无故。"③此例中因言"声是勤勇无间所发"是全称肯定命题，声有外声和内声之别，立敌不许勤勇因于外声上有，因此声中有一分不成。这是一名之分。

从上述多名之分和一名之分来看，一分不同于逻辑之特称。

《入论》六不定中，在"同品一分转""异品一分转""俱品一分转"中有一分术语。疏释"同品一分转异品遍转"云："非勤勇宗电、光等并虚空等皆是同品，并非勤励勇锐无间所发显故，无常之因，电有空无，故是同品一分转也。"④这里的一分是指有的同品有因，与逻辑特称约略相当。

总之，因明全分、一分不等同于逻辑全称、特称。因明重实质，重内义，不研究量词，而逻辑重形式。重外形，讲究量词。

十、表诠、遮诠

表诠与遮诠究竟表示命题的肯定与否定，还是与概念的正与负有关？近代谢无量的《佛学大纲》断言它们表示命题的性质，分别对应肯定命题和否定命题。

---

① 窥基：《大疏》卷四，页二十一右。
② 窥基：《大疏》卷五，页十左。
③ 窥基：《大疏》卷六，页二左。
④ 同上，页十七右。

这一误解一直延续到今天。

《大疏》说:"立宗法略有二种。一者但遮非表,如言'我无',但欲遮我,不别立无。喻亦遮而不取表。二者亦遮亦表,如说'我常'。非但遮无常,亦表有常体。喻即有遮表。"①

基疏之文意为,宗法分为两种。宗法指宗之法,即能别法,所立法,宗支的谓项。讨论谓项概念。谓项概念分为两种。一是但遮非表,即只遮不诠,如"我无"宗里的"无"。"我"指永恒不变的实体。佛教不承认"我"的存在。"无"即是不存在的东西,它遮了"有",本身没什么可阐明。若把"无"作否定词"不是"解,"我无"宗便不成话。

二是"亦遮亦表",或亦遮亦诠,如"我常"宗里的"常"。"常"既遮了"无常",亦表有常体。窥基还指出宗法和喻的遮表情况必须相一致。可见,遮和亦遮亦诠,都是指的谓项。"我无"和"我常"宗都省略了联结词"是",实际上它们都是肯定命题。佛教哲学家熊十力在《因明大疏删注》中举例时就把"我无"直接表达成肯定命题"如佛家立'神我是无'宗"。

关于宗与喻的遮表应相一致,《大疏》解释说:"同喻能立,成有必有,成无必无。表诠、遮诠二种皆得。异喻不尔,有体无体一向皆遮,性止滥故。故'常'言者,遮非'无常'宗,'非所作'言,表'非所作'因,不要常、非作别诠二有体。……《理门论》云,前是遮、诠,后唯止滥。……前之同喻,亦遮亦诠。由成无以无,成有以有故。后之异喻,一向止滥,遮而不诠。"②

基疏释文大意如下,《理门论》说同喻是亦遮亦诠,即基疏所谓表诠,异喻是只遮不诠,即基疏所谓遮诠。如果宗是有体,那么同喻亦遮亦表,同喻也必须有体;如果宗是无体,同喻也随应无体,只遮而不表。对异喻来说,不管宗是有体还是无体,异喻只遮不诠,止滥而已。异喻"常"遮止"无常","非所作"遮"所作"。不必表示"常"和"非作"本身是有体。

从基疏对宗、喻的释文可知,表诠与遮诠,"遮、诠"与遮,都是就正概念与负概念而言,并非讨论命题的肯定与否定。

十一、辨真似能立、能破四义同异

基疏对真能立、似能立、真能破和似能破四义之间的同异关系,根据三种比

---

① 窥基:《大疏》卷八,页三左。
② 窥基:《大疏》卷四,页十一左至右。

量理论作了详细的判定,为唐疏之首创。基疏对四义同异所作的辨析充分显示其"示纪纲之旨,陈幽隐之宗"的特点。四义之同异共有四种,它们是能立与能破,真能立与似能立,能立与似破,似立与似破。每种又各包括三句。窥基在每一种中又各增加一句,以便凑成四句,其实毫不相干,毫无意义。徒见其繁琐,这是基疏中常见的一大缺点。

以第一种能立与能破分为四句为例:

第一句为,"有是能立而非能破,如真能立建立自宗;有释无此,能立自宗,即能破敌,必对彼故。"①

智周的《前记》解释说:"有释无此者,此疏主断,即执者唯是能立而非能破,故言无此。"②智周还举例说明。如果认为凡是能立者都只是能立而不是能破,这是一种偏执。从"有释无此"起是基疏的评论,窥基指出上述执见的片面性。其理由是能立建立自宗是对敌而言的,宗言必定是立敌不共许。自宗既为真能立,就有破敌之用,同时也就是真能破。在评论中窥基隐含了能立必须是共比量这一条件。

第二句为,"有是能破而非能立,如显过破;有释无此,但破他宗,自便立故。"③

显过破仅仅是显示对方立量的过失,而不建立自宗,这是对的,但并不能因此概言凡能破皆非能立。基疏指出,真能破同时便是真能立。依理推征,这里说的真能破也属共比量,同时能破是指立量破。基疏没有明言。

第三句为,"有是能立亦是能破,如真立破他所不成;有释无此,立谓能申自,破谓就他宗。"④

对这一句《义范》和《前记》有详细解释,恐繁不引。其大意是,能立之中分共比量和自比量两种,共比量能立既申自又破他,自比量能立只申自不破他;同样,立量破也分共、他二种,共比量能破既破他又申自,他比量能破只就他宗而破他,却不能申自。可见,基疏认为,对共比量而言,"是能立亦是能破"成立,断言凡能立同时又是能破,或断言凡能破同时又是能立,都是偏执,都是错误的。

第四句为,"有非能立亦非能破,谓似立破"。⑤

① 窥基:《大疏》卷一,页十七左。
② 智周:《后记》卷上,页四左至右。
③ 窥基:《大疏》卷一,页十七左。
④ 同上。
⑤ 同上。

以上四句中,除第四句不相干外,其余三句前半句都有偏执,基疏作了恰当的纠偏。

十二、阐述宗上有法与法相互关系

宗上有法与法的相互关系曾是奘门与吕才激烈辩难的问题,基疏坚持奘门立场对此作了详细的阐发。其内容有五点,一是介绍体与义各有三名,二是指出因明论中的自性、差别的含义不同于大乘佛教,三是对体、义三名作界定,四是批评吕才、文轨乱改译文,五是认为有法与法互相差别。

基疏说,一切法可分为体与义二种。体有三名,分别是自性、有法、所别;义也有三名,分别是差别、法、能别。自性与差别相对,有法与法相对,所别与能别相对。

基疏指出:"《佛地论》云,彼因明论,诸法自相,唯局自体,不通他上名为自性,如缕贯华,贯通他上诸法差别义,名为差别。此之二种,不定属一门,不同大乘。"①大乘理论认为一切法并非可以一刀切,一部分是自性,另一部分是差别,而是根据一定的标准,某一法是自相,根据另一标准,它又是差别。在因明论中,自相与差别是固定不变的,在一个宗命题中,自性局限于一处,不贯通宗外,差别贯通到宗外,不局于本宗。如"声是无常"宗中,前陈"声"所指只是本宗所说及的声,不涉及本宗不说及的其他对象,这叫唯局自体,称为自性。属于后陈"无常"的不仅有声,还有其他对象,"无常"还可适用本宗所不说及的声,如电,如乐等,所以"无常"是贯通宗外的差别。基疏还指出,自性、差别这两个名言还有另一种不同的含义,在四相违因过中,有法(自性)又有自性与差别之分,"谓言所带,名为自相,不通他故。言中不带,意所许义,名为差别,以通他故。"②这是根据是否用语言直接表达出对象来区别。用语言直接表达出来的对象称自性,语言中隐含的意义称为差别。同样,法(差别)也有自性(自相)与差别之分。

基疏对体与义三名作了如下界定。"法与有法一切不定,但先陈皆有法,后说皆名法"。③作为名词或概念,法与有法其界限不定,但在一个宗中,法也好,有法也好,只要它处于前陈位置,它就是有法,只要它处于后陈位置,它就是法。

---

① 窥基:《大疏》卷二,页三右。
② 同上,页四左。
③ 同上,页六左。

"二者先后，先陈名自性，前未有法可分别故。后说名差别，以前有法可分别故。"①"以后法解前，不以前解后。故前陈名自性，后陈者名差别。"②"以后所说别彼先陈，不以先陈别于后。故先自性名为所别，所陈差别名为能别。"③这三则都明言后陈差别前陈，而非前陈差别后陈，即非互相差别。这是正确的解释。

第四节　一部记录玄奘辉煌因明成就的史册

我对《大疏》的第三个评价是："一部记录玄奘辉煌因明成就的史册"。玄奘大师对印度因明的贡献，除了唐代和日本的文献外，不见有记载。法称的因明七论，没有片言只字提及；藏族学者多罗那它的《印度佛教史》、印度史家威提布萨那的《印度逻辑史》、苏联科学院院士舍尔巴茨基的《佛教逻辑》、渥德尔的《印度佛教史》都完全没有记载。记载和阐发奘师在因明领域辉煌成就之功劳，应归于唐代文献，又首推《大疏》。

玄奘学成将还之际，印度佛教内部大、小乘之间爆发一场激烈的争论。戒日王指名要那烂陀寺包括玄奘在内的四高僧接受小乘经量部挑战。三位高僧怯战，只有玄奘挺身而出(身在那烂陀寺的法称还默默无闻)。后来，戒日王召开全印度各宗各派代表参加的万人无遮大会，请玄奘坐为论主。奘师提出"唯识比量"，十八日无人敢修改一字，捍卫了大乘瑜伽行派的荣誉，声震五印。

玄奘为什么能在无遮大会上取得成功？这与他善于整理、发展和运用三种比量(共比量、自比量、他比量)理论有关。三种比量理论在奘门弟子文轨的《因明入论庄严疏》中已有零星阐述，但阐发富赡者则唯有基疏。《三藏法师传》称窥基独得玄奘因明奥秘。所谓独得奥秘，主要表现于此。

对"唯识比量"如何评价，自唐以来一直有争论。我要强调的是，我的看法又与众不同。有的研究者把复杂问题简单化，评价"唯识比量"或是或非，简单地把研究者按肯定与否定排为两队。④ 三种比量有功用大小之分，而无对错之别。大、小乘佛弟子围绕"唯识比量"之争涉及哲学、因明、逻辑和论辩等理论。玄

---

① 窥基：《大疏》卷二，页四左至右。
② 同上，页六左。
③ 同上，页五左。
④ 姚南强：《从"真唯识量"的论诤谈起》，《因明》第三辑，兰州：甘肃民族出版社，2009 年版。

奘的"唯识比量"灵活地运用三种比量理论,使自己立于不败之地。可以说玄奘法师代表了当时印度陈那新因明的最高水平,成为佛教逻辑两座高峰陈那因明与法称因明之间的一座桥梁。玄奘虽然取得辩论的胜利,但是未能使小乘学者口服心服。陈那新因明在与外道和佛门内部小乘的论争中所具有的优势和局限,身在那烂陀寺的法称是看得很明白的。佛门内部的这一争论很可能成为刺激印度佛教因明发展的强大动力,玄奘回国以后,法称因明的兴起就顺理成章了。

对共、自、他三种比量理论和玄奘唯识比量的阐发,在窥基的《大疏》中占有非常重要的地位。从中既可以读出奘师对印度陈那因明三种比量理论的继承和发展之功,也可读出奘师通过精心组织的唯识比量对大乘唯识思想的成功捍卫。

一、系统阐发玄奘所传的三种比量理论

陈那的《理门论》和商羯罗主的《入论》限于讨论共比量,还没有讨论自比量和他比量。玄奘在印学满将还之际,对三种比量及简别方法已经运用自如,以致在全印度无遮大会上所立"唯识比量",以无一人敢征诘而告终。玄奘没有留下因明论著。

在神泰的《述记》中,完全没有关于自、他比量的理论。三种比量理论在文轨《庄严疏》中初见端倪。在释所依不成处不但直接使用了自比量和他比量两个概念,还用来解释过失。轨师对"极成"这一重要概念作了定义。统观轨疏,三种比量理论在《庄严疏》的过失论中虽然有了初步的应用,但是对三种比量的简别和不同功用等都没有论述,《庄严疏》中三种比量理论既不全面,也不系统。这说明奘师在译讲因明大、小二论时,还没有精力来深入传授因明中这一最高深的道理。奘师说西圆寺僧圆测"未达因明",不懂三种比量理论恐怕是"未达"的重要内容之一。

三种比量理论只在《大疏》有较为系统的阐发。该理论在《大疏》中占有很大的篇幅,也比较全面,可说初成体系,在唐疏中独具光彩,是所有古疏不可同日而语的。

因明作为佛家认识论的逻辑,同时又作为各宗各派共同遵守的论辩逻辑,在悟他门中,依立敌双方对所使用概念或判断是否共许,其论式可以分成三种比量:共比量、自比量和他比量。

在因明大、小二论中,对真、似能立和真、似能破的讨论,限于共比量的范围,而没有涉及自、他比量,根本就没有谈及简别的问题。当然,简别的方法已经有

了实际的运用，嵩山定宾律师评论"唯识比量"有"头效掌珍，身象唯识"①之说。这是说在大乘佛教中观学派论师清辨的《掌珍论》中就已经使用了简别的方法。不过简别的方法在因明家手中还是一种生疏的理论。玄奘在印求学期间，他的老师胜军经过四十多年深思熟虑而立的一个比量却有过失，玄奘运用简别的方法，将其师的共比量改为自比量，从而避免了犯过。

（一）共比量的宗依与因、喻必须极成

在大、小二论中，不但没有自比量和他比量的说法，而且连共比量这个概念在二论中也未出现。《理门论》中有共比量的总纲，也是我们今人的说法。在因明论、疏之中，没有关于三种比量的现成定义。按照因明疏记中的解释，所谓共比量是这样的一种比量，立敌双方对所使用的概念（宗依、因法、喻依）和判断（因支和喻体）共许极成的三支论式。

陈那首先规定"宗法"必须立敌"决定同许"。"宗法"即因法，因是宗上有法之法。宗法同许极成包含两层意思：一是此概念必须为立敌双方共许极成，二是它必须满足第一相"遍是宗法性"，即因必须是宗上有法之法，也就是说因支作为判断要能成立。例如，因支"声是所作性"能成立。这第二层意思还必须是"决定"而没有丝毫犹豫不定的。

《理门论》中的"同许"二字在《入论》中为"极成"所代替。何谓极成？文轨的《庄严疏》说得比较简略："言极成者，主宾俱许名为极成。"②意思是立敌双方共同承认的就叫极成。极成只与立敌双方的主观态度有关。

《大疏》对极成有较为详细的解释："极者，至也，成者，就也，至极成就，故名极成。……所依若无，能依何立。由此宗依，必须共许。共许名为至极成就，至理有故，法本真故。"③

《大疏》又引问者之难并作答："问，既两共许，何故不名共成而言极成？答，自性差别，乃是诸法至极成理。由彼不悟，能立立之。若言共成，非显真极。……又显宗依，先须至于理极究竟，能依宗性方是所净，故言极成而不言共。"

极成，就是至极的成就。这是字面的解释。窥基的再传弟子智周解释说："虽两共许若非至实道理有者亦不名极。"④他还举胜论祖师对五顶所立宗为例，

①　凤潭：《瑞源记》卷四，页二十一右。
②　文轨：《庄严疏》卷一，页七右。
③　窥基：《大疏》卷二，页二右。
④　智周：《前记》卷上，《卍续藏经》第 86 册，页四百五十六左至右。

虽然双方共许但非实有,从佛家的观点看仍不得名极。

可见,极成有二义,一者共许,二者真极。共许就是双方共同承认的,真极是指真正有此事物。所谓极成,就是立敌双方同许某事物为实有。

立敌同许某事物但实际上某事物非实有,不叫极成;某事物实有,而双方却不同许某事物,亦不叫极成。例如,立敌双方虽共同承认美人鱼,但是世上实际不存在美人鱼,因此"美人鱼是海洋动物"宗中,有法"美人鱼"不极成。按理,对实有之物立敌双方必共许,但事实上对不少实有之物双方不共许,如佛教认为,一勺水中有数不清的微虫,即今所谓细菌,无论是当时还是后来,都有许多人不信其为实有。因此,虽实有而不共许者亦非极成。

在窥基看来,共成(共许)与极成是有区别的,《大疏》又引问者之难并作答:"问,既两共许,何故不名共成而言极成? 答,自性差别,乃是诸法至极成理。由彼不悟,能立立之。若言共成,非显真极。……又显宗依,先须至于理极究竟,能依宗性方是所净,故言极成而不言共。"①

基疏之说与轨疏显然不一致。然轨疏"主宾俱许"一说小有所本,《理门论》就只说"决定同许"。这是因为因明立量,重在悟敌,只要立敌共许,便是极成。有一不许,便是不极成。

从原则上来说,宗依的极成必须符合共许和实有两个条件。但是从因明的实际应用来看,则没有那样严格。双方对一个事物共许不共许,这按各宗学说容易判别,但对一个事物是否实有的判别却复杂得多。立敌双方只要共同承认某事物为实有,就算是极成,而不管其是否真正实有。立敌双方只要有一方不承认其为实有,即使其为真正的实有,也不能算极成。因明家在掌握极成的标准时,事实上是偏重共许而不计实有的。这样就避免了立敌关于极成的异议。

《大疏》在解释实例时也遵循《理门论》以共许为极成的倾向。例如,在解释《入论》不共不定因过时,就采取了不共许为因过,共许非过的解释。基疏说:"如声论师对除胜论立声常宗,耳所闻性为因。……所闻性因,……于同、异品皆非有故。……其胜论师亦立有声性,谓同异性等,并所闻性,若对彼宗,非无同喻,故除胜论,对立成过。"②除了胜论派,声论师无论对任何派别立声常宗,所闻性因。这所闻性因都不满足第二相同品定有性,因为除声以外,世上没有任何事物还有所闻性,因此有不共不定过。但是,胜论派却主张声性即同异性有所闻性。声论师对胜论立所闻性因,双方共许极成,没有过失。由此可见,窥基定义极成,

① 窥基:《大疏》卷二,页八右至九左。
② 窥基:《大疏》卷六,页十三左至右。

虽有二义，然立量之际，对于立敌双方而言，共许者则共信其为真极，共许其真极者则共许，因此偏重共许，甚至不问真极。

在《理门论》中，陈那没有正面讨论宗依为什么要极成，窥基在《大疏》中对此作了解释。这是因为作为宗依的前陈、后陈，不过是组成宗（宗体）的材料，它们各自都不是立敌双方争论的对象。如果对于组成宗体的成分，立敌双方发生了一方认可而另一方不认可的争论，那就需要先行组织一个论式，以解决前陈或后陈究竟认可不认可的问题，这样，争论的对象也就发生明显的转移，违背了立宗者的原意。《大疏》说："所依若非两共许，便更须立，此不成依，乃则能立成于异义，非成本宗。"[①]就是上述意思。"能立成于异义"即逻辑论证中的转移论题。

《入论》只讲了有法和能别法必须立敌共许极成，能不能因为《入论》未讲因、喻必须决定同许而责难商羯罗主违背师说，从而得出《入论》与《理门论》在共比量的规定方面存在矛盾呢？不能这样看问题。商羯罗主是把陈那的共比量理论当作成说接受下来，因而关于因、喻必须同许略而不述。从《入论》关于正因和似因的论述来看，其中包含了因、喻必须同许的观点。他单单讲组成宗的两个概念要共许极成，只不过是他认为应强调一下，应说得更明确一些。

《入论》没有明言因、喻的极成，对此不少唐疏十分关注。在窥基《大疏》之前的古疏有四种解释，基师一一引述，最后发表了自己的见解。"问，宗依须两许，言成简不成，因、喻必共成，言极简不极。何因因、喻不标极成，独于宗依致极成简？答有四义。……然《理门》云，'此中宗法，唯取立论及敌论者决定同许。于同品中有非有等亦复如是'，故知因、喻必须极成，但此论略。"[②]

《入论》明言宗依极成，是为了增补宗过中的不成过，即能别不极成、所别不极成和俱不极成。因、喻不明言极成，只是省略而已，没有更深的道理。商羯罗主宣传其师的新因明理论，重在论式的介绍，而非原理的阐述。重点不同，详略也就不一。

对于古疏四解和窥基的省略一说，智周《后记》评论说："但此论略等者，此解正也，前四解中随据一义且作斯释，《理门论》未为尽理，故有此解也。"[③]

为什么因、喻必须极成呢？《大疏》说："能立共许，不须更成，可成所立。既非共许，应更须成，故非能立。"[④]因喻是能立，即证宗的理由、根据，立者必须用双

---

① 窥基：《大疏》卷二，页二右。
② 同上，页九右。
③ 智周：《后记》卷上，页七左。
④ 窥基：《大疏》卷六，页二右。

方已经认可的道理来证宗,才能使所立即宗得以成立。如果证宗的根据双方还不认可,势必要先行组织一个论式讨论该理由为什么成立,然后才能拿来使用。

因此,我们可以这样说,《理门论》与《入论》在共比量的规定方面是前后相续,并无矛盾的。

《入论》只说有法、能别的自性(自相)须极成,说不极成过时也只说到自性的不极成,未说到差别的极成,未说到差别的不过。基疏作了补充:"二种自性及二差别不极成,此皆总摄。为简彼非,故二宗依皆言极成。"①又说:"上来三过皆说自相,若三差别,亦有不极成。"②除了对宗依有差别极成、不极成作补充,基疏还认为有法、能别的自性所指的境界也须极成。窥基以玄奘唯识比量的宗依为例作了详细解释。

在今人的因明著作中,有的笼统地说共比量是以立敌两方共许的事项来组织论式的论法。有的因明著作和逻辑学辞典则只提到概念必须立敌共许极成,而忽略了判断的共许极成,这是不全面的。

(二) 自、他比量及其简别

使用自、他比量除非在上下文或在具体辩论的场合有所说明,都必须对不共许的概念或判断加上简别词,以表示为自比量或他比量,从而避免被视为共比量而有种种过失发生。

关于自、他比量的简别,《大疏》说:"凡因明法,所能立中,若有简别,便无过失。若自比量,以许言简,显自许之无他随一等过。若他比量,汝执等言简,无违宗等失。"③

自比量的简别词是"自许",在实例中,也有用"我""我立此意""如我所言"等。他比量的简别词是"汝执",在实例中也有用"汝""执""所言"等。

极成包括自性极成和依转极成两方面,自比量和他比量的简别也包括自性和依转两方面的简别,即不仅概念要简别,判断也要简别。也即是说,一是要许有法或法为有体,二是要许法为有法所有。许执的范围与极成的范围相同。异喻依不必极成,同样不必许执。

《大疏》在解释《入论》关于因的随一不成过时,根据自与他、有体与无体、全分与一分的不同,分成八种情况详加分析。这里只引前四例。

---

① 窥基:《大疏》卷二,页八右。
② 窥基:《大疏》卷五,页十四左。
③ 同上,页二右。

如胜论师对声显论,立声无常,所作性因。因法所作性,立敌共许,是有体,但声显论不许所作性因于声上有,故此因是有体他随一不成。

如声显论对佛弟子,立声为常,所作性故。所作因是有体自随一不成。

如胜论师对诸声论,立声无常,德句摄故,声论不许有德句故。德句因诸声论不许,是无体因,不允许在声上有,故此因为无体他随一不成。

如声论师对胜论立声是其常,德句摄故。此德句摄因声论自不许,故此因无体自随一不成。

《大疏》接着说:"此中诸他随一全句,自比量中说自许言,诸自随一全句,他比量中说他许言,一切无过,有简别故。若诸全句,无有简别,及一分句,一切为过。"①

在《大疏》所举随一不成全部八例中,宗或是"声无常",或是"声常",都是共比量,而因或有自随一不成,或有他随一不成,若加简别语自许、他许,则成自比量或他比量。这样,宗共、因自、整个论式为自比量;宗共、因他、整个论式为他比量。可惜,《大疏》未能守此界说,在辩难中又说:"又宗依共已言极成,因言自许,不相符顺。……又彼比量宗喻二种皆依共比,唯因依自,皆相乖角。"②若对方所用因言未设自许简别,批评其非共比量而有过失,这是对的。但是,对方对因言加了自许,已表明为自比量,再批评其"不相符顺","皆相乖角",就没道理了。在唐代疏记中,无论古籍还是《新疏》都有关于宗喻为共,因为自的自比量没有过失的论述。《瑞源记》说:"故自比量中有共宗、喻,因唯自许,即无有过。"③又说定宾的疏也曾引用璧公疏关于因唯自许而无过失的实例解说。

在《大疏》中,也有宗共、因共、喻自的论式,《大疏》说只要喻支加了自许,则整个论式为自比量。例如声生论对佛弟子立:"声是其常,所闻性故,如自许声性。"④

在一个比量中,允许共中有自,也允许共中有他,但是不允许自许和他许混合。三支中有一支、二支或三支为自许、他许,则整个论式必定是自、他比量,这应当成为判定自、他比量的唯一标准。玄奘的"唯识比量"中的因支有自许简别语,整个论式应为自比量。《大疏》以及《明灯抄》等认为虽置自许,仍为共比量,

---

① 窥基:《大疏》卷六,页三左至右。
② 窥基:《大疏》卷五,页五左至右。
③ 转引自凤潭:《瑞源记》卷五,页五右。
④ 窥基:《大疏》卷五,页五左。

这是站在大乘教人立场上曲为之解，也反映了《大疏》等关于自、他、共三种比量理论以及实例分析两方面的不严密。

"相违决定"也有三种比量之分。例如，大乘师破小乘萨婆多说："汝无表色定非实色，许无对故，如心心所。"小乘萨婆多立量说："我无对色定是实色，许色性故，如许色、声等。"这就是"他比量相违决定"。

他比量相违决定的前一个比量是他比量，后一个比量必是自比量。假如立的是自比量，对方必是他比量，称为"自比量相违决定"。没有两个都是自比量和两个都是他比量的"相违决定"。假如两个都是自比量或两个都是他比量的"相违决定"，则两个分别是真立、真破，因为它们不构成相违决定的似能立。例如，大乘立量破前"无表色"的比量，小乘答复说："大乘无表色定有实色，许非极微等是无对色故，如许色果色。"这个比量就不是相违决定，都是真能立或真能破。由此可见，立、敌共同针对同一个有法，对诤此有法上有无某一法，才是相违决定量。

假如先立自宗之义，然后由他方来破，即是"自比量相违决定"。《入论》所举之例，是"共比量相违决定"过。这就是三种"相违决定"。①

（三）三种比量的胜义简别

关于简别，还应包括胜义问题。《大疏》在讲完自、他比量的简别之后，紧接着说："若共比量等，以胜义言简，无违世间、自教等失。"②

要特别注意的是，《大疏》说的是"共比量等"，这一"等"字，就把自、他比量也都算进去了。所谓"胜义"，是指高深的道理。用高深的道理来谈问题，就不会有"世间相违"和"自教相违"等过失。"胜义"有时又用"真故""真性"等来表示。《大疏》明确规定"胜义"是用来简别"世间相违""自教相违"的过失的。"世间相违""自教相违"是无论立敌哪一方都不应该犯的过失，也不论用自、他、共哪一种比量立论，都应加以避免。用"胜义"来简世间、自教，这不是共比量的特权，应公平地归于三种比量。此外，有的因明著作批评因明设立"世间相违""自教相违"等过失，是阻碍理论发展的保守思想。对此，熊十力批评说："今人每谓佛家因明，说世间相违、自教相违诸过，为思想之道。此妄谈也。因明所标宗因诸过，本斟酌乎立敌对辩之情而立，用是为辩论之则，非所以立思想之防。文义甚

---

① 窥基：《大疏》卷六，页二十五左。
② 窥基：《大疏》卷五，页二右。

明,可复按也。"①因明对三种比量设"胜义"言简,正说明因明设"世间相违"等过,是辩论之则,非立思想之防。因为违了世间常识,在论辩中就明显处于下风,难以立正破邪。违了自教,则陷于自相矛盾,难于取得辩论的胜利。因此,熊十力的见解是很恰当的。

(四) 三种比量的立破功能

《大疏》说:"求因明者,为破邪论,安正立道。"②共比量兼具立正破邪二义,悟他功能最胜。《理门》和《入论》说真似能立、真似能破,以共比量为准。因明立破最重共比量。这是因为共比量宗依、因、喻皆共许极成,是标准的能立。共比量之能立同时又兼具能破。因明关于能破有两种方式:一是显过破,二是立量破。显过破是指不组织论式的能破,直接指出敌论宗、因、喻诸种过失。立量破是组织论式的能破。共比量的立量破其实就是共比量的能立。它们一而二、二而一。胜论派对声生论,立"声无常宗,所作性故因,如瓶等喻",就既破敌之"声常"宗,又论证了自宗"声无常"。

自比量只限于立正,他比量只限于破邪。《大疏》有一整段论述:"有是能立而非能破,如真能立建立自宗;有释无此,能立自宗,即能破敌,必对彼故。有是能破而非能立,如显过破;有释无此,但破他宗,自便立故。有是能立亦是能破,如真立破他所不成;有释无此,立谓能申自,破谓就他宗。"③

今人不乏误解。有的认为"疏于自他立破,两存异说,未予判决。故既谓自他比各兼立破,又谓自比唯立,他比唯破。二说既异,应判是非。"④

有的说《大疏》在这里是"把几种不同的意见胪列了出来,……因明家的意见如此相背"。⑤

其实,《大疏》在这段话里把立破的各种关系辨析得非常明确,绝不是胪列异说而无所适从。日僧善珠对《大疏》的这段话作了准确的诠释:"此八义中,体或同异,应以前对后。问答判简,研核是非,方知宽狭。"⑥意思是《大疏》讲了八种情况(本文只引了有关自他比量的前三种)。每一种情况都作问答料简,即分号

---

① 熊十力:《因明大疏删注》,上海:商务印书馆,1926 年版,页四十七右。

② 窥基:《大疏》卷一,页二左。

③ 同上,页十七左。

④ 陈大齐:《蠡测》,第二五三页。

⑤ 沈剑英:《因明学研究》,北京:中国大百科全书出版社,1985 年版,第 155 页。

⑥ 善珠:《明灯抄》卷第一末,页二三一上。

后面的话是对分号前面话的料简,也就是限定。每个分号前后的两句话并不相背。

善珠继续解释说:"若言能立皆非能破,即违能立是能破者。若说能立即是能破,复违能立非能破者。今显能立立自破他,能破破他及以自立,皆不定故。故置有释,简定执也。"①

这段话的意思是说既有是能立而非能破的,也有是能立兼能破的,若说凡能立皆非能破就与亦立亦破的情况相矛盾。如果说凡能立都是能破又与是能立而非能破的情况不合。设置"有释",就是为了料简凡能立都立自破他,凡能破都是破他兼立自的"定执"错误。

前面说过,共比量具立正破邪二种功能,悟他最胜。《大疏》上面这段话中,第三个分号的前一句"有是能立亦是能破,如真立破他所不成",是说的共比量,真能立兼真能破。分号后的"有释无此,立谓能申自,破谓就他宗"解释了自他比量的立、破功能。"立谓能申自",意为自比量能申自,"破谓就他宗"意为他比能破,因为自所不成,唯"就他宗",只能破敌而不能申自。这就明确规定了自、他比量的立、破功能。自、他比量的功能对照起来说,自比量只立不破,他比量只破不立。

《大疏》说:"又因明法有自比量及他比量能立、能破。"②《瑞源记》解释说:"因明之法有自及他比量,即为能立、能破。谓若立自量,共许三支顺于宗,则设他不成,无以为过。本立自宗,而非破他故。故自比量名为能立。立他比量,例此当知。又他比量名为能破。"③

为什么自比量只限于立自,他比量只限于破他呢?在自比量三支中,或概念或判断必定有依自的成分,既然敌方所不许,就只能立自,起不到破他的作用。例如,数论立"我我是常",有法神我,敌论不立,今敌不许有我,必不立我无常宗,他宗既无,安所得破。因此,立"我我"宗,但申自宗。

善珠的《明灯抄》也说:"宗等三支,皆为悟他未了义故者,依他、共量不约自量。"④这是说他比、共比可以悟他,自比无此功效。

在他比量三支中,宗、因、喻中必有依他的成分,自既不成,应非能立。他比量只能破他,不能立己正义,这应是很显然的。

① 善珠:《明灯抄》卷第一末,页二三一上。

② 窥基:《大疏》卷二,页九左。

③ 凤潭:《瑞源记》卷二,页十五左。

④ 善珠:《明灯抄》卷第三末,页三一五上。

在三种比量中,共比量破他功能最强,他比量次之,自比量无此功能;立自功能亦以共比量最强,而自比量次之,他比量则无此功能。

关于三种比量之间的应对,《大疏》有言曰:"立依自、他、共,敌对亦须然,名善因明无疏谬矣。"①这是说,敌方立的是共比量,己方也应以共比量破之;敌方立的是自比量,在己方看来是他比量,己方应以他比量破之;敌方立的他比量,在己方看来是自比量,己方应以自比量破之。一一对应,不可错乱。这样才能达到破敌之目的。若敌方为共比量,己方应以自比量,则无破敌功能。因为倘若可以用自比量来破共比量,则一切量都会有相违量。

二、为什么唯识比量令"时人无敢对扬者"

对玄奘唯识比量的详细解释见于窥基《大疏》。《大疏》对无遮大会作了简要的记述:"大师周游西域,学满将还。时戒日王王五印度,为设十八日无遮大会,令大师立义,遍诸天竺,简选贤良,皆集会所,遣外道小乘,竞申论诘。大师立量,时人无敢对扬者。大师立唯识比量云:'真故极成色,不离于眼识,宗。自许初三摄,眼所不摄故,因。犹如眼识,喻。'"②

慧立、彦宗的《大唐大慈恩寺三藏法师传》说:"若其间有一字无理能难破者,请斩首相谢。……竟十八日无人发论。"③

以上两段话是说"唯识比量"防守得非常严密,到了一字不能改动的程度。"唯识比量"的建立是由小乘正量部佛学的严峻挑战引起的。正量部在当时是一个势力强盛的佛学派别,它在色心关系的理论上持与瑜伽行派针锋相对的主张。当时南印度王灌顶有个老师,是个老婆罗门,名叫般若毱多,即智护。他熟谙正量部义,反对大乘所主张的心外无境的唯识学说,他着《破大乘论》七百颂,宣传小乘正量部心外有境、心境各别的观点,受到小乘各部特别是正量部的欣赏。智护要求与大乘人对决。戒日王致书戒贤法师,诚邀那烂陀四大德。戒贤集众商议,推派海慧、智光、师子光和玄奘四人应战。可是,人家敢下战书,印度著名高等学府那烂陀寺的高僧们却不敢应对。由此可见大、小乘观点分歧之大以及小乘正量部气势之盛。

玄奘以中国僧人的身份挺身应战,他对大家说,自己在本国和自入北印度以

---

① 窥基:《大疏》卷五,页四右。

② 同上,页二左。

③ 慧立、彦悰:《大慈恩寺三藏法师传》卷五,第108—109页。

来,遍学小乘诸部三藏,非常熟悉。小乘义理破不了大乘,我去应战,"当之必了"。① 即使输了,自是支那国僧,无损于那烂院寺。后因戒日王暂缓此事而未成行。就在这当口,奘师降服了一位上门挑战的顺世外道。此顺世外道曾听过五遍《破大乘义》。奘师不耻下问,将数处疑难,"令讲一遍,备得其旨。遂寻其谬节,申大乘义而破之"。② 这是说玄奘所撰长达三千颂的《制恶见论》是有破敌之功的。此论大长了大乘学者的志气。后来戒日王看过此论,为了开导尚守愚迷的小乘、外道,取信当世,戒日王为玄奘召开无遮(无条件限制)大会。后来玄奘应戒日王之邀在无遮大会上提出的是"唯识比量"。

窥基在叙述无遮大会的概况和唯识比量之后,设问:"何故不犯世间相违?世间共说色离识故。"世间的共识是色离识存在,为什么唯识比量的宗不犯世间相违过呢? 如前所述,"凡因明法,所、能立中,若有简别,便无过失"。"若共比量等,以'胜义'言简,无违世间、自教等失,随其所应,各有标简。此比量中,有所简别,故无诸过。"③在这段话中,窥基确定共比量等若以胜义简别,便可以避免世间相违、自教相违等过。

从《大疏》可知唯识比量三支的骨干成分是:(宗)色不离于眼识,(因)初三摄,眼所不摄故,(同喻依)犹如眼识。

严格地说,从形式逻辑的观点来看,宗支是关系命题,而不是性质(直言)命题。印度逻辑长时期都没有关系命题和关系推理一说,往往削足适履,把它份处理成性质命题和直言推理。于是,"色"是宗之有法,"眼识"是宗之法。如果色不离于眼识能成立,那么同理,声不离于耳识以及香不离鼻识等也都能成立,最终就能成立境不离识,识外无境。

因法是"初三摄,眼所不摄"。因支省略了主词"色"。按照《大疏》的解释,"初三"是六根、六境、六识十八界六个组合中的第一组,即眼根、色尘、眼识一组。为什么说色是初三摄,眼所不摄呢? "摄"是摄取,吸取的意思。初三是论域,色在什么范围里被摄呢? 不在后五三中。在初三中又排除了眼根,不为眼根所摄。大乘认为,眼根与色不直接发生关系,眼识才与色发生直接关系。眼识缘色只以眼根为所依,因此说"眼所不摄",也就是说眼根所不摄。

"初三摄,眼所不摄"二者不能缺一。如果只说"眼所不摄",而不说"初三摄",就犯不定过。这个有过的论式为:

---

① 慧立、彦悰:《大慈恩寺三藏法师传》卷五,第99页。

② 同上,第101页。

③ 窥基:《大疏》卷五,页二右。

> 色，定不离眼识。
>
> 眼所不摄故，
>
> 如眼识。

这个"眼所不摄"因太宽了，同品有因，异品"后五三"也有因，这就犯了不定过。根据此因可以证成相矛盾之宗：

> 色，定离眼识，
>
> 眼所不摄故，
>
> 如后五三。

同喻依"后五三"是十八界中后五个组合，大、小乘都认为后五三为眼所不摄。因明家认为假如论主为了不犯不定过，而主张后五三定不离眼识，那么又会犯自教相违过，因为大乘认为后五三是定离眼识的。

如果因只说"初三摄"，而不说"眼所不摄"，也会犯不定过。这个有过的论式是：

> 色，定不离眼识，
>
> 初三摄故，
>
> 如眼识。

"初三摄"因太宽，因为可以用眼根为同喻，眼根也是初三。按照大乘的观点，眼根可以不离眼识（根为识依），也可以离眼识（根识各别，根是色法，识是心法），因此不能说"定不离眼识"，而应当说"非定不离眼识"。根据"初三摄"因可以证成另外一宗：

> 色，非定不离眼识，
>
> 初三摄故，
>
> 如眼根。

以上是基疏按大乘教人的说法对唯识比量所作的解释，其实从形式逻辑的观点来看，眼根与识的离与不离关系没有遵守同一律。

分析过"唯识比量"的主体部分宗和因后，再来看喻。比量里只列了同喻的喻依（如眼识）。能够作为"眼识"的同品的只有色与眼识。由于同品除宗有法，色不能再做同品，这样就剩了眼识可以充当同喻依。但是，说"眼识不离于眼识"，是不是成为同语反复的废话呢？窥基没有回答。宋代延寿在《宗镜录》卷五十一中认为不是："问，后陈眼识与同喻眼识何别？答，言后陈眼识虽同，意许各别,后陈眼识意许是自证分,同喻眼识意许是见分,即见(分)不离自证分故,如同宗中相分不离自证分也。"①延寿认为,宗中的眼识是自证分,喻中的眼识是见分,宗中的色则是相分。由于相分、见分都不离于自证分,因此,为初三所摄并且为眼所不摄的眼识(见分)可以充当同喻依。按照大乘人的观点,还是可以自圆其说的。

关于唯识比量的简别,窥基说:"有法言真,明依胜义,不依世俗,故无违于非学世间。又显依大乘殊胜义立,非依小乘,亦无违于阿含等教色离识有,亦无违于小乘学者世间之失。"②先说宗的简别。在真故极成色不离于眼识中,"真故"和"极成"是简别语。

"真故"是管整个宗体的,即管"极成色不离于眼识"。按照常识,色是离于眼识而独立存在的。如果不加"真故"二字,就要犯世间相违过,同时也会犯自教相违过,因为小乘学者和《阿含经》都有境离识有的唯物主义倾向。"真"表示胜义,"故"解作由于。胜义是指高深的道理。加了"真故"二字,就表明是在用大乘的特殊的高深道理来建立宗支。佛教把社会分成学者世间和非学世间两部分。佛教内部各派组成学者世间,佛教以外的外道和普通人组成非学世间。

立、敌双方无论立的是共比量还是自比量,都要防止犯世间相违和自教相违过。以"真故"标胜义,并不意味着所立之量就是共量。窥基在说明自、他比量的简别方法后,又说"若共比量等,以胜义言简,无违世间、自教等失。随其所应,各有标简。"③

请注意,《大疏》说的是"共比量等"。这是说立敌双方以胜义标简,既可用共比量,也可用自比量。胜义并不是共比量的特有标志。

在宗支中,作为共比量标志的是"极成"二字。共比量一般是不需加以简别的。只有当立、敌双方所用的概念在范围上有所不同时,才用"极成"二字来简去同中之异。这里的"极成"管有法色。为什么要用"极成"二字来管色呢?因为小乘大多主张有"最后身菩萨染污色"④"佛有漏色"⑤而大乘却不许。如果不简除这两种色,就会犯"一分自所别不成过"。这种过失是说宗中有法色有一部分

---

① 延寿:《宗镜录》,转引自唐玄奘《真唯识量略解》,《卍续藏经》第87册,页九十六下。
② 窥基:《大疏》卷五,页二右。
③ 同上。
④ 小乘认为释迦牟尼在做太子时追求五欲,娶妻生子,后虽出家修道成佛,但其肉身已染污,故云"最后身菩萨染污色"。
⑤ "有漏"即烦恼。小乘认为佛在菩提树下金刚座上,虽以三十四心断结而达无漏智的境界,但佛之丈六金身依然是由有漏善业所得的有漏善,故云佛身是"有漏色"。

不为自己所承认。同时又有"一分违教"即有一部分违自宗的过失。此外，大乘主张有"他方佛色"和"佛无漏色"。而小乘又不许。小乘除经部外都不闻有他方佛名，所以不承认有"他方佛色"，同时也不承认有脱尽烦恼的"佛无漏色"。如果宗上有法色不简除这两种色，又会犯"一分他所别不成"过。这种过失是说宗中有法色有一部分不为敌方所承认。有法色不加简别的话，除了有宗过外，因也会犯随一所依不成过。

双方共许极成的是指什么色呢？窥基只作了笼统的解答，"立二所余共许诸色为唯识故"，其他疏记也未作具体解答。日僧善珠认为是柱梁等本质色，并非小乘不许的阿赖耶识的本质色和相分色。"今正释云不取赖耶本质，不取影像相分。若取此二为有法者，自成他不成，故有法不极成也。今取外质为本质色。此本质色，大、小共许，故云极成色。……如世人见柱梁等色，牙影同时。……此等诸色大小共许，故为有法。"①

从形式上看，由于宗上的色除了双方不共许的以外，其他所有色都是双方共许的，宗支应为共比量。大乘立"极成色不离于眼识"违他不算过，也没有违自宗过。大乘把色分为相分色和本质色两种。法相宗认为，相分色为眼识的种子所变，并为眼识的见分所认识，因此相分色不离于眼识。本质色是第八识阿赖耶识的种子所生的实质色法，为眼识变现的相分色所依托，是离于眼识的。玄奘成立的对象不是阿赖耶识本质色，所以不违自宗。由于小乘根本不承认相分色，所以玄奘在宗有法自相（言陈）中没有把它提出来。我们说宗支形式上是共比量，实质上仍是自比量。明代智旭解得好："今三藏立量，言陈但一色字，意许乃指相分，此意许相分色，起码俟辩因之后，方被小乘所推，今于立宗中，尚未推也。"②

奘师实际上要立的宗是"相分色不离于眼识"。这是没有用语言文字表现出来的意许，即所谓差别。相分色只为己方所承认，所以实际上是自比量。不过，奘师这样立量也还是为因明通则所允许的。《理门论》和《入论》中的四相违因过，其中法差别相违因和有法差别相违因就没有追穷宗过——旁凭义宗。尽管旁凭义宗在立宗时是要排除的。例如，《因明入正理论》中提到的法差别相违过的例子，宗的法自相是"为他用"，意许是"为神我用"。宗支无有过失。这说明唯识比量在言陈上以极成色为有法，意许为不极成相分色，是为因明通则所允许的。虽然它实际是自比量，但从形式上看，仍是共比量，不能责怪奘师是用自比量冒充共比量。这是由因明的特点决定的。

---

① 善珠：《明灯抄》卷第三末，页三一六中至下。
② 智旭：《真唯识量略解》，《卍续藏经》第87册，页九十四上。

第五节 一部未完成之作

本疏是玄奘译场中人最晚写出的因明著作。玄奘去世之后，大约在乾封年间（666—668）窥基才开始注疏，直到晚年尚未完稿，只解释到喻过"能立法不成"处便辍笔，后来由其门人慧沼续完全书。

《大疏》虽有韵语沈雄、阐发富赡等诸多优点，但是其中缺陷，也不必讳言。作为未成之作，原疏主就有义理阐发方面之失误，如发挥过当，曲为解释，还有前后龃龉等。要特别指出的是，基师解释同品、异品定义，有一严重的蛇足之误。我追根究底，发现此一误解，非其创说。原因在于《入论》作者商羯罗主在定义异品处未恪守《理门论》的标准，发挥过当；又错引《瑜伽师地论》，将其同类即同喻依的释文当成同品的定义。作为未成之作，在体例上也有欠缺，如不讲究名言（概念）出场之顺序。作为由慧沼续补的足本，也偶有未遵从师说造成前后矛盾之弊。《大疏》本身的缺陷，就成为其难治的原因之一。以下择其要者加以简评。

一、关于宗与能立

关于宗与能立的关系，《入论》有明确的论述。《入论》说："此中宗等多言名为能立。由宗、因、喻多言，开示诸有问者未了义故。"又说："已说宗等如是多言，开悟他时说名能立。……唯此三分说名能立。"古疏解释普遍只承认宗是所立，不承认宗是能立之一，与论不合，但未述其缘由。① 神泰对此说得较为简略，文轨作了较详细的疏解，窥基在文轨疏基础上又作了进一步阐述。尽管陈那在《集量论》中改变了观点，但释《入论》还应还原其本义。

基疏在详述古今同异中，首先陈述了古今因明师关于宗与能立、所立的关系。"初能立中，《瑜伽》十五，《显扬》十一，说有八种，一立宗，二辨因，三引喻，四同类，五异类，六现量，七比量，八正教量。《对法》亦说有八，一立宗，二立因，三立喻，四合，五结，六现量，七比量，八圣教量。皆以自性差别而为所立。……古师又有说四能立，谓宗及因同喻异喻。世亲菩萨《论轨》等说能立有三，一宗，

---

① 汤铭钧博士认为，唐疏之所以普遍以宗只能是所立而非能立，是以陈那晚期著作《集量论》的新解来代替其早期旧释。

二因,三喻。……今者陈那因、喻为能立,宗为所立。自性、差别二并极成,但是宗依,未成所净。合以成宗,不相离性,方为所净,何成能立。故能立中,定除其宗。"①

从上面这一段关于能立组成的沿革情况来看,有三点值得注意。一是在古因明后期已经把现量、比量和正教量等立具从能立中分离出来,将其归到自悟门中,而宗在古因明中始终属于能立之一。二是陈那倡言,自性、差别为宗依,不是争论对象,二者不相离组成宗体,才是争论对象。与因、喻相对,宗是所立,因、喻是能立。三是陈那未明言宗非能立。应当指出,陈那说因、喻是能立,与宗等多言为能立,这两个能立并非同一个概念。可见,《大疏》对能立古今同异的比较,并没有找到新因明把宗排除在能立多言之外的理由。

针对有人根据印度声明关于因、喻二支只能算二言,不能算多言的提问,窥基解答说,陈那有因三相规则,一因二喻就是多言。窥基的解答没有遵守同一律。二喻在三支作法中只能算一支。从言三支上说,因、喻只能算二言,而非多言。因有三相只是就因的三个特征而言,不属于讨论言三支的范围。

窥基还介绍了陈那以后的三种解释。一是说,宗言所诠之义为所立,而宗言及因言、喻言为能立;二是说,古师也没说宗一定只能是能立,而不能是所立,陈那与古师并不矛盾;三是说,自性、差别合成的总宗是所立,自性、差别只是宗依,并非所立。以上三种解释对理解宗既是所立又是能立还是有帮助的。

二、关于"宗等多言名能立者"之二种解释

《大疏》解释《入论》"唯此三分,说名能立"句说:"此简同异。《理门论》云:'又比量中,唯见此理:若所比处,此相定遍(审定)(遍是宗法性也);于余同类,念此定有(同品定有性也);于彼无处,念此遍无(异品遍无性也)。是故由此生决定解。'即是此中唯举三能立。"②

窥基误认为《入论》"此简同异"这句总结语中所说三分是指因三相,而非包括宗、因、喻三支,并认为这就是《入论》中唯一举出的三分能立。

基疏对此作了两种解释。一说:"宗是所立,因等能立,若不举宗,以显能立,不知因喻,谁之能立,恐谓同古。自性差别,二之能立,今标其宗,显是所立,能立因喻是此所立宗之能立。虽举其宗,意取所等一因二喻为能立体。若不尔者,即

① 窥基:《大疏》卷一,页十左至页十一右。
② 窥基:《大疏》卷四,页二十三。

有所立,滥于古释,能立亦滥彼能立过。为简彼失,故举宗等。"①

窥基认为,宗非能立,本句之所以要这样说,第一个理由是显所立而简滥。这一解释是错误的。对此,今人陈大齐评论说:"盖误以此能立之立解同成立,故显所立,以简滥失。此能立义,异于成立。……至谓举宗简滥,势且适得其反,既言宗等能立,宗益滥于能立,其所立义,更无由显。简滥益滥,应非论旨。"②

二说:"陈那等意,先古皆以宗为能立,自性差别二为所立,陈那遂以二为宗依。非所乖诤,说非所立。所立即宗,有许不许,所诤义故。……因及二喻,成此宗故,而为能立。今论若言因、喻多言名为能立,不但义旨见乖古师,文亦相违,遂成乖竞。陈那、天主,二意皆同。既禀先贤而为后论,文不乖古。举宗为能等,义别先师,取所等因、喻为能立性。故能立中,举其宗等。"③

基疏的第二个理由是顺古师而免竞。陈大齐批评说:"疏虽曲为解释,于理亦有未顺。文以显义,应与义符,今文谓此,义则指彼,文与义违,何以悟人。……论依胜义,无虞违教,……何独于此,虑乖古师而说宗等。纵如疏说,文虽顺古,义既违先,终成乖竞。疏释乐所成立,又谓'又宗违古,言所成立以别古今',此与'文不乖古',岂非后先抵触。夫惟别创新义,尤应阐述明显,庶令墨守之徒,知新是而旧非。隐约其词,且不足以阐扬新义,暗违明顺,徒为旧说张目而已。"④

陈大齐对《入论》中出现的十五处能立逐一审定,提出了能立二义的正确解释。"宗是所立,亦是能立,貌似抵触,义各有当。以能望所,释立为成,宗是所立。以能望似,释立为申,宗是能立。《论》言'随自乐为所成立性',是第一义,其言'宗等多言名为能立',是第二义。"⑤

三、关于似立、似破与唯悟他

《入论》初颂说真能立与真能破属于悟他门,似能立与似能破也归入悟他门。文轨《庄严疏》认为从似能立与似能破的本来目的出发,把它们归入悟他门。

对此,《大疏》作了不同解释,该疏说:"《理门论》云,'随其所应,为开悟他说

① 窥基:《大疏》卷四,页二十二左。
② 陈大齐:《蠡测》,第六至七页。
③ 窥基:《大疏》卷一,页二十二左、二十二右。
④ 陈大齐:《蠡测》,第七页。
⑤ 同上,第十一至十二页。

此能立及似能立'。能立悟敌及证义者,由自发言,生他解故。似立悟证及立论主,由他显己,证自解生,故言随应。能破似破,准知亦尔,……故此颂中,据其多分,皆悟证者,言唯悟他,不言自悟。又真立破,唯悟于他,似虽亦自,从真名唯。"①

从《大疏》所引《理门论》的话可知,《入论》的"唯悟他"源于《理门论》,但《大疏》对《理门论》的理解有误。"随其所应"是根据敌论的不同情况,为开悟敌、证而"说此能立及似能立","随其所应"并非指"似立悟证及立论主,由他显己,证自解生"。

《大疏》没有正确解释"唯悟他"的本义。窥基混淆了论辩过程中三个阶段的不同作用。为开悟敌证,立方首先提出一个似能立,似能立起不到开悟敌证的作用,反引来敌方的真能破。敌方的真能破对证人和原立论主有开悟作用,窥基称这是立论主的自悟。

本来立方提出似能立,起不到开悟敌证的作用。《入论》为什么还要把它归入到悟他门中?

窥基用"据其多分"和"从真名唯"两个理由把他判定为悟自的似能立归到悟他门下。其解释不合逻辑。"能立悟敌及证义者。由自发言,生他解故。似立悟证及立论主。由他显己,证自解生。……能破似破,准知亦尔。……故此颂中,据其多分皆悟证者,言唯悟他,不言自悟。又真立破,唯悟于他,似虽亦自,从真名唯。"②所谓多分,疏文中的小字是"由他指述,证立俱明"。疏文接着说"故从多分,皆悟他也"。本专题本来是讨论自己一方提出的似能立为什么也属于悟他门。基疏却把敌方的真能破算作多分之一。这就转移了论题,未能遵守同一律。

他把第三阶段立方接受敌方真能破后才产生的自悟作用当作了第一阶段似能立的初衷。"据其多分,皆悟证者,言唯悟他"意思是说,四义之中,悟他者多,从多为说,不免牵强附会,与"唯悟他"中"唯"字不合。《大疏》的第二种解释"从真名唯",即似立破跟在真立破后面也叫"唯悟他",这就更牵强了。

慧沼的弟子道邑所撰《义范》对《大疏》的上述解释持反对观点。"似立似破,本欲悟他。从本为论,不名自悟"才是正解。慧沼的嫡传弟子智周反倒因循了《大疏》的误释。

---

① 窥基:《大疏》卷一,页九左。
② 同上。

四、关于"差别性故"

《大疏》:"差别者,谓以一切有法及法互相差别。性者,体也。此取二中互相差别不相离性,以为宗体。如言'色蕴无我'。'色蕴'者有法也,'无我'者法也。此之二种,若体若义,互相差别。谓以'色蕴'简别'无我','色蕴无我',非'受无我'。及以'无我'简别'色蕴','无我色蕴',非'我色蕴'。以此二种互相差别合之一处,不相离性方是其宗。即简先古诸因明师但说有法为宗,以法成有法故;或但说法为宗,有法上法是所诤故;或以有法及法为宗,彼别非宗,合此二种宗所成故。此皆先共许,何得成宗? 既立已成而无果故。但应取互相差别不相离性,有许不许,以为宗体。"①

本段大意为,所谓差别,指在一切有法与法之间互相陈述。所谓性,即宗体。这是把二宗依之间互相差别并形成不相离性关系,作为宗体。例如说"色蕴无我"。"色蕴"是有法,"无我"是法。这两个宗依,或为体或为义,互相差别。意为用"色蕴来简别"无我,"色蕴是无我",而非"受是无我"。也可以用"无我"来简别"色蕴","无我是色蕴",而非"我是色蕴"。把这两种宗依互相差别合在一处,形成不相离关系才是宗体。即简除了古因明师关于宗体的三个错误:有的古师仅仅以只说有法为宗,因为立宗是以法成立有法;有的古师仅仅以法为宗,因为有法上的法才是所诤之对象;有的以有法和法为宗,它们认为两个宗依分开来都不是宗,只有把两种宗依放在一起才形成了宗体。这两个宗依都是原先就共许的,怎么能成为宗呢? 既然它们是已经成立的,因此再立为宗也就没有什么成果。只应当以立、敌有许和不许的互相差别不相离性来作为宗体。

以不相离性作为宗体从而简别古师是陈那新因明的创举,但说在宗体中有法与能别互相差别则有问题。

本来,《大疏》在前面解释"极成有法,极成能别"处对外人关于体三名、义三名的三难均作过正确回应,两个宗依并非互相差别,只能后差别前。

《大疏》问:"先陈能别唯在法中,何故今言互相差别?"答:"立、敌相形,法为能别。体、义相待,互通能、所,对望有异亦不相违。"②意为,问:"本疏前文所述能别只在法中,为什么现在说有法与能别可以互相差别?"答:"在立、敌相对时,只有法才是能别。当两个宗依作为体、义相对时,可以互为能别、所别。既然相

---

① 窥基:《大疏》卷二,页十左。
② 同上,页十右。

对的情形有所不同,因此前后文并不矛盾。"立、敌相形"与"体、义相待"既然不同,而"差别性故"仅指"立、敌相形",不可互相差别。《大疏》释文未能守一。

《入论》原文为什么在"此中宗者,极成有法、极成能别"之后有个"故"字呢?基疏说:"故者所以,此有二义。"①一简古说,古因明师以宗依为宗,陈那简之,以有法、能别不相离性组成的体为宗。二释所依,组成宗体的宗依必须共许极成,而且有法与法要有互相差别不相离性组成宗体,为敌所不许,否则要另外去成立它们。这样会有成异义等过产生。基疏批评前人改动译文:"或有于此不悟所由,遂改论云'差别为性'。非直违因明之轨辙,亦乃暗唐梵之方言。辄改论文,深为可责!"②据窥基弟子解释,"辄改论文"的人是吕才和文轨。

"辄改论文,深为可责"。问题似乎没有那么严重。善珠在《明灯抄》中引用了唐代定宾法师的有关问答。当有人问,文轨和窥基两大德同承奘师,"何故所释论本不同,或'差别为性',或'差别性故'?"定宾法师回答说:"今详梵本,盖有两异。前本义者,'差别为性'者,明宗一体而释疑也。"定宾认为本来就有两个梵本。文轨所据梵本为"差别为性",简别了古师以宗依为所立的过失。奘译所据本为"差别性故",其意为,解释总宗是如何构成的,即"依于极成有法、极成能别,二种义别互相差别为一性故"。定宾评论说:"两本会通,不相违也。"意思很明白,这两种说法有一致性。"差别为性"既然说了一个简别了另一个,就既简了古师,又明了宗体构成之所以。究竟有没有两个梵本?从基疏和慧沼《义断》的说法来看,也没有明言否认有不同的梵本,只是批评吕才、文轨非译场中人擅改译文并对此深表义愤。文轨在译场中似乎没有什么任职,但他毕竟亲自听过奘师的译讲。

善珠说:"若依宾意,有二梵本","今基师意,旧无两本,唯一梵本,云'差别性故'","轨师不解'故'字之意","唯知简却古师之过非,未知释成所依之所以"③。首先,善珠也是揣摩基师之意,认为"唯一梵本"。事实如何,还得存疑。其次,退而言之,对"唯一梵本"的翻译的准确性难道真的做到了一字不易?奘译的可靠程度当然是很高的,但也不能说一个字都改动不得。拿大、小二论关于因三相的译文来对照,其句式和字数都不同,而实质完全相同,当然这与原文表达不同有关。

吕澂先生对"差别性故"作了梵、汉对堪研究,他认为:"这四个字与梵本不尽

---

① 窥基:《大疏》卷二,页十右。
② 窥基:《大疏》卷一,页十一左。
③ 善珠:《明灯抄》卷第二本,页二五〇中。

同。玄奘所以要这样译,是为了凑四字一句的格式。如按梵文原原本本地译出来,这句话应这样:'宗是极成有法由极成能别加以差别……尔后才构成为宗的。'梵文的'差别性故'本来是第三转声,是'由'的意思,玄奘给改为第五转声,是'所以'的意思,因之译成'故'。经过这样改动仍然凑不足四个宗,于是又加了个'性'字。其实这里的'性'字并无什么特殊意思,仅指实有其事"①吕澂先生虽未讨论有无两个梵本的问题,但他明确解释了梵本中是由能别差别有法。这就包含了三层意思:一是说未经差别而相离别说的宗依不是宗。二是说宗体是由差别形成的。三是说只由能别差别有法,而没有两个宗依互相差别的意思。可见,"差别性故"与"差别为性",选择字眼虽可以斟酌,但无实质差异。慈恩一系对吕才、文轨的批评失之偏颇。

吕才对《入论》原文如何理解,不得而知,文轨对此句的解释,与基疏后来的解释无异。上述解述既然要由"故"字来体现,二人"辄改论文"应是不当之举。

对奘译"差别性故",吕澂先生认为:"这四个字与梵文不尽同。玄奘所以要这样译,是为了凑合四字一句的格式。如按梵文原原本本地译出来,这句话应这样:'宗是极成有法由极成能别加以差别,……尔后才构成为宗的。'"②

可见,《入论》梵本原意是,宗的构成只能由极成能别对极成有法加以差别,而不是互相差别,可是基疏以及轨疏都误解为有法与法互相差别。在唐代古疏之中,玄应的《理门论疏》对诸疏之"互相差别"之说持反对意见。他认为"互相差别"会出现"无常是声"这一本不应出现的宗体。玄应疏今不存,其说为日僧凤潭所引述:"为显宗体,说差别言,谓立论者说声无常,以无常言,简别有法,是无常声,非常性故,即显无常与声和合不相离性之宗体也。……立者但用无常别声,故声无常非互相简。由此能别唯在无常。"③

玄应所说甚是,且不说"无常是声"有宗过本身不能成立,此宗与原宗"声是无常"是不同的宗,已经转移了论题。

互相差别说与基疏对体义三名的界定显然有矛盾,按照互相差别说前后陈都应有所别、能别二名,对此,基疏释难说:"今陈两净,但体上义,故以前陈名为所别,后名能别。亦约增胜以得其名。"④这是说立敌争论的只是体上之义,如声体上之无常义,因此前后陈按胜义被规定为所、能别。基师懂得,在一个宗体中,

---

① 吕澂:《讲解》,第10—11页。
② 同上,第10页。
③ 转引自凤潭:《瑞源记》卷二,页十七左。
④ 窥基:《大疏》卷二,页六右。

有法只能是所别,不能差别后陈。此说与前面所说有法、能别"互相差别"矛盾。若果贯彻此义,立敌不诤无常体上之声义,何来声差别无常之说。那是另立宗的问题,与本宗无涉。

五、同品为因正所成

窥基说:"虽一切义皆名为品,今取其因正所成法。"①"此中但取因成法聚,名为同品。"②又说:"若聚有于宾主所诤因所立法聚相似种类,即名同品。"③《理门论》《入论》关于同品的定义是有所立法,与因正所成无关。这是另立标准,这就远离了陈那因明关于同品的本义。

所立法指宗中能别法,若某物有与能别法相似之法则其为同品,不必顾及此能别法与因法的关系。宗上有法有二种法,一是立敌不共许宗上有法有的能别法,二是立敌共许宗上有的能立法即因法。与能立因法相对,总宗中的能别法称所立法。在立敌对诤中,总是先有宗,后有因、喻。宗一经提出,其同品就已经有了确定的范围,不必考虑用什么因喻来证成此宗。用"因正所成"来约束同品是画蛇添足,适得其反。

基疏另立标准的错误是缩小了同品的范围,并导致与九句因中同品有非有等句相矛盾。一个事物可以是宗同品,但不具有因法,不为因正所成。例如,《入论》举出"电"为"无常"的同品,此宗同品不具有"勤勇无间所发性"因法,"电"尽管无"勤勇无间所发性"因,但是仍不失为"无常"的同品。其实,"因正所成"的是同喻依,而非同品。同喻依一身二任,既是宗同品,又是因同品,既有所别法,又有能立因法。九句因中,同品与因的客观联系,符合同品定有性的有同品全有因和同品有非有因(有的同品是因并且有的同品不是因)。如果说"因正所成"才是同品,则与九句因中上述第二种情况矛盾,九句因不复存在,陈那因明的整个体系都将被推翻。可见,"因正所成"是窥基的错误发挥。

基疏关于异品的要点之一说"宗异品非因所立"。这与说宗同品为因正所成一样,是错误发挥。仍以"声无常,勤勇无间所发性故"为例,本来瓶、电等为无常的同品,但电无勤发因,若按基疏异品"非因所立"的观点,本为同品的电反成了异品,这显然是错误的。"宗异品非因所立"与同品为"因正所成"一样是增设标

---

① 窥基:《大疏》卷三,页五右。
② 同上,页二十一左。
③ 同上,页二十右。

准,缩小了异品的范围。

《大疏》问:"何故前说宗之同品不兼定有,此释异品兼释遍无?"答:"有二解:一者影显,同品之中但为简别因之同品,显异亦尔,不要解于定无之相,故文略之。异品之中乘言便故,兼释遍无,显同亦尔。二者同品顺成,但许有因即成同品,易故不解决定有性。异品止滥,必显遍无方成止滥,故解异品兼解遍无同品因也,为显同、异二品别故。"①

此段意为,《大疏》问:"为什么前面解说宗之同品处不兼释同品定有性,而解释异品却要兼释异品遍无性?"答:"有两种解释:一是影附显示,同品的解释之中只是为了简别因同品,影显异品也是如此,不必去解释异品定无因法之相,因此《入论》略而不说。在解释异品处是因为乘述说方便,兼释了异品遍无因,影显同品若乘言便也应定有因。二是同品顺成,只要共许有因即成同品,容易满足因此不必解释同品决定有性。异品应当止滥,必须显示其遍无因法方成止滥,因此解异品处要兼解异品遍无因,为的是要显示同、异二品的区别。"

究其根源,还应归咎于《入论》关于异品定义的过度发挥:"异品者,谓于是处无其所立。若有是常,见非所作,如虚空等。""若有是常,见非所作"便是蛇足。此外,《大疏》还引述《瑜伽师地论》关于"同类""异类"的解释。古因明的"同类""异类"相当于陈那因明的同、异喻依,与同、异品是不同的概念。可见,是商羯罗主未能严格遵守陈那《理门论》的定义。

窥基又引《瑜伽师地论》作为根据。《大疏》说:"故《瑜伽》言:'同类者,谓随所有法望所余法,其相展转少分相似。'"②《瑜伽》说的同类是指同喻依,并非同品。一个正确的同喻依必须既是因同品,又是宗同品,而同品只是指宗同品,二者不能混同。

六、对同、异品与同、异法之区别前后龃龉

陈大齐《蠡测》指出《大疏》对同、异品与同、异法之定义有自相龃龉之二说。"以论中异法喻之文释因异品,则又明以因异品为宗因双异。疏谓论多说因之同品为同法,其因之异品为异法,而论之说同异二法,兼作二解,疏遂因之。若因同异品仅为同异二法之别称,则又何必增设新名,以益烦琐。且谓因同异品同异宗因,亦有名实乖离之嫌。……大疏曾言:'又因宗二同异名法,别同异名品。……

① 窥基:《大疏》卷三,页二十二左至右。
② 同上,页二十一右。

次下二因同异，及上宗同异，并别同异，故皆名品.' 诚能守此界说，以解因同异品，庶几义无混淆，而有助于阐述。"①

七、慧沼《续疏》关于同、异喻不除宗

《大疏》在解释同、异喻体时明言除宗以外，但是慧沼《续疏》在解释同喻过失之一无合时，又明言同喻把声是所作和声是无常"合"了进去。慧沼未遵师说，详见慧沼专题研究。

八、释似因"有体一分两俱不成"举例有误

疏释《入论》"如成立'声为无常等'，若言'是眼所见性故'，两俱不成"处，《大疏》说"此不成因，依有有法，合有四句"，如有法无体，则是另一所依不成过。因的全分有有体和无体两俱不成，因的一分也有有体和无体两俱不成，共为四句。其中第三句举例有误。"三有体一分两俱不成，如立'一切声皆常'宗，'勤勇无间所发性'因，立敌皆许此因，于彼外声无故。"本段大意是，因根据有、无体和全分、一分，共组成四句。第三句为"因有体一分两俱不成"，例如，立"一切声皆常"宗，以"勤勇无间所发性"因，因为立敌都认为此因全体因在有法声的一分即外声上没有。显然不是说因的一分在有法声上没有，这与第四句所举正确实例明显不同。

"四无体一分两俱不成，如声论师对佛弟子，说'声常'宗，'实句所摄、耳所取故'，'耳所取'因，立敌皆许于声上有。'实句所摄'一分因言，两俱无故，于声不转。"这第四句"因无体一分两俱不成"意为，声论师对佛弟子，说"声常"宗，"实句所摄、耳所取故"，因中的一分"耳所取"因，立敌都允许其于声上有。"实句所摄"这一分因言，双方都认为不能依转于声上。

可见，《大疏》所举的第三种有体一分两俱不成实例，却是有法有体的一分不成，而不是有体的因法的一分不成。

《里书》注意到了二者的差别："即显第三句之一分者，宗一分也。第四句之一分者因一分也。"但未指出这种差别有什么不妥。今人之注亦循此说。②

---

① 陈大齐:《蠡测》，第六五页。
② 中国逻辑史学会:《中国逻辑史资料选》，兰州：甘肃人民出版社，1991 年版，第 161 页。

九、未能准确解释相违决定与比量相违之差别

《大疏》沿用《庄严疏》之设问："相违决定与比量相违有何差别？"并且基本承续《庄严疏》之答句："彼宗违因，此因违宗。彼宽此狭，二类别故。由此故说诸相违决定皆比量相违，有比量相违非相违决定，但宗违因，无二因故。"[①]

前面关于《庄严疏》的这一专题讨论中已阐明，二过之差别在于比量相违是宗过，"宗宗相违"是正违，宗违正因是兼违。《大疏》却因循《庄严疏》，强调比量相违"彼宗违因"，将兼违当作正违。

本段答句后半段说"彼宽此狭，二类别故"，误以为比量相违包括了相违决定，混淆了宗过与因过之根本区别。"诸相违决定皆比量相违，有比量相违非相违决定"照搬《庄严疏》，同样有误。既然前面说了二过"故不同也"，怎么又说"相违决定即比量相违"呢？相违决定过是两宗、两因皆满足因三相，也都不能破斥对方，乃至两宗皆不定，因而两因成为不定因。这与比量相违无一切正因可成根本不同，可以说凡比量相违皆非相违决定。

十、将宗宗相违的比量相违误释为宗因相违

《大疏》释《入论》"比量相违者，如说'瓶等是常'"说，所谓比量，是指证人和敌论者借助立论者所举的满足三相的能立因而生起领悟宗义之智。宗与因相顺，则敌论者和证人之智顺应生起，所立之宗既然与因相违，则与宗义相违之智返起，因此所立之宗称为比量相违。这一宗过意思是说，立敌双方都明了瓶有所作性，因此瓶决定无常。今立'瓶为常'，宗既然与因相违，反而使得相反的宗义生起。由于相反的宗义生起，则敌论者和证人之智生起相违之宗义，因此这一宗过称为比量相违。

陈大齐《蠡测》认为"宗既违因"有误解。比量相违之宗"瓶等是常"是与另一正确比量相违背的。正确的比量的宗是"瓶等无常"，其正因是"所作性故"。"瓶等是常"究竟违背正宗还是正因呢？《入论》没有说明。此处疏文明言为宗违因，不妥当。"瓶等是常"之所以不能成立，是因为不符合正确比量的正宗。正宗由正因推得，因此，比量相违之宗也必然与正因相矛盾。一个比量相违宗既违正宗又违正因。对此，陈大齐《蠡测》有详细解释："设非依因先有所立，未举其

因,焉知其违。又若举因方知其过,过或在因,非必在宗,何得推定过在宗中。是故应依《理门》,释为宗宗相违,但举其宗,已违宗讫,不待举因,宗已有违。且宗违因过,非因明所许。《理门论》曰:诸有说言宗因相违名宗违者,此非宗过。(见《述记》卷一页十二左)《纂要》虽言,《理门》此说,但约古过,非遮一切。(参阅《瑞源记》卷四页八右)然因明量,宗前因后,非如逻辑,先因后宗。先因后宗,宗应顺因,宗若不顺,可云宗违。宗先因后,先立所崇,次举其因,以成宗义。是故举因,须能顺成,若不能顺,返成异义,是因违宗,非宗违因。故在因明,应依《理门》,不说宗违因过。然真立宗,依正因成,既违其宗,随亦违因。是故比量相违,正违于宗,兼违于因。"①

十一、以"之因"而非"即因"为正违解释四相违因

什么是相违因过?今人陈大齐先生指出,文轨《庄严疏》有相违即因和相违之因两种解释。以"声常"为宗,以"所作"为因,因直接与宗相违称为即因;"声常"的相违宗为"声无常","所作"因证成了相违法"无常",成了相违法"无常"的因。此为之因说。凡立论,先提出宗,后举出因。即因说"所作"因与"常"相违,是因违了宗,其过在因;"声无常"宗与"声常"宗相违,"所作"成相违宗"无常"之因,其过在宗。本来二义相通,唯命名的角度不同。陈大齐先生认为:"之因即因,义虽可通,衡于理则,即因为胜。说相违因,应说正违,余波所及,虽有兼违,理亦可说,然非过本。"②

《大疏》中虽然有多处采用即因说,使得二说并存,但主张之因说,以之因为胜,并答复了即因说会导致"宗说相违"是宗过而非因过的问难。

《大疏》在解释《入论》四相违因处不赞成文轨《庄严疏》对相违因的解释。《大疏》说:"相违义者,谓宗相违。此之四过不改他因,能令立者宗成相违。与相违法而为因故,名相违因。因得果名,名相违也。非因违宗,名为相违。故无宗亦违因,例而成难。"③

大意是,相违因的含义是指因证成了敌方的宗使得立敌双方的两个宗相矛盾。这里说的四相违因过没有把原来的因改成其他因,能够使得立论者之宗与因所证成之宗成为相违。因为立论者所用的因成了相违法的因,就称为

---

① 陈大齐:《蠡测》,第一一五至一一六页。
② 同上,第一四六页。
③ 窥基:《大疏》卷七,页一左。

相违因。因根据证得的果来命名，称为相违因。并非由于因直接违背了原本所证之宗，才称为相违。因此不允许说由于宗与因违，依例而称为宗相违的非难。

"相违义者,谓宗相违"指因所能证成的宗与因原本所要证的宗相矛盾,由于两宗相违,此因称为相违因。《前记》:"因依主得名亦得名因违宗也。主者相违宗是也。因是相违宗之因,故名相违因也。主即违宗,因亦得违宗之称。"①什么是相违,古来颇有纷争。以上是释相违因为相违法之因,简称相违之因。另有一解为,相违即因。本段中,窥基取之因说而斥即因说,不妥。

陈大齐《蠡测》对相违因作了详细的专题研究,此将要点简述如下:《庄严疏》作即因、之因两解。《庄严疏》说:"此则宗、因两形为相,因返宗故名违。"②此释即因,因直接违宗。《庄严疏》又释:"如立常为宗,无常返常,名为相违。立因为成常住宗,其因乃成无常宗义,与相违为因,故名相违因也。"③此释之因,与基疏同。《略纂》亦作此二解。④《蠡测》说:"相违即因云者,谓所作因违于常宗,其违在因自家,相违之云者,谓无常相违法之因,其违在宗中法。《庄严》《略纂》,兼取二义。《大疏》虽取之因而斥即因,然亦不无兼取即因之嫌。"⑤《大疏》也说:"能立之因违害宗义,返成异品名相违。"⑥"所乖返宗不过此四,能乖返因有十五类"。⑦ 陈大齐认为,其言"违害宗义""所乖返宗""能乖返因","颇同即因之说"。陈大齐又指出,《理门》和《入论》均兼取二解,可见,"衡以理则,即因为胜"。陈大齐又进一步指出,日僧孝仁取即因说,且谓违其正因。"准因明理,此说最胜,于论于疏,亦有依凭。"最后,陈大齐总结说:"疏于此文已得正解,其后说过,别取他义,舍本逐末,为可惜耳。"⑧今人熊十力循《大疏》之因说,虞愚则取即因说,都未作评论,不无片面。疏文本意,二说不能并存。巫寿康博士却先后并列引述熊、虞二说以注疏文,未得其解。⑨

① 智周:《前记》卷下,页四百七十六左下。
② 文轨:《庄严疏》卷三,页六左。
③ 同上。
④ 转引自《瑞源记》卷五,页一右。
⑤ 陈大齐:《蠡测》,第一四五页。
⑥ 窥基:《大疏》卷五,页二十一右至二十二左。
⑦ 窥基:《大疏》卷七,页二右。
⑧ 陈大齐:《蠡测》,第一四六至一四七页。
⑨ 中国逻辑史学会:《中国逻辑史资料选》,兰州:甘肃人民出版社,1991 年版,第 202 页。

十二、未能准确解释相违因与比量相违因过之区别

《大疏》说:"由因成宗,令宗相返,因名相违。非宗成因,令因相返,不名相违。又因名法自相相违,宗名比量相违。因别疏条,相违开四。宗违合说,唯名比量相违。"①窥基主张四相违因中,因与宗各得其过,如因得法自相相违过,相应之宗则得比量相违宗过。此说有误。

大、小二论关于比量相违与相违因所举之例特有讲究。比量相违的实例是"瓶常"宗,与世所公认之"瓶无常"相违,属宗宗相违。不待举因,已有宗过。待举因后,亦必与正因相违,无任何正因可举。相违因的实例是"声常"宗,未举因前,未见其误。难定其与"声无常"有宗宗相违过。待举出"所作性"因,方知因违宗,就有法自相相违因过。但不能倒推说,凡法自相相违因过,其因所证之宗有比量相违宗过。当声论派与胜论派对诤时,举出"所闻性"因,因有同品"声性"为胜论派共许,就不犯不共不定因过。立、敌双方之因都满足因三相,故均为不定之因,互相不能破斥对方,也不能证成自宗,故法自相相违因所证之宗并非定有比量相违宗过。

十三、三种比量理论有待完善

三种比量的理论在唐疏中尽管有了初步的总结,但是奘门弟子对三种比量的标准及对实例的解释仍多有分歧。基疏作为一本尚待刊定的未成之作,不免存在着前后龃龉、理论概括与实例分析不相一致的情况。同时也要看到,大乘瑜伽行佛教论师从自宗立场出发,自觉不自觉地把自宗学说标榜为共比量而强加于人的做法,表现突出。这是不能迁就的。

还应指出,在《大疏》中的确有一些与上述观点相龃龉的间接论述,"自共比中,……自共有过,非真能立,何名破他。他比量中,……立他违他及共有过,既非能破,何成能立?"②基疏此说,自比能立,似乎亦是能破,他比能破,似乎亦复能立。这一见解于理不合,可以删除。

除了三支均为自或三支均为他的纯粹的自、他比量外,在唐疏中,还常常出现宗、因、喻三支中有自有共的自比量和有他有共的他比量。这类由自共、他共

①　窥基:《大疏》卷七,页一右。
②　窥基:《大疏》卷六,页二十七右。

混合出现的三支论式可称为共中自、共中他。

声生论对除胜论以外的其他派别立"声常,所闻性故,如自许声性"。同喻依声性加上自许简别词,避免了不共不定过,成为无过的共中有自的自比量。

文轨的《庄严疏》说:"内道破外道云,我非常住宗,以动作故因,如灯焰等喻,然动作因内道不许于我上有,我又是无,……今动作因是他比量,故无所依不成过也。"①

上例中,佛家不承认"我",故宗为他比量,佛家又不许"动作"因于"我"上有,故因也为他比量,只有喻是共比量。整个论式是他比量,由于对"动作"因说明了是他比量,即作了简别,故无过失。这是共中有他的他比量。

十四、判定"唯识比量"为共比量不符合标准

既然制定了三种比量的标准,则应严格遵守。玄奘的"唯识比量"中三支都有自许的成分,实际上把自宗降格为自比量。这与他修改胜军量相仿佛。玄奘的唯识比量打的不过是防御战,起不到破他的作用。

从现存唐疏看,把唯识比量看成共比量的最早解释出自《庄严疏》,窥基《大疏》因循此说。这种解释延及宋明,陈陈相因直至今日。

文轨的解释是十分勉强的。他没有顾及宗之有法色实际指的是相分色,相分色不极成,若不加简别,就会犯他所别不成宗过。现在宗中相分色是意许而非言陈,在宗上未加简别还能说得过去,但一到举因时,矛盾就暴露出来了。若因支再不加"自许",以弥补宗的不简,必有"他随一所依不成过"。纵使因法为双方所共许极成,敌论也不许因于宗有法上转,因为宗有法的意许是不极成的,意许是双方对诤的对象。总之,因支不能是共比量,若当作共比量看,就不可避免地犯"他随一所依不成过"。

窥基在《大疏》中采用了文轨的解释,认为因支虽加自许,唯识比量仍为共比量。窥基还依文轨之释作进一步发挥:"汝立比量,既有此过,非真不定。凡显他过,必自无过。成真能立必无似故。明前所立无有有法差别相违。故言自许。"②

"凡显他过,必自无过",没有逻辑的必然性。对方的反驳有错误,并不能反证己方一定无过,因为实际上有以错破错的情况。在窥基参与糅译的《成唯识

---

① 文轨:《庄严疏》卷二,页二十一左。
② 窥基:《大疏》卷五,页四左至右。

论》中，就说过："虽说未了，非破他义，已义便成，应更确陈，成此教理。"①

十五、误释陈那关于宗因相违非宗过而是因喻过的原文

指古因明师及小乘称因支与宗相违为第六种宗过，其实这不是宗过。《理门论》说："诸有说言宗、因相违名宗违者，此非宗过。以于此中立'声为常，一切皆是无常故'者，是喻方便恶立异法，由合喻显'非一切故'。此因非有，以声摄在一切中故，或是所立一分义故，此义不成，名因过失。"

意为，这种并非宗过的例子是，以"声是常"为宗，以"一切皆是无常故"为因。其中"一切皆是无常故"还算不上因，而是有倒离错误的异法喻（异喻体）。此异法喻本来应陈述为"诸无常者法是一切"，即"诸无常者法'不是'非一切"。由此以合作法组成的同喻体为"诸非一切者法是其常"，此同喻体所显示出的因应为"非一切故"。但是"此因非有"，不能为宗上有法所有。这是因为"声"被包括在"一切"之中。"非一切故"因有过失，称为"不成"因过。《述记》解释说："此非一切故因，于宗上非有。以即此声上摄在一切中故。音声上彼此不许有其非一切义，即是两俱不成因。"②

陈那为外道恢复的"非一切故"因还有宗义一分为因之过，以上所释均见神泰《述记》，《述记》忠实地解释了《理门》原文。

《大疏》开头还遵循《理门》原文，可是接下来便走调了。《大疏》说："复云：'此因非有，以声摄在一切中故。'陈那意言，此古所引'一切皆是无常故'因，于其所立常声非有，以声摄'一切皆是无常'中故，便是因中两俱不成，共不许因，有法有故。"③

本段疏主解陈那意有误。陈那说的此因是指"非一切故"，而非基疏所说"一切皆是无常故"。对此，奘门弟子定宾有正确理解："'非一切'因，此因在于宗有法上，都无其义。所以尔者，以声摄在一切中故。既有法声摄入一切，故有法上即无'非一切'义，犹如两俱不成。立'声无常，眼所见故'，既以声为宗中有法，其上即无'眼所见'义。"（转引自《明灯抄》卷一末第229页）基师却曲解为"常声"没有"无常"义，不仅擅改了宗上所别即有法，而且更改了因。善珠虽然引述了定宾之释，却对二师歧义未予轩轾。从日僧凤潭《瑞源记》中可知，奘门弟子靖

---

①　转引自林国良：《成唯识论直解》，上海：复旦大学出版社，2000年出版，第507页。

②　神泰：《述记》卷一，页十三左。

③　窥基：《大疏》卷一，页十五右。

迈亦同定宾之释,慧沼门人道邑所作助释也与宾同。此外还提到"俊(藏俊)、备(文备)等诸释皆然",而愿晓作了总评,认为诸家"善顺"于《理门》①。

十六、疏释因同品有二解皆误

在《大疏》解释《入论》"'若是所作见彼无常,如瓶等'者,是随同品言"处,《大疏》说"'所作'因通声、瓶两处名因同品。"此句疏文有误释,应为有因之处即为因同品。

《大疏》接着说:"又'同品'者,是宗同品。昔随举因,宗犹未随自瓶同品'无常'义定。今显有因,宗法必随,如瓶等故,其所立声,定随同品'无常'义立。"基师解此"随同品言"之"同品"为宗同品,似不妥。陈大齐《蠡测》批评说:"《大疏》释此,具有二解,一解同品为因同品,二解同品为宗同品。两解并存,取舍不决。同法喻者,谓宗随因,宗是能随,因是所随。今言随同品,同品是所随,故应是因同品。且如是释,与《理门》'说因宗所随',正相符顺。"②

《大疏》又说"其所立声,定随同品无常义立",此句意为,立论者说出同喻后,"声无常"宗便随宗同品无常义立而立。原来疏释此同品为宗同品,是以立因与立同喻的证宗的时效不同为依据。我认为此释仍不妥当。一则与后面《入论》说异喻为"远离言"不相称,二则陈那强调二喻必须并存,单说同喻不完整。证宗的时效应在二喻都举出之际。因此,陈大齐言之有理。

十七、关于现量相违"有违他现非自"举例有误

《入论》:"此中现量相违者,如说'声非所闻'。"

《大疏》关于此过"全分四句"中"有违他现非自"举例说:"有违他现非自,如佛弟子对胜论云:'觉、乐、欲、瞋非我现境,彼宗说为我现得故',虽此(亦)有自能别不成,今此但取违他现量。"

熊十力《删注》认为"疏举此例,大谬。细检佛家此宗,更有两失,不止违他现过。两失者:一自能别不成。佛家本不许有我。今宗之能别曰我,故是自能别不成。二违自现。宗之有法,曰觉、乐、欲、瞋。觉通心心所,乐即受,欲与瞋,在佛家亦均是心所。佛家大乘说一切心心所,皆为自证分现证,特不以为我之所现得

---

① 凤潭:《瑞源记》卷一,页二十六右。
② 陈大齐:《蠡测》,第六三至六四页。

耳。虽非我之所得，而未始不许觉、乐、欲、瞋是现境。今宗言非现境，便有违自现失，云何可言违他现非自耶？"①

十八、窥基以声生对声显解第七句因是误释

《大疏》解释《入论》"同品一分转、异品遍转者，如说'声非勤勇无间所发，无常性故'"说："若声生论，本无今生，是'所作性'，'非勤勇'显。若声显论，本有今显，'勤勇'显发，非'所作性'。故今声生对声显宗立'声非勤勇无间所发'，'无常性'因。此因虽是两俱、全分，两俱不成，今取不定，亦无有过。"②

本段大意是说，声生论主张声音原本无有而后产生，是"所作"的结果，不是靠"勤勇"显现出来的。声显论则主张声音原本就有而今显现，是"勤勇"显发的结果，并非"所作"的产物。因此现在声生论对声显论立宗"声非勤勇无间所发"，以"无常性"为因。此"无常性"因虽然是两俱、全分不成，窥基认为在本例中判其为不定因也没有过失。

金陵本将"两俱全分"与"两俱不成"连读，前后两个"两俱"费解。《里书》作"此因虽是两俱全分乃两俱不成者"，此注有理。声生论与声显论都主张"声常"，"无常性"因有两俱全分不成过。

问题是，陈那九句因理论中的每一句都是以满足第一相为前提的，九句因只涉及正因、不定因和相违因。所举实例都满足第一相，陈那、天主并未明言第七句因即同品一分转、异品遍转的立敌双方，故无可指摘。窥基为举例而举例，明言"声生对声显"，反而画蛇添足，导致错误。

---

① 熊十力：《删注》，页四十三右。
② 窥基：《大疏》卷六，页十七左。

第六章　维护正脉，独尊大疏

——慧沼因明研究

窥基、慧沼、智周是唐代慈恩宗(法相唯识宗)的三代祖师。随着慈恩宗的创建和发展，窥基在因明研究和弘扬方面的权威地位也逐步得到确立。不过，在窥基生前，他在因明方面的地位还未能定于一尊。这是因为窥基撰写的《因明入正理论疏》原未终篇，在他生前尚未流通。称其为未竟之作包括两个方面，一是未写完，只解释到因过，在喻过部分后便空缺；二是已解释的部分，虽然阐发富赡，为诸疏之冠，但是也有明显的不足。基疏对文轨的《庄严疏》、净眼的疏抄等古疏既有继承，也有不少批评。其中得失，有待评说。窥基疏的至尊权威是经过他的嫡传弟子慧沼和再传弟子智周的大力弘扬才树立起来的。

慧沼和智周作为窥基的直系传承，他们在汉传因明发展史上的贡献就是继承、捍卫、阐发和弘扬了窥基的因明思想，他们没有也很难在因明理论方面有大发展，不可能再有突出的建树。由于智周的传授，汉传因明又东传日本。这就是因明在日本的北寺传。自唐以来，日本的因明研究传承不绝，后来居上，并保存了大量疏记。汉传因明今日能承续唐疏之正脉，是不能忘记慧沼、智周的贡献的，也要感谢日本僧人的保存之功。

第一节　慧沼其人其书

慧沼(650—714)，又名惠沼、惠照。《宋高僧传》说"不知何许人也"。因后迁淄州，亦称"淄州沼"。又说他"少而警慧"，"自奘三藏到京，恒窥壶奥。后亲大乘基师，更加精博"①。慧沼十五岁出家时，玄奘将逝，他有幸从奘师处初步领

---

① 赞宁：《宋高僧传》，北京：中华书局，1987年版，第73页。

略到深隐的学问。咸亨三年(672)从师窥基，慧解超群，有"山东一遍照"之盛誉。晚年奉诏参加义净译场任证义大德。"多所刊正，讹言舛义，悉从指定，无敢逾制"①。

慧沼著述颇丰，现存十种中有因明著述数种：《因明入正理论续疏》(简称《续疏》)《因明入正理论义断》(简称《义断》)二卷、《因明入正理论义纂要》(简称《义纂要》)一卷，还有关于现量、比量的《二量章》，收在《法苑义林章补缺》之内。

窥基《大疏》是未竟之作，喻过能立法不成以下由慧沼补足。对此，日本僧人有过误解。1933年南京支那内学院刊行《续疏》时作了考证。根据支那内学院版《续疏》的《校者附记》说，《因明大疏》流传日域，版本有三。一是缺卷本，能立不成以下无疏；二是补卷广本，能立不成以下有疏而文繁，篇末有沼师识语，"于师曾获半珠，缘缺未蒙全宝"②。日僧善珠称为新续注者；三是补卷略本，能立不成下有疏而文约，篇末无识。此即善珠所谓旧疏者是。《校者附记》认为："大抵基师撰述原未终篇。沼续纂文乃成足本。故其门人道邑、智周，皆遵以注记，不复区分。迨后另行略本，则从沼疏删订以成之也。"③校者接着批评说："日人传授昧此本末，以为基师原有略疏，沼师但加补注。此则误略本为先出且属之基师矣。自后明诠作《导疏》，专宗略本，藏俊相继写定文句，于是基疏大行，而沼续反无闻焉。"校者又指出："然勘此本文句，实不能谓为基作，其证甚多。如解自悟唯有二量云，广此二量如章具辨。明明指慧沼之《二量章》言。此文亦必为沼作。此一证也"④。校者共举证四则，恐繁不引。

我认为，支那内学院《校者附记》所言甚是。善珠等日僧既然承认补卷广本为沼师所补注，而该本篇末有沼师"于师曾获半珠，缘缺未蒙全宝"之语，根据沼师此语可以断定，基疏撰述原未终篇。假定补卷略本为先出且属之基师，则略本无论怎样文约，也属全本，是不能说仅获"半珠"和"缘缺未蒙全宝"的。

慧沼《续疏》作为足本，比起原未终篇的基疏来，自然更易于流通。基疏能成为汉传因明的圭臬，慧沼的《续疏》是有大贡献的。

慧沼《续疏》是通过答问方式解答大量的问难与异见来疏解《入论》原文。这与古疏和基疏是相一致的。

---

① 赞宁：《宋高僧传》，北京：中华书局，1987年版，第74页。
② 慧沼：《续疏》卷二，页二二右。
③ 同上，页二二右至页二三左。
④ 同上，页二三左。

在举例方面,慧沼《续疏》也不无瑕疵。沼续是从《入论》能立法不成过开始续写。上来便有失误。他为能立法不成过所举实例,既有所立法不成,又有能立法不成,不如文轨疏举例恰当。

如果说《义断》更注重评论异见中的是非得失,那么可以说《义纂要》是通过解疑答难来阐发《入论》义理。慧沼在《义断》中说:"故辄藻镜是非,议详得失,岂只故乖前哲,务为成其本宗。"①评鉴的标准不是有意违背前哲,而是延续正脉。在慧沼看来,其本宗正脉即以基疏之是为是,以基疏之非为非。例如,慧沼在《义断》中以较大篇幅论述新因明中宗只能是所立,而不是能立。基疏有净眼、文轨和自己的三种解释。基疏与轨疏基本相同,《义断》却对轨疏持否定态度;又如,他严厉批评了吕才和文轨乱改译文,将《入论》"差别性故"改为"差别为性"。

慧沼在《义断》中也不是对基疏全盘照搬,既有不遵基疏之说,如同、异喻不除宗有法,也有订正基疏之误处,如阐明相违决定因过与比量相违宗过之差别。他还不赞成基疏关于同品同于宗有法与法不相离性之解释,认为只同于所立法。

《义纂要》顾名思义是阐发基疏要义。全文以问答形式撰述。总共有几十问,有的专题之问中又含有多问。

《义纂要》是慧沼论述《入论》要义的结集。慧沼仍然依照《大疏》的精神,解疑答难,或补充说明义理,或疏通文字,或评论古疏是非得失。与古疏和基疏相比,由于不再有新的玄奘口义,不可能在总体上超越古疏、基疏而在释义方面做出新的贡献。《义纂要》的作用仍主要是弘扬《大疏》,确立窥基的权威地位。

由于《续疏》《义断》和《义纂要》难读程度甚于基疏,本人屡读屡止,屡止屡读,常有难以为继的想法。转而一想,与其勉为其难,何妨暂作伤其十指不如断其一指,讲得清楚的便讲,否则存而不论,留待日后再作攻坚。

第二节　慧沼《续疏》因明思想研究

据支那内学院版所注,《续疏》与文轨《庄严疏》所同者有六,破轨疏者亦有四。这说明沼疏与基疏一样,以轨疏为主要参考疏,亦以轨疏为主要破斥对象。沼师答难时,有二解者,则采用二解并存的办法。明明二解前后矛盾亦不论是非,令人难于理解。

①　慧沼:《义断》,页四百四上。

一、关于似同法喻前二过顺序

慧沼续疏是从似同法喻的能立法不成过开始,可是他上来便有误释。关于
《入论》"能立法不成者",为什么要先述说能立法不成而后说所立法不成呢？慧
沼说:"由第二相正显于因,顺成所立,故先明之。所立随因,故次后辩。"①辨析
本段义理,可知慧沼此处疏文确有不当。《入论》于同喻过先说能立法不成,后说
所立法不成,这是根据同法喻体的组成"说因宗所随"来的,并非与第二相"同品
定有性"对应,因为同喻体与第二相的语言表达和逻辑形式都是不同的。

慧沼疏文为金陵本和大正藏本所缺,见于宋代广胜寺本和流传日域之广本。
金陵本和大正藏本为流传日域之略本,略去此不当之释,看来不无道理。

二、能立法不成喻过是否有四种,有矛盾二解并存

《续疏》设问:"因为成宗,因有两俱、随一等过,喻亦成宗,何故但名能立不
成,不明余耶？"慧沼自答:"因亲成宗故有四过,喻是助成故无四过。又解,因是
初相,据初辩四,显第二相亦有四种。彼开此合义实相似。以喻准因,亦有四
种。"②这两种解释都出自轨疏。前解以因是正成宗,喻是助成宗作为有无四过的
理由。虽然这理由不充分,但是明确回答了能立法不成无四过。后解以同喻依
显因的第二相作为理由,与不满足因初相一样,能立法不成过也有四种情况。本
来前无后有,自相龃龉,不可并存,但《续疏》不分轩轾。

三、慧沼《续疏》关于同、异喻不除宗

慧沼《续疏》违背窥基关于同、异喻除宗有法之说。《大疏》在解释同、异喻
体时明言除宗以外,但是慧沼《续疏》在解释同喻过失之一无合时,又明言同喻把
"声是所作"和"声是无常""合"了进去。

慧沼的《续疏》对《入论》"无合者谓于是处无有配合"一句的释文前五段是
讨论同喻体"诸所作者皆是无常"是否包括"声是所作",即同喻体是否除宗有
法。对立面是文轨。

---

①　慧沼:《续疏》卷一,页一左。
②　同上,页二左。

慧沼先引问者之难和解答,然后加以驳斥。慧沼说:"标无合体。谓于是喻处,言配合者相属著义。若不言'诸所作者,皆是无常,犹如瓶等',即便不证有'所作'处'无常'必随,即'所作''无常'不相属著,是无合义。由此无合,纵使声上见有'所作',不能成立'声是无常'。故若无合即是喻过。若云'诸所作者,皆是无常,犹如瓶等',即能证彼'无常',必随'所作'。声既有'所作',亦必'无常'随,即相属著是名有合义。"①

本段大意是,《入论》此句是标明无合过的过体。在同喻依即瓶等有法处,要显示能立因法与所立法的配合。所谓配合,即所立法属著能立因法。假如不说"诸所作者,皆是无常,犹如瓶等",即不标明有"所作"之处"无常"必定随逐,即'所作'与'无常'不相联结,就是无合的意思。由于这种无合,纵使声上显示有"所作"之因,也不能证成"声是无常"宗。因此要是无合便是喻过。如果说了"诸所作者皆是无常,犹如瓶等",即能显示那"无常"宗法,必定随逐"所作性"因。声既然有"所作性",也就一定有"无常"法相随,即是说因法与宗法相联结是有配合义。

《明灯抄》:"'谓于是处'者,同喻所依,即是瓶有法处等。'无有配合'者,此有两解。一云,'配合'者,苞含义。应云'诸所作者此(皆)是无常,犹如瓶等'。言'诸所作',苞括声、瓶之因,'皆是无常'。总绾瓶、声所立,是有合义。今既但于'瓶等',但云'有所作性及无常性',此即不合声所作及无常性。不关宗、因,名无合也。一云,'配合'者,属著义。应云'诸所作者皆是无常,喻如瓶等'。即所立宗,属著能立。能立能成所立之宗,更相属著,是有合义。犹此合故,即显'声'宗。其'所作'因,亦相合故,'声是无常'。今于'瓶等',但云'有所作性及无常性'。此即能立,不成所立,所立不随能立,既无相属著义,故是无合过也。"②

慧沼问:"诸所作者皆是无常,合宗、因不?有云不合,以'声无常',他不许故,但合宗外余有所作及无常。由此相属,能显声上有所作故,无常必随。"③《明灯抄》解释说:"此轨法师说也。故彼疏云:'所作性因',敌论许诸言合,故可合因。'声是无常',他不成。'皆无常言',如何合?文言少异,义意无别。今不合者,唯在宗言,许因合故。此师意云,声上所作两极成。或由诸言合所作,在声无常不共许,皆言如何合无常?"④在同喻体"诸所作者皆是无常"中没有把因"声是

———————————

① 慧沼:《续疏》卷一,页十右至页十一左。
② 善珠:《明灯抄》卷第六本,页四〇六上。
③ 慧沼:《续疏》卷一,页十一左。
④ 善珠:《明灯抄》卷第六本,第四〇六页中。

所作"和宗"声是无常"合进去，文轨的这一回答是正确的。因支"声是所作"起归类的作用，只是把声归到所作一类中。至于"诸所作者皆是无常"中包不包括所作声是无常，在陈那的因明体系中是没有的，第五句因可以证明。

　　但是，慧沼不赞成这一说法："今谓不尔，立喻本欲成宗，合既不合于宗，立喻何关宗事？故云'诸所作者'即苞瓶等一切所作及声上所作。'皆是无常'者即瓶等一切无常并声无常即以无常合属所作，不欲以瓶所作合声所作，以瓶无常合声无常。若不无常合属所作，如何解同喻云'说因宗所随'？"①这段话有点费解，大意可能是说同喻体的组成是所立法无常跟随能立因法所作，而不是以所作瓶类所作声，以无常瓶类无常声，否则，怎么理解《理门论》所说的同喻体是"说因宗所随"呢？慧沼还是没有讲清为什么喻体里不除宗。我认为，同喻体的因法所作与宗法无常的关系是同喻依上因、宗二同且不相离的体现。同喻中喻体与喻依是义与体关系，体义是和顺而不是矛盾的，而同喻依中明显不包括宗。因此，慧沼对文轨的这一反驳不能成立。立喻固然是要成宗，问题是，立喻想要成宗与立喻能不能成宗，或者说怎样成宗，这是两个问题，不能混淆。不能说立喻是为了成宗，喻中就一定包含了所作声是无常。

　　慧沼紧接上文又反驳说："若云'声无常'他不许不合者，不尔。若彼许者即立已成。以彼不许故须合显云，'诸所作者皆是无常，犹如瓶等'。"②意思是说，因为宗是敌方不许的，所以同喻体中把宗、因合进去了。这话说了等于没说。

　　总之，在疏解同喻体的构成时，窥基强调同法除宗，但慧沼《续疏》在解释无合过时，又不承认除宗，前后解释不一致，诚为可惜。可见，我在拙著《佛家逻辑通论》中说陈那三支作法中同、异喻体的逻辑形式实际上是除外命题，并非凭空臆想。

　　《续疏》继续批评异喻除宗说："又设难云：'异喻亦言诸、皆，岂欲笼括宗、因耶？'答：'不例。异喻本欲离彼宗、因，显无宗处因定不有，如何得合？'返显、顺成诸、皆之言，定合声上所作与彼无常令属著因。"③

　　本段大意为，有人又设难说："异喻体也说'诸''皆'之言，难道也是为了把宗上的因法和后陈法包括到异喻体上去吗？答：'不能这样类比。异喻的作用本来是为了使宗异品远离因，显示无宗之处因亦定无，异喻怎么能合宗、因呢？'"慧沼认为异喻体返显和同喻体顺成中的"诸""皆"二字，是必定使声上所作与那无

---

① 慧沼：《续疏》卷一，页十一左至右。
② 同上，页十一右。
③ 同上。

常相联结的根据。《明灯抄》认为异喻体也除宗的设难也出自轨师。由南京支那内学院于 1934 年辑佚而成的文轨《庄严疏》没有收入这一非难。我以为，异喻如把宗上的因法和后陈法包括到异喻体，那也是循环论证。

第三节　慧沼《义断》因明思想研究

《义断》全篇是对因明义理不同解释的回应。作者的观点是坚持窥基立场，大多以《大疏》为正统，评判各家。全篇共有 39 段，每段讨论一个专题。每段以"有人解""有人云"开始，表示别人问或自问，然后自答。一至五段都讨论同一专题"宗是否为能立"。十八、十九、二十都讨论《入论》"唯此三分，说为能立"，与回答"宗是否为能立"有关。有的段落中，围绕同一专题，不止一问一答。

一、关于宗是所立而非能立

慧沼在《义断》中讨论的第一个有争议的问题便是关于"宗是否为能立"。这是研习《入论》初颂和长行劈头要弄懂的一大疑难问题。《入论》长行明言"此中宗等多言名为能立，由宗因喻多言开示诸有问者未了义故"。按字面意义，此句中宗包括在能立之中。古疏和《大疏》却说宗只能是所立而非能立。慧沼在《义断》中用大量篇幅阐发古疏和《大疏》的观点，充分说明研习者中对此不乏疑问和异见。

我们在本专题的讨论中已作过说明，唐疏代表作者神泰、文轨、净眼、窥基都用了陈那《集量论》的新解，以因三相或一因二喻为多言来解释《理门论》《入论》以宗、因、喻三支为多言的原文，但他们都讳言陈那以《集量论》新解代替了《理门》旧说。这显然会引发质疑。慧沼也照惯例，未加说明，坚持这一立场，因循古疏和基疏，"务为成其本宗"。

《义断》说："有人解能立云，善立三支，令他解悟，故名能立。若望因、喻先成，宗支未许，为成未信，必藉能成，因、喻既为能成，能成必有所立，即以宗为所立，因、喻为能立。其义云何？"①此问分两层意思，第一层是，有人认为"善立三支，令他解悟，故名能立"，宗包括在能立三支之内。第二层是，因、喻是立敌双方

① 慧沼：《义断》，《卍续藏经》第 86 册，卷上页四百四上至下。

原先就共同认可的理由，就三支内宗与因、喻关系而言，因、喻能证成宗，宗是所立而非能立，只有因、喻才是能立。"有人"要问：这两种说法孰是孰非？

慧沼答："若以一向望于敌论，宗他未许，必因、喻成，故所立中者。共量可尔，他、自如何？岂可！宗支自不生信。又前说在能立之时，宗岂他家已许？若他已许，举即相符极成。若他不许，恒在所立之内，何故前说宗在能立之中？若云前望生他智解，宗居能立之中；若为因、喻所成，故在所立之内者。此亦不然。《瑜伽》《对法》俱云：所立有二，谓自性、差别。能立有八，谓宗、因等。《理门》亦云'由宗因喻辨说他未了义，说名能立'。不说他智在所立中，何故今者说宗望他即为能立？又，宗他既不许，何得说为能立？故《理门论》云'唯有共许决定言词说名能立'，宗不共许，故非望他说为能立。说能立者，即是言宗望所诠义名为能立。为所立者宗言虽说义未显决，假因、喻成，言义方显，故名所立。若望敌者，宗名所立以他不许，今成立故。虽本立义为生他解，不望他智说为能立。然此论云'已说宗等。如是多言开悟他时，说名能立'者，此据因果合说。以由因、喻成宗显决，他智得生。若其不能成彼所立，令其显决，他智不起。故比量为因，他智为果。能立所成，离过圆满能为因故。由此《理门》云'今此唯依证了因故'，宗生他智，岂名证了？又云'辨说他未了义说名能立'。说他智为所立，曾无教故。若会今古，能所立殊，如本疏说。"①

"有人"所解能立之义是正确地解释了二论原文的本来意义。立、敌相对，真能立就是通过"善立三支"来"令他解悟"。能立之第一义是包括宗支的。对敌而言，此能立之立是申自义之立，与三支内部能成立宗之能立（因和喻）是不同的。可见，从神泰到慧沼，都未能辨明二论之能立一词的二种不同含义。

慧沼的解答很不好读，分解为以下十点：

其一，"若以一向望于敌论，宗他未许，必因、喻成，故所立中者"。意为，立敌不共许之宗靠因、喻证成，故为所立。"共量可尔，他、自如何？岂可！宗支自不生信"，是说必须要用共比量的因、喻来证宗，自、他比量的因、喻不行，而宗支自己又不能开悟对方。

其二，"又前说在能立之时，宗岂他家已许？若他已许，举即相符极成。若他不许，恒在所立之内，何故前说宗在能立之中"。意为，"前说"指有人的观点，即通过"善立三支"来"令他解悟"。既然他不许之宗"恒在所立之内"，"何得说为能立"？

其三，"若云前望生他智解，宗居能立之中；若为因、喻所成，故在所立之内者。此亦不然。《瑜伽》《对法》俱云：所立有二，谓自性、差别。能立有八，谓宗、

① 慧沼：《义断》卷上，页四百四左上至右上。

因等。《理门》亦云'由宗因喻辨说他未了义,说名能立'。不说他智在所立中,何故今者说宗望他即为能立?"意为,假如有人说立量三支是为"生他智解",故宗为能立。宗本身"为因、喻所成,故在所立之内"。慧沼认为这说法是不对的,因为《瑜伽》《对法》和《理门》都"不说他智在所立中","何故今者说宗望他即为能立"。

其四,"故《理门论》云'唯有共许决定言词说名能立',宗不共许,故非望他说为能立"。《理门》此句本意为,作为能立的因和喻必须是共比量,即"唯有共许决定",而不涉及本来就不应共许的宗。慧沼作了不相干论证。

其五,"说能立者,即是言宗望所诠义名为能立"。在宗言表达宗义的意义上,宗才称为能立。

其六,"为所立者,宗言虽说,义未显决,假因、喻成,言义方显,故名所立"。还是说宗言所表达之义要靠因、喻来证成。

其七,"若望敌者,宗名所立,以他不许,今成立故,虽本立义为生他解,不望他智说为能立"。

其八,"然此论云,'已说宗等,如是多言开悟他时说名能立'者,此据因果合说,以由因、喻成宗显决,他智得生。若其不能成彼所立,令其显决,他智不起"。

其九,"故比量为因,他智为果。能立所成,离过圆满能为因故。由此《理门》云'今此唯依证了因故',宗生他智,岂名证了?又云'辨说他未了义说名能立'。说他智为所立,曾无教故。"宗当然是所证,而非能证。

其十,"若会今古,能、所立殊,如本疏说"。陈那放弃《理门》旧说而用新解,确实"能、所立殊"。

以上十点,读懂非易。试作评析如下:《义断》在本段答句中,除其五"言宗望所诠义名为能立"是采纳了净眼《略抄》的见解外,基本上是主张宗只能是所立,因、喻才是能立。本来问句中的两层意思并非矛盾,它们是从不同的角度来说的,即能立一词有二义。问句中的第一层意思就是能立一词的第一种含义,宗是能立三支之一。

《义断》上来就用共、自、他三种比量理论解答能立二义,感觉突兀,其一不好理解。待读至其二、其四、其九,才知慧沼用共比量来解答宗只能是所立而非能立,有点不着边际,是不相关论证。

《入论》初颂所说八门之一的能立,包括宗、因、喻三支。立方要开悟敌方,必须拿出一个完整的三支作法来,首先要立宗,明确与敌方讨论的是此宗。能立第一义,就是指宗是三支之一,这是《入论》初颂所说八门之一能立的本义。立宗本来就是自许他不许,一个能立,无论是真是似,都得遵守这一立宗规则。"若他不许"，同样可说"恒在能立之内"。至于此能立是否达到开悟敌证之目的，要看立方是否举出证了因，即举出敌证能了悟的因之后。但是，立方举出的因和喻是真是似，并不影响宗成为能立三支之一。

从其四到其九，"有人"都可以接受，都不反对，因为这几条都不构成宗非能立之一的理由。其四中《义断》引用《理门论》"唯有共许决定言词说名能立"来证宗非能立是错误的。这句话的本意是说因、喻必许共许，不共许的因、喻在共比量中无证宗功能，非正能立。慧沼以此来作为不共许宗非能立的依据，完全不相干。总之，《义断》在这第一段中对本专题没有提出比古疏和基疏更合适的理由来否定宗为能立的观点。

第二段继续讨论这一专题。《义断》说："有人云，然旧来相传皆作解云，无著、世亲已前，说八为能立，自性、差别二为所立。乃至即牒先疏，依于声明为难并疏解云，因有三相，因一喻二，皆名多言，由此定知宗是所立。世亲已前，显诸所净，不过自性、差别二种，故是所立。宗为能立，立此二故。陈那已后，以此二种未互差别成不相离性，不是所净。此意云，先德一向定判，陈那已后，宗为所立，已前宗为能立，不许互通。故云今依自解者，乃至云古师亦说宗为所立，广教理成。陈那宗亦能成，多理教立。其义云何？"①

本段发问意为，自无著、世亲古因明以前，宗既是所立又是能立。《瑜珈》论中就"说八为能立，自性、差别二为所立"，"显诸所净，不过自性、差别二种，故是所立。宗为能立，立此二故"。有人又依照声明，三为多言，以此解释二论中所说三支包括宗，宗为能立之一，并以此质疑先德关于宗只能是所立而非能立之说。本疏认为，"因有三相"和"因一喻二""皆名多言"，陈那认为古因明以自性、差别二宗依为宗，其间未建立不相离性，因而不成为所立，即"不是所净"。因此先德向来否定宗既是所立又是能立，"不许互通"。现在《大疏》中又"依自解"说宗既是所立又是能立，这是什么道理？

慧沼答："此乃广前所释，何云唯自新知？故本疏云，陈那已后略有三释。一云，宗言所诠义为所立。故《瑜伽论》第十五云，所成立义有二种，一自性，二差别，能成立法有八种。其宗能诠之言及因等言义皆名能立。其宗之言，因、喻成故。虽亦所立，彼于次说，何故先立宗耶？为先显示自所爱乐宗义，故亦所立。非定所立，能成义故。犹如于因，喻所成故，但名能立。宗所诠义，定唯所立，独名所成。此即具释，宗通能、所，成何言先不说？二云，总聚自性、差别，教理俱是所立。论俱名义，总中一分，对敌所申，若言若义，自性、差别，俱名为宗，即名能

---

① 慧沼：《义断》卷上，页四百四右上。

立。虽此对宗亦是所立,能立总故,得能立名。故陈那等宗名所立与《瑜伽》等理不相违。《瑜伽》等不说宗非一向唯能立故。此亦俱通,岂不明说? 三云,自性、差别,合所依义,名为所立。能依合宗,说为能立,总立别故。非此总宗定唯能立,对敌合申,因、喻成故,亦是所立。由非定所立,故得能立名。陈那但以共许因、喻,成他未许。他未许者,唯是合宗。宗为所立,自性、差别但(俱)是宗依,非〔正所能立〕是所立。所立之具,所望义殊,不相违也。"①

慧沼在本段中对"先德一向定判,陈那已后宗为所立,已前为能立,不许互通"的观点作了修正。他认为基疏中所引陈那后之三释,皆"宗通能所"。

基疏所陈三释中"一云"为净眼所说,要点是"宗言所诠义为所立"。整段意为,《瑜伽论》中宗言所诠宗义为所立,宗言为能立。犹如因与喻之关系,喻助因证宗,因为所立,喻为能立。净眼未说此宗义指宗依还是宗体。

基疏所陈三释中"二云"出自文轨《庄严疏》。基疏引文过于简略,并未完整介绍文轨观点。实际上轨疏原文代表了古疏的观点,《大疏》讳言二论中能立多言包括宗支的书面意义,强调宗只是所立而非能立的两种辩解都源于《庄严疏》。两种辩解都不能成立,如陈大齐先生指出的"显所立而简滥",导致"简滥益滥";"顺古师而免竞",适得其反,"文虽顺古,义既违先,终成乖竞"②。净眼《略抄》对《庄严疏》的批评也没有道理。善珠《明灯抄》说:"沼法师云,'此三释中,初后无违,中释似过'。"③查沼师《义断》原文,并无此语。本来陈那以后,略有三释,古疏中文轨《庄严疏》在前,净眼《略抄》在后,《大疏》却先引净眼《略抄》,倾向明显。轨疏说:"古师以诸法自性、差别,总为一聚,为所成立。于中别随自意所许,取一自性及一差别,合之为宗。宗既合彼总中别法,合非别故,故是能立。"④轨疏意为,立宗一方"随自意所许",将诸法中取相应之自性、差别合在一起成为所立,宗体既由二宗依合成,"合非别故,故是能立"。文轨解释古师宗通能所,古今异义。慧沼本段强调,陈那说"宗名所立与《瑜伽》等理不相违",《瑜伽》等也"不说宗非一向唯能立",有意会通古今,实际未讲清能立二义之合理性。

"三云"为窥基自己主张。仔细研读,文字虽异,义理未超出《庄严疏》。《大疏》阐释由宗依自性、差别所合成的宗体称为能立,但又非一定只是能立。"对敌

① 慧沼:《义断》卷上,页四百四右。
② 陈大齐:《蠡测》,第六至七页。
③ 善珠:《明灯抄》卷第一末,二二五下。
④ 文轨:《庄严疏》卷一,页五右。

合申，因、喻成故，亦是所立"。总之，《大疏》也随顺古师之说，宗通能所。"所立之具，所望义殊，不相违也"。

以上三释皆见《大疏》第一卷，为窥基亲撰，《义断》基本照抄。今人却说成是"慧沼进一步归纳为三点"，可谓张冠李戴。引三释之后，慧沼又有一大段文字，恐繁不引。

综上所述，慧沼在本段中一方面坚持古疏和基疏关于二论中宗只是所立而不是能立的观点，另一方面又做了会通古今，调解异见，化解是非的义断。

第三段解释"因一喻二为多言名能立"，此段含二问。其中第二问很尖锐。"有人云，陈那既乖古说，何故竟无论文破斥，其事云何？"①

慧沼答句很长，分七层意思。第一层是："此亦不然。陈那明古说非，可须破斥，但取义异，故不破斥。如世亲说五能立，亦不非于旧陈。陈那虽三分能成，何假非于古说？"（本层及以下六层注均见第七层注）意为，世亲采用五分论式作为能立，就没有直接非难八为能立的古说，陈那亦然。

第二层是："设云破古因明师者，余不正者非《瑜伽》等。然有说彼《瑜伽》等非自余之过，非前所引疏家之咎。"陈那采用三支，所破外道和古师不包括《瑜伽师地论》等。慧沼遵循基师态度，很小心维护弥勒、无著、世亲的尊严。

第三层是："若云三分说宗等三者，既许陈那宗亦所成，能立之中岂唯三也？若云据宗在能立说为三分者，若宗在所立，即应唯二分。若尔何故虚设唯言？二亦能故。若云宗在所立，即开喻为三者，由此故知，言三分者，但一因二喻。"意为，既然接受陈那关于宗与因喻相对为所立的观点，又怎么说能立有三包括宗呢？既然宗是所立，三支只剩两支，应说"唯二分"，"二亦能故"，何必"虚设唯言"？因此"一因二喻"为三分。

第四层是："又复古师宗为能立，陈那顺古言中不违，所以《理门》等中，能立皆言宗等，文同意异，乃翻译之主能知陈那宗许能成。亦是先德已了，但为今造论意，正明宗在所立之中，释宗为能立之言，疏中亦以具解，余者不悉，执说皆同，未悟作者本意有别。"强调二论"文同意异"，为今人陈大齐所批评。

第五层是："疏主既当入室亲承指授，况复大、小因明明说。故《理门》颂云'是中唯取随自意乐，为所成立说名宗'。不说说立能名宗。故释中云'故此多言于论式等，说名能立'，即显顺古。正释即云'言是中者，是简持义。是宗等中，故名是中。言唯者，是简别义，别简能立说为所立。此正明说，若今宗亦能立，何故须唯？又云'乐为所立，谓不乐为能成立性'。又云'若尔，既取智为了因，是言便

<hr />

① 慧沼：《义断》，页四百五左下。

失能成立义。此亦不然,令彼忆念本极成故'。及此论中,皆无正释宗为能立。既云'唯此三分说名能立',故知一因二喻。"不错,窥基亲承奘师指授,有陈那晚期最新见解,但不能以此否定二论之本意。所引《理门论》原文只能说明宗与因喻相对为所立,而不能否认《理门论》也认可宗是能立三支之一。

第六层是:"以立宗时他智未生,要待因喻,他方解故。藉因三相,比智生故。故此论云'言比量者,谓藉众相而观于义'。乃至云'由彼为因于所比义,有正智生'。《理门》云'谓智是前智,余从如所说能立因生',是缘彼义。不说从彼能立宗生。又宗不共许,立时他智不生,因喻共成引证,彼智方起。故《理门》云'唯有共许决定言词,说名能立'。又《理门》云'又比量中,唯见此理。若所比处此相定遍。于余同类念此定有。于彼无处念此遍无。是故由此生决定解',故知所比即是所立。由此解生,即因三相。又云'故定三相,唯为显因。由此道理,虽一切分皆能为因显了所立,然唯一分,且说为因'。故唯三言,定目因喻。"所引《理门论》关于因三相的原文,同样不能说明宗非能立。

第七层是:"若言陈那定判其宗在能成者,释中何无正说?但见标结顺古之文,即定判为能立。其若船行逐水处异,船同执此,定判能成,可谓见船执依旧水。昔闻刻舟求剑,斯之谓矣。"①既有"顺古之文"而其义有异,何必文义不符,徒生误解呢? 总之,这第三段七层意思全面地阐发慧沼否认宗亦能立之说。

第四段继续阐述古今异说。"有人正释论文解能立中云:依旧解云,世亲已前,举宗等取因喻。《瑜伽》总名能立,由有多言故。陈那已后,但取因喻,不取其宗,取所等因喻,乃至云,自释教东流,皆为此解。准依理教,即理未然,其义云何? 答:此亦不然。此还明先一向唯说,陈那以宗唯在所立,不在能立。古之会释所引如前。但是据今陈那论意,唯说因喻名为能立。广显同异,理教如前。此乃重陈,繁不再述。"②问者坚持"准依理教,即理未然",答者亦坚持"陈那以宗唯在所立"一义。

第五段,"有人云,如立量破他。宗因喻三,俱为能破。立量为申正义,何故独简其宗,其义如何? 答:此亦不例。如破他中有出过、立量二破,岂可立亦令立量、出过二立? 又破他出过,随一一支,皆成能破。岂可量立,随一一支,皆成能立? 又立量明宗通能所立,岂立量破宗,通能所破? 又复谁言,能破亦复通宗? 因喻定故,可能破他。宗他不许,何成能破? 故《理门》云'唯有共许决定言词,说名能立,或名能破。非互不成犹豫言词,复待成故'。又过类中,名似能破。据立

---

① 慧沼:《义断》卷上,页四百五左下至四百五右下。
② 同上,页四百五右下至四百六左上。

量中,是因喻过。翻此能破,故但因喻立宗,虽为破他,无因他宗不破,故但因喻。《唯识》第十四,出其宗非,似出过破,不是立量,故无立量破他,亦名宗为能破。准此还是例于能立,但应因喻。"①有人以立量破具备宗、因、喻三支,反证宗亦为能立之一。此问并不提及出过破,慧沼所答以出过破为批评对象,又以《理门论》因喻必须共许极成和十四过类只涉及因喻作反驳,均有离题之嫌。

综合以上五段,说明慧沼时代,很多习因明者对宗非能立一说非常不理解,因而责疑非难众多,而慧沼坚持窥基的新解,也承续其言不由衷的辩护词。为什么不能明言陈那在晚期著作中修改了自己的观点呢?

第十八、十九、二十、二十一段都是关于《入论》"唯此三分说名能立"的问答,与宗支是否为能立之问答相关,故一并略加介绍。

第十八段问,既然一因二喻为能立,为何清辨的《掌珍论》说缺异喻依的论式亦成能立而说唯此三分呢? 慧沼引《理门论》异喻"后唯止滥",异喻依可以缺无,异喻体只要满足"无宗之处因不有性"即可。②

第十九段是说陈那"但遮外道小乘及世亲之五支等以为能立",而无著《对法》三分为宗因喻。"故知作者意别各不相违,亲疏合离,取舍异故"。③ 会通弥勒《瑜伽》、无著《对法》、世亲《如实》能立的不同表述,并没有区分世亲纯化论式发展古因明之功和陈那将五支进一步简化为三支的创新之举。

第二十段是有人引《理门论》"于比量中唯见此理"乃至遮合结等,"于所比中除此更无其余支分,故知陈那说宗因喻云唯三分者",以证明《理门论》是主张宗为能立三分之一的。慧沼又用《理门论》中因三相"不说其宗"作答④,仍不承认陈那早期著作是把宗作能立三支之一的。

第二十一段又是言不由衷地会通唯识宗师古今矛盾之说。

总之,综合最初五段和后面四段可知,慧沼继承和维护了唐代古疏和基疏的观点。关于大、小二论中宗仅仅是所立,还是既是所立,又是能立,唐代古疏和基疏都主张前者而否定后者。

神泰《述记》认为世亲"立一因二喻为多言名能立";文轨认为陈那三支,"宗言是所立,因等是能立,举其能等意取所等","因一喻二即是多言","若不举所立,不知谁之能立也","陈那意以古师云宗因喻三俱是能立,不能乖古,故举其

① 慧沼:《义断》卷上,页四百六左上。
② 同上,页四百八右下至四百九左上。
③ 同上,页四百九左上至左下。
④ 同上,页四百九左下。

宗,言虽同古,意恒异也"。轨疏上述见解为窥基全盘接受。慧沼重点讨论了这一专题,但无新意。今人有谓慧沼有新的阐发,比窥基更为明确,显然是误读。慧沼的讨论围绕古因明与新因明大、小二论的关系来展开。

慧沼讳言陈那早期代表作《理门论》中宗因喻三支为多言,宗为能立之一。一因二喻和因三相为多言,是陈那《集量论》的说法,异于《理门论》。为什么宗是否为能立之一的问题会有那么多争议?皆因为古疏和《大疏》作者保留了当时那烂陀寺的最新见解,且为尊者讳,讳言陈那新说否定了《瑜伽》及无著、世亲之说,讳言陈那《集量论》发展了《理门论》。

认真阅读大、小二论文本的字面意义,都无法否认二论把宗作为能立三支之一,但陈那晚期代表作《集量论》改变为以因和同、异喻或者以因三相代替能立三支。唐疏的代表性著作都持此见解。每每研读唐疏,都以为唐疏有误,其实另有原因。汤博士解释了缘由,这应是玄奘法师保留和弘扬了他在那烂陀寺学习时的最新见解。

为尊者讳是佛教论师的传统。佛教因明论师也不例外。后起的法称因明七论讳言其对陈那《理门论》《集量论》在辩论术、立破规则和量论三方面的重大改造。西藏多罗那他的《印度佛教史》说印度佛教史六庄严两两一致,后者并无创新。此说不利于佛教史的研读和评判。

二、把唯识宗祖师从古因明师中区分出来

第六段是针对《庄严疏》说"古因明师,或声为宗,或无常为宗,或合为宗","捡《如实》等并无此文",认为《理门论》"破古因明论","不言瑜伽等"①。把唯识宗祖师弥勒、无著、世亲诸师从古因明师中区分出来,为唯识宗祖师辩护。实际上,在因明发展史上,陈那创建新因明体系,是改革了包括唯识诸师在内的古因明学说的。

第二十一段中有人自问自答,《瑜伽》《对法》皆说八为能立,陈那说真唯有三,"岂成相顺"?答为,大小因明与《瑜伽》一类,"岂得违反本经"自为矛盾?慧沼亦取融合态度,否认《瑜伽》《对法》与陈那新因明大、小二论之不同,认为《瑜伽》《对法》"非实说八俱为能立"。② 与第六段一样,有点勉强。

---

① 慧沼:《义断》卷上,页四百六左上至下。
② 同上,页四百九右上。

三、关于"差别性故"的疏解维护窥基对文轨的批评

第七段讲"差别性故"。有人云："论云'差别为性'，言'差别性故'者非也。其义云何?"答："此亦不然。"慧沼又说有法及法"共相差别"①。

慧沼依照基疏对擅自改动论文做法给予批评。他指出藏本皆与奘译相同，直言吕才与文轨法师随意改动，是"昧识为诚言，灵哲为谩语"②。他认为如果是翻译之辈，那么可以斟酌译文，否则不能随便改动。这一看法是对的。但是慧沼也因循了基疏解"差别性故"为有法与法互相差别的错误观点。慧沼在《义纂要》中作了阐发。

四、误释"遍是宗法性"四句中的一句

第十一段解释"遍是宗法性"四句中的一句明显有误。"有释'遍是宗法性'四句云，'有是宗法非遍'者，即所依不成是也。"③"有是宗法非遍"并非所依不成而是随一不成。

五、未讲清"同异品"与"同异法"之区别

第十五段："先德云，但同异于有法之上所作义者，名之为法。又此所作非总所立，不得名品，名之为法。宗总所立，遂与品名，能所异故。又因宗二同异名法，别同异名品。此同异二故名为法。次下因同异及上宗同异，并别同异。故皆名品。"④对此，今人陈大齐先生有专论指出《大疏》之误，已见《大疏》评论，此不赘言。

因循《大疏》之释，既以因单同异释因法之同异，即别同异于因名为法，同异于宗(所立法)为品，又以因宗二同异名法，别同异于因宗名品。释法之标准未能一致。《义断》未能正确解释品与法之差别。《大疏》以单同异释品，双同异释法，正确定义了品与法，却未能守此正说。

---

① 慧沼：《义断》卷上，页四百六左下。
② 同上。
③ 同上，页四百七左下。
④ 同上，页四百七右下。

六、《义断》释相违决定与比量相违之差别

《义断》说："'相违决定与比量相违何别?'答:'如本疏释,今更助解。相违决定是因过,比量相违是宗过。又比量相违前邪后正,相违决定前后俱邪。此比量相违,后必破前,相违决定则不如是。为正量违故,名比量相违,如违现等。此释极妙,穷至理也。故二差别。'"①《义断》解释二者之差别是对的,有比量相违之宗一定与前之正宗相违,"后必破前"说,把前、后说反了。

第四节 《义纂要》因明思想研究

《义纂要》内容包括两大部分。在编纂要义之外还有第二部分,称为《因明入正理论义纂要之余》。本文限于研读第一部分。基疏疏解《入论》内容共分为四:叙所因、释题目、彰妨难和释本文。《义纂要》阐发了后三要义。

基疏在"释题目"中,对"题目"即书名《因明入正理论》做了五种解释。在"彰妨难"中批评了净眼疏中介绍的四能立说。在"释本文"中阐发的主要内容有:能破与似立、似破之关系,宗与所立、能立之关系,宗体"差别性故"的意义,陈那为何只说二量,何为同品定有性(包括何为同品,同品除宗有法,何为定有性),《理门》本颂归属,同喻体"显因同品决定有性"的意义,四相违,何故初相独名不成,宗过、因过和喻过相互关系,还解释了唯识比量等。

一、关于《因明入正理论》书名的含义

《义纂要》辟头就阐发基疏对"题目"即书名《因明入正理论》所做五种解释,可见其为要义之最。先简要回顾基疏之五种解释。窥基说,"一云,明者,五明之通名。因者,一明之别称。入正理者,此论之别目"。又释因分生、了二因,生、了各分言、义、智三。此释因明为因的阐明,明为五明之通名,与神泰《述记》所说相同。又说本论是因明之一论。所入者为正理,即"诸法本真",而非神泰《述记》所说的《理门论》;二云因明为"一明之都明。入正理者,此轴之别目",与前释

---

① 慧沼:《义断》卷上,页四百十二右上。

同,但"明谓敌证者智",显与前释"五明之通名"相违;三亦云"明者智了因",并非"一明之都明",还强调"因与明异,俱是因明"。意为因是因,明是明,因与明异,因明既研究因,又研究明;四云"因明者,本佛经之名。正理者,陈那论之称"。此释强调因明名称是佛经专有。正理指陈那《理门论》,与初释同。又说"明谓明显,因即是明,持业释也",释明异于神泰的"五明之通明";善珠《明灯抄》说五云包括三释,皆为窥基所说。窥基说"因明、正理俱陈那本论之名。入论者,方是此论之称"。正理指《理门论》,与初释同。或者说,"因明者,即《入论》名。正理者,陈那教称。由此因明论,能入彼正理故",意为本论所入者为陈那《理门论》,与神泰同。或者说"此应云因即是明",又与神泰说相悖。

窥基先罗列了唐疏四家之释,最后第五家是自释。自释又分为三释。总共有七种回答。窥基将五家并列,第一释是说因的阐明,即阐明因;第二释是说能明的因,即因是能明;第三是说因与明有区别,都是因明;第四是说因有明的功用,因等于明;第五是说归属陈那论或天主论等。其中第二、第三两释均解明为敌者之智,与第一释相违。第一、第四两释显然矛盾。第一释与五明之通明相符,应为正解。第二、第三和第四释明与五明之明不相符合。

正理也有五义。一是指诸法的本来真性;二是指能立、能破的幽深细致的道理;三指所成立的宗;四指陈那的《理门论》;五是总括前四种含义。由以上各自五释,与正理五释一一配对,合成二十五释。窥基将五家并列,孰是孰非,未做抉择。

慧沼在《义纂要》中第一段就是解释基疏的因明五释。故且不厌其烦,全文照引如下,以见其究竟如何诠释基疏之五释。

《义纂要》说:"依此论标五释之中,第一解者,明但是教,即五明之总名。因即生了,是一明之别称。复含言生之与智义。今此正理,即二因之少分,取义非余。因明生、了达解正理,名之为入。由明此二因,入解诸法之真性,即入属正理。彼因与明能生此入,入于正理故。因及明属正理之入,故云亦入正理之因明。又入正理,不约立敌以分。泛明因此诠因之教,入解正理。虽复此论亦名因教,亦诠二因故,然是通名。唯正理入,是此别目。第二第三解,细思分别。第四第五解,又约人属教。立者言生,敌者智了,并名为因,各望果故。了即照解所宗,言即显彰所立。俱复称明,各显了故,余文自显。今于第三解下,更助二解。一云,或因明者并立论者诠因喻言,能生敌论者了宗之智,复能明显自所立宗。论体离复不殊,望义别故。因明两别,亦因亦明,故持业释。入者,敌论者之智,因立论之言为因为明,能有证入正理者,即所立宗义。由彼因明能生敌智,入此正理。正理之入,入之因明,并依主释。二云,因明与入并通立敌。敌者之智能照所宗,名之为明,宗果义彰。复赖敌智,故名为因。因即是明,持业释也。宗义显边名明,能证解边名入因明即入,亦持业释。由立者言正理为因,生于明入。明入之因亦名明入。因从果名,如菩提因亦名菩提正理。如前于第五解下更助一解。或因明、正理并佛本经之名。入者,即天主论称,以能入彼根本佛说因明、正理。或因明者,通内外道之名也。正理者,根本佛说之号,入乃此论之目也。天主欲令趣入于佛所说正理故。或因明者,佛根本名。入正理者,天主论称,应云正理入因,能入因明之正理,故依为结。略中正理,加二正理,佛根本名或天主论称,总成七释,以历于前五解因明,成三十五释。若细分别,总解因明有十一释。此以正理历而明之,成七十七。若绮互单重,数即更广。"①

慧沼依照基疏将五释并存,又对第一释详加解释,在第三解下更助二解,第五解下又更助一解。他认为若细分,总解因明有十一释,正理有七释,二者别配,可成七十七释,"若绮互单重,数即更广"。真该受"佛书训义,雅惯烦琐"之消。

慧沼说"第一解者,明但是教,即五明之总名。因即生了,是一明之别称",此解来自神泰《述记》,但窥基和慧沼都未言归属。

神泰解"正理"为《理门论》,"入"是入《理门论》。《理门论》重论证原理之阐发,《入论》是重论式之研讨,《入论》是入《理门论》之阶梯。慧沼则不同,认为"今此正理,即二因之少分,取义非余",这一句被善珠注意且引用。虽然后面沼文有"由明此二因,入解诸法之真性,即入属正理。彼因与明能生此入,入于正理故",习因明者都不否认研习因明是为入正理,但是此处比较二说,神泰说更可信。

"又入正理,不约立敌以分",强调"入正理",不分立敌,大、小二论"入正理",都讲共比量,未涉及自、他比量。此语也被善珠注意且引用。

"第二第三解,细思分别"。一语带过,有欠分析。第二、第三解的共同点是释因明之明为"敌证者智",即"智了因",与神泰释明为五名之通名这一正说相违背。第二、第三解的不同点是,第二解认为因是能明,明是所明,第三解是说因与明异,都是因明。

慧沼在第三解下更助二解。其一,立论之"因喻言能生敌论者了宗之智,复能明显自所立宗","因明两别,亦因亦明,故持业释","能有证入正理者,即所立宗义"。其二,"因明与入并通立敌。敌者之智能照所宗,名之为明,宗果义彰。复赖敌智,故名为因。因即是明,持业释也"。两说都强调"因即是明"。

慧沼在第五解下更助一解,此一解中有三说。一说"或因明、正理并佛本经

---

① 慧沼:《义纂要》,《卍续藏经》第 86 册,页四百二十左上至下。

之名",二说"因明正理或明者遍内外道之名也,正理者,根本佛说之号,入乃此论之目也。"三说"或因明者,佛根本名。入正理者,天主论称,应云正理入因,能入因明之正理"。① 慧沼这一解有概念不明确的问题。正理作为论辩逻辑并非"佛本经之名",而为正理派所创。如把正理解作正确的道理,站在佛家的立场,可视为"根本佛说之号",但不能"通内外道"。因明一词也一样。因明这一名称到《瑜伽师地论》中才正式使用,晚于正理,不一定为正理派等外道接受。

总之,慧沼在本专题中基本沿袭窥基并举五释而未予轩轾的学术态度,虽补充三解,但未见新意。益加繁琐,更甚于师。

二、关于净眼所传印度古师之能立有四

陈那新因明只有真能立和似能立二种。净眼《略抄》介绍"能立之义释有四种",除真似二种外还有真似能立(相违决定)和似似能立(四不成因)。慧沼批评说:"真能似立(真似能立)只是似立,何须言真似能立。若如此解,即有自语相违之失。……故但言真似,即摄义周,设真似及似似言深为无用。"②慧沼的批评是对的。

三、关于宗与所立、能立

关于大、小二论中宗仅仅是所立,还是既是所立,又是能立,唐代古疏和基疏都主张前者而否定后者。神泰《述记》认为世亲"立一因二喻为多言名能立";文轨认为陈那三支,"宗言是所立,因等是能立,举其能等意取所等"。"因一喻二即是多言"。"若不举所立,不知谁之能立也"。"陈那意以古师云宗因喻三俱是能立,不能乖古,故举其宗,言虽同古,意恒异也"。轨疏上述见解为窥基全盘接受。慧沼重点讨论了这一专题,但无新意。今人有谓慧沼有新的阐发,比窥基更为明确,显然是误读。慧沼的讨论围绕古因明与新因明大、小二论的关系来展开。

在《义纂要》中有一问:"《瑜伽》、《对法》俱以自性、差别为所立,宗为能立,何故《理门》《入理(论)》皆共宗为所立耶?"③

① 慧沼:《义纂要》,页四百二十左下。
② 同上,页四百二十右上。
③ 同上。

慧沼的解答很长，且很不好理解，其第一段为："先叙古解，次述今明。古有解云，以诸法自性、差别总为一聚，为所成立。于中别随自意所许，取一自性及一差别，合之为宗。宗既合彼总中别法，合非别命，故是能立。且详此意，理应不尔。若无简别，总以诸法自性、差别，总为一聚为所立一段为者，如别立'声为无常'宗。既云能立，立彼总聚。总聚之中，有常、无常。立常为无常，违自教过等。立'无常'宗，非遍不许，有相符过。若云诸法但取无常，犹有一分相符之过。若云但别，自意所许一自性、差别。别为所立，合为能立。则不应言以诸法自性、差别总为一聚为所成立。"①

第二段说："慈恩唯识法师亦有三释。初、后无违，中释似过。"②

慧沼在第一段中对古因明的批评没有针对性。在第二段中又说明窥基《大疏》中引用过陈那以后的三种解释，"初、后无违，中释似过"。其中第二释是文轨的"古解"，第一释是净眼对文轨疏的批评，貌似有理。这在前面关于净眼《略抄》的评介中已有评论，不再重复。善珠认为第三释是窥基的。慧沼认为文轨的解释有过失，而净眼、窥基的解释正确。总之，慧沼答非所问。

四、关于三量

共有两个问答。第一个问题是关于三量的。"问：古师能立皆说三量，今者陈那量何唯二？答：《论》一切法不过二相，一自二共。得自相心名为现量，得共相心名为比量，定心缘教，即得自相，散心缘教，即得共相。陈那约此能缘之心，量但立二。故《理门》云：'由此能了自、共相故，非离此二别有所量，为了知彼更立余量。'古立三者，有云，古师以缘圣教及所余心，故分三量。缘于圣教所生现、比名圣教量，缘所余现、比心得名现比量。今助一解，即能诠教名圣教量，何以故？《成唯识》云，圣教正理为定量故，岂以小乘不信第八，取信大乘缘教之智，以为量耶？又《显扬》第十一云，圣言所摄者，所谓如来及诸弟子，所说经教，展转流布传来至今，名不违正法、正义，不言所生之智，如立量言名为量故。量即有二量，具得此量名能生量故。故《理门》云：'彼处亦应于其现因说为现量。'俱不遮止，古师心境别明，陈那隐境从心不越二量，故不违也。"③

第二问："所言至教取何教耶？为但佛说，亦通弟子？答：'通弟子说。如《显扬》说前已引讫.'若尔，如唯识论诸师互非，大小二乘亦更相斥，何成定量？答：
'说与正理不相违背，展转传来名为至教。非诸弟子所可说言，皆为定量。又大
小乘各自信受，说不违理，名为圣教，非约遍许。不尔，大乘、小乘不信，岂大乘经
不名至教？诸外道等自为许教，亦彼至教各自宗故.'"①本来，陈那把三量更新
为二量，体现了理论的彻底性，慧沼却做了调和工作，本回答重点却放在了不相
违上。

五、关于"差别性故"

慧沼在《义纂要》中说："有言'差别性故'者，非如青华更相差别，但别他宗，
故言差别，以违他顺自成宗义故。今谓不尔。差别他何？若言别他常，别何常
耶？差别声常，不异先释。若不别他声常等宗，不成差别。问：辨依之中，何故能
别唯在于法，出体之内，互为能、所别？答：先皆释云，辨依约对敌，故法为能别。
明宗据体义，即互为能别。问：此中唯明法体，义可互辨于能、所。但为对敌出于
宗，何须体义互差别？今解云，非唯体义互相差别。若望对敌，后同于前。若据
体义，前同于后。又解，前约增胜，后名能别。此具足明互相差别。有问云：大乘
经部许能、所相无异体者，可不违自云相差别不相离性。萨婆多宗，既许异体，何
不违自？答：萨婆多宗，虽复异体，能、所相属，故立五蕴同名无常，蕴外无为是常
住摄，故对敌申亦无违自."②

"先皆释云，辨依约对敌，故法为能别，明宗据体义，即互为能别。"意为从立
敌对诤角度来区分宗依有法与法，法是能别，能够差别有法；而从宗的组成即有
法与法的体义关系来说，则体与义互相差别。有人问得好，如果只是为了解释某
法是体是义，那么某法既可作为能别，也可作为所别。法作为自性、差别不是固
定的。但为了与论敌争论有法是否有法，何必体义互相差别呢？对此，慧沼又解
释说："非唯体义互相差别，若望对敌，后同于前，若据体义，前同于后。又解，前
约增胜，后名能别。此具足明互相差别。"慧沼没有搞清楚，在一个宗即一个判断
中，体义关系是固定的，与对敌关系也是一致的，只能义差别体。无论从体义还
是对敌而论，法只能是能别，而不能是所别。如果能用有法来差别法，则成了另
外一个宗。这一点文轨疏在答疑中就已指出，敌者但疑声是常还是无常，不疑无
常是声还是非声，不可以声简无常云"无常是声"，故声但所别，设有此疑，其声亦

① 慧沼：《义纂要》，页四百二十右下。
② 同上，页四百二十二右下。

即是能别也。可惜文轨未能守此界说,自相龃龉。慧沼亦贻误后人,没有什么"合理"可言。

六、关于同品除宗有法

同、异品是否除宗有法是自唐至今汉传因明研究中至关重要的题目。慧沼是主张同、异品除宗有法的。他在引述"旧有四释"处,其中第二、第三处都明言"除声以外""除声",即指除宗有法。

日僧善珠所撰《因明论疏明灯抄》中引用了唐总持寺玄应法师《理门论疏》中关于同品定义的一段话。照引如下:"玄应师云:'均等义品,说名同品者,此有四说。一有云,除宗已外,一切有法皆名义品。品谓品类,义即品故。若彼义品有所立法,与宗所立邻近均等,如此义品,方名同品。均平齐等,品类同故。彼意说云,除宗已外,一切有法但有所立,皆名同品,不取所立名同品也;二有云,除宗已外,一切差别名为义品,若彼义品与宗所立均等相似,如此义品,说名同品;三有云,除宗以外,有法、差别,与宗均等,双为同品;四有云,陈那既取法与有法不相离性,以之为宗。同品亦取除宗已外,有法、能别不相离义,名同品也。此说意云,除宗已外,有法、能别皆名义品。若彼义品二不相离,与宗均等,说名同品。'今依后解以之为正。"①

可见,唐疏有四家在给同品下定义时虽说法不一,但都强调了"除宗已(以)外"即"同品除宗有法"。按照佛教论著说法的习惯,异品也是除宗有法的。汉传因明向有"互举一名相影发故,欲令文约而义繁故"的惯例。窥基释同品不提除宗有法,释异品定义"异品者谓于是处无其所立"则标明"'处'谓处所,即除宗外余一切法。"以异品除宗来影显同品亦除宗。

日僧凤潭所撰《瑞源记》里不仅保存了该记载,还补充说明三家归属。第一家为文轨,第二家为汴周璧公,第三家佚名,第四家为窥基。凤潭之注为:"一、庄严轨公意除宗以外一切有法俱名义品,品谓品类,义即品故,若彼义品有所立法与宗所立法邻近均等如此义品方名同品,均平齐等品类同故;二、汴周璧公意谓除宗以外一切差别名为义品,若彼义品与宗所立均等相似,如此义品说名同品,谓瓶等无常与所立无常均等相似名为同品;三、有解云除宗以外有法能别与宗所立均等义品双为同品;四、基法师等意谓除宗以外法与有法不相离性为宗

---

① 凤潭:《瑞源记》卷第二末,页二六六下至二六七上。

同品。后解为正。"①

　　查窥基《因明大疏》原文，未明言同品除宗，异品处则明言"即除宗外余一切法"。又据敦煌遗珍中唐代净眼的《略抄》可知，净眼法师也是主张同、异品除宗有法的。可见，连同玄应疏和慧沼的《义纂要》，唐疏共有七家主张此说。这应当看作是玄奘的口义。

　　《义纂要》说："问：言同品定有性，何法名同品？因于何有？且答初问。旧有数释。一云，以瓶等体名为同品。以瓶与声同是无常之品类，故名为同品。一云，除声已外为品，有无常者为同，与初解同。一云，如立'声无常'。除声，一切无常为同品。一云，以宗既取和合为宗，同品亦取瓶无常合，以为同品。然既说其因，皆依别瓶，非依无常，如宗法故。依宗有法，非法故也。今者不尔。先明同品，后明定有性，即以瓶上无常与声无常法法相似，名为同品。故《论》云：'同品者，谓所立法均等义品，说名同品。'《理门》亦云：'此中若品与所立法邻近均等，说名同品。以一切义皆名品故。'问：'声上无常，敌论不许，何得瓶上无常名为同品？'答：'若敌同许，即立已成。但除宗外所有无常与所争同，即名同品。又彼此同有此所立法，不要同许宗有法有，方可说同。'"②

　　慧沼的《义纂要》中引用了旧疏四释，其一，第二、三释皆明言同品除宗有法。其二，未明归属何人。其三，与玄应所引大同小异。根据现有文献，至少慧沼对第一文轨和第四窥基所言，引述是不完整的。文轨疏强调了除宗有法，还强调有法体上有所立法才算同品，并非单言体为品，基疏亦同此。基疏不同于前三疏的是，特别强调有法与法的不相离性，如瓶与无常的不相离性类似于宗中声与无常的不相离性。《义纂要》只说"以宗既取和合为宗，同品亦取瓶无常合"，而未强调基疏所说"不相离性"，似欠严谨。

七、以义为同品，否定体为同品

　　慧沼强调除宗有法，主张与所争的所立法相似，"即以瓶上无常与声无常法法相似，名为同品"是正确的。但他又认为只能以义为同品，而不能以体为同品。甚至连窥基的第四释也不行，"若以瓶等为同品及瓶无常合以为同品皆悉未可"，明确表示"以瓶等体非同品"。衡以逻辑，体义关系即事物与属性之关系。任何事物都有属性，凡属性都依附于体。事物的同异就是属性的同异。割裂了体与

---

①　凤潭：《瑞源记》卷第三，页二左。

②　慧沼：《义纂要》，页四百二十五左下至四百二十五右上。

玄奘因明思想研究

义即对象与属性的不相离关系,是对大、小二论关于同品定义的理解有点片面。此释紧接前文,详引如下。

《义纂要》说:"问:前之四释,其义云何?答:若以无常为同品者,知见共同,因依义异,次下当说。若以瓶等为同品及瓶无常合以为同品,皆悉未可。亦难以瓶为同品者,若言以瓶等有法同有无常,名为同品,违论所说。谓所立法均等义品,说名同品。此即正取瓶上无常与所立法相似名同。不言有所立法名为同品。《论》指法云:'如说无常,瓶等无常。'若以瓶同于声有无常性,名为同品。应云如说'声有无常','瓶等有无常',名为同品。又所立相似名之为同,声、瓶有法,岂可是所立耶?指法中云瓶等无常,举瓶为同品,依意取无常名为同品。如指瓶等以为喻依,又与《理门》所说相违。文如前引,难云,声及无常和合不相离,名为同品者,岂可二合为所立?若俱所立,一切同品皆有一分所立不成。又准喻中所立不成,皆约能别,不并有法。《论》云'如立无常,瓶等无常',不言如立'声无常'。虽和合名宗,意立无常不离于声,不欲成立声在无常。又法成法,若二和合俱名所立,即双成有法及法,违《理门论》。又复同异品,即二喻一分。喻既不取瓶、空等体,云何同、异品则取瓶、空体耶?若云非同、异喻体之一分者,如何《理门》约辨于因?故彼颂云:'于因有及二,在异无是因,翻此名相违,所余皆不定。'由此故知,宗之同品,即取与宗能别法同,名为同品。若云陈那亦取瓶、空等体为二喻者,不然。广如《理门》所破,繁不具引。"①

日籍《瑞源记》的作者也赞成玄应的看法,认为前三种说法有误,只有窥基的才对。谁是谁非,试作探讨。

这第一家是指文轨的《庄严疏》,该疏释品为体类,主张除宗以外的一切有法,凡是有法上有这宗上所立的法便是同品。

这第二家是指璧公的解释,以义类释品,所谓差别也就是宗中法,即能别,他认为除宗以外一切法,凡是那法与宗上的法相似,便是同品。

这第三家是佚名的,主张以体和义合释为品,除宗以外一切有法与法总名叫做品,凡是有法(体)与法(义)总与宗相似,便是同品。此说稍稍费解,我们举例来说,若以声是无常为宗,那么瓶无常便是同品,瓶无常与声无常这总宗是相似的。

根据我们前面对同品定义的解释,这三家虽然说法不同即下定义的角度不同,实际上都是正确的。

《大疏》《略纂》《理门疏》和《瑞源记》都对以上三家作了不正确的批评。其

———

① 慧沼:《义纂要》,页四百二十五右上至下。

188

中有两点是要指出来的。其一是文轨只是说除宗以外的别的物体只要有与所立法相似的，就是同品。例如，瓶与声尽管有很多不同，但同具无常性，便是同品。他没有说要全同有法。可是《大疏》《略纂》等却批评说全同于有法会有怎样的过失。对此，文轨是不应负责任的。其二，《大疏》不赞成同品以法为同，理由是"若法为同，敌不许法于有法有，亦非因相遍宗法中"。此理不成立，同品与什么同，与"敌不许法于有法有"是不同的两个问题。《大疏》举出的这两个理由完全与本题不相干，根本不能说明为什么不能以法为同。实际上璧公主张以法为同的说法不过是"与所立法邻近均等"的简略说法而已。

那么，这第四家《大疏》的定义是什么意思呢？它是说，除宗以外一切有法与法二者有不相离的关系，称为品。这有法与法不相离的关系与宗上的法与法的关系相似，便成为同品。例如，声无常宗，有法声与法无常不相离，而瓶等与无常也有不相离的关系，二者是相似的，因此瓶等无常便是同品。可见，《大疏》与前三家没有根本的不同，只是把体与义关系说得更完全罢了。

《理门论》似乎明确以义释品，"以一切义皆名品故"。其实，此句只是说，一切义都可成为品，但只有与当下之所立法相似的才可以为品。神泰《述记》则说："以一切体、义皆名品别故也。"①神泰以体、义二者解释品，也是有根据的。《入论》有两处就明言以体为品，"此中非勤勇无间所发宗，以电、空等为其同品"，"勤勇无间所发宗，以瓶等为同品"。《大疏》也有一种以体释品的说法。《入论》在做出同品定义后，便举例说明，以瓶等具有无常义之物为无常之同品。说具有无常性的瓶等物是同品也好，说瓶等上的无常义是同品也好，不论哪一种说法都是体、义双陈。可以说，《入论》对《理门论》的同品定义有所阐述和发挥，更有利于理解《理门论》的定义。一个事物是否是同品，不以体为转移，而是看体上之义是否有与所立法相似之点，因此，同品之品，正取于义，兼取于体。

陈大齐认为，《大疏》解释了宗同品的数种含义，其中之一是同品同于不相离性。《蠹测·宗同品》认为"说欠明畅，易滋误解"②。《蠹测·宗同品》引用了《大疏》的这一说法："且宗同品，何者名同？若同有法，全不相似，声为有法，瓶为喻故。若法为同，敌不许法于有法有，亦非因相遍宗法中，何得取法而以为同？此中义意，不别取二，总取一切有宗法处名宗同品。"又说："是中意说宗之同品，所立宗者因之所立，自性差别不相离性，同品亦尔，有此所立中法，互差别聚不相

---

① 神泰：《述记》卷二，页十一右。
② 陈大齐：《蠹测》，第四八页。

离性相似种类,即是同品。"①

《蠡测·宗同品》认为《大疏》说宗同品不同有法,这好理解,因为声有可闻性,瓶则可烧可见,二者差异多于相似。说不同能别,同于不相离性,这不好理解。按照《入论》的说法,"谓所立法均等义品,说名同品。"即是说,宗同品者,同所立法。《大疏》解释说:"所立谓宗,法谓能别。"宗是所立,是由宗依有法及法(能别)结合而成的。所立法是指能别。所立与所立法是不同的。如果说同品同于有法与能别不相离性"谓法有法属著不离",那就会把所立与所立法等同起来。它们本来"义各有别,今以合释,自相抵触"。②

再则,《蠡测》认为,声是无常,瓶等无常,此二宗体,显有差异。又瓶无常与声无常,离体说义,其义虽一,依体说义,为体所限,即有小异,不复尽同。《大疏》说宗同品既不同于有法,也不同于能别,"总取不相离性",便有过失,称作"一切同品皆有一分所立不成"。这是因为同喻瓶空,但成无常,不成声无常。可见,如果《大疏》所说宗同品是"总取不相离性"的话,那么就会导致严重后果:"一切正量,同喻莫不有过"。陈大齐认为,《大疏》的原意,不应当是上面这种意思。那么,宗同品之间,究竟同于什么呢?《蠡测》引用慧沼《义纂要》的话说:"即以瓶上无常与声无常法法相似,名为同品"。陈大齐认为此说"与论相契,且符至理,……疏亦应许,法法相似,是宗同品"。既然《大疏》认为宗同品同于能别法,同品但取于义,但《大疏》又把同品之品释为体类,"瓶等之上,亦有无常,故瓶等聚名为同品",这又作何解释呢?陈大齐认为,这一"矛盾"并不是《大疏》杜撰出来的。《入论》本身就既把同品释为义类,又把同品释为体类。根据以上解释,《蠡测》得出结论说:"因明设宗同品,……欲以证实所作无常属著不离。然无常性散在瓶盆,依体以存,不能离体。……是故同品举瓶,意本不在于瓶,借此所依之体,以显能依之法。是故疏云'不相离性',殆谓他处有法及法不相离性,非谓宗中有法及法。"意思是说,宗同品指宗以外的法与有法不相离性,如声无常宗,同品为瓶,瓶体是有法,无常是瓶之法(属性),属性是依物体而存的,此所谓"不相离性"也。

八、关于《理门论》本颂之作者

慧沼在《义纂要》中认为,《理门论》中的本颂"于同有及二,在异无是因,翻

_____

① 陈大齐:《蠡测》,第四四页。
② 同上,第四八页。

此名相违,所余皆不定"并非陈那始创。他说:"本颂者,或足目所造因明论,或世亲所造《论轨》等中⋯⋯"慧沼没有说其依据是什么。根据近现代学者的考查,《正理经》中无九句因痕迹。我们认为世亲的《如实论》中因三相也与九句因不符,因此九句因也不可能是世亲《论轨》所创。此本颂与陈那的另一部小论《因轮论》即藏译本《因轮决择论》颂文异曲同工,基本相同。可见,此本颂为陈那所创,来自《因轮论》。慧沼此断当为主观臆说。

九、关于同喻体"显因同品决定有性"

文轨、窥基都以"因同品"三字相连为读,解为因同品决定有宗同品。慧沼根据二论的汉译作了进一步阐发。他批评当时有人以"本意为显因故"作为理由,把此句解作显因的第二相同品定有性。他说:"应云显因同品,即除因余所作,决定有性即所立无常性",如同宗同品除宗,因同品也除宗,"故知解喻言同品者,以瓶所作为因同品,决定有性即有所立无常。若解喻中言同品是宗同品者,此即改动数处论文,即喻文言显因同法,又下解不定中此因以乐以空为同法故,又云以电瓶等为同法故。若不有因同品者,如何说言以乐以空等,又云谓若所作见彼无常,又《理门论》解同喻等为同法耶?"慧沼除引二论上述数处论文以证因同品一说外,又将《入论》此句与《理门论》"由如是说能显示因,同品定有性、异品遍无性"作了比较,指出"彼文意别此"。[①]

慧沼在二论中找到数处论据,证明因同品一说不是主观臆想出来的。作为唐疏的共识,很可能就是玄奘的口义。

十、关于不成因过与因体不成和因体不能成宗

文轨对不成因过的正确解释历来受到误解,应为之翻案。《大疏》批评古疏只以因体不成定义不成因过,古疏有片面性。《大疏》因循了文轨《庄严疏》说。南京支那内学院版《庄严疏》却误为此句旁注"大疏五卷二十二左破"。考其旁注的依据为慧沼《义纂要》。慧沼用"然有释云""此不应尔",把以因体不成来释不成因的错误按到了文轨头上。《明灯抄》亦因循其误:"此破轨师唯约一义名不成也。"

《庄严疏》以简约准确的文字解释了《入论》"不成、不定及与相违,是名似

---

① 慧沼:《义纂要》,页四二八右下。

因"。文轨首先界定说:"具三相因方证宗义,若不善解初相有不成过,若不善解后之二相有不定、相违过。"不成、不定和相违因分别对应因三相的不满足。不成因对应的就是违反了因的第一相遍是宗法性。接着文轨具体列举了四不成因的不同特点,并总结说:"如此之因名为不成。"紧接着他将不成因与宗过中的俱不成等三种不成作了区分。"如宗过中俱不成等,此即因体名不成也(南京支那内学院版此句旁注'大疏五卷二十二左破')。若言因体不能成宗名不成者,不然。"他明确表示不能用宗过中因体不能成宗来定义不成因。后面他举所闻性因不能成宗然非四种不成。又举了九句因中不定和相违的特征以说明不能成宗之因不仅限于不成因。窥基《大疏》是赞成文轨之释的。不过窥基做了补充:"能立之因不能成宗,或本非因不成因义,故名不成。"不能成宗包括违反因三相和本非因即因体不成两种情况。单以因体不成来定义不成因是片面的。为破此义,基疏增设三难:初离宗无因难,二因、喻相例难,三文义相违难。可见,文轨只是批评了单以因体不成来释不成因的错误,并非主张不成因仅指因体不成。可是,南京支那内学院校刊者加旁注"大疏五卷二十二左破"。其旁注的依据为慧沼《义纂要》。慧沼用"然有释云""此不应尔",把以因体不成来释不成因的错误按到了文轨头上。《明灯抄》亦因循其误:"此破轨师唯约一义名不成也。"

十一、关于过失论

内容较为丰富,用力也较多,也显得更为繁琐。慧沼对四相违过的阐发比基疏详细得多,大有利于后人解读。对缺支过失的阐发比窥基更为繁琐。关于十四过类没有提到窥基有疏。

慧沼对九句因与缺相似因作更细致的分类,实在没有必要。他将第一相之有无与第二相之有无组合成四句,又将第一相之有无与第三相之有无组合成四句,再将第二与第三相之有无组合义四句,共十二句。古疏和基疏对九句因都有定论,九句因是以满足第一相为前提的,是讨论宗法(既是宗法便满足了第一相)与同、异品的关系。在一个三支作法中,如因不满足第一相,也就有过失,不必再讨论第二、三相是否满足。

慧沼对宗过、因过、喻过的关系也作详细讨论,也有不少误解。例如,"同喻所立不成,即宗能别不成"。这是说同喻中的所立不成必然会有宗过中的能别不成,现今有人肯定这类分析是"独创性"的[①]。这显然是慧沼误导了后人。因为

---

① 姚南强:《因明学说史纲要》,上海三联书店,2000 年版,第 313 页。

《入论》中关于似同法喻中能立法不成和所立法不成的宗都是"声常"，宗虽为敌方佛弟子等不许，但本身无过。能别"常"为立、敌共许，无能别不成过。这个实例的三支作法是：

> 宗　声常，
> 因　无质碍故，
> 喻　若无质碍，见彼无常，如觉。

同喻依"觉"有"无质碍"因，却无"常"性，有所立法不成过，但不能据此说宗有能别不成过。

十二、以自他共疏解有体、无体貌似矛盾之说

陈大齐在讨论"有体无体表诠遮诠"专题中说："综观上来所举各例，有体均为立敌俱许，无体为立敌俱不许，或为立敌随一不许。戊三'如空'，立许敌不许而犹作有体，殆为唯一例外。有一例外，已足自乱其例。且疏以外道对佛法中无空论举喻如空为自随一有俱不成，又以声论对无空论举喻如空为他随一无俱不成。同此无空喻，同对无空论，且同是立许敌不许，一作有体，一作无体，亦若自相抵触。按诸实际，亦非必尔。盖无体中，有立敌俱不许者，亦有随一不许者。凡属随一不许，同时必随一许，或立许敌不许，或敌许立不许。是故同此事物，立敌分别言之，有无适正相反，在许者为有体，不许者为无体。就前例言，立者许空为有，是自随一有体，敌者不许空有，是他随一无体。故随一有与随一无，文虽相反，义实相通。泛言有体、无体，既已含混不清，宜以自他共言分别合，庶几眉目疏朗而免含混。"①

慧沼《义纂要》："又自共量有法无义，有义因依，此即为过。有法有义，无义因依，亦即为过。意有义宗必有遮表，因若无义，唯遮无表，故亦为过。问：如立'我常'，因云'非作故'此无义因成立有法，如何言过？谁言'非作'唯遮非表，而是无义？此言'非作'诠非作体，如'虚空'喻故。若尔，立'我无'，云'非作'故。应有义因依无义宗，何不名为过？答：虽俱言'非作'，而取义别。此即唯遮，故是无义，不欲诠有非作体故，以龟毛等而为喻故。古亦有解，宗因喻有义无义，(无义)依有无，有义但依有，而不分别自他共量。何者，有义因依无义宗者。又若有义因，必依有义宗者，如萨婆多师破他，'我应不作业受果，以周遍故因，如空

---

① 陈大齐：《蠡测》，第一九〇至一九一页。

为喻'。彼我自无因体共有,如何依无? 若分自他共,即无过也。"①

在《宗因喻间有无体之关系》专题中,陈大齐指出,《大疏》论宗因喻间有体无体之关系,计有三则,第一、第二两则之间,显有不相符顺之处,在第一、第三两则之间,虽无明显的自相矛盾之处,但作详细探讨后,也可见不尽符顺之处。作者认为,"推其原故,则以泛说有无,未分自他及共,且于随一有无,或说为有,或说为无,不尽一致。又于无宗,或说其总,或但一分,不兼其余,名实不一,遂滋混淆。有体无体,有义无义,如另文述,应各分四。"②

十三、关于有义、无义

有义、无义之解释与有体、无体和表诠、遮诠一样,是因明概念论中不易理解的部分。陈大齐在《蠡测·有体无体表诠遮诠》中做了专题探讨。他指出:"大疏不说有义无义,其他疏记颇多说此。有但约能别即因说有义无义,如庄严疏。有通宗因喻三,遍说有义无义,如义纂曰:'有法无义,……有法有义,……古亦有解宗因喻有义无义。'"又说:"义纂亦言:'意有义宗必有遮表,因若无义,唯遮无表。'"③他考察了《庄严疏》《义纂要》《明灯抄》三家,指出:"三家之说,义相一致,有义云者,亦遮亦表,无义云者,唯遮不表。是故有义无义,同于表诠遮诠。"④他还指出,《庄严疏》《明灯抄》于有义无义之外,复立通二之法是另立标准,是误释。

《大疏》不说有义、无义,《义纂要》因循《庄严疏》说有义、无义,在义理解说中难得一见。

十四、以"目短为长"等错觉片面概述名言

对《入论》关于现量部分"离名种等所有分别"一句释文中,慧沼《续疏》说:"此所离也。谓有于前色等境上,虽无暎障,若有名种等诸(门)分别亦非现量。故须离此名言分别、种类分别,'等'取诸门分别。故《理门论》云:'远离一切种类名言假立无异、诸门分别。'言'种类'者,即胜论师大有、同异,及数论师所有三

---

① 慧沼:《义纂要》,页四三四右至四三五左。
② 陈大齐:《蠡测》,第二二四页。
③ 同上,第一九八页。
④ 同上,第一九九页。

德等。'名言'即目短为长等皆非称实,名为假立。"①

　　慧沼的疏文颇费解。"名言,即目短为长等,皆非称实,名为假立。"智周在《前记》中认为"名言"并非即指"目短为长"等错觉,而是"谓一切目短为长、呼青为黑等,但由名言,假有诠名,以为共相,皆非称实,名为假立"②。佛家认为,诸法各无体,借他故有,名为假。借诸蕴有众生,借栋梁有家屋,故假者虚妄不实之义也。佛家又认为,诸法本无名,假与立名,故谓名言为假立。慧沼只说到以短为长、呼青为黑这类与实不相符名言是假立。倘外人问:照你这么说,目长为长,呼青为青的名言岂不是符合实际了?道邑在《义范》中作了解答:"'名言,即短为长者',问:'设诠色为色、目长为长,岂称实耶?'答:'诠色为色,既是假诠,亦非现量。然有遮表,稍称实故,不同以短为长全非称实,故偏举之。'"③熊十力先生对慧沼释文不满意,作了删易后再加注释,作为他自己对《理门论》原文的理解还是很值得参考的。今照引如下,括号中的为熊注。"或名言者,谓一切名言(不止目短为长等,即通一切名、句、文皆是)。依此名言,假立一法,贯通诸法,名为种类(如立色之一法,贯通一切青、黄、赤、白)。种类同故,名为无异(如青、黄、赤、白,同是色故,故不异)。种类差别故,复言诸门(如色与声等,种类不一)。或复世间(即摄外道)所有横计安立诸法,名为诸门(计者计度,不称境故,名为横计),计非一故(世间种种横计,故有诸门)。故须离此所有分别,方为现量(名种等者,本应通取一切非量及比量心所有言诠为解。疏中列举胜论等外道说,未免征于曲而遗其全)。"④

---

① 慧沼:《续疏》卷二,页八左。
② 智周:《前记》卷下,页四百八十八左上。
③ 道邑:《义范》,转引自《瑞源记》卷八,页十左。
④ 熊十力:《删注》,页九十四右。

第七章　承续沼疏，流播东瀛

——智周《前记》《后记》述要

第一节　《前记》《后记》概述

智周（668—723）是慧沼弟子，为唐代法相宗三祖。由于他在濮阳（今属河南）报城寺弘扬法相宗，世称"濮阳大师"。其著作有《成唯识论演秘》《因明入正理论前记》和《因明入正理论后记》，还有一本《因明入正理论略记》，但有云伪撰。

由窥基实际立宗的慈恩宗在慧沼时期势力最盛，到了智周时就有盛极而衰的苗头。智周弘扬唯识、因明偏于河洛一隅，给华严宗、净土宗、禅宗等竞起相争的机会。智周以后慈恩宗势力骤然衰落，以至传承都不明晰。吕澂先生指出慈恩宗在三代之后的衰落还有更深层次的原因，这便是与该宗"有乖治术"不无关系。

智周对汉传因明的贡献表现在两个方面：一是按照慧沼的基调，疏解了《大疏》；二是培养了日本入唐的求法人才。

日本贤敵法师于享保三年（1718）在《刻因明入正理论疏前后二记序》中说："基师为之疏，淄洲相寻，虽撰述纂断，究畅八门要旨，未令于疏文分释，鹾旃学者虚功难于成业者乎。"①

玄奘法师开创的汉传因明一系，窥基、慧沼和智周三代传承，各有自己的历史使命。玄奘法师有开创之功，专事译讲，培养人才，述而不作；窥基撰写《大疏》，是集大成之作；慧沼有续疏之劳，是当务之急。又撰《纂要》和《义断》，批评指点古疏之短长，独尊《大疏》，维护窥基的正统地位；到智周才第一次分释疏文，

---

① 贤敵：《刻因明入正理论疏前后二记序》，《卍续藏经》第86册，页四百四十八左上。

为因明流播东土作了大贡献。他的《前记》《后记》成为日僧善珠《明灯抄》的指南。

智周的前、后二记都是对基疏的注解。《后记》是在《前记》的基础上撰写的。《后记》对《前记》有改动，有增删。例如在《前记》中对释迦牟尼佛"归真寂于两河"一句介绍了前人的两种解释。一是庆喜出阇王境令河水分流，于中化火取灭之传说。二是释迦佛于恒河、跋提两河中涅槃。智周明确否定前释，"前释两河属在庆喜，理为不可"①。《后记》则作完全不同解释："疏'归真寂于两河'者，谓生死涅槃名为两河。问：'何故大师在两河中间入灭？'答：'表生死中而有涅槃，涅槃不离于生死故，所以大师于此两河而归真寂。'"②明确表明在两河中入灭之释不如此解。此例表明，《后记》对《前记》的释文有补充和修改。

一般来说，《后记》的释文比《前记》要好，但也有例外。

由于慧沼的《义纂要》和《义断》只是对基疏主要义理作阐发和断净，未对基疏作详细的注疏。这对大多数研习者来说，有"虚功难以成业"之不足。智周前、后二记虽然没有全文疏解《大疏》原文，而是择要注释了基疏词句、佛学与外道各家学说背景和因明概念及义理，但是仍不失为"疏文分释"之首创，为研习者提供解读基疏的钥匙。

例如，《大疏》开篇，于"详夫"发端词后有"空桑启圣"。何谓"空桑"？《前记》说："此是山名。宣尼生处有此山故，故举于山以彰人也。"③《后记》则补充说，"疏'空桑启圣'者"，"地名，在兖州界，从本生处以立名也"④。并引《搜神记》云，孔子母姓颜名徵，因梦有娠乃诞孔子。

《前记》："疏修在众经者，问：'为但是经，即是因明，有非是者？'答：'有因明道理处即是因明，非约一切皆因明也。'"⑤这一常识性问题对从未接触过因明的人来说也是一大疑问。

如何理解五明中的内明呢？《前记》说："今助一释。一切外道皆有内明，彼外道等各将己宗所说之教为内故。如至教量各望自宗为其教故，此亦应尔……不可将自以难于他。"⑥各宗派都有自己的内明，把本宗派的内明奉为至教量。明

---

① 智周：《前记》卷上，《卍续藏经》第 86 册，页四百四十八左下。
② 智周：《后记》卷上，《卍续藏经》第 87 册，页一左上。
③ 智周：《前记》卷上，页四百四十八左下。
④ 智周：《后记》卷上，页一左上。
⑤ 智周：《前记》卷上，页四百四十八右上。
⑥ 同上，页四百四十八右下。

乎此,对因明三种比量理论的理解和运用很有帮助。

印度人是怎样描述火这种现象呢?《大疏》在释因过犹豫不成中有段文字,不太好理解:"火有二种:一者性火,如草木等中极微火大;二者事火,炎热腾焰,烟照飞烟。其前性火,触处可有,立乃相符。其后事火,有处非有,故今建立。凡诸事火,要有地大为质为依。风飘动焰,水加流润,故名于大种和合火有,有彼火故。"

其中"炎热腾焰,烟照飞烟"如何理解?《前记》解释说:"此意有六义显成事火。一有焰;二有热性;三腾焰,'腾'者,飞举也;四有烟;五有照显;六飞烟。'飞烟'者,令烟飞举。具此六义,故名事火。焰与腾焰,烟与飞焰,此四俱高下异也。"①

其中事火为何由地、水、火、风和合而成?难于理解,水火不是相攻吗?《前记》解释说:"地大为质等者,火望炭为质,是地大;焰动为风大;焰流及金汁等并是润,为水大;热性即火大。四大合成,故名和合。"②

《大疏》整段大意便是,印度人认为火有两种:一是性火,例如草木中作为极微成分的大种火;二是事火,事火有以下六种属性,即有焰,有热,有腾飞的焰,有烟,能照亮他物,有飞烟。前一种性火,凡能触摸之处都有,如果立"性火是有"宗便有相符极成过。后一种事火,以为它在那地方有,其实是没有。因此可以说,凡是事火,要依赖炭等为其燃烧物,要有风来助其火焰摇曳,加上火焰延流以及金属熔液的流润,因此称为大种和合之火。这就是那个地方有火的缘故。

从日僧善珠《明灯抄》和凤潭《瑞源记》中大量引用二记的疏解,便可明了二记是解读基疏必读的入门书。

智周门下的日本僧人开创了因明在日本传播的著名的北寺传。武则天长安三年(703)新罗僧智凤、智鸾、智雄入唐,在智周门下学唯识、因明,成为日本的第三传。玄宗开元五年(717)日僧玄昉入唐亦从周学法,在日本成为第四传,即北寺传。玄昉弟子善珠著《因明论疏明灯抄》,仿效前、后记,是东土"疏文分释"之巨著。该著引述包括前、后记在内的大量唐疏,其中有许多古疏的资料由于原本不存,有很高的研究价值。

---

① 智周:《前记》卷中,页四百七十二右上。
② 同上,页四七二右下。

第二节　智周"疏文分释"述要

一、《前记》《后记》的因明贡献

（一）解释《理门论》写作背景

对《大疏》述说陈那"匿迹岩薮"撰写《理门论》的背景作解释说："将释深经，即其文也，从此已前，只拟释经，未拟造论，由吉祥菩萨指诲已后始造因明论也。"①并回答为什么山神请不动而接受文殊菩萨之指诲："山神虽请未殷重故，不即许之。"这是陈那创建新因明体系的重要背景史料。在写作新因明代表作《理门论》之前，只打算解释佛经中的因明，并无造因明大论的想法，或者说已有诸多因明小论诸如关于九句因理论的《因轮论》等，而无创建新因明立破体系的想法。可见，藏族学者多罗那他的《印度佛教史》认为陈那"匿迹岩薮"是撰写《集量论》而不是《理门论》，不确。因玄奘为公元 7 世纪人，亲自在那烂陀寺学习，其所见所闻之可靠性应高于几世纪后的藏传学者之所闻。"只拟释经，未拟造论"，是说还没有新因明代表作。没有早期之《理门论》，哪有晚期之《集量论》。因此，窥基之说或可视为奘师之口义，更与陈那创建新因明史相符。

（二）修正疏文关于似立、似破从真、从多说

智周对基疏中不合理的解释也作了修正。例如，窥基认为似立、似破从真、从多也称为唯悟他。智周在《前记》中指出："虽作此答，难犹不尽，唯者决定，若言小分，何名决定，唯识言唯，不据少分而称唯故"，"今助释云，立破本意，但拟悟他，二似亦能分悟他，故置唯言"。智周解"唯"字为决定义，与智周同出慧沼门下的道邑在《义范》中也解作决定义。智周还认为似立似破之所以称悟他，是从本为论，立破的出发点是为了悟他。从本为论相当于文轨的"发言皆为济物"。智周对基疏的修正是正确的。

（三）以"从定为名"区分因、喻与宗

"从定为名者，因、喻二种，定唯能立，宗则不定。因、喻成边则名所立。若宗

---

① 智周：《前记》卷上，页四百四十九左下。

成彼自性差别,宗则能立。"①本来,基疏是说作为能立的因、喻可称为因明,而宗的真似是还不决定而有待证成的,因此不称为因明。以立敌双方是否确认来定宗是否为因明,因此没有过失。

智周在《前记》《后记》中都对基疏之"从定为名"作进一步解释。宗也可以是能立。他说宗有二义,不同于因、喻与宗相对只能是能立。因、喻是立敌双方共许的证宗的理由,它们的身份是确定的。宗则不同,"又有一解,总宗望因、喻成即是所立,若自性、差别为所立,即唤宗而为能立,亦是不定。"②当它被因、喻所证时的身份是所立,当它作为宗体把自性、差别联结在一起时,宗即宗体就是能立。

(四)疏解因明论、唯识论、《佛地论》中的自性和差别

在对《大疏》的专题研究中已论述过《大疏》关于自性和差别这两个基本而又重要的名词或概念,作了五个层次的全面疏解。

其中第四层意思是说,一般大乘论所说的自性、差别,既可充当宗中的自性,也可充当宗中的差别。这叫"不定属一门"。例如,"花"与"红",既可以立"花是红的",也可以立"红的是花"。此说因循文轨《庄严疏》。智周《后记》说:"自性、差别非一向定随前、后陈别也。不得自性唯属前陈,不得差别唯属后陈,所以言'不定属一门也'。"③

第五层意思是,因明论不同于大乘唯识论。唯识论以"可言说"与"不可言说"区分自性(自相)与差别(共相)。在本因明论的立破学说讨论宗的组成,只能用因明论的自性、差别概念。实际上告知,文轨疏在此处用唯识论的"可言说"与"不可言说"来释自性与差别,文不对题。

对《大疏》"不同大乘",《后记》说:"'不同大乘'者,因明之名即通内、外道,《佛地论》者唯是大乘,所以言'不同大乘'。'不同'义文中自说也。"④

(五)为"辨八义同异"作解

《大疏》:"辨八义同异者,有是能立而非能破,如真能立建立自宗。有释无此。能立自宗,即能破敌,必对彼故;有是能破而非能立,如显过破。有释无此。

---

① 智周:《前记》卷上,页四百五十一上。
② 智周:《后记》卷上,页二左下。
③ 同上,页六左下。
④ 同上,页六右上。

但破他宗，自便立故；有是能立亦是能破，如真立破他所不成。有释无此。立谓能申自，破谓就他宗；有非能立亦非能破，谓似立破。"

这一段貌似自相龃龉，令古今传习者疑惑不解。此为疏主评判"有是能立而非能破"不能成立。疏主"有释无此"的断语引入了共比量、自比量、他比量理论，否则就难于理解疏文对本组前三句的评判。对此，基师未明言三种比量，也未作详细解释。唐人就曾对前三句断语的"矛盾"发生过疑问。智周的《前记》作了解答并依次举出他比量、共比量、自比量相应实例，使后人能读懂这段疏文。他解答疑问说："能立之中有唯申自而不破他，有亦立自亦破于他。能破亦尔。若言能立皆非能破，则违能立是能破者。若言能立即是能破，复违能立非能破者。今显能立立自、破他，能破破他及以自立，皆不定故，故置'有释'，简定执也。初句有释，据其自立兼破于他。第三有释，约唯自立不破于他，说彼破他不立自义，互举一义，总不相违。如佛法中破外道神我、无常等，但破'我是常住'等，不欲成立'无常我'等，此则唯遮而非表也。如破声论'声是其常'，兼则成自'声是无常'，具遮表也。但自立不毁他宗，则唯立自而非破他。有云佛初鹿野中为憍陈如等'转四谛'等，唯立自义不破他也。"①第一例中的"唯遮而非表"是说只破而不立，第二例中"遮表"是说亦破亦立。

以第一种能立与能破分为四句为例。第一句为，"有是能立而非能破，如真能立建立自宗；有释无此，能立自宗，即能破敌，必对彼故。"②

智周的《前记》解释说："有释无此者，此疏主断，即执者唯是能立而非能破者，故言无此。"③智周还举例说明。如果认为凡是能立者都只是能立而不是能破，这是一种偏执。从"有释无此"起是基疏的评论，窥基指出上述执见的片面性。其理由是能立建立自宗是对敌而言的，宗言必定是立敌不共许。自宗既为真能立，就有破敌之用，同时也就是真能破。在评论中窥基隐含了能立必须是共比量这一条件。

（六）对玄奘"唯识比量"和元晓、顺憬比量做出公正评判

玄奘法师在曲女城无遮大会上提出了"唯识比量"。玄奘宣布，有能更改一字者，斩首相谢。玄奘之所以敢以头相赌，真正的原因是该比量是自比量，又标上"真故"，宣传的是本宗胜义，灵活地运用了因明的格式和规则，小乘确实奈何

---

① 智周：《前记》卷上，页四百五十三右。
② 窥基：《大疏》卷一，页十七左。
③ 智周：《后记》卷上，页四左至右。

不得。经十八天无人敢应,该辩论会以玄奘不战而胜宣告终结。

自唐至今,对该比量究竟属于自比量还是共比量,还未取得共识。

我在《佛家逻辑通论》中曾论证过该比量为自比量。正由于是自比量,局于自守,不能破他,在道理上也就很难说服论敌。唐代定宾律师给出玄奘之量不过"一时之用""未必即堪久后流行"的评语,恐怕就是看到了这一局限。

后来,"真唯识量"传到新罗国,元晓作了决定相违量,请另一位高僧顺憬解释。顺憬解不了,便寄到长安,请玄奘解释。这时玄奘已不在世,窥基在《大疏》卷五中作了解答。这一决定相违量也有人认为是顺憬本人所作。不管是谁作的,反正客观上代表小乘对"真唯识量"作出了反驳。

窥基认为,元晓、顺憬的这个比量有六种过,把它驳得体无完肤。窥基的解答,本文恐繁不述。简略地说,窥基是把"真唯识量"当作共比量,按照因明立破规则,破共比量,须用共比量,而小乘的决定相违量是自比量,因此不合规则。就这点来说,窥基的解释也难以服人。因为小乘的决定相违量是完全仿照"真唯识量"的格式来建立的。"真唯识量"可以算共比量,为什么元晓、顺憬的量就不是共比量呢?事实上,大、小乘的这两个量都是自比量,没有什么不同。

当然,顺憬、元晓的比量也称不上陈那因明中的相违决定量。相违决定量是指这样的两个量,他们各自都无过失。宗支互相矛盾,各自的因都合乎因三相,是正因。因明把这样的两个量看作有过失,称为相违决定过。退一步说,纵使元晓、顺憬比量没有过失,也不能破"真唯识量"。因为按照因明立破规则,立方用自比量,破须用他比量,否则各不相干,打不起架来。

智周在《后记》中对双方都有恰当的评论:"泛因明法,有自比他共量。准此唯识及佛说比量皆是共中自比量也。凡自比量许得置自许之言,若敌者出过即不得置自许言也,所以顺憬即是出过之人,大唐三藏虽正于彼,亦是自立大乘人也。非是破他置自许也,故有差别。"[1]

元晓、顺憬的比量纵然无过,也不能破大乘,而"唯识比量"是救自的自比量,"非是破他置自许也"。二者虽有差别,但都是自比量。玄奘尽管以胜义简别,其作用也不过立自而不能破他。

(七) 关于宗依极成

在《理门论》中,陈那没有正面讨论宗依为什么要极成,窥基在《大疏》中对此作了解释。这是因为作为宗依的前陈、后陈,不过是组成宗(宗体)的材料,它

---

[1]　智周:《后记》卷中,《续藏经》第87册,页十七左上。

们各自都不是立敌双方争论的对象。如果对于组成宗体的成分,立敌双方发生了一方认可而另一方不认可的争论,那就需要先行组织一个论式,以解决前陈或后陈究竟认可不认可的问题,这样,争论的对象也就发生明显的转移,违背了立宗者的原意。《大疏》说:"所依若非两共许,便更须立,此不成依,乃则能立成于异义,非成本宗。"①就是上述意思。"能立成于异义"即逻辑论证中的转移论题。

《入论》只讲了有法和能别法必须立敌共许极成,能不能因为《入论》未讲因、喻必须决定同许而责难商羯罗主违背师说,从而得出《入论》与《理门论》在共比量的规定方面存在矛盾呢?不能这样看问题。商羯罗主是把陈那的共比量理论当作成说接受下来,因而关于因、喻必须同许略而不述。从《入论》关于正因和似因的论述来看,其中包含了因、喻必须同许的观点。他单单讲组成宗的两个概念要共许极成,只不过是他认为应强调一下,应说得更明确一些。

《入论》没有明言因、喻的极成,对此不少唐疏十分关注。在窥基《大疏》之前的古疏有四种解释,基师一一引述,最后发表了自己的见解。"问,宗依须两许,言成简不成,因、喻必共成,言极简不极。何因因、喻不标极成,独于宗依致极成简?答有四义。……然《理门》云,'此中宗法,唯取立论及敌论者决定同许。于同品中有非有等亦复如是',故知因、喻必须极成,但此论略。"②

《入论》明言宗依极成,是为了增补宗过中的不成过,即能别不极成、所别不极成和俱不极成。因、喻不明言极成,只是省略而已,没有更深的道理。商羯罗主宣传其师的新因明理论,重在论式的介绍,而非原理的阐述。重点不同,详略也就不一。

对于古疏四解和窥基的省略一说,智周《后记》作了画龙点睛的评论:"但此论略等者,此解正也,前四解中随据一义且作斯释,《理门论》未为尽理,故有此解也。"③

在今人的因明著作中,有的笼统地说共比量是以立敌两方共许的事项来组织论式的论法。有的因明著作和逻辑学辞典则只提到概念必须立敌共许极成,而忽略了判断的共许极成,这是不全面的。

(八) 关于九句因都满足第一相

唐疏有关于九句因是否满足第一相的讨论,《后记》解释了九句因以满足第

---

① 窥基:《大疏》卷二,页二右。
② 同上,页九右。
③ 智周:《后记》卷上,页七左下。

一相为前提的原因:"'以因亲成于宗者',意云,谓因亲成于宗,所以九句之中皆不阙初相,以阙后二相中有过无过,所以不摄余四不成。以四不成唯初相过也。"①这最后一句有问题,四不成中的相符极成并非缺初相。

(九) 释因过所依不成处可以找到广胜寺版优于金陵版的依据

"问:如前所说,'无为无因',今因既随一无,依随一无有法,何故说因无所依过?"答:"宗、因不极,须置简言,不简立以为宗,所别便成不极。说因依立,即成因过。况俱不极,无因更依不极有法,许是宗过非因过耶? 虽说'无为无因',不说两皆无过;岂以有为有因,宗、因有俱非失? 如宗能别不成,因成法自相相违。同喻亦有所立不成,异喻亦有能立不遣,何妨宗有所别不成,因是所依不成之过。"

本段意为,问:"如同前面所说'以无体有法为宗,无体因法可以成立',在胜论所立比量中因法既然是他随一无体,能依随一无体有法,为什么还要说此因有所依不成过呢?"答:"宗和因都不极成,必须置简别语,不加简别语而立以为宗,则有所别不极过。用因来依转此无体有法,即成为因过。更何况宗、因俱不极成,用无体因来依不极成有法,能说只是宗过而非因过吗? 虽然说'以无体有法为宗,无体因法可以成立',但是没有说宗、因二者就都无过失了。怎么能说'以有体有法为宗,以有体因法能成立',宗、因皆为有体就双双没有过失了? 如果宗上能别不极成的话,因便成为法自相相违因,同喻也有所立不成过,异喻也有能立不遣过,何妨宗有所别不成、因有所依不成之过呢?"

"因成法自相相违"金陵本作"因成有法自相相违"(卷六页七右),底本的疏文与《前记》对疏文的改动和解释相符。《前记》说:"如何者是? 如对数论立'声灭坏无常',即是能别不成。'所作性'因,他许成'转变无常',即是法自相相违过。除'声'以外总为异喻,'所作'因异上亦有,故言能立不遣。疏'有法自相相违'者,因成'法自相',非'有法'。"(卷中页四七三左)《后记》又说:"作法自相相违云:'声定非灭坏无常,二十三谛随一摄故,如色、香等'。"(卷中页二十二左)可见,智周所见之疏文原为"有法自相相违"。疏文对此未做进一步解释。智周认为基师有误释。善珠《明灯抄》赞同智周之释。看来,底本的疏文是受到前、后记的影响改动原文。

"异喻亦有能立不遣":金陵本作"异喻亦有所立不遣"(卷六页七右),底本的疏文与《后记》对疏文的改动和解释相符。《后记》说:"如佛弟子对数论师立

---

① 智周:《后记》卷上,页十二左上。

'声灭坏,二十三谛随一摄故因,喻如色等'。此'灭坏'法他不许,故能别不成。同喻'如色','色'上无'灭坏'宗,即阙所立。凡'灭坏'为宗,'非灭坏者'总是异喻,'二十三谛摄'因,于彼异喻色等上转,名能立不遣。色、香等望宗即为成(异)品,望因即为同品。举此一法或为同喻,或为成(异)喻。为同喻时阙无所立,为成(异)喻时能立不遣也。"(卷中页二十二左)《瑞源记》引用了道邑《义范》对智周的批评:"疏异喻亦有能立不遣者,准本疏只言所立不遣,疏主意云,宗中既无能别,即无所立,异喻便无所遣,名为所立不遣。我人不悟本意,以见四相违因皆是因于同无异有,遂改疏为能立不遣。"(卷五页十二左)对以上疏文的两处改动,《瑞源记》和《里书》都双引智周、道邑二说,未予轩轾。我以为疏文似有欠妥,智周之释不无道理。既然智周和道邑所见疏文即为"因成有法自相相违"和"能立不遣",姑妄照录。《大疏》本来就是未定稿,或许原意就是"因成有,法自相相违"也难说。

(十) 关于《理门论》因后二相中的"念"

智周《后记》解释了为什么第二、三相有一"念"字,而第一相不说"念",这是因为只满足第一相,敌方还不能接受宗,等到说出二喻令敌忆念起证宗的理由,敌方才生起正智,因此第一相不说"念"字。①

(十一) 关于同喻体的组成

基疏解释《入论》同喻体的组成处将"因同品"三字连读,智周对《大疏》此句所作疏解有进一步阐发。窥基认为同喻体的组成是因同品有宗同品,一连用了三个句子说明同喻体的组成有二同。

《后记》解释说:"'以法同故,能所同故,二合同故者',问,此三何别?"答,大意虽同,小分有别。且第一云'以法同故'者,因亦名法,宗中能别亦名为法,同喻具有此之二种名为法同;第二云'能所同故'者,喻上二有能所二立名能所同;第三云'二合同故'者,不相(误为性)离性名为二合,喻上亦名为同也。② 智周讲清了三种二同是从不同角度说明同喻体的组成。

紧接着,智周又解释了窥基关于同喻体的问答与关于第二相的问答有什么区别。"问:显因同品宗法必随等者,此中问答与三相中第二相中问答何别?答:有少差别。唯举因相,今兼于喻,故有差别。又前问中先举宗同品,后言定有

---

① 智周:《后记》卷中,页十五右上。

② 同上,页十三左下。

性,即是先举其宗,辨因有无,今此先举其因,后言相也,故有差别。问:俱明第二,何意问答先后不同?答:先明于因相,举宗辨性有无,今说同喻,证宗先有因便逐,由此先后问答或先或后不同,不可齐责也。"①智周讲清了二种问答之间的差别就是同喻体与因第二相组成方式的差别。用我们今天的话来说是两种命题形式的差别。因的第二相只是涉及正因的条件之一,只涉及因自身,而"显因同品决定有性"则不光能表示第二相,还能表示喻体的组成方式。再则在同喻体中,先说因法,次说所立法,在第二相中则先说宗同品,后说因,二者次序不同。因此二种问答是有差别的。关于第二相的问答和关于同喻体的问答虽然都与阐明第二相有关,但是毕竟一个是涉及因相的,一个是涉及喻体的,不能要求完全一致。

(十二) 认为十四过类疏作者为文轨而非窥基

在《后记》中有一段注释提到文轨疏中对十四过类有详细讲解。基疏在解释相违决定因过处,讲到似能破中的分别相似过。对此,智周解释说:"便成过类分别相似者,意云因喻无其过,妄立道理而分别,但是似破非真破也,如轨法师疏,当广分别也。"②从这一解释中可知文轨疏中有十四过类疏而窥基未对十四过类作疏。如果窥基对十四过类有疏解,智周不可能说"如轨法师疏,当广分别"的话。《后记》中这一在当时极为平常的解释,在今天却成为极其珍贵的史料,它可以帮助我们确定1933年赵城发现的十四过类疏署名为窥基是后人误题。支那内学院版文轨疏把十四过类疏当作佚文收入是可信的。

(十三) 纠正慧沼以"目短为长"片面概述名言

对《入论》关于现量部分"离名种等所有分别"一句释文中,慧沼《续疏》说:"此所离也。谓有于前色等境上,虽无暎障,若有名种等诸(门)分别亦非现量。故须离此名言分别、种类分别,'等'取诸门分别。故《理门论》云:'远离一切种类名言假立无异、诸门分别。'言'种类'者,即胜论师大有、同异,及数论师所有三德等。'名言'即目短为长等皆非称实,名为假立。"

慧沼的疏文颇费解。熊十力先生对慧沼释文不满意,作了删易后再加注释,作为他自己对《理门论》原文的理解还是很值得参考的。详见本书第六章第十四节,兹不赘引。

---

① 智周:《后记》卷中,页十三左下至十三右上。
② 同上,页二十四左下。

（十四）为今人判明广胜寺《大疏》版本优于金陵本提供证据

《大疏》以下一段文字金陵本整段缺无："然有说言，若所依无，即是无俱不成。此未必尔，如清辩师立'声是空，以所作性故，如空花等'。此'所作性'，依俗两有，'空花'并无。虽有所立，可非能立所依不成。"

大意是说然而有一种观点认为，如果没有所依，即是同喻中能立、所立皆无即俱不成过。这说法未必正确，例如，清辩师立"声是空，以所作性故，如空花等"。这"所作性故"因，依俗而论立敌皆以为有，又都认为"空花"为无。虽然有所立"空"，可非能立所依不成。本段《前记》《明灯抄》均有，唯金陵本整段缺无。①

《前记》："'然有说言'即'无俱不成'者，此是轨法师作此释。"②又说："'此所依无'者，约喻依非说喻体也。疏主举例非也。此意轨法师云，宗中无因依，非但是喻上能立所依不成，喻上所立亦无，故言'无俱不成'也。意云，若喻所依无，即能、所二立无名'无俱不成'，非同喻体无也。即此问不必尔。即举清辨立'声'是有法，'空'是宗中法，'所作性'因，立敌俱许名两有，同喻如'空华'，即此'空华'虽立敌俱无，'空'共有故，故知喻上有所立俱。由宗上无因即是喻上所依不成，不得作无所依，即喻能立、所立俱无所依不成也。"③

二、"疏文分释"之不足

（一）误释能依、所依

智周曾误释："能依、所依皆圆满者，法为能依，有法为所依。"④《前记》这一句是对《大疏》释《入论》初颂之能立小字内"宗亦二义：一者支圆，能依、所依皆满足故；二者成就，能依、所依俱无过故"的解释。《大疏》原文第一义是从正面说宗支须圆满，这包括有法、能别皆极成，由能别差别有法组成宗体并且乐为所立；第二义是从反面说"能依、所依俱无过"，即不犯宗九过。宗九过中包括所依即有法、能别三过：有法不极成、能别不极成和俱不极成。能依即宗体有五相违过和相符极成过。显然，《大疏》说的真宗，是要求宗依和宗体"皆满足"和"俱无过"。

---

① 窥基：《大疏》卷七，金陵刻经处版，页二十五右。
② 智周：《前记》卷下，页四百八十三左下。
③ 同上，页四百八十三右上。
④ 智周：《前记》卷上，页四百五十一右上。

《前记》把能依、所依都解释为宗依而不包括宗体，是误释。

《前记》也不是不知道能依应指称宗体。后文就说："合所依义者，合者则是不相离宗，自性、差别是此合宗不（疑为衍字）所依之义，或可自性及以义差别俱名所依，名为合也。"①又说："能依合宗者不相离性，合为合宗，则此合宗名能依。"②《后记》亦说："总立别故者，总者即是能依，别者即是所依。"可见，《前记》中前后龃龉，前释相当于围棋中的随手棋错误。

（二）智周对足目及其所创的正理学说不熟悉

从《后记》中可知，智周对足目及其所创的正理学说不甚了了。在《后记》中智周就足目其名提供了两种传说，一是足为多，目为慧，以多智慧而称为足目二是足下有目名为足目。智周对足目的了解也不过如此。当他回答"足目仙人为内道也，为外道耶"这一问题时，对足目其人和正理学派的了解之贫乏就显露无遗。智周的回答是"无定判文"③。足目和他所创建的正理派是外道，是毋庸置疑的，可是在智周的年代却成了问题。慧沼说《理门论》本颂是足目或世亲所创，智周则肯定地说"彼《理门论》所引颂者乃是足目仙人所说之颂"。连足目为内、外道都搞不清，就断言本颂非陈那所创，只能是毫无根据的主观臆想或以讹传讹了。

（三）替《大疏》误释似立为自悟找依据

文轨《庄严疏》认为，悟他门四义的存在方式是言论，而不是心识，悟他门四义的目的不是晓己而是为他。尽管似能立与似能破是不真实的，在悟他过程中不能奏实效，但是说出来其目的还是为他，因此《入论》仍把它们归入到悟他门中。

《前记》："虽知真似二悟不同者，此答伏难。他有难云：'真立得悟他，似立俱得自悟，如何得自悟？'则由敌者却出立者过，故得自悟如疏答。"④由敌出立者过是另外一个思维过程，用来解释似立为自悟是转移论题。

（四）误释《大疏》关于立敌两俱不成四相违因

《大疏》总结四相违因过说："此上所说，但是立敌两俱不成四相违因，亦有随

---

① 智周：《前记》卷上，页四百五十二左下。
② 同上，页四百五十二右上。
③ 智周：《后记》卷中，页十五右上。
④ 智周：《前记》卷上，页四百五十五左上。

一、犹预、所依余三不成四相违因。"①本段大意是说,只是就立敌双方不许因于同品上有的四相违因而言,此外还有其余的因于同品随一、犹豫、所依等三种不成的相违因。《里书》:"'邑云,四相违因,不缺初相,此言两俱不成等者,非是有因不依有法名为不成,但是两俱不许于同品有,名两俱过。余三不成亦准于此,以相违等并是后二相过故。'"②《里书》转引的道邑的解释是准确的。此两俱不成非初相过,"但是两俱不许于同品有,名两俱过"。

《前记》却说:"即此上四相违因即是立敌两俱不成也。问:'不成是初相过,相违是后二相过,各自不同,云何将不成就相违而作句耶?'答:'此相违因是后二相过,立者本立因拟正成宗,因既缺相不能成宗,此相违因即名不成因等。'"③《前记》只是说所有因过都不能成宗,因而都是不成因。这一解释有两个问题。一是此处把违反后二相也称作不成因,容易与把违反第一相的因过称为不成因混淆。二是没有把基师本意"但是两俱不许于同品有,名两俱过"表达出来。因而遭到《明灯抄》批评说:"此谬解也。"④

(五) 为《大疏》以"之因"释相违因辩难

窥基侧重以"之因"而斥"即因"以释相违因,并认为此释可避免一难。此难先见《庄严疏》所设问:"常义既返所作,何不宗说相违?"《庄严疏》已作正确回应:"宗言常住,过失未生,因言所作,方乖所立,故因说违,宗无此过。"⑤未举因时,宗过还未出现,哪里来的宗违因说?

但是《大疏》认为:"非因违宗名为相违,故无宗亦违因,例而成难。"⑥《大疏》强调相违因并非直接与宗相违(即因),而是证成了相违宗"声无常",成了相违宗之因(之因),故无"宗说相违"之难。这一答难与《庄严疏》之答有很大区别,尽管即因与之因实际上也是相通的。即因是本过,之因是兼过。《前记》因循《大疏》,智周认为说相违因是即因就有此难,说相违因是之因就无此难。对相违因的本因是即因兼有之因的理解不准确。

---

① 窥基:《大疏》卷七,页二十一右。
② 《里书》卷下本,第二二六页。
③ 智周:《前记》卷下,页四百八十二右。
④ 凤潭:《瑞源记》卷第五末,页三九五。
⑤ 文轨:《庄严疏》卷三,页六左。
⑥ 窥基:《大疏》卷七,页一左。

第八章　东流至尊,疏释大全

——善珠《明灯抄》评介

第一节　概　要

日僧善珠是日本兴福寺北寺系的代表人物。《因明论疏明灯抄》(以下简称《明灯抄》)在日本因明史上举足轻重。此抄是他对窥基《因明大疏》的弘扬,继承了法相宗二祖慧沼、三祖智周的传统,是唐疏正脉在日域的延续。《明灯抄》为汉传因明在日本的弘扬做出了特殊的贡献。该抄最后偈中有"述而不作为抄意"一说,表明抄主基本忠实于慈恩大师的观点,对法相宗的因明学说具有护教性质,偶尔也会引述不同观点和发表不同见解。

最后偈又说"故蒙神笃请采百家",采纳了唐疏各家之言,为后人读懂大、小二论提供方便。见于书中的引述有神泰、文备、文轨、圆测、净眼、璧公、靖迈、玄应、元晓、太贤、顺憬、定宾等数十家。《明灯抄》对唐代因明家的珍贵思想资料有保存之功,是后世研习者深入《大疏》堂奥的必读疏。

我对《大疏》文本的校刊先参照慧沼弟子智周的《前记》和《后记》,再参考《明灯抄》。善珠《明灯抄》中所引疏文与广胜寺本几乎完全相同,正由于此,对于版本的取舍,我倚重广胜寺本。我选取残本广胜寺本中、后二卷作为《大疏》校刊的底本。

我对《大疏》疏文的解释,尽量做到持之有故,言之成理,避免想当然。碰到每一句疑难,则博采唐疏和日籍各家之释,经比较后择优录用,较多地参照慧沼弟子智周的《前记》和《后记》。《明灯抄》以《大疏》为诠释对象,大体上对《大疏》进行了逐句的解释。因此,对《大疏》原文的疏解,大量参考了《明灯抄》。

我对《大疏》的第一个评价是"一本高深的学术专著"。既是学术专著,必须有入门书参阅。善珠《明灯抄》就起到这一作用,而且是全方位的。

善珠之释,逐段疏解,有字词释,有句逗,有文句疏解,有人物传记简介,有背景释,有观点归属注解,等等。这些都能帮助研习者读懂疏文的字面意义和理论意义。

我对《大疏》的第二个评价是"一把打开印度陈那因明体系的钥匙"。同、异品除宗有法是唐疏七家之共识,应是玄奘译讲印度陈那新因明大小二论的口义,是我们解读陈那新因明体系和逻辑体系的钥匙。善珠《明灯抄》在日籍中率先注意并保留了唐代玄应法师所述四家唐疏关于同品除宗有法的论述,比凤潭的《因明论疏瑞源记》早了一千多年。《明灯抄》还随顺《大疏》,一再主张同、异喻"除宗以外"。对同喻体"若是所作见彼无常"中的"若"字,解作如同的"如",而非今人普遍理解的假设命题的联结词"如果"。这对我们做因明与逻辑比较研究,判定陈那因明非演绎论证有重大意义。

我对《大疏》的第三个评价是"一部记录玄奘辉煌因明成就的史册"。玄奘为什么能在无遮大会上取得成功?这与他善于整理、发展和运用三种比量(共比量、自比量、他比量)理论有关。玄奘对印度因明的发展主要表现在对三种比量理论的整理和运用,其口义都保留在窥基《大疏》中。《明灯抄》详细诠解了玄奘的"唯识比量",对后人读懂"唯识比量"有大帮助。《大疏》还以三种比量的立破功能和简别方法判定能立与能破及似八义之同异,今人对其不乏误解。《大疏》在这段话里把立破的各种关系辨析得非常正确,绝不是胪列异说而无所适从。善珠对《大疏》的这段话作了详细准确的诠释。

我对《大疏》的第四个评价是"一部未成之作"。《明灯抄》正视《大疏》的不足。善珠尽管申明"述而不作为抄意",大多因循基疏和沼续,但是也有少数异于先师的新见,甚至直言其误。

第二节 所据版本与广胜寺本同

我在拙著《因明大疏校释、今译、研究》以及修订本《因明大疏校释》(繁体版)中,先后采用金陵刻经处本和宋藏遗珍即山西广胜寺本(中、下二卷)作底本。广胜寺本上卷和中卷开头所缺一小部分以金陵刻经处本补足。据我的研究,广胜寺本确实优于目前国内通行的金陵刻经处本。保存在日本的《大疏》有繁本和简本之别。特别是窥基弟子慧沼所续部分,作为繁本的广胜寺本与作为简本的金陵刻经处本有明显区别。

一、关于宗九过为何只有三种称为不成

《大疏》在讨论不定因和相违因为何不称为不成因处，有一问答又回过头来问及宗九过中为何只有三种称为不成。此一问答广胜寺本为："问：'若尔，宗过皆欲成宗，何故但三名为不成？'答：'因虽三相，唯初一相正亲成宗，翻名不成。余皆宗具，合二建宗。成宗义疏，故翻但名不定、相违。各随义亲，以得其称，皆准此知。'"①

问句"宗过皆欲成宗，何故但三名为不成"在金陵本中为"若尔，因过皆欲成宗，何故但一名为不成"②。若依照金陵本，此问意为，违反后二相的过失因本来也都是为了成立宗的，为什么只把违反第一相的因称为不成因呢？此问的论域很明确，只涉及因三相，为什么违反三相的因其名称各不相同，不能一律称为不成呢？后文窥基的答句按照智周《前记》《后记》的解释，涉及宗九过。一则说明智周《前记》《后记》所据版本与广胜寺本相同。二则说明窥基答句显然超出了因三相论域，有答非所问之嫌。因此，为避此嫌，应以底本广胜寺本问句为正，方能贯通整段疏文。《明灯抄》的释文遵循智周《前记》《后记》，也可作裁定标准。

《明灯抄》所引文句与广胜寺本相同："宗中九过，皆欲成宗。何故能别、所别及俱，名为不成，余之六过，不名不成？答中云：'因虽三相'等者，因三相中，且举初相不成之名，例宗不成，答其得名。因三相中，唯初一相，正亲成宗，翻名不成。余后二相，皆成宗具。合后二相，方得建宗。后之二相，成宗义疏，故翻二相，但名不定，亦名相违。宗九过中，但三名不成，各随义亲，以得其称。皆准此因三相之中，初相不成，应知其义。"③

全句意为，因虽有三相，只有因支上承担的第一相直接反映了因法与宗有法的联系，如果因法无此遍是宗法的属性，便称为"不成"。其余的后二相也都是成宗的条件，初相必须有后二相配合，才能证成宗。由于后二相并非直接与宗有法有联系，即并非直接成立宗义，因而违反后二相的因过就称为不定或相违。随义亲、疏，各得其名，不定五种和相违四种也依照因与宗的亲、疏关系而有不同名称。窥基的答句也就好理解了，他用违反因三相的不同情形来例解宗九过中三不成与其余六过的不同，非常清楚明白。否则，有解难通。

① 窥基：《大疏》广胜寺本卷中，页四三。
② 窥基：《大疏》金陵刻经本卷六，页十右。
③ 善珠：《明灯抄》卷第四末，页三五五上。

二、关于"似因多种"之指称

《入论》在论述似现量处说:"似因多种,如先已说,用彼为因。"《大疏》广胜寺本释文为:"如先所说宗之九过、因十四过,及其似喻,皆生智因,并名似因。前已广明,恐繁故指,准标有智及因。今释亦合有所知之因,及能知智,皆不正故,俱名似因。"①

本段大意为,如同前文所说宗之九过、因十四过以及喻十过,都是生起似智之因,一并称为似比量之因。前面已经广为阐明,恐怕繁琐因此提示一下,按理似比量第一部分标名中就有似因智和似因。在第二标释中也合有所知之因和能知之智,由于二者都不正,都称为似因。

其中"宗之九过、因十四过",金陵本仅仅解作"四不成,六不定,四相违"②因过。二本紧接着都有"及其似喻",这说明原文不是单说因过,因此此处作为底本的广胜寺本释文比金陵本更恰当。

《明灯抄》亦与底本广胜寺本相同。《明灯抄》说:"'如先所说宗之九过'等者,若似因体,唯约因过,名为似因。约兼生智,取宗、喻过并名似因。轨意亦尔,故彼疏云:'即前所明,不成、不定、相违,为似因也,即并摄似宗、似喻。用彼知似因智为因,于似因所比宗义之中有果智生,解不正故名似比量'。"③

这里是讨论造成似比量的原因,与宗、因、喻都有关。作为能立的为他比量有三十三过,相应的为自比量也应有造成似比量的三十三过。善珠注意到玄应法师比较过详略二本(金陵本为略本),认为略本所说此似因中只涉及因过,似宗、似喻略而不说。"理应具显三分过失,然因有过,过失重故,且举似因,余略不说。"④

三、关于"定心"不同比量所得的是自相还是共相

《大疏》:"设定心中寻名缘火等亦是假智,不同比量假立一法贯在余法名得

---

① 窥基:《大疏》广胜寺本卷下,页五十八左。
② 窥基:《大疏》金陵本卷八,页二十六右。
③ 善珠:《明灯抄》卷第六末,页四三〇中。
④ 同上,页四三〇下。

共相,各附体故名得自相,是现量收。不得热等相,故假智摄。"①

底本广胜寺本这一句中,依疏主"长贯文势"的习惯,"不同"二字管整句。意为,定心中寻名缘火等亦是假智,定心所缘仍为自相,不同于比量,比量是假立一法贯在余法所得称为共相。金陵本②、《续疏》③和《瑞源记》④均作"不同比量假立一法贯在余法名得自相"。按这三个本子,则应读为"不同比量假立一法贯在余法,名得自相",但由于后文中又有"各附体故名得自相",前后矛盾。可见底本更为恰当。

《明灯抄》:"上明散心寻名假智不得自相,今此文明定心寻名假智亦不得自相。问:'若定心中,寻名缘火等亦是假智,不得自相者,何故诸处皆云一切定心皆是现量。《理门》亦云,诸离教分别,当知皆是现量摄故。又佛菩萨,后得智心,说法闻法并缘名句,既不离教何名现量? 有漏定心诸处亦说,青淤等想名分别故。既有分别行相不同,如何定心皆称现量?'答:'无漏之心,虽缘教起然离分别,无异行转,故无漏心皆名现量。诸有相道,有漏定心,对无相智名有分别。然于所缘如境了别,无异行转,故皆现量。今此中言,定心亦名假智者,缘假境故名为假智。一切定心虽缘假境,不同比量假立一法贯在余法,故名现量名得自相。既是假境,何得自相? 各附体故名得自相,亦现量收而不得火之势等相,故假知摄。'"⑤

《明灯抄》这一段也可确认疏文为定心得自相,"各附体故名得自相",不同于比量得共相。

四、关于俱不成喻过分共、自、他

《大疏》:"此有四句。一宗、因俱有体无俱不成,即对无空论是。此中细分有三十六:且共宗、因有体为首,对共、自、他无俱不成,绮互有三四句。自他宗因有体对亦各三,合九四句。下三句中亦各准此,即合三十六种四句。更以分、全相对绮互,恐繁不述。今且约总,为此四句。二宗、因无体有俱不成,如数论师对萨婆多立'思为我,以受用二十三谛故,如瓶、盆等'。三宗、因有体有俱不成,即论所说有俱不成是。四宗、因无体无俱不成,即前第二对佛法中无空论者。然此亦

① 窥基:《大疏》广胜寺本卷下,页四十五右至四十六左。
② 窥基:《大疏》金陵刻经处本,卷八页十五右。
③ 慧沼:《续疏》卷二,页五右。
④ 凤潭:《瑞源记》卷八,页七左。
⑤ 善珠:《明灯抄》卷第六本,页四一七上。

有两俱二立〔衍字〕、随一、犹豫及所依俱不成。初二(三)各二，有及非有。"①

　　本段大意是，只说共比量总共只有四句。第一句是"宗、因俱有体无俱不成"，即《入论》所举之例对无空论者立的。这一句之中若按三种比量来详细划分便有三十六句：先是以"共比量宗、因有体"为首，对"共、自、他三种比量无体的俱不成"，相互配合便有三种各四句。以"自、他宗、因有体"与"共、自、他三种比量无体的俱不成"配对，也各有三且每种四句，总计便九个四句。共比量四句中的后三句亦如上述，即合计有三十六种四句。再以一分、全分相互配合，恐怕过于繁琐就不一一说出了。现在姑且大约说个总数，就是这里说的四句。第二句是"宗、因无体有俱不成"，例如数论师对萨婆多立"思是我，以受用二十三谛故，如瓶、盆等"。第三句是"宗、因有体有俱不成"，即《入论》所说有体的俱不成。第四句是"宗、因无体无俱不成"，即前述第二句改为数论对佛弟子中的无空论者。这四句中还有两俱不成、随一不成、犹豫不成和所依不成之分。前三种不成又各分为二，即有体、无体。

　　《明灯抄》对"此有四句"的解释是："此但不开自、他、共三，总为四句。"②意为，只说共比量，未分自、他、共三种比量，因此总共为四句。

　　"宗、因俱有体无俱不成"意为，所立法和能立法皆有体而同喻依无体的俱不成。这是共比量的第一句。

　　广胜寺本疏文"此中细分"至"为此四句"这一大段为金陵本所缺失③。《明灯抄》则对《大疏》此一大段有详细解释："'此中细分有三十六'等者，第一'共宗、因有体'为首，对'共无俱不成'作四句云：有共宗、因有体非共无俱不成，有共无俱不成非共宗、因有体，有共宗、因有体亦共无俱不成，有非共宗、因有体非共无俱不成。"④《明灯抄》将三十六句一一列出，恐繁不述。

第三节　文字释

　　文字释分几种，有的纯粹是对汉语文字的解释，也有很多对因明专有名词的

①　窥基：《大疏》广胜寺本卷下，页三十左至右。
②　善珠：《明灯抄》第五卷末，页四〇二上。
③　窥基：《大疏》金陵本，卷八页一右。
④　善珠：《明灯抄》第五卷末，页四〇二上。

解释,还有对大量的佛学术语如"十力""三轮""两河"等的解释。

一、关于"详夫"

《大疏》开篇第一句为"详夫空桑启圣,资六位以明玄;苦赖兴仙,畅二篇而显理",打头第一词为"详夫",上来便难倒初习者。一般的词典不见此词,连三大本《汉语大词典》都无踪影,甚至有的古汉语专家都未曾见过。窥基弟子慧沼的《义断》和《义纂要》以及再传弟子智周的《前记》《后记》也都未加解释,看来此虚词为发端之辞,对唐人来说是常识,无解释之必要,但对今人来说,即使是古汉语专家,也可能不知其义。

善珠在《明灯抄》中解释说:"斯发端之辞也,此辞非一,随乐举之。然'盖闻''窃以'者,似疑词也。'详夫''若夫'者,似定词也。"①善珠指出《大疏》在序文的第一段"先举外书儒、道二教微妙不测",以衬托"内典佛教幽深难解"。"详夫"作为定词与后文"岂若"相对,《明灯抄》:"内外优劣也。"②先明儒道佛之对比,强调佛教高于儒道。

二、关于"刱"

《大疏》对《入论》"诸有问者未了义故"的释文中,讲了三种开示对象的不同情形。"开示有三:一敌者未闲,今能立等,刱为之开。"③其中"刱"字为古字,善珠《明灯抄》注"今为创字"④。

三、关于"除涉朋意"

《大疏》对《入论》"诸有问者未了义故"的释文中,还说到证者为何发问的五种情况。第五种情况是"为破疑心除涉朋意"。金陵本作"为破疑心叙师明意"⑤,不好理解。我依《明灯抄》释文改动了金陵本疏文。《明灯抄》释文为:"五

---

① 善珠:《明灯抄》第一卷本,页二〇一上。
② 同上,页二〇二上。
③ 窥基:《大疏》金陵本卷一,页二十四右。
④ 善珠:《明灯抄》卷第二本,页二三八下。
⑤ 窥基:《大疏》金陵本卷一,页二十五左。

为破疑心除涉朋意者……为显第二心无朋党德也。心若有朋,证义不成。言无谛实,不能决判,亦不成证。"①《明灯抄》在前面释文中还有两次提到"诸有问者"中各有朋党,为显公正,证者发问要心无朋党。因此可以认为,《明灯抄》的引文符合《大疏》原文。

第四节　对于背景观点归属的说明

一、观点归属,"因明"五释分属五人

《大疏》在释题目中关于"因明"二字的解释有五种,善珠《明灯抄》一一指出五说分属五人。"一云,明者,五明之通名。因者,一明之别称。入正理者此论之别目。"②《明灯抄》指出:"此第一释。即当泰师之一解也。"③此释来自神泰。窥基在第一释中概括了神泰的要点,并用六合释做了相应的补充说明。神泰认为,因明是五明之一明,"是诸因明论之通名"。

"二云,'因明'者,一明之都名。'入正理'者,此轴之别目。"《明灯抄》指出:"此第二释,即同备师之一解也。"④注明第二释来自文备。对因明和入正理的解释都与初释同,但对因和明的解释又都不同于第一释。

"三云,因者言生因,明者智了因。"《明灯抄》指出:"此释即当文轨师说也。"⑤文轨此释以言生因释因,以智了因释明。

"四云,'因明'者,本佛经之名。'正理'者,陈那论之称。……因谓智了,照解所宗。或即言生,净成宗果。明谓明显,因即是明,持业释也。"《明灯抄》指出:"此第四释,即当迈师之所说也。"⑥靖迈此说对因明、正理的解释以及主张是,因既是了因,又是生因,与神泰相同。但又认为因是能明,能阐明一切正理,明是明显,明是所明,是因的功用,因此因即是明,与神泰不同。

"五云,'因明'、'正理',俱陈那本论之名。'入论'者,方是此论之称。由达

---

① 善珠:《明灯抄》卷第二本,页二三八下。
② 善珠:《明灯抄》卷第一本,页二一一中。
③ 同上,页二一二中至下。
④ 同上,页二一二下。
⑤ 同上,页二一三中。
⑥ 同上,页二一四上。

此论,故能入因明、正理也。或'因明'者,即《入论》名。'正理'者,陈那教称。由此因明论,能入彼正理故。或'因明'者,能入所入论之通名。'入正理'者,能入所入论之别称。由此因明能入论故,达解所入因明、正理。或此应云因即是明。正者即理,并持业释者。"①

窥基的第五释中共包含三种解释。这三释皆为窥基所说。《明灯抄》指出:"第五释中,更加二说,合成七释,并疏主说,非余师义。"七释并列,孰是孰非,窥基未做抉择。《明灯抄》:"第五释中,陈那、天主二论相属,无属佛经。超取前释,岂疏主意,故知非也。周《前记》云属在者,随应之义。若依第五释,因明者,或属陈那论,或属天主论,或属能入所入之论。随其所应,故云属在何教。此解是也,符疏旨故。"②

二、《大疏》中关于宗为所立还是能立的三种解释归属何人

《大疏》说陈那以后略有三释。《明灯抄》一一标明归属:"此三释中,是谁所传? 第一释者,净眼师之所传也。第二释者,文轨师之所传也。第三释者,大乘基师之所传也。前二传者,各见彼疏。第三传者,即此文耳。"③

三、成为唐疏集注,有保存典籍之功

在疏解初颂中,窥基引用陈那《理门论》中对古师的批评,古师的错误是宗不只五相违过,还有"宗、因相违过"。对此过的解释《大疏》有误,而定宾律师则有正确疏解,此正解为善珠所引述。

《大疏》说,陈那以前古因明师在宗中增设宗、因相违过。"陈那《理门》自破之云:'诸有说言,宗、因相违名宗违者,此非宗过。以于此中立声为常,一切皆是无常故者,是喻方便恶立异法,由合喻显非一切故'。"④陈那意为,例如声论者,立"声为常,一切皆是无常故"因,是那外道借成立宗的喻,矫设方便,错误地提出异法喻为"一切皆是无常"义。声论师并非想要成立"声常"宗,而把成立宗的因解释成"由正确的同喻依显示出来的因是'(声)非一切故'"。陈那纠正说,立"声为常"宗,原本应言"(声)非一切故"为因,因为外道主张非"常"之法,有很多

---

① 善珠:《明灯抄》卷第一本,页二一五上。
② 同上,页二一五中。
③ 善珠:《明灯抄》卷第一末,页二二六上。
④ 窥基:《大疏》卷一,页十五左。

种类,除声以外还有色、香、味、触等种种差别法,合起来才称为一切。因此立"声常"宗,以"(声)非一切"为因,合成正确的同喻应说"诸非一切故者,皆体是常,犹如虚空",怎么可以用"一切皆是无常"之因来成立"常宗"呢?

《大疏》继续疏解说,《理门论》又说:"此因不为宗上所别所有,因为'声'被包括在'一切'之中。"陈那此言意为,此为古师所引"一切皆是无常故"因,在他们所立的"常声"中没有,因为声音被包摄在"一切皆是无常"中,便是似因中两俱不成过,因为立、敌双方都不许"无常"因在"常声"上有。

窥基对陈那这段话解释有误。陈那说的此因是指"非一切故",而非基疏所说"一切皆是无常故"。对此,定宾律师有正确理解:"'非一切'因,此因在于宗有法上,都无其义。所以尔者,以声摄在一切中故。既有法声摄入一切,故有法上即无'非一切'义,犹如两俱不成。立'声无常,眼所见故',既以声为宗中有法,其上即无'眼所见'义。"①

基师却曲解为"常声"没有"无常"义,不仅擅改了宗上所别即有法,而且更改了因。善珠虽然引述了定宾之释,却对二师歧义未予轩轾。从日僧凤潭《瑞源记》中可知,奘门弟子靖迈亦同定宾之释,智周门人道邑所作助释也与奘同。此外还提到"俊(藏俊)、备(文备)等诸释皆然",而愿晓作了总评,认为诸家"善顺"于《理门》②。

窥基接着又正确解释了陈那对古师的批评。"其立'声常','非一切因'"。大意是,陈那又批评说:"其过失又被称为宗义一分为因。"只有外道允许"非一切"因于宗中有,内道不许声"非一切",因于宗上无,即是随一不成因过。因此这两种过失,都不是宗过,而是因的过失,也是异喻体的倒离之过。一切离作法,先说宗无,后说因无。既然立了"声常"宗,以"非一切"为因,那么异喻体的离作法应是"诸无常者皆是一切"。而今说成"一切皆是无常故",先说因无后说宗无,因此成了倒离之过,错误地建立了异法喻之无常义。因此这类因、宗相违,不是宗过,而是因、喻过。陈那既然破斥了这类所谓的宗过,天主顺从师意,因此也不设立。

第五节　善珠因明思想述要

分三部分来阐述。一是正确的抄注。二是会通古今,其见解还可商讨。三

---

① 转引自善珠:《明灯抄》卷第一末,页二二九下。
② 凤潭:《瑞源记》卷一,页二六右。

是因循大疏之误或自己的错误发挥。

一、正确抄注

（一）释"因明论者，源唯佛说，文广义散，备在众经"

《大疏》对因明的起源有自己的特殊见解"源唯佛说"。虽然"劫初足目，创标真似"，对佛教因明这门学问的正式建立有借鉴作用，但是佛教因明有自己的源头。

《明灯抄》对"源唯佛说"作了难得一见的解释："又诸外道五明皆具，岂唯佛说？答有二解：一应法师云：如是五明，初佛教，其后四种，义亦通余。伽论既云除初内明。余但外论。明知五明。非皆佛教。其后四种，亦能余言。然诸外道，各别说云。即我先师所造教藏，名为内明，非余师教。且如僧佉，劫初已来，五皆具。劫比罗仙，劫初已说诸谛义，故今依自义故作是说。佛未出时，但有其四。二疏主云五明唯佛教，引证如文，故知五明本唯佛教。但诸外道于过去佛所说五明，生异分别，谓本所传。又梵王等大地菩萨示现权身，岂于外教生分别耶？故知五明源唯佛说。此因明理，散在众经。如来略说，菩萨广演，如《深密经》，证成道理，略有二种：一者清净，二者不清净。《杂心论》云，因明论方便，是则为义辨。所以大圣散说因明，门人纂成别部。大小经中处处皆有，故云文广义散等。"[1]文轨《庄严疏》有"大圣散说因明，门人纂成别部"说法就来自《解深密经》。

对何谓清净，何谓不清净，《融贯抄》解释说："今云清净者，真立破现比；不清净者，似立破现比也。"[2]可见，《明灯抄》指出《深密经》里讲到的"清净"与"不清净"两种"证成道理"都是关于因明的内容。

《明灯抄》指出《杂心论》中有关于因明的论述。从上述文字中可知，文轨《庄严疏》有"大圣散说因明，门人纂成别部"的说法原来来自《解深密经》。

（二）辨真似能立、能破四义同异

对三种比量的立破功能，《大疏》有系统论述共比量兼具立正破邪二义，悟他功能最胜。《理门》和《入论》说真似能立、真似能破，以共比量为准。因明立破

---

① 善珠：《明灯抄》卷第一本，页二〇五中至下。
② 基辨：《因明大疏融贯抄》卷第一，页八上。

最重共比量。

自比量只限于立正,他比量只限于破邪。《大疏》有一整段论述:"有是能立而非能破,如真能立建立自宗;有释无此,能立自宗,即能破敌,必对彼故。有是能破而非能立,如显过破;有释无此,但破他宗,自便立故。有是能立亦是能破,如真立破他所不成;有释无此,立谓能申自,破谓就他宗。"①今人不乏误解。

基疏对真能立、似能立、真能破和似能破四义之间的同异关系,根据三种比量理论作了详细的判定,为唐疏之首创。《大疏》在这段话里把立破的各种关系辨析得非常明确,绝不是胪列异说而无所适从。善珠对《大疏》的这段话作了准确的诠释:"此八义中,体或同异,应以前对后。问答判简,研核是非,方知宽狭。"②意思是《大疏》讲了八种情况(本文只引了有关自他比量的前三种)。每一种情况都作问答料简,即分号后面的话是对分号前面话的料简,也就是限定。每个分号前后的两句话并不相背。

善珠继续解释说:"若言能立皆非能破,即违能立是能破者。若说能立即是能破,复违能立非能破者。今显能立自破他,能破破他及以自立,皆不定故。故置有释,简定执也。"③

这段话的意思是说既有是能立而非能破的,也有是能立兼能破的,若说凡能立皆非能破就与亦立亦破的情况相矛盾。如果说凡能立都是能破又与是能立而非能破的情况不合。设置"有释",就是为了料简凡能立都立自破他,凡能破都是破他兼立自的"定执"错误。

善珠的《明灯抄》说:"宗等三支,皆为悟他未了义故者,依他、共量不约自量。"④这是说他比、共比可以悟他,自比无此功效。

在他比量三支中,宗、因、喻中必有依他的成分,自既不成,应非能立。他比量只能破他,不能立己正义,这应是很显然的。

(三) 详细解释《大疏》关于三论中自性(自相)和差别(共相)的区别

窥基《大疏》对三论中的自性和差别作了区分。讲了五层意思,详见本书第五章。善珠逐句作了详细讲解。

---

① 窥基:《大疏》卷一,页十七左。
② 善珠:《明灯抄》卷第一末,页二三一上。
③ 同上。
④ 善珠:《明灯抄》卷第三末,页三一五上。

第五层意思是,因明论不同于大乘唯识论。《佛地论》以一切法有体义别。体为自相,义为共相。唯识论以"可言说"与"不可言说"区分自性(自相)与差别(共相)。在本因明论的立破学说讨论宗的组成,只能用因明论的自性、差别概念。实际上告知,文轨疏在此处用唯识论的"可言说"与"不可言说"来释自性与差别,文不对题。净眼亦同文轨疏意。《明灯抄》对三教之别作了详细讲解。

以下是对文轨、净眼的批评:"不同大乘等者,说因明论与余论等之差别也。佛地论意,色声等体,名为自相。彼上所有常无常等,名为共相。唯识论等,不可言性,名为自相。可言诸法,名为共相。今因明意,若体若义,各附己体,名为自相。贯通他上,名为共相。是三教别。轨法师依唯识意,说因明论自共相义。故彼疏云,自共相者,一切诸法,皆离名言。言所不及,唯证智知此为自相。若为名言,所诠显者,此为共相。净眼师等,亦同此说。今云不同大乘等者,即兼简去此师等义。"①

(四) 引述唐靖迈法师《古今译经图记》关于无遮大会背景

从吕才与奘门的那场大辩论可知,《入论》的旧疏,最初有神泰、靖迈、明觉三家。靖迈是玄奘译场元老。他关于印度曲女城大会的记载可与《大疏》之说相互印证。《明灯抄》:"迈法师《古今译经图记》云,沙门玄奘,……既届梵境,筹咨无倦。五明四含之典,三藏十二之筌,七例八啭之音,三声六释之句,皆尽其微,毕究其妙。然彼印度小乘外道,各构异论,诽毁大乘。法师遂造《制恶见论》,制十八部小乘,破九十五外道,并造《会中论》。融会瑜伽、中论之微旨,以静大乘之纠纷。于时中印度国戒日大王,总统五印度统诸国,内外博综,才艺俊越。观于斯论,叹而言曰,虽有显大摧邪之殊益,然彰我大忧之梦人。吾方九旬大施,可因此会定其灭否。遂散驰象,传告万里。敕能论者,毕萃大众,金集法师。以所造二论,六千余颂,书于大施场门云,其有能破一偈,当截舌而谢之。其中成立唯识比量云:真故极成色不离于眼识,自许初三摄眼所不摄故,犹如眼识。立斯量已,日日挏鼓,命于论人,凡十八日,莫敢当者。"②

(五) 因有广狭二义

"因"有广狭二义:从广义上说,作为能立的一因、二喻都可以称为因;从狭义上说,只有因一支可称为因。这里是从狭义上说,所以喻不称为因。《明灯

---

① 善珠:《明灯抄》卷第二本,页二四二下。
② 善珠:《明灯抄》卷第三末,页三一四中。

抄》："因名有二：一通，二别。言通者，凡诸能立，皆名为因，非唯一相。同、异两喻于宗名因，是能立故。言别者，唯约正释宗之所以，名之为因。同、异两喻，非是正释宗之所以，不得因称。今此约别因之与喻，其义殊也。"①

（六）主张同品"除宗有法"并且"法及有法二不相离"

《理门论》定义同品说："此中若品与所立法邻近均等，说名同品，以一切义皆名品故。"《大疏》在疏解因第二相同品定有性处引用了《理门论》同品定义。

《明灯抄》有大段释文，帮助初读《理门论》者容易理解同品定义。初读《理门论》，往往忽视对后半句的解释。《明灯抄》解释说："'同品定有至皆名品故'者，'同是相似义'等者，两物相似曰同，体类差别曰品。'一切义皆名品'者，且同品中，取其品而非同，于中即有瓶等可烧、可见，所作、勤发、色、香、味、触、青、黄等异，无量法门是为品。品是义门差别之品，故云'一切义'。以天主等，但取极成法及有法，二不相离，为宗性故。瓶与无常，别二总一，既非同品，何法与何，相似名同？除宗以外，法及有法二不相离，名为同品。陈那等取法、有法不相离义，为宗性故。……若品与所立法邻近均等名同品者，瓶上法及有法，不相离义品。声上法及有法不相离义，邻近均等，故名同品。"②

《理门论》此句意为，某对象是否为同品，要看它是否有与所立法相似之义即今所谓属性相似。因为一个对象上有各种各样的属性，这"一切"属性都可称为"品"，但只有与所立法相似之义，才是同品。《理门论》是以义即属性为品。

《明灯抄》强调"除宗以外，法及有法二不相离，名为同品"。在此后的许多段落中，一再强调"除宗以外"，还一再强调"法及有法二不相离"才是同品。立方主张"声是无常"，即声与无常二不相离。所谓同品是指与"声是无常"相似的二不相离之"瓶是无常"。这一解释否定了单单以体为品或单单以义为品或体义双陈为品三种说法，应作如何评价，且待下面评论。

（七）主张异品"除宗有法"和"许无体"并且"能别有法，二互相离"

《明灯抄》随顺《大疏》："未知异品，何者是耶？今正义云，异者别义。品者类义，即是聚类，非体类义，许无体故。同喻必有喻依喻体。异喻无依，有其喻体，亦得成宗。为显异喻无喻所依，亦得成宗，故云许无体故。言体者，所依名体，非是喻体。随体有无等者，除宗以外，能别有法，二互相离，名为异品。以天

① 善珠：《明灯抄》卷第二本，页二五七中。
② 善珠：《明灯抄》卷第二末，页二六六下。

223

主等不相离义,名之为宗。明知异品,取空无常,互相离义,得名异品。又准同品取不相离,违同成异。明知相离名为异品。"①

《明灯抄》但凡相关释文都明言异品除宗有法,并随顺《大疏》,异品既可有体,也可无体,并且"能别有法,二互相离"。

(八) 保存了玄应疏中四家关于同品除宗有法之说

善珠《明灯抄》引用了唐总持寺玄应法师《理门论疏》中关于同品定义的一段话。照引如下:"玄应师云:'均等义品,说名同品者,此有四说。一有云,除宗已外,一切有法皆名义品。品谓品类,义即品故。若彼义品有所立法,与宗所立邻近均等,如此义品,方名同品。均平齐等,品类同故。彼意说云,除宗已外,一切有法但有所立,皆名同品,不取所立名同品也;二有云,除宗已外,一切差别名为义品,若彼义品与宗所立均等相似,如此义品,说名同品;三有云,除宗以外,有法、差别,与宗均等,双为同品;四有云,陈那既取法与有法不相离性,以之为宗。同品亦取除宗已外,有法、能别不相离义,名同品也。此说意云,除宗已外,有法、能别皆名义品。若彼义品二不相离,与宗均等,说名同品。'今依后解以之为正。"②

可见,唐疏有四家在给同品下定义时虽说法不一,但都强调了"除宗已外"即"同品除宗有法"。按照佛教论著说法的习惯,异品也是除宗有法的。

凤潭《瑞源记》里不仅保存了唐代玄应法师的记载,还补充说明三家归属。第一家为文轨,第二家为汴周璧公,第三家佚名,第四家为窥基。查窥基《大疏》原文,未明言同品除宗(实际也主张除),而在定义异品处则明言"即除宗外余一切法"。玄应说唐疏有四家在给同品下定义时强调了"同品除宗有法"。又据敦煌遗珍中唐代净眼的《略抄》可知,净眼法师也是主张同品除宗有法的。再加上慧沼,连同玄应疏,唐疏至少有七家主张此说。这应当看作是玄奘的口义。

文轨所说"除宗已外,一切有法但有所立,皆名同品",之所以说有法体为同品,是因为该体有所立法。说瓶为同品,是因为瓶体上有无常属性。事物皆有属性,属性依附事物。属性相同的事物为同类事物。"二不相离"之说实际反映了逻辑之事物与属性之关系。文轨以体为同品并没有什么错误。二论关于九句因中的同品举例即为"如瓶""如电"。

第二家璧公的"除宗已外,一切差别名为义品,若彼义品与宗所立均等相似,

---

① 善珠:《明灯抄》卷第二末,页二七四上。
② 同上,页二六六下至二六七上。

如此义品,说名同品"是以义为品。体与义(此为属性)相对,同品之同以义为正,更无可指摘。

佚名的第三家双举体、义为同品,完全符合《入论》举例"瓶等无常"。

可见,窥基"二不相离"的解释也不错,但不能说"以此为正",其余皆误。四家都说得通。

(九) 同喻体中的"若"是"如",而非今人理解的"如果"

《明灯抄》:"且如同喻云,若是所作者,见彼无常,譬如瓶等。明知瓶上,自有所作,复管声上所作之义,故名为'若'。'若'者如也,谓若此若彼,两相如也。"[①]在下一页又重申这一段话。这清楚解释了"若"是"如同"之义,而非今人所谓"如果"。在《理门论》中,"若"又为"诸"所替代。二字均为多义词。今人一见"若",就断为"如果",就将同喻体断定为充分条件假言命题或外设命题,并进而判定整个三支作法是演绎论证,陷入极大误区。

(十) 引述定宾关于"二喻即因"之正确解释

《明灯抄》:"说因三相即摄二喻,二喻即因等者。问:因后二相,为则二喻,为二喻外别有二相耶? 答:轨师云,因后二相,即是二喻。且如因第二相,正取所作,兼取无常。第三相中。正取所无之所作,兼取能无之常。故《理门》云,'若尔喻言,应非异分,显因义故'。论即答云,'事虽实尔'。由此文故,作如是释。今宾师云,今详,法师错解论文。论文意者,因第二相于同品中定有所作,其第三相,于异品中遍无所作及其两喻。同喻之中所喻,即是所作无常,能喻即是声上所作。合此三门,以为喻义。异喻即以常非所作,以为能离,并声所作,是其所离。还以三门,以为异喻。是故应知。因后二相,但是两喻,各少分义。是故论云'事虽实尔'。此谓实尔。少分体同,非谓二相即两喻之全分也。今云'二喻即因'者,因后二相,即摄两喻,各少分义故,云'二喻即因',非谓二相即两喻之全分也。"[②]

窥基多次强调"二喻即因"的观点,也正确阐明"同品定有性"中的同品为宗同品,此相的含义应是有同品有因,即有同品是因,同品是所随,因是能随,不同于同喻体。但是,基疏又解同品定有性等于同喻体。"然实同品,正取因同,因贯宗喻,体性宽遍。有此共许因法之处,不共许法定必随故。今明一切有宗法处,

----

① 善珠:《明灯抄》卷第二末,页二六七上至中。
② 善珠:《明灯抄》卷第三本,页二八九中至下。

其因定有,故说宗同,不欲以宗成因义,故非正同品。其因于彼宗同品处决定有性,故言同品定有性也。因既决定有,显宗法必随。《理门》亦云,'说因宗所随,宗无因不有'等。"①这一段话的中心意思不是说宗同品决定有因,而是说因决定有宗同品。这就把同喻体与同品定有性混为一谈了。

定宾解"二喻即因"为"各少分义"同,并非等同,"非谓二相即两喻之全分也"。

(十一) 对《理门论》"若无所违害"抉择

《理门论》有三个颂,是对不成因之外其余似因的总结。第二颂为:"邪证法、有法,自性或差别,此成相违因,若无所违害。"此颂涉及四相违因。九句因中的四、六两句是讲法自相相违因。有法自相相违因、有法差别相违因、法差别相违因,是前面还未论及的。

"若无所违害"这一句不好理解,既成相违因,怎么又说无所违害呢?西明寺的圆测和神泰各提供了一种解释。二说各有道理,我倾向于采用神泰的释文。在《明灯抄》中也能找到支持根据。

日僧宝云于1845年写的《因明正理门论新疏》说:"'若无'一句,西明解云:'无违后宗,成相违因,三、四两句颠倒置之,梵章有例。'"②圆测认为,第二颂的三、四句应颠倒顺序。"无违后宗"是说立方所采用的因对后宗即敌方的宗不相违,此因反而对前宗即自家所立的宗有法相违,因此成为相违因。

《述记》说:"若前因法,能邪倒证法自性、差别、有法自性、差别,然不违害宗,如宗五过故,或相违因非宗过也。"③神泰认为"若无所违害"一句是将相违因过与宗相违过区别开来。"然不违害宗,如宗五过故"似应读作"然不如宗五过故违害宗",意思是相违因不同于五种相违宗过直接妨碍了宗的成立。相违因并非宗过,而是因过。神泰认为"若无所违害"一句是将相违因过与宗相违过区别开来。意思是相违因不同于五种相违宗过直接妨碍了宗的成立。相违因并非宗过,而是因过。日僧善珠采用了神泰的解释。

《明灯抄》:"既有摄颂,故四相违亦有摄颂。'言邪证'等者,此之一颂摄四相违。文有三节,初之二句显四相违。'言邪证'者释相违义,能倒立故名为邪证。又不善取证即名邪证。法谓宗法,如'无常'等。轨生物解故名为法。言有

---

① 窥基:《大疏》卷三,页六右至页七左。
② 宝云:《因明正理门论新疏》卷二,页二十六左。日本瑛光寺藏1881年版,由私人刻印。
③ 神泰:《述记》卷三,页十四右。

法者宗有法也，如'色、声'等。能有宗法故名有法。如是二种各有二相，故成四种。谓法、有法，各有自性及差别故。《入理论》中名为自相，此论名为自性。性是性相，其义同也。次有一句结成相违。此谓四因，由倒证故名相违因。后有一句释成所所由。夫与他因作相违过。所立比量必须违害他许宗，而不违害自、共所许现量等义，方成相违，故云'若无所违害'。"①

全颂意为，假如因法颠倒成立有法自相，或颠倒成立有法差别，或颠倒成立法自相，或颠倒成立法差别，那么此因便成为相违因，而此因对于宗作为论题的建立并无妨碍，并非宗过，与五相违过直接影响宗的建立有别。

（十二）文轨《庄严疏》南京支那内学院辑佚本无此设难

文轨《庄严疏》辑佚本做得很好，但并非没有遗漏。《大疏》："又设难云：'异喻亦言诸、皆，岂欲笼括宗、因耶？'答：'不例。异喻本欲离彼宗、因，显无宗处因定不有，如何得合？返显、顺成诸、皆之言，定合声上所作与彼无常令属著因。'"②

本段大意为，有人又设难说："'异喻体也说诸、皆之言，难道也是为了把宗上的因法和后陈法包括到异喻体上去吗？'答：'不能这样类比。异喻的作用本来是为了使宗异品远离因，显示无宗之处因亦定无，异喻怎么能合宗、因呢？异喻体返显和同喻体顺成中的诸、皆二字，是必定使声上所作与那无常相联结的根据。'"

《明灯抄》认为"又设难云等者，是轨师所设难也。"③由南京支那内学院于1934年辑佚而成的文轨《庄严疏》没有收入这一非难。慧沼的答句说异喻返显"声上所作与那无常相联结"。答句没有道理。

（十三）完整引述净眼十四过类疏解，有保存之功

《理门论》因十四过类的详细疏解仅出于文轨手笔。除文轨外，关于《理门论》因十四过类的简要疏解还见于净眼的《因明入正理论后疏》。净眼说："敌论者离三十三过失之外，妄作相似过类，诽毁正义，故名似破。此诸过类，若委细释，其言繁广。故括宏纲，录其大意，且于一一过中，先标过类之名，次举相似之

---

①　善珠：《明灯抄》卷第五末，页三九四下。
②　窥基：《大疏》卷八，页五左至右。
③　善珠：《明灯抄》卷第六本，页四〇六下。

难,后述正解,显难非真。"①直言其疏解不同于《庄严疏》之详解,而是据其文意,多以七言或五言颂文概述。先标过类之名,次述过类内容,后作正解。以上文字以及对十四过类用颂文所作的全部疏解均见善珠《明灯抄》。令人十分诧异的是,善珠抄引了谁,竟无一字说明。这与《明灯抄》全书风格大异其趣。

二、为古今因明思想差异做会通

(一) 对能立二义问题为《瑜伽论》和《理门论》作贯通

善珠对能立二义问题为《瑜伽论》和《理门论》作了贯通,值得研究。《明灯抄》:"问:'慈氏、无著,宗等八支,皆名能立。陈那、天主,宗为所立,因、喻能立。陈那破古师者为破《伽》等,为破余师?'答:'凡明能立,总有二门:一总摄门,二相形门。总摄门者,且《瑜伽》等八支总说,以为能立者,谓自心中,依于三量,自成立义。或复为他敌、证之人,建立道理。或复立理,而用破他。故《瑜伽》等八支总摄,但名能立也。因便复明自性及差别,名所立者,随在自悟二量之中,以为所缘,及教量中,以为所证。并悟他门,发言谈说五支之中,亦为所诠,是所建立故谓所立也。相形门者,若曲(由)别论,以因形宗。宗是所立,以其宗中敌论未许,更须因、喻,立彼所立。故须知其义有两门:一者总建立义。能存自宗,不被他破。约此义故,宗亦名能;二相形待义。宗即是所,古师不悟于总立门及相形门,差互不同,而乃齐说。宗为能立,陈那即破,相形门中,宗非能立。故陈那等不破《伽》等也。'"②

善珠认为,陈那对以《瑜伽师地论》为宗旨的弥勒、无著、世亲等先师与其他古因明师作了区分。陈那的创新之说是,在宗与因、喻相对的相形门中,宗只是所立而非能立,此说只是破斥"余师",此余师不包括弥勒、无著、世亲等先师。余师不懂总摄门、相形门差互不同,而乃齐说。但是在《瑜伽师地论》中也不见陈那的相形门说,因此一味把《瑜伽师地论》的著述者和弘扬者与余师割别,对因明研习者,特别是今天的研习者来说,很难理解。对佛门中人来说,由于宗教信仰和对本门先师的尊重,做会通工作,尽量避免纠错、讳言创新都是可以理解的。但是我们今天做学问,是要搞清楚因明理论的来龙去脉。

---

① 善珠:《明灯抄》卷第六末,页四三三上。
② 善珠:《明灯抄》卷第二本,页二四〇中至下。

(二) 对新古因明喻支差异为《瑜伽论》和《理门论》作贯通

对《入论》无合喻过举例"如言于瓶,见所作性及无常性",《大疏》解释说:"此示法也。但举喻云'如瓶,见有所作及于无常',不言'诸所作者皆是无常',故是无合。若如古师立'声无常,所作性故,犹如瓶等',即别合云'瓶有所作,瓶即无常,当知声有所作,声亦无常',故因、喻外,别立合支。陈那菩萨云'诸所作者皆是无常',即以瓶等所作并包声上所作之性,定是无常。'犹如瓶等',瓶等所作有无常,即显声有所作非常住,即于喻上义立合言,何须别立于合支也?"①

本段大意是,举例说明无合过。所举之喻只是说"如瓶,见有所作及于无常",不说"诸所作者皆是无常",因此是无合。例如古师立"声无常,所作性故,犹如瓶等",另立合支说"瓶有所作,瓶即无常,当知声有所作,声亦无常",因此是在因、喻之外,别立了合支。陈那菩萨说,"诸所作者皆是无常",即是说由于瓶等上的所作性一并包括了声上所作性,必定有无常性。"犹如瓶等",即是说瓶等上有所作也有无常,即能显示声上有所作是非常住。即是说在喻体之上就有了合的含义,何必在因、喻之外另立合支呢?

此段疏文为慧沼《续疏》,明显有违窥基对同喻"除宗以外"即喻体和喻依不包括宗有法如声的解释。主张同、异品除宗有法甚至同、异喻除宗有法是陈那独创而为古因明所无。无合过违背了陈那对同喻体的规定即因宗不相离,是古因明的一大缺陷。弥勒、无著、世亲亦不能免。

善珠明言弥勒、无著、世亲等不属古师之列。其理由为喻"乍似同古,然于喻中已有合义"。这一解释值得商讨。因为在《对法》和《瑜伽论》的论式中还不见喻体,更没有从中总结出新的因后二相的九句因。世亲的《如实论》虽然首次出现了喻体,为陈那创建三支作法提供了借鉴,但毕竟还没有与古正理划清界限。

《明灯抄》作为少见的因明史论,很有价值,照引如下,以飨读者:"今云'古师'者,除弥勒、无著、世亲等余古因明师及外道师,是名古师。问:'若尔无著《对法》别立合法,与陈那宗为同为异?'答:'无著不异陈那喻法,何以得知? 若准《对法》第十六,虽共喻外,别加合法,乍似同古,然于喻中已有合义。'故彼文云:'立喻者谓,以所见边与未所见边和合正说'。和合即是合义。'所见边'者是所喻之勤发及无常,并能喻之勤发也。'未见边'者是能喻之无常即宗是也。明知不异陈那喻法。"②

---

① 窥基:《大疏》卷八,页五右至六左。
② 善珠:《明灯抄》卷第六本,页四〇七上至中。

善珠竭力为弥勒、无著、世亲辩,与陈那新说贯通,其实愈辩愈显差异。

(三) 引用了《入论》有两个梵文本的说法

关于"差别性故"的解释,窥基批评文轨、吕才等"辄改论文,深为可责",问题似乎没有那么严重。善珠在《明灯抄》中引用了唐代定宾律师的有关问答。当有人问,文轨和窥基两大德同承奘师,"何故所释论本不同,或'差别为性',或'差别性故'?"定宾法师回答说:"今详梵本,盖有两异。前本义者,'差别为性'者,明宗一体而释疑也。"①定宾认为本来就有两个梵本。文轨所据梵本为"差别为性",简别了古师以宗依为所立的过失。奘译所据本为"差别性故",其意为,解释总宗是如何构成的,即"依于极成有法、极成能别,二种义别互相差别为一性故"。定宾评论说:"两本会通,不相违也。"意思很明白,这两种说法有一致性。"差别为性"既然说了一个简别了另一个,就既简了古师,又阐明了宗体构成之所以。究竟有没有两个梵本?从《大疏》和慧沼《义断》的说法来看,只是批评吕才、文轨非译场中人擅改译文并对此深表义愤。文轨在译场中似乎没有什么任职,但他毕竟亲自听过奘师的译讲。善珠说:"若依宾意,有二梵本","今基师意,旧无两本,唯一梵本,云'差别性故'","轨师不解'故'字之意","唯知简却古师之过非,未知释成所依之所以"②。

首先,善珠也是揣摩基师之意,认为"唯一梵本"。事实如何,还得存疑。其次,退而言之,对"唯一梵本"的翻译的准确性难道真的做到了一字不易?奘译的可靠程度当然是很高的,但也不能说一个字都改动不得。拿大、小二论关于因三相的译文来对照,其句式和字数都不同,而实质完全相同,当然这与原文表达不同有关。吕澂先生对"差别性故"作了梵、汉对勘研究,他认为:"这四个字与梵本不尽同。玄奘所以要这样译,是为了凑四字一句的格式。如按梵文原原本本地译出来,这句话应这样:'宗是极成有法由极成能别加以差别……尔后才构成为宗的。'梵文的'差别性故'本来是第三转声,是'由'的意思,玄奘给改为第五转声,是'所以'的意思,因之译成'故'。经过这样改动仍然凑不足四个宗,于是又加了个'性'字。其实这里的'性'字并无什么特殊意思,仅指实有其事。"③吕澂先生虽未讨论有无两个梵本的问题,但他明确解释了梵本中是由能别差别有法。这就包含了三层意思:一是说未经差别而相离别说的宗依不是宗。二是说宗体

---

① 转引自善珠:《明灯抄》卷第二本,页二五〇上。
② 善珠:《明灯抄》卷第二本,页二五〇中。
③ 吕澂:《讲解》,第10—11页。

是由差别形成的。三是说只由能别差别有法,而没有两个宗依互相差别的意思。可见,"差别性故"与"差别为性",选择字眼虽可以斟酌,但无实质差异。郭良鋆对吕澂的译释有异义。慈恩一系对吕才、文轨的批评失之偏颇。

(四) 引述唐定宾律师质疑《大疏》"唯识比量"为共比量之理由

《入论》:"世间相违者,如说:'怀兔非月,有故。'又如说言:'人顶骨净,众生分故,犹如螺贝。'"

《大疏》问:"且如大师周游西域,学满将还。时戒日王王五印度,为设十八日无遮大会,令大师立义。遍诸天竺,拣选贤良,皆集会所。遣外道小乘,竞申论诘。大师立量,时人无敢对扬者。大师立唯识比量云:'真故极成色定不离于眼识宗,自许初三摄,眼所不摄故因,犹如眼识喻。'何故不犯世间相违? 世间共说'色离识'故。"①

《大疏》答:"凡因明法,所、能立中,若有简别,便无过失。若自比量,以'自许'言简,显自许之言无他随一等过;若他比量,'汝执'等言简,无违宗等失;若共比量等,以'胜义'言简,无违世间、自教等失。随其所应,各有标简。此比量中,有所简别,故无诸过。"②

本段大意是,答:"因明的通则是,在所立和能立之中,如果加上了相应的简别词,便不会有什么过失。在自比量中以'许'字表示简别,显示自家所许因而不会有他随一不成等过;在他比量中以'汝执'等表示有所简别,就不会有违自教等过失;在共比量等中以'胜义'来表示简别,在三种比量中就不会有违世间、自教等过失。依照相应的情况,各有不同的标简。在唯识比量中,因为有所简别,所以没有什么过失。"

所谓简别,是为了避免共、自、他三种比量上的过失而在词语或语句上冠于专门的限制说明词的方法。

窥基认为"唯识比量",因为有所简别,所以没有什么过失。这是正确的。但是把经过自许简别的比量判定为共比量,此一见解在奘门弟子中有争议。善珠在《明灯抄》中因循《大疏》,批评异见。《明灯抄》保存了部分唐疏的珍贵史料,这对于后人对奘师的"唯识比量"做出恰当评价大有帮助。这是《明灯抄》保存唐代定宾律师异见的价值所在,也是本书不厌其烦长篇引述的原因。

定宾按照窥基《大疏》整理的三种比量立破功能和简别规则,对奘师"唯识比

---

① 窥基:《大疏》卷五,页二左至右。
② 同上,页二右。

量"作出自己的评价。《明灯抄》有详细抄引:"宾云,先德皆言,立宗若以胜义言简,即不违世。今当广破,如此谬执。即如慈恩法师唯识疏中。多以我许,立自宗义,避违世间。今谓,以是近取三藏立量之轨,远取掌珍立量之法,掌珍必无犯过之事,三藏或可更须推审。且执我许,即避他破,一切外道邪义皆立。但言我许,非俗知故。又如大、小二因明论,能立之中,宗等三支,皆为悟他未了义故。若先自陈我许之言,明知,所立一支,即能令他共许,岂不违论也?"①

定宾火气太大,应当有话好好说。奘师整理三种比量及其简别规则,是为辩论立规矩,犯过则在辩论中先处下风,不利于辩论。"胜义言简,即不违世"是说在共比量等三种比量中有胜义简别,则无违世之过,并未说自宗即真,也还有待证明自宗为真。"不违"与"为真"是两个不同层次。责其为"谬执",显然为过分。同样,在自比量中,"多以我许,立自宗义,避违世间",也只是"立自宗义"而无"违世间"之过,不会于辩论之处先处下风。仅此而已。分歧在于,文轨、窥基把因支上加了自许简别词仍当作共比量的一支,定宾认为不是。照文轨、窥基的说法,"且执我许,即避他破,一切外道邪义皆立"。你可以这么做,则世上一切言论皆可仿此。在立宗之际,加上"我许",则一支就够,何必要三支呢!我们今天的分析,也未超出定宾的归谬反驳。

善珠批评说:"今还破云,一切外道邪义皆立等者,此义非也。此未(了)知自、他、共别,岂辄得破金刚之义?且自比量,三支共许,弥顺于宗,设他不成,量亦无失。所以尔者,自量唯立自宗,非破他所许义故。虽他不共许,然无(比)量之非。若尔自量应非能立,非破他宗,不悟他故。解云,于自宗义虽先已知,为令无非,以量成立。故虽能立非破他宗。量既立已,他许所成,即能悟他,亦名悟他。故自比量名能立也。既许自量名为能立,何妨自量邪义皆立。若依自量,邪义不立。虽立自量,而应正义亦不得立,故知非也。"②

善珠关于自比量中"三支共许"与下一段他比量中"三分共许"的"共许"都不是指三支皆共,而是指三支皆为自或三支皆为他,都顺成了宗。善珠对自比量立破功能的解释似欠妥当。自比量加了简别词虽然无过,使敌方只能使用他比量来破斥。自比量虽可以立自,但不能悟他、破他。"量既立已,他许所成,即能悟他,亦名悟他,故自比量名能立也",这句话混淆了共比量既立自又破他与自比量只立自不破他的界线。

善珠关于他、共比量的辩难也不得要领,文长不引。《明灯抄》接着说:"又宾

① 善珠:《明灯抄》卷第三末,页三一四下。
② 同上,页三一四下至三一五上。

师云:'今详,三藏一时之用,将以对敌,未必即堪久后流行。三藏所译经论盛行,其《会中论》,今何所在? 故但一时之用也。'"①

定宾的意思是,自比量加"我许"(自许),虽然避免了过失,但所立宗仍不能令他共许,他方仍未悟未了之义。仅是"一时之用",权宜之计。

对此,《明灯抄》批判说:"此语非也。三藏入室,未曾作此言。员外门徒,何识其旨矣? 唐朝高德,蕃国诸贤,此比量中,皆动智海,各载章疏,争述立破,远流来叶,明知此量万代之通轨也,非是但'一时之用'也。'其《会中论》何所在'者,翻译诸德至得梵本,有具不具,况乎大唐所有经论,犹未探究公私秘藏,辄言'何所',岂容是理?"②

善珠此说提供一信息,"翻译诸德至得梵本",意为《会中论》的梵本是带回大唐的。反驳定宾之辞若成立,则任何谬说都可借此"自许"武装,并非局于自守,而是攻守兼备,既立自又破他。

三、疏解之误

(一) 随顺《大疏》之误,主张同品为"是因所成",异品非"因之所成"

《大疏》主张,同品必须是"因正所成"。在《大疏》研究一章中,已经阐明,立敌对诤,总是先有宗,后有因、喻。宗一经提出,其同品就已经有了确定的范围,不必考虑用什么因、喻来证成此宗。用"因正所成"来约束同品是画蛇添足,适得其反。基疏另立标准的错误是缩小了同品的范围,并导致与九句因中同品有非有等句相矛盾。其实,"因正所成"的是同喻依,而非同品。同喻依一身二任,既是宗同品,又是因同品,既有所别法,又有能立因法。可见,"因正所成"是窥基的错误发挥。

《大疏》关于异品的要点之一说"宗异品非因所立"。这与说宗同品为因正所成一样,是错误发挥。"宗异品非因所立"与同品为"因正所成"一样是增设标准,缩小了异品的范围。

《明灯抄》随顺《大疏》之误,主张同品为"因正所成",异品非"因正所成"。《明灯抄》:"此义意云,是因所成,声上无常,对敌相诤。此所诤法,与瓶无常,所立相似,约此名同。即除宗中相似之外,总约一聚,名之为品。品上由有此一门

---

① 善珠:《明灯抄》卷第三末,页三一五上。
② 同上,页三一五上至中。

同,总名同品,要约因成。"①

又说:"即准同中,要由因力,所成之同得同品名。对此同品,翻说为异。故异品聚中,无其所立无常之成宗,名之为常。此之常义,即非所作因之所成,故名为异。"②

(二)通二因和通二法

对《入论》"不成有四"第四种"所依不成",《大疏》解释说:"无因依有法,有法通有无。有因依有法,有法唯须有。因依有法无,无依因不立,名所依不成。"

《后记》有正确疏解:"如无体因,所依有法得通有体、无体;若有体因,所依必有体故也。今举有体之因依无体有法,有所依无,无所依故,故成因过。"③全句意为,宗上有法为无体因所依,宗有法既可以有体,也可以无体;有法为有体因所依,宗有法只能是有体,这是因为有体因依无体宗,实际上因就无有法可依而不能成为因,称为所依不成过。

本来因只分有体、无体二种,因此《大疏》未设第三种通二之因。现代因明家吕澂、熊十力于有体因、无体因外别设通二之因,并认为宗中法亦分有义、无义和通二三种。这一误解源于《广百论》,为《庄严疏》所引述:"三通二法,如言诸法皆是所知,若有若无皆所知故。"④

《明灯抄》则对这一误解更加发挥:"准《广百论》第一卷中,因有三种:一有体法,如'所作'等。二无体法,如'非作'等。三通二法,如'所知'等。今宗中法,亦即有三:一有义法,如说'声是无常'。无常须表生、灭法相。若无所依有法体者,遣谁生、灭,故须有法有体极成,二无义法,此有二种:一者依于无体有法,二者依于有体有法。且依无体有法者,如立'神我是无'。'无'即表体本来不有。若有所依,何得立'无'?故须有法无体极成。二者依于有体有法者,如言'牛中无马''蕴中无我'。'无马'即表于'牛'处无。'无我'即表于'蕴中'无。无所依'牛',遣谁'无马'?无所依'蕴',遣谁'无我'?故须有法有体极成。三通二法,如言'诸法皆是所知','所知'宗法,既言通二,通知有、无。"⑤

以上误解受到陈大齐《蠡测》的批评:"有义无义,本属矛盾概念,既入于有,

---

① 善珠:《明灯抄》卷第二末,页二六七上。
② 同上,页二七四上。
③ 智周:《后记》卷中,页二十右。
④ 文轨:《庄严疏》卷一,页八右。
⑤ 善珠:《明灯抄》卷第四本,页三四二中至下。

不得复归于无,有无不共,岂得通二? 且有义无义之判别,以兼表诠与否为断,判别之由在于本身。今以俱二通依有无,别立为法,判别之由在于有法,无关表遮。标准既异,不应与有无义鼎足而三","《大疏》不设,独具灼见"。①

(三) 随顺慧沼,主张同喻体不除宗

本来,在前文疏解同喻处,善珠随顺窥基,一再强调同喻"除宗以外",而在疏解无合喻过处,又随顺慧沼,赞同其同喻体"兼合声上所作无常",即非"除宗以外",前后龃龉。

《明灯抄》说:"'今谓不尔至名之为喻者',此疏主破轨法师说也。'今谓不尔'等者,立喻之言,本欲成宗。配念之起,亦欲合宗。合既不合,于宗立喻,何关宗事? 故云'诸所作者',即苞瓶、声一切所作。'皆是无常'者,即合瓶声一切无常。"②

慧沼以"立喻之言,本欲成宗。配念之起,亦欲合宗。合既不合,于宗立喻,何关宗事"来反驳文轨,这个理由不能成立。证宗之目的,并不能说明其证宗之理由一定包括宗。为什么说善珠随顺慧沼之误? 因为这两段抄文之前,善珠解释"有合"义有二解,一是"苞含"义,二是"属著"义,二义均指同喻不除宗。善珠又在后文直言"同喻之中总言'诸所作者'时,即以瓶上所作缩取声上所作因也,故云苞声所作。又言'皆是无常'时。宗首无常即在瓶上,声上无常随逐此首瓶上无常,令宗作从,故云定是无常也。"③

(四) 关于"差别性故"

对窥基《大疏》关于宗上有法与能别互相差别组成宗体的观点,善珠《明灯抄》做了非常详细的集注,基本上随顺窥基和慧沼的误解。

《入论》梵本原意是,宗的构成只能由极成能别对极成有法加以差别,而不是互相差别,可是基疏以及轨疏都误解为有法与法互相差别。在唐疏之中,玄应的《理门论疏》对诸疏之"互相差别"之说持反对意见。他认为"互相差别"会出现"无常是声"这一本不应出现的宗体。玄应疏今不存,其说为《明灯抄》所引述。"为显宗体,说差别言,谓立论者说声无常,以无常言,简别有法,是无常声,非常性故,即显无常与声和合不相离性之宗体也。……立者但用无常别声,故声无常

---

① 陈大齐:《蠡测》,第一九九页。
② 善珠:《明灯抄》卷第六本,页四〇六中。
③ 同上,页四〇七中。

非互相简。由此能别唯在无常。"①

玄应所说甚是,且不说"无常是声"有宗过本身不能成立,因为因明之宗,只立全称命题,"凡无常是声"这不成话。况且此宗与原宗"声是无常"是不同的宗,已经转移了论题。

在"声无常"宗中,《明灯抄》说:"无常是何无常?为色为声,是声无常,此以声别无常,故言差别。如言青莲花,青是何青?为叶为花,是莲花青,青与莲花,更互差别,互为所别,互为能别。此亦应尔,前后所说,更互差别。"②

此说于逻辑上说不通。"青莲花"是个复合概念,是个交叉概念。"青"与"莲花"作为此复合概念的组成部分,相互可以差别。但用来类比"声是无常"等判断却不合适。"青莲花"的含义只能拆成两个特称命题:有的莲花是青的,有的青的是莲花。它们都不可能成为宗论题。"青莲花"喻虽然来自陈那《集量论》,但于"互相差别"说无助。

互相差别说与基疏对体义三名的界定显然有矛盾,按照互相差别说前后陈都应有所别、能别二名,对此,基疏释难说:"今陈两诤,但体上义,故以前陈名为所别,后名能别。亦约增胜以得其名。"③善珠亦说:"前陈别后,其义少劣。后陈别前,基义多胜。"④这是说立敌争论的只是体上之义,如声体上之无常义,因此前后陈按胜义被规定为所、能别。若果贯彻此义,立敌不诤无常体上之声义,何来声差别无常之说。那是另立宗的问题,与本宗无涉。

(五)回避慧沼能立法不成为何先于所立法不成之误释

此为慧沼《续疏》刚刚起头即误释,但《明灯抄》不知其误。

辨析本段义理,可知慧沼此处疏文确有不当。《入论》于同喻过先说能立法不成,后说所立法不成,这是根据同法喻体的组成"说因宗所随"来的,并非与第二相"同品定有性"对应,因为同喻体和第二相的语言表达和逻辑形式都是不同的。

(六)因循唐疏将多言解为一因有三相即为能立

《大疏》主张,一因之言具有多相,所以称为多言。唐疏虽然另有所本,但是

---

① 善珠:《明灯抄》卷第二本,页二四九上。
② 同上,页二四四下。
③ 窥基:《大疏》卷二,页六右。
④ 善珠:《明灯抄》卷第二本,页二四四下。

不能讳言陈那早期著作本意。《明灯抄》："今此因言，虽无（言）言多言，而有意言多言，即用义相多言，名之为因。其一因言，诠多义相，故虽一因，名为能立。"①虽然陈那在《集量论》中改变了宗为能立的观点，但是径直将一因之言有三义来代替三言为多言，此释不免有违梵文文法和《理门》《入论》多言为能立之本意。

（七）将"此中"为二正因实例误释为除去宗、喻

《入论》："此中'所作性'，或'勤勇无间所发性'。"《大疏》："五示法也。"《大疏》意为"示因相中有五"中的第五是举例。

《明灯抄》："'或于此所说因义之中'者，即显简持义，简去宗、喻，持取因义。"②此释不妥，此'示法'是'示因相中有五'之第五，已经把宗、喻排除在外。此句是说根据前四'示因相'之义而举出第五义即二正因实例。

（八）随顺《大疏》似因随一不成举例之误

疏释《入论》"如成立'声为无常等'，若言'是眼所见性故'，两俱不成"处，《大疏》："立敌俱不许，名两俱不成。此不成因，依有有法，合有四句。一有体全分两俱不成，如论所说；二无体全分两俱不成，如声论师对佛弟子立'声是常'宗，'实句摄故'，此'实摄'因，两说无体，共说于彼有法无故；三有体一分两俱不成，如立'一切声皆常'宗，'勤勇无间所发性'因，立敌皆许此因，于彼外声无故；此四皆过，不成宗故。论'眼见'因，不但成'声无常'为失，成'声'之上'无漏'等义一切为过，故宗云'等'。"

在"此不成因，依有有法，合有四句"中，《大疏》强调"依有有法"是对的。"依有"，即依有体的有法，这是说因法一定是依有体的有法。在两俱不成过中，有法都是有体的。若有法无体，便成第四种"所依不成"过。但在"合有四句"的举例中有失误，混淆了有法的有体与因法的有无体。因为在"合有四句"中所指的四种两俱不成过，一定是指因法的有体、无体，而不再涉及有体有法的全分、一分。但是，《大疏》所举的第三种有体一分两俱不成实例，却是有法有体的一分不成，而不是有体的因法的一分不成。

《大疏》所举三有体一分两俱不成的例子是"如立'一切声皆常'宗，'勤勇无间所发性'因，立敌皆许此因，于彼外声无故"。

---

① 善珠：《明灯抄》卷第二本，页二六〇上。
② 善珠：《明灯抄》卷第二末，页二八三中。

《明灯抄》："勤勇因言,两宗俱有,故云有体。外声所无,故云一分不成。"①意为因法有体,而立、敌双方认为此因不是在所有宗有法上有。由于声音有内声和外声之分,内声即人或其他动物的所发之声,是由于勤勇无间所发,而外声即自然界的声响,则非勤勇无间所发。所以此因只在内声一分上有而在外声这一分上无。可见,此例说的是宗上有法一分无因,而非因中一分不于有法上有,与其余三例不合。如下例即说全部因中有一分不于有法上有。《里书》注意到了二者的差别:"即显第三句之一分者,宗一分也。第四句之一分者因一分也。"但未指出这种差别有什么不妥。今人之注亦循此说。②

(九)将"亦一切宗皆无同品"错改为"亦一切宗皆无异品"

对《入论》"此因如能成遮实等,如是亦能成遮有性,俱决定故"一句解释处《大疏》有一问答:"若尔,立'声为无常'宗,声体可闻,瓶有烧、见,其瓶与声应成异品,若许为异,不但违论,亦一切宗皆无同品?"答:"岂不已说其声之体非所净故,声上无常是所成立,瓶既同有,故是同品。彼说离实有体有性为宗有法,以'有一实因'所成立,同异既非离实有体之有性,故成于异品。"

本段大意是,问:"照这样说,立'声为无常'宗,声体有可闻性,瓶则有所烧、可见性,其瓶与声应当成为异品,假如允许其为异品,不但违背《入论》,并且一切宗都会缺无同品?"答:"因为前面不是已经说过其声之体本身并非立敌所要争论的对象,声上有无常性才是立方所要成立的。瓶既然同有无常性,因此是同品。胜论祖师说离实有体的'有性'为宗有法,以'有一实因'来成立之,同异性既然不是离实有体之有性,因此它成为异品。"

《明灯抄》:"此问意云,有法有性离实有体,能有实之大有。其同异性,虽离实等有体能有而非大有。若同异性,虽离实等有体能有而非大有,故以之为大有异喻。'尔'者,如立宗言'声是无常'。声体可闻,非是烧见。瓶体烧见,非是可闻。其瓶与声应成异品。'若许为异,不但违论'者,《理门》既云'宗无因不有',名为异喻,不言与宗异为异品,故云'不但违论'也。'亦一切宗皆无异品'者,瓶有烧见,虽与声异,若许同品即诸异品皆可同品。若许尔者,亦一切宗皆无异品。"③

---

① 善珠:《明灯抄》卷第四本,页三四三中。

② 中国逻辑史学会:《中国逻辑史资料选·因明卷》,兰州:甘肃人民出版社,1991 年版,第161 页。

③ 善珠:《明灯抄》卷第五本,页三八三中。

　　善珠对问句的前一半做了正确的转述,但将后一半中"亦一切宗皆无同品"改为"亦一切宗皆无异品",因而错解了问句。本来,问者的意思是,瓶与声在可烧、可见上有异,瓶仍为同瓶,为什么同异性与大有不同,同异性却归为异品呢?如果只要有差别就是异品,不但违背《入论》,而且一切宗都无同品可言。其实,判定瓶为同品的标准不在于与宗有法是否相同,而在于与所立法"无常"是否相同。同样,同异性归为异品,是因为它不具有所立法"离实而别存的大有"。如后面答句所说。

(十) 解《大疏》释喻过犹豫所立不成处明显有误

　　《大疏》说"犹豫所立不成者,犹豫亦二,绮互亦四。"《前记》解释说:"即宗后陈及喻所立,即以此二作四句,故言绮互亦四也。"[1]此二指宗后陈法和同喻依上的所立法。《明灯抄》却解此"犹豫亦二"为因犹豫与喻能立犹豫。"绮互亦四者,或因犹豫非喻能立,或喻能立乘因犹豫,或俱犹豫,或俱不犹豫。"[2]这一明显错误,与其后文所举四句实例不符,因此以《前记》所解为正。

　　① 智周:《前记》卷下,页四百八十四左。
　　② 善珠:《明灯抄》卷第五末,页四〇〇上。

第九章　论印度陈那因明非演绎①

本章总结百年来国内外关于印度佛教陈那新因明逻辑体系的研究,反对国外代表性著作以法称因明解读陈那因明的错误倾向,纠正传统的以陈那因明为演绎论证的普遍错误。玄奘开创的汉传因明忠实地弘扬了陈那因明体系,唐疏成为准确打开陈那因明逻辑体系的一把钥匙。陈那因明是论辩逻辑,其学科性质决定它的两个初始概念同品、异品必须"除宗有法"(论题主项),进而规定了同喻体和异喻体并非全称命题,这必然导致陈那因明非演绎。

第一节　百年来因明与逻辑比较研究之得失

自有因明与逻辑比较研究以来,一百多年间,欧洲、印度和日本的研究者普遍认为,印度佛教大论师陈那(约 480—540)创建的新因明是演绎与归纳的结合体,比西方逻辑三段论只演绎无归纳高明。国内因明研究者中绝大多数照搬此说。自 20 世纪 80 年代中期起,少数欧美学者和我一反传统,以实事求是之意,重新刻画陈那新因明逻辑体系的本来面目。

欧美的最新成果以美国理查德·海耶斯教授(Richard P. Hayes)的《陈那的推理标记》为代表。② 理查德·海耶斯教授从陈那《集量论》藏译文献的字里行间出发,推导出陈那因明的逻辑体系并非演绎论证。我则从唐代玄奘弟子所撰的汉传文献的白纸黑字中找到充分证据,以准确的逻辑知识,判定陈那因明的逻

---

① 本章曾发表于《西藏研究》2021 年第 1 期,收入本书略有修订。

② Richard P. Hayes：*Dignāga on the Interpretation of Signs*, Dordrecht. Kluwer Academic Publishers,1988。台湾学者何建兴汉译其第四章,题为《陈那的逻辑》,发表于台湾《中国佛教月刊》1991 年第 9、10 期。

辑体系既非演绎论证,其三支作法更毫无归纳可言,总体上还未跳出类比推理的窠臼。我们都认为,印度佛教因明自陈那因明之后才发展起来的法称因明才真正达到演绎水平。完全用法称因明来覆盖陈那因明而不懂得二者在辩论术、逻辑和量论即认识论三方面都有根本不同,是当代国内外因明研究的一大误区。

四十年来,因明领域仍存在重大纷争。三十多年前,我发现20世纪当代国内大多数汉传因明研究者邯郸学步,数典忘祖。学日本,学苏联,学印度,最好的没学到,反而丢掉了汉传因明的精华。唐代汉传因明一度领先世界,后来成为绝学。清末从日本回归中土后,焕发生机。欧洲、日本和印度先后有因明与逻辑比较研究。近现代的因明研习者包括当代的藏传学者,都虔诚地向外国学习,对长短优劣兼收并蓄。一大批因明研习者受到日本文学博士大西祝著作的影响,强调了唐疏的精华"同、异品除宗有法",却又在因明比较研究方面接受了国外的总体误判,并延续至当代。

虞愚先生是现、当代因明研究代表人物。他在20世纪30年代撰写的著作中第一次把印度近现代著名逻辑史家威提布萨那在《中世纪印度逻辑史》中关于因的后二相释文和陈那因明为演绎论证的观点都照搬过来,对汉传因明有很大误导。其照搬行为也曾于1944年民国教育部组织评审时被吕澂先生所批评:"不明印度逻辑之全貌,误以论议因明概括一切实为失当,又抄袭成书、谬误繁出,以资参考为用亦鲜,似不应予以奖励。"[1]

中国逻辑史学会第二任会长周文英先生就承认自己的论著,"在评述'论式结构'和'因三相'时有失误之处","这些说法当然不是我的自作主张,而是抄袭前人的,但不正确"。[2] 这令人肃然起敬,竟承认"抄袭"。在自己赖以成名的研究领域,敢于检讨失误。这需要多大的勇气和魄力,充分体现了一个襟怀坦荡的大学问家实事求是的治学品格。现在讲究学术规范,周文英先生就是值得我们学习的一个杰出榜样。

然而,自20世纪80年代至今,基本还是"抄袭前人"。触目皆是日本大西祝和宇井博寿、苏联舍尔巴茨基、印度威提布萨那的观点。美国学者理查德·海耶斯教授的真知灼见尚未引起国人的注意,20年代北京大学代理校长陈大齐先生的几十个专题研究的优秀成果还未成为共识。日本学者北川秀则的许多正确结

---

[1] 转引自中山大学人文学院佛学研究中心:《汉语佛学评论》第三辑,上海:上海古籍出版社,2013年版,第2页。

[2] 周文英:《周文英学术著作自选集》,北京:人民出版社,2002年版,第46页。

论几乎无人知晓,甚至把他的许多观点与末木刚博混为一谈①。尤其令人不解的是,国内的因明论坛本来应该继承和弘扬玄奘法师开创的汉传因明的优秀遗产,却反而对唐疏精华大兴挞伐,必欲清除而后快。不懂得、不理解、不珍惜汉传因明的伟大贡献,反将精华宝贝弃之如敝屣。这是当前中国因明研究踟蹰不前的一个重要原因。

第二个原因是研究者(甚至连苏联社会科学院院士舍尔巴茨基也在内)连形式逻辑知识都很成问题。搞因明与逻辑比较研究,两方面的知识都必须正确,这是比较研究最起码的要求。但是,放眼海内外,因明与逻辑的常识错误比比皆是。再加上诸如非历史主义、不讲逻辑体系整体性和内部一致性等研究方法上的常识错误,就使得因明论坛貌似热闹而无趣,好像高深实际浅薄。

第三个原因是懂因明的人太少,缺乏裁判。在中世纪的印度,辩论是一件很严肃的事。所设场地要求就很高,须设立在七类人之前:王家、执理家、大众中、贤哲者前、善解法义沙门、婆罗门前、乐法义者前。这七类人就是辩论的公证人或曰裁判。他们有能力判定胜负。辩论的胜负对参与者的利害关系也是不得了的事情。输了,被按之入地。有的承诺“割舌相谢”,有的甚至自许“斩首相谢”。赢了,则名利双收。回顾国内因明论坛,外行的权威品评一切。尽管因明与逻辑的常识错误比比皆是,在学术自由百家争鸣的幌子下,都有了存在的理由。所谓“画鬼容易画人难”,皆因其为“绝学”。甚至,极其肤浅而错误的一孔之见,都可放卫星,自诩为国际领先。

印度陈那因明体系的原貌是什么?用西方逻辑的眼光来衡量,其逻辑体系是什么性质,或者说是什么种类?国内外多数因明工作者望文生义,都不懂得陈那佛教因明的逻辑性质。他们与当年在印度那烂陀寺学习和实践的亲历者——玄奘不可同日而语。

当玄奘学成回国前,就求学的副产品因明研习的成就而言,他既是研习因明的楷模,又是运用因明的典范。玄奘法师是那烂陀寺中能讲解50部经论的十德之一,是由那烂陀寺众僧推派并由住持戒贤长老选定以抗辩小乘重大挑战的四高僧之一。他是四高僧中唯一勇于出战的中流砥柱。玄奘的学术和论辩水平不仅在那烂陀寺达到了超一流,而且在戒日王召开的曲女城十八日大会(全印度各宗各派参与)上,玄奘坐为论主,不战而胜,被誉为“大乘天”“解脱天”,达到了全印度的最高水平。

对于公元7世纪时,那烂陀寺所传的陈那因明的本来面目,玄奘最有发言

① 见孙中原:《因明绝学抢救性研究的意义》,《中国社会科学评价》,2020年第3期。

权,他的讲解最有权威。我们可以从唐代玄奘法师译传的汉传因明文献中找到可靠依据。

第二节　陈那因明与法称因明逻辑体系之根本不同

西方逻辑的创始人亚里士多德在他的《工具论》中把推理分为两种：证明的推理与辩证的推理。他说："当推理由以出发的前提是真实的和原初的时,或者当我们对于它们的最初知识是来自于某些原初的和真实的前提时,这种推理就是证明的。从普遍接受的意见出发进行的推理是辩证的推理。"①证明的推理是演绎推理。它的前提真实而原初,反映毫无例外的普遍原理,前提与结论有必然联系。

辩证的推理所用的前提稍有不同。亚里士多德说："所谓普遍接受的意见,是指那些被一切人或多数人或贤哲们,即被全体或多数或其中最负盛名的贤哲们所公认的意见。从似乎是被普遍接受但实际上并非如此的意见出发,以及似乎从是普遍接受的意见或者好像是被普遍接受的意见出发所进行的推理就是争议的,因为并非一切似乎被普遍接受的意见就真的是被普遍接受了。"②亚里士多德认为,辩证的推理是"争议的推理,而不是推理,因为它似乎是推理,其实并不是"。③

陈那因明的三支作法就相当于亚里士多德所说的辩证的推理,并非演绎推理,也即并非演绎论证。法称因明的同法式和异法式就相当于亚里士多德所说的证明的推理,属于演绎推理和演绎论证。

从论式上说,陈那因明与法称因明之根本不同在于同、异喻体的普遍性有差异。法称因明的同、异法式上的同、异喻体反映的是真实而原初的普遍原理,是毫无例外的全称直言命题,作为前提与结论有必然联系。至于怎样达到"真实而原初的普遍原理",那不是因明本身所能做到的,是另外一个问题。

陈那因明则不同。陈那因明的三支作法的同、异喻体正是亚里士多德所说

---

①　亚里士多德:《工具论》,余纪元等译,北京:中国人民大学出版社,2003年版,第351页。

②　同上,第351—352页。

③　同上,第352页。

"从似乎是被普遍接受但实际上并非如此的意见出发，以及似乎从是普遍接受的意见或者好像是被普遍接受的意见出发所进行的推理就是争议的"。陈那因明的同、异喻体并非毫无例外的普遍命题。它是把宗有法即论题主词排除在外的，从前提不能必然推出结论。它避免了辩论中的循环论证。

为什么法称因明又能从前提必然推出结论而不犯循环论证呢？这因为法称因明创建了三种正因，保证了它的同、异喻体是真实的和原初的。① 稍后我们再加解释。

陈那因明这一特点被玄奘所创建的汉传因明所充分揭示。百年来汉传因明不断争论的"同、异品是否要除宗有法"和"同、异喻体是否是除外命题"即"同、异喻体是否是全称肯定命题"，实质上就是要回答陈那因明是否为演绎论证。

同、异品要不要除宗有法，这不是一个在书斋里讨论的纯粹的逻辑问题。陈那因明是"论辩"逻辑，而非纯逻辑。其中的逻辑规则带有明显的辩论特点。陈那时代，印度人常争辩声音是无常的还是常的。因明中的论题称为"宗"。其主项称为"有法"，其谓项称为"法"。例如，佛弟子对婆罗门声论派立"声是无常"宗。具有"无常"法的属性的对象被称为"同品"，例如瓶等。不具有"无常"法的属性的对象被称为"异品"，例如虚空。在辩论中，该论题的主项声音究竟是无常的同品(同类)还是异品(异类)？由于"声是无常"宗为立方赞成而被敌方声论派反对，立敌双方针锋相对，该宗论题才成为辩论的对象，因此，在辩论结束前，声音既不是无常的同品，又不是无常的异品。如在当下，立敌双方能取得共识，就不要辩论了。辩论时，如立方将声音归为同品，敌方将其归为异品，则双方都导致循环论证，谁也说服不了谁。

以纯逻辑眼光看，声音既不算无常的同品，又不算无常的异品，显然违反了形式逻辑排中律。但是，这是在辩论，立、敌双方都必须避免循环论证。在整个辩论过程中，在辩论未结束前，声音既不算无常的同品，也不算无常的异品，是不违反排中律的。这一为论辩双方都默许的潜规则就被称为"同、异品除宗有法"。

这两个概念借用数理逻辑的术语来说叫初始概念。它们是构建陈那因明大厦的基石。牵牛要牵牛鼻子。对同品、异品概念的正确、全面的阐释，就是玄奘法师的最重要遗训。这个遗训，解读了陈那因明的 DNA。

主张同、异品"除宗有法"和同、异喻体"除宗以外"，这并非本人的创见，而是从玄奘弟子的著作中引述出来的。日僧善珠在《明灯抄》中保存了唐代玄应法师关于唐疏四家主张同、异品除宗有法。日僧凤潭所撰《瑞源记》也保存了这条

---

① 郑伟宏：《论陈那因明研究的藏汉分歧》，《中国藏学》，2013 年第 1 期。

重要史料。古疏中加上玄应本身一家,再加上敦煌遗珍中净眼之疏共为六家。把慧沼算上,唐疏就有七家之多。众多弟子的疏记白纸黑字写在那里,这"同、异品除宗有法"应当看作玄奘法师的口义。

玄奘法师留给后人的最重要的遗训除了对陈那文本逐字逐句的诠释,还有对文本上没有专门论述的隐而不显的言外之意的阐发。他深知把一门新鲜的学问传回大唐,必须把该理论产生和运用的背景一并介绍清楚,以帮助研习者正确地理解和把握陈那的因明体系。

陈那和唐人都懂得逻辑体系的一致性和无矛盾性。唐疏不仅揭示同、异品要除宗有法,同、异喻依必须除宗有法,九句因、因三相必须除宗有法,而且在窥基的《大疏》中还明明白白地指出同、异喻体也必须除宗有法。《大疏》在诠释同法喻时说:"处谓处所,即是一切除宗以外有无法处。显者,说也。若有无法,说与前陈,因相似品,便决定有宗法。"①在诠释异法喻时说:"处谓处所,除宗已外有无法处,谓若有体,若无体法,但说无前所立之宗,前能立因亦遍非有。"②

窥基弟子慧沼在《续疏》中专门讨论过同、异喻体是否概括了声的所作与无常的问题。慧沼的《续疏》未遵师说,认为若除宗,喻还有什么用呢?

其实,除宗有法以外之同、异喻反映了因与宗法之间的不相离性(例如,所作性与无常性之普遍联系),避免了古因明将瓶、声全面类比和无穷类譬两个错误。陈那因明比起古因明来说,大大提高了证宗的可靠程度,能助立方取得辩论的胜利。陈那称之为"生决定解"。这就是喻的作用。慧沼的责难是没有道理的。

置上述文献而不顾,有人认为,同、异喻依要除宗有法,而同、异喻体以至整个因明体系却不要除宗有法。他说:"然而现在却有一些学者将原本不是问题的问题问题化,将本来可以直白说清的道理复杂化,乃至撇开原典逞意而言,动辄冒称这是陈那因明体系的题中应有之义云云,令初习者如堕五里雾中,不知所以。如关于'除宗有法'问题,这原本就不成其为问题,却有学者于此大做文章,将举譬时需'除宗有法',扩充到喻体也要'除宗有法',从而又冒出一个所谓的'除外命题'来,以否定陈那因明具有演绎的性质。"③此说显然违背了唐代文献依据和逻辑的一致性和整体性原理。

汤铭钧博士曾发现意大利著名学者杜齐用英语将《理门论》转译时,就漏译了因的第二相"于余同类,念此定有"中那个关键词"余"。这位享誉世界的因明

---

① 窥基:《大疏》卷四,页二左至右。
② 同上,页八右。
③ 姚南强:《因明论稿·序(沈剑英)》,上海:上海人民出版社,2013年版。

大家稍有不慎就与"同、异品除宗有法"擦肩而过。

有人认为："陈那只说同品要除宗有法，不说异品也要除宗有法。"①批评我们对因的第三相解释过多。为此，汤博士根据《集量论》对应文句藏译（金铠译本）所作今译因三相如下："而且在比量中，有如下规则被观察到：当这个推理标记在所比（有法）上被确知，而且在别处，我们还回想到（这个推理标记）在与彼（所比）同类的事物中存在，以及在（所立法）无的事物中不存在，由此就产生了对于这个（所比有法）的确知。"②

汤博士解释说，两个藏译本都将"别处"（gźan du/gźan la, anyatra）作为一个独立的状语放在句首，以表明无论对"彼同类有"还是"彼无处无"的忆念，都发生在除宗以外"别处"的范围内。藏译力求字字对应；奘译则文约而义丰，以"同类"（同品）于宗有法之余来影显"彼无处"（异品）亦于余。两者以不同的语言风格都再现了陈那原文对同、异品均除宗有法的明确交代。可见，批评者对文献的解读太过草率，也不懂汉传因明向有"互举一名相影发故，欲令文约而义繁故"的惯例。窥基释同品不提除宗有法，释异品定义则曰："异品者谓于是处无其所立"则标明"'处'谓处所，即除宗外余一切法。"以异品除宗来影显同品亦除宗。

从唐疏对陈那因明体系的诠释中我们可以整理出陈那因明的逻辑体系。为了避免循环论证，规定初始概念同、异品必须除宗有法；以此为基础而形成的九句因中的二、八句因、因三相虽为正因，但并非证宗的充分条件；三支作法的同、异喻体从逻辑上分析，而非仅仅从语言形式上看，并非毫无例外的全称命题，而是除外命题；因此，陈那三支作法与演绎推理还有一步之差。

再来看法称因明。法称因明因后二相的建立，出发点就与陈那因明不同，它不是从同、异品出发来看二者与因的关系，而是从因出发，考察什么样的因与同品有不相离关系。法称规定，正因的真实性和原初性必须是三种之一，即自性因（因与同品的关系为同一关系和种属关系）、果性因（例如有烟则有火）和二因的反面，即不可得因。自性因、果性因是立物因，得到肯定的结论。法称因明的三类因确保了因的真实性和原初性，从而确保了同、异喻体内容真实且为毫无例外的全称直言普遍命题，再加上形式有效，从而结论是必然得出且符合实际。法称虽未直言同、异品不除宗有法，从整个因明体系来看，他实际上改变了陈那的同、异品概念和因的第二、三相。

---

① 沈海燕：《论"除外说"——与郑伟宏教授商榷》，载《哲学研究》，2014 年第 6 期。
② 汤铭钧、郑伟宏：《同、异品除宗有法的再探讨》，载《复旦学报》（社会科学版），2016 年第 1 期，第 78 页。

印度的逻辑史专家威提布萨那却将法称的三种正因按到陈那名下。这一严重错误早在 1928 年就被吕澂先生在《因明纲要》中纠正。威提布萨那的失误并非偶然，因为他不懂得陈那、法称因明在辩论术、逻辑和量论三方面的根本差别。他的失误对百年来国内外的因明研究以重大影响。

对陈那因明初始概念的定义，稍有不足或过火，都一定产生内部矛盾。当代有种种偏见。有人主张同、异品均不除，这显然不符合论辩逻辑的性质；有人主张同品除而异品不除，以保证陈那因明为演绎论证。这违反了公平、公正原则，赋予敌方反驳特权。这种反驳也属循环论证；有人甚至说陈那因明内部有矛盾，因此要修改其异品定义。替古人捉刀，这有违古籍整理的历史主义准则，根本就不是古籍研究；有人更以为，说异品要除宗是画蛇添足，因为敌方本来就除宗了。照此说法，立方就不战而胜了。

总之，若是辩论的规则偏袒了一方，使其凭规则稳操胜券，而另一方未辩先输，这样的辩论赛还会有人参加吗？可见，同、异品不除宗有法或只除其一的辩论规则只能是今人在书斋里拍脑袋的产物。

陈那因明的三支作法做到了类比论证的极限。得到这个正确结论，有正确的形式逻辑知识就够了。国内外有好几位用数理逻辑来研究因明的学者，把两个初始概念搞错了，犯了南辕北辙的错误。英国剑桥大学出版的美籍华人齐思贻的著作，把陈那的同品除宗和法称的异品不除宗合在一起，搞了个四不像理论，成了国内不少名家的模板。日本的末木刚博教授用数理逻辑整理陈那因明，由于同、异品都不除宗，其对陈那因明逻辑体系的刻画离题万里。

第三节　对陈那因明为演绎论证
种种理由的辨析

陈那对古因明的改造是否达到演绎论证水平？有两种答案。争论就从这里开始。国内外传统的观点认为达到了。近四十年来才兴起的反传统观点认为未达到，仍然是有一步之差的最大限度的类比论证。

很少有人去关心和研究为何要讨论陈那因明的逻辑体系。要知道，只有搞清楚陈那因明非演绎论证，才能理解它在印度佛教逻辑史乃至印度逻辑史上的地位，才能真正讲清楚法称因明的历史贡献，才能讲清楚法称因明在佛教逻辑史乃至印度逻辑史上的历史地位。

印度佛教因明的发展轨迹是从古因明到陈那因明再到法称因明,是从古因明的以辩论术为中心,到陈那因明以逻辑为中心,再发展到法称因明以量论即认识论为中心,脉络分明。从陈那因明到法称因明的发展,用亚里士多德的观点来衡量,是从辩证的推理上升到了证明的推理。拔高陈那因明,或用法称因明代替陈那因明,实际上都贬低了法称因明。

汤铭钧博士认为,陈那因明与法称因明的共同点是,要求论证前提的真实性。"两者都从前提的真实性来保证比量的可靠性。但是在陈那的体系中,前提的真实性在于论辩双方的共同认可(共许极成);在法称的体系中,则是在于它与事物本质联系(凭借自性的联系)的'相同表征'。法称使比量推理摆脱了论辩语境的限制,更符合思想活动在把握实在世界的过程中的真实情形。"①

陈那的论证前提的真实性建立在双方主观认可(即使虚假错误也能拿来作为证宗的理由)的基础上。陈那因明为避免循环论证要求同、异品除宗有法,这导致其同、异喻体并非毫无例外的普遍命题。这导致陈那的三支作法的前提在实质上不一定达到原初和真实,再加上同、异喻体并非毫无例外的全称命题,就导致形式也非有效,结论并非一定真实并且并非必然得出。但与古因明的类比论证相比,由于大大增加了证明力,因而大大增加了取胜的砝码。陈那新因明看起来是一小步,在印度逻辑史上显然是一大步。如果不学陈那因明,印度至今还以之为正宗的正理派学说还会陷于类比的窠臼之中。

把陈那因明的逻辑体系判定为演绎的理由多种多样,种种说法的一个共用特点都是不懂得或忽略了陈那因明的同、异品概念是除宗有法的。

一、主张同、异品除宗有法但回避与同、异喻体为全称的矛盾

1906 日本文学博士大西祝《论理学》汉译本在河北译书社问世,拉开了我国将因明与逻辑作详细比较研究的序幕。该书说,"同品有者,皆不可及于为宗之声,而声之为物,须暂置诸谓同品者之范围以外","声之为物,无常与否尚未可知,介于二品之间,方为两造所论争。含诸无常者之同品中固自不可,而含诸非无常者之异品中固亦不可也"。② 这即是说,宗是否应归入同品,正是争论的对象。但如果同品中已经包含宗,则"此论直辞费也"。③ 意为建立因明论式是多

---

① 汤铭钧:《陈那、法称因明推理学说之研究》,上海:中西书局,2016 年版,第 126 页。
② 大西祝:《论理学》,胡茂如译,保定:河北译书社,1906 年版,第 25—26 页。
③ 同上,第 24 页。

此一举。他进一步指出同、异品除宗难于保证宗的成立,即是说陈那的因三相不能保证三支作法为演绎论证。所言甚是,但是他又认为同、异喻体是全称命题,因此三支作法仍是演绎的。他回避了同、异品除宗有法与因的第三相和同、异喻体为全称的矛盾,回避了这一矛盾的解决办法,直言同、异喻体全称则能证成宗。① 这一见解开创了 20 世纪因明与逻辑比较研究重大失误的先河,影响中国因明研究百余年。现代因明家从太虚法师起,绝大多数都因循了大西祝的老路。

最为典型的是对我国的陈大齐教授的深刻影响。陈大齐先生对陈那新因明的基本理论以及它对整个体系的影响都有着较为准确和较为深刻的理解,他把同、异品必须除宗有法而三支并非演绎论证的理由说得最为充分。他在 20 世纪30 年代完成并于 1945 年出版于重庆的学术巨著《因明大疏蠡测》中第一次阐发了同、异品必须除宗有法必然导致三支作法并非演绎论证。

他的《印度理则学》是台湾政治大学的教科书。其第四章第二节详细讨论了喻体与因后二相的关系。他说:"从他方面讲来,若用这样不周遍的同喻体来证宗,依然是类所立义,没有强大的证明力量。"②他对同、异品除宗有法导致非演绎的局限看得最明白,说理最充分。与大西祝不同的是,他不回避同、异品除宗有法与同、异喻体为全称的矛盾,而是力图解决这一矛盾。然而他凭空赋予陈那因明体系自补功能,认为因的后二相就是归纳,同、异喻就带归纳。他为自补功能所做的辩护是违反逻辑的。

二、完全不知道同、异品必须除宗有法

印度逻辑史家威提布萨那的《印度中世纪逻辑学派史》在 1909 年出版以来,虽然至今还没有汉译本,但是其对陈那因明的误解对现当代汉传因明研究仍有严重误导。威提布萨那用法称不除宗有法的因三相来代替陈那的因三相,这有违陈那本意。他在后来出版的《印度逻辑史》中又误将陈那弟子写的《因明入正理论》当作陈那的著作。此书也不懂得那烂陀寺所传陈那因明原貌,不懂得该因明同、异品必须除宗有法。他将因明三支完全比附逻辑三段论。

舍尔巴茨基的《佛教逻辑》与威提布萨那的《印度中世纪逻辑学派史》一样,也是不讲"同、异品除宗有法"的。舍尔巴茨基甚至认为,从古正理、古因明的五分作法到陈那、法称的新因明始终是演绎的。他说早期正理派经典中"已经有了

---

① 大西祝:《论理学》,胡茂如译,保定:河北译书社,1906 年版,第 31 页。

② 陈大齐:《印度理则学》,第 114 页。

成熟的逻辑"，是"具有必然结论的比量论"。① 其五分作法是"归纳—演绎性的"②，"演绎的理论成为了中心部分"③。可是，其列出的五支论式的实例中却看不出演绎的特征。

舍尔巴茨基又说："陈那进行逻辑改革时，逻辑演绎形式还是正理派确立的五支比量"。所举五分实例中喻支又成为："如在厨房中等，若有烟即有火。"④凭空又加上了喻体"若有烟即有火"。

《大英百科全书·详卷》(The New Encyclopedia Britannica: Macropedia)对《正理经》五分作法的评论与舍尔巴茨基完全相同。⑤ 在国内也有许多有关印度哲学的论著中常见上述误解，这里就不再——引述。

舍尔巴茨基的说法有两个错误：一是拔高了古正理、古因明的五分作法，否定了陈那的贡献。二是用法称因明来代替陈那因明，既混淆了二者的根本差别，又否定了法称的贡献。

这第一个错误在国内因明、逻辑工作者中倒是无人响应。第二个错误在国内影响巨大，被因明、逻辑工作者照搬了半个多世纪。

舍尔巴茨基等人的误解，并非偶然，是出于对陈那因明和逻辑三段论的多方面的误解。首先，舍尔巴茨基所依据的《理门论》，是意大利杜齐从玄奘汉译《理门论》转译的英译本。博士发现这个英译本漏译了"于余同类，念此定有"中的"余"字。真可谓差之毫厘，谬以千里。

舍尔巴茨基的《佛教逻辑》虽然晚至 1997 年才有中译本，但是上述错误早就几乎为国内众多的因明研究者全盘接受。周文英、沈剑英都把同品定有性解释为同喻体。

舍尔巴茨基完全用法称的因三相来代替世亲、陈那的因三相，不懂得三者之间的区别。王森先生谙熟舍尔巴茨基的《佛教逻辑》，他对陈那三支作法和因三相的解释与舍氏相同。他还在 20 世纪 40 年代就从梵文中试译了法称的《正理滴论》。他说："法称在逻辑原理方面完全接受了陈那的因三相学说，而在逻辑和事实之间的关系方面有不同的看法。在论式方面，对三支比量也有所更改。法

① 舍尔巴茨基：《佛教逻辑》，北京：商务印书馆，1997 年版，第 33 页。

② 同上，第 32 页。

③ 同上，第 34 页。

④ 同上，第 322 页。

⑤ 《大英百科全书·详卷》(The New Encyclopedia Britannica: Macropedia)第 21 卷"印度哲学"条，1993 年英文版，第 191—212 页。

称认为,为他比量可以有两种论式(一是具同法喻式,二是具异法喻式),并且以为二式实质相同,仅是从言异路。但是这和陈那同异二喻体依共为一个喻支,已经不是一回事了。"

这一段话是说,不同的论式可以植根于相同的原理,"逻辑原理"与论式无关,也可以说论式独立于逻辑原理。这一观点值得商榷。我的看法是,不同的逻辑原理决定了不同的论证形式。陈那与法称对论式的选择,都不是随心所欲的。不同的论式是两个完全不同的逻辑体系的不同表现。

三、同异品除宗有法"暂时说"

大西祝是主张"暂时说"的。前文已提到他主张宗有法要"暂置"同、异品之外,否则"辞费"。日本著名佛教学者宇井伯寿是主张此说的代表人物。他明确说:"新因明开始于世亲,大成于陈那,是完全的演绎论证。"又说,同品和异品是矛盾关系,不存在中间项。"要论证之际,宗有法要暂时从同品和异品中除去,让其暂时与同、异品没有关联,确定同、异品,然后提出能判定应该将宗有法归入同品或是异品的根据,最后明确指出其应该全部归入同品中的理由。"

大西祝和宇井伯寿都更强调除外的暂时性。他们认为,宗有法具不具有所立性,正是要争论或者说要论证的对象,而论证的目的即举出正确的因和喻,让对方明白宗有法具有所立性,从而将其归入同品中。但是,他们都未能解释,在除去宗有法的因、喻中怎么可能又凭空得到全称命题。其实,这种"暂时性"应贯穿整个辩论始终。只要辩论没结束,九句因、因三相和同、异喻体都得遵守。宇井博寿之所以认为"是完全的演绎论证",是因为"喻体相当于大前提,必定是全称命题,立敌共许,只出现喻体就足够了,但是喻依是基于喻体的经验实例,这表明其中包含有归纳的性质","同喻和异喻是相互矛盾的关系,因此两者可以换质换位。""必定是全称命题",断语容易下,理由却没有。

宇井伯寿的演绎说与舍尔巴茨基的基本相符,都以为喻体是毫无例外普遍命题。舍尔巴茨基根本不知道同、异品要除宗有法,所以会直言喻体全称。宇井伯寿是明知同、异品要除宗有法,却回避了与喻体全称的矛盾。这是"暂时说"的致命伤。

"暂时说"在国内的代表是沈剑英师徒。姚南强说:"陈那的办法是,先暂时地在同喻依中除宗有法而避免了正面论证中的循环论证,再通过对异品中除宗有法,使其再归入同品之列,从而通过'返显'确保同喻体的普遍、必然性,也使立者的推理和立论保持一贯性和有效性。总之,除宗有法并不影响那三支式推理的有效性。"其师沈剑英先生在为其著所作序中大为赞赏。姚南强早在别处就把这一误释自诩为发现了陈那的"一种机巧"。

"再通过对异品中除宗有法,使其再归入同品之列",这几乎未说理由,也根本不成为理由,只能是一种说话的"机巧",于逻辑无补。众所周知,立敌双方只要一坐下来辩论,确定了宗论题"声是无常"或"声常",同、异品概念的内涵和外延就定了。它们都要除宗有法"声"。辩论讲究公平、公正,不能一方除,另一方不除。既然一开始都除了,还有"再通过"一说吗?

四、同品除宗而异品不除宗

美籍华人齐思贻教授在其著作《佛教之形式论理学》中最早有此方案。不过,齐思贻教授明确指出,自己采用了法称的异品定义。陈那的同、异品定义都除宗有法,而法称都不除宗。齐思贻把两个不同体系中的同、异品概念各取其一,同品除宗而异品不除宗,这样组合起来的体系既非陈那体系的原貌,也非法称体系的原貌。

国内只有少数几个人不完全照搬舍尔巴茨基的错误观点。以巫寿康的博士论文《因明正理门论研究》为代表,他不赞成同、异品均不除宗有法的观点,认为陈那因明中的同、异品除宗有法,使得异品遍无性并非真正的全称命题,使得因三相不能必然证成宗。这对于判定陈那新因明三支作法的推理性质"种类"有重要意义。他还认为因三相是互相独立的。第五句因是满足第一相和第三相,只不满足第二相的因。第五句因的存在,就保证了因的第二相独立于第一相和第三相。

本来他应该循此逻辑,判定陈那新因明三支为非演绎推理。但是他却根据陈那关于遵守因三相就能"生决定解"而判定其有演绎思想。巫博士为满足自己的主观要求,违反历史主义的研究方法,替古人捉刀,修改异品定义,使异品不除宗有法,以保证因三相必然证成宗。这一做法,被称为"解决了千年难题",其实从根本上说就非古籍研究之所宜,这不是在研究逻辑史,而是在杜撰逻辑史。况且,杜撰后的体系包含许多矛盾。

他以为,只有同品不除宗,才会导致循环论证,好像异品不除宗,不会导致循环论证。首先,他们忘记了论辩逻辑的公平、公正原则。其次,异品不除宗,还授论敌以反驳特权。陈大齐教授早就指出,异品不除宗,因的第三相异品遍无性不能满足,任立一量都无正因可言,岂不荒谬?

重读沈剑英先生的《因明学研究》修订本,发现其九句因中第五句因的图解,同品除宗,异品却不除宗。这显然不符合第五句因的原意——同、异品皆无因。前面说过,沈先生赞成姚南强"暂时说",即"再通过对异品中除宗有法"。究竟要不要除宗有法,前后竟如此矛盾。

五、同异喻体为全称命题,主项不除宗有法

宇井伯寿认为,"喻体相当于大前提,必定是全称命题,立敌共许,只出现喻体就足够了,但是喻依是基于喻体的经验实例,这表明其中包含有归纳的性质"。

百年来的汉传因明研习者几乎一见"诸"就以为是"凡""所有",一见"若"就视同为充分条件假言命题中的"如果"。这就误把同、异喻体当作了毫无例外的全称直言命题,或充分条件假言命题(可以转换为全称直言命题)。这样一来,三支作法自然就成了演绎论证。这是极大的误解。

请注意,玄奘在《因明正理门论》和《因明入正理论》的汉译中同、异喻体打头的量词是"诸",也有用"若"的。

在汉语里,"诸"尽管也有"凡""所有"之义,它还有"众多"的意思。"若"在汉语里是多义词,既有"假如"("如果")的意思,也有"如同""像""如此""这样""这个""这些"的解释,并非只有"假如"一解。

吕澂先生认定《入论》喻体中"若"只作"假如"解,相当于假言命题联结词"如果"。他强调,整个假言命题"口气就活些"。这是沿用了太虚法师的说法,意思是假言命题比与直言命题相比,模糊了主项除宗有法,又可以保证整个论证为演绎。其实,此说有误解。玄奘译文用"若"字,与"诸"相若,按汤博士的考察,是取举例含义,而非"假如"。

担任玄奘译场证义的神泰对《理门论》的解释足以说明,玄奘在喻体上用"若"字,与用"诸"同义。文中所引三支中的同喻打头用"诸",异喻则用"若"。诸与若同义,没有假言之意。

汤博士考察梵本,指出吕澂先生的失误在于对于梵文原本的误读:"玄奘译文中的'谓若所作,见彼无常',原文是:tadyathā | yat kṛtakaṃ tad anityaṃ dṛṣṭam,当译为:就像是这样,凡所作的都被观察到是无常,奘译这一句中的'若'字,当是对应于tadyatha(如是,就像是这样),亦无假言的意味,不能作为吕先生假言判断说的证据。"

总之,汤博士发现喻体梵文打头就是举例说明的意思。其一,排除了"假言"说。其二,吕先生赞成喻体"除宗以外",把喻体解作毫无例外全称直言命题有缺陷。可见,奘译是准确的,是与他的口义同、异喻"除宗以外"相一致,与他对整个

陈那因明体系的理解相一致。在这里,语词的解释必须服从逻辑的解释,必须从属体系的内部和谐。

六、"本来"演绎说与"初步"演绎加类比说

"认为因明体系本来就具有演绎推理功能。"这是巫白慧先生对张忠义著作《因明蠡测》所作的肯定。该书因循巫寿康博士的看法,陈那自己说遵循了因三相就能"生决定解",意味着"宗就能由因、喻必然地得出"。

"生决定解"一定表示演绎吗?这是望文生义,以自己的主观愿望来代替古人的想法。姑且不论陈那时代还不懂得亚里士多德逻辑有演绎、类比之说,玄奘汉译不过是说能取得辩论的胜利。这样解释符合玄奘忠实弘扬的同、异品除宗有法的陈那因明体系。演绎不演绎是今人的评论,从同、异品除宗有法导致陈那因明体系非演绎是我们今天用逻辑的格来衡量的结果。

最新的一种说法是"初步"演绎说加类比。从古因明到陈那因明,再到法称因明,整个佛教因明发展史就其逻辑内容而言,都属形式逻辑范围。形式逻辑只有真假二值,是就是,不是就不是。是演绎还是类比,二者必居其一。用"初步"限制演绎,那不是形式逻辑而是模态逻辑。在演绎范围内绝对不可以谈程度的不同,其结论就是从前提中必然的得出,不能讲或然,不能有一个例外。类比则不然,可以用一物类比一物,也可以用除宗有法以外的其他全体来类比一物,这后一情形就是陈那因明三支,我称之为最大限度的类比推理。只要除宗有法,用来类比的对象,其数量不论多少,都属类比。若毫无例外,则归属演绎。

至于说演绎之外再加类比,那是蛇足。同喻中的那个例证,逻辑作用不再是类比,也不是可有可无的,而是表明满足了因的第二相,表明喻体的主项存在而非空类,表明排除了第五句不共不定因。

第十章　陈那因明体系自带归纳考辨①

本章从因明文献出发,讨论印度陈那因明体系自带归纳的常识错误,因明称为"成异义过"或"同所成过"。它们不见于玄奘翻译的因明大、小二论,详见于窥基的《因明大疏》。一个三支作法只有一个论证过程,在这一个论证过程之外的归纳说都犯"成异义过"或"同所成过"。因和喻都是立敌双方共同认可的已有的经验或知识,不是临时归纳所得,它们来自忆念。这与逻辑三段论的前提内容吃现成饭,借用已有的经验或知识相同。怎样得到真实而又普遍的同、异喻体,与三支作法的使用者的知识背景有关,因明本身不可能提供帮助,这与三段论只管形式不管内容相同。

第一节　自带归纳说没有文献依据

自汉土有因明与逻辑比较研究以来,一百多年间因明研究者普遍认为陈那因明是演绎论证,并且说它自带归纳,比西方逻辑三段论只有演绎高明得多。关于本论标题所提问题,正反双方都没有用专题论文来详细探讨过。说自带的,无非说喻体由喻依归纳而得,或者说由因的第二相"同品定有性"和第三相"异品遍无性"归纳而得。

对上述理由,可以问一问:有文献依据吗?有实例依据吗?用哪一种归纳推理?在印度佛教陈那论师的《理门论》《集量论》和陈那弟子商羯罗主的《入论》中,甚至在后起的法称因明中你找得到一句关于归纳的理论吗?你找得到一个哪怕是不完全归纳推理的实例吗?如果说找得到,那简直就是挑战了不可能。

---

① 本章曾发表于《西南民族大学学报》,2020 年第 12 期。

请持归纳观点的研习者注意，我们争论的对象是一个三支作法的论证种类或性质是什么。在一个三支作法中，除了说它是演绎或类比外，再没有出现过另外的称为归纳的思维过程。在一个三支作法之外，在陈那因明的理论体系中也从未有过归纳思想。

比较陈那因明三支作法与逻辑三段论，有一个共同特点是无归纳。说因明三支作法有归纳的理由，逻辑三段论也具有或者很容易具有。在归纳方面因明三支作法并不比逻辑三段论高明。

先简评一下喻体由喻依归纳而得的说法。很多因明家都说，同喻里的那个例证，就是归纳的素材，同喻体反映的普遍命题就是通过例证归纳出来的。要知道，在标准的三支作法上，同喻只要举出一个同喻依就够，最多加上"等"字。在异喻处也不见有列举全部的，可见不必穷举。举一个或几个实例就概括出一个普遍命题，这样的归纳结论也太不靠谱了。

说喻体直接由喻依归纳而得，显得没有理论色彩，很难让人信服。照此理由，同样可以在一个具体的逻辑三段论大前提上加一个例证，这不是轻而易举地解决了三段论只演绎无归纳的问题吗？这是显而易见的方法。加一个例证，就说三段论大前提由归纳所得，恐怕没人愿意犯这样一种低级错误。

诚然，每一个陈那三支作法在同喻体之后都附有例证，但那不是归纳的标志。举得出合格的同喻依是满足因的第二相同品定有性的标志，是排除九句因中第五句不共不定因（声常，所闻性故）的标志。从逻辑上说，是同喻体主项存在的标志。由第五句因组成的三支作法的同喻体"诸所闻性见彼是常"在除宗有法"声"之后，再也找不到任何一个有"所闻性"的同品，进而再无合格的同喻依，因此，同喻体的主项是空类。总之，陈那三支作法的那个同喻依，不再是古因明五分作法低级类比中的角色而有了全新的意义。

在陈那《理门论》和商羯罗主《入论》中，同喻依之过失只有三种：能立法不成（所举喻依缺因法）、所立法不成（所举喻依缺宗的后陈法）和两俱不成（二者均缺）。同喻依之三过从反面证明，同喻依根本不要求数量有多少，只要有一个合格的例证就满足证宗的要求。20世纪，陈大齐先生对陈那因明的论证种类有较为深刻的认识。他的看法是陈那因明既演绎又自带归纳说的代表。他对同、异品除宗有法导致整个三支作法非演绎有过很严密的论证，但是他囿于传统观点又不得不承认陈那因明为演绎。他是怎样来消除这一矛盾的呢？

陈大齐先生认为，陈那因明三支中全称的同、异喻体是由因的后二相归纳而来。他说："因明比量，其根本职务虽在演绎，但于演绎之中兼寓归纳。故逻辑的三段论法是纯演绎的,因明的比量是演绎兼归纳的。这是两者大相悬殊之点。宗因喻三支是演绎的形式,同品定有性异品遍无性是归纳的方法。同品定有性近于逻辑的契合法,异品遍无性近于逻辑的差异法。"①把演绎当成陈那比量的"根本职务"这是丐词。把因的第二相当作归纳的方法同样是丐词。

又说"在逻辑内,演绎自演绎,归纳自归纳,各相独立,不联合在一起,所以归纳时不必顾及演绎,演绎时不必顾及归纳。因明则不然,寓归纳于演绎之中,每立一量,即须归纳一次。逻辑一度归纳确立原理以后,随时可以取来做立论的根据,所以逻辑的推理较为简便。因明每演绎一次,即须归纳一次,实在繁琐得很。"②

还说:"因后二相是归纳推理,用宗同异品做推理的资料,以同品定有异品遍无做正似的标准,归纳的结果方才获得同异喻体。"③

陈大齐的归纳说有几点值得推敲。其一,"每立一量,即须归纳一次",此说不见于任何文献,于实例和理论两方面都缺乏依据。每归纳一次,用的什么归纳推理,内容是否真实,结论是否可靠,敌论方是否认可,因明没有也不可能建立一套规则来回答以上问题。因此,说"每立一量,即须归纳一次",说了等于白说。

其二,照其说法,三段论理论也"寓归纳于演绎之中"。因明的每一个三支作法都有同、异喻体,实际上是每立一量,即将已有的知识拿来运用一次,并没有临时归纳一次。这与三段论一样。每一次运用具体的三段论,它的大前提的提出不过是把现成的知识拿过来用一用,很少有临时归纳的。即便有,如复合三段论,即连珠体,那也是增加了另外一个思维过程。同样的道理,这每归纳一次与三支作法无关,它是另外多出来的思维过程。可见,要说因明理论"寓归纳于演绎之中",同样可以说三段论也"寓归纳于演绎之中"。

其三,因的后二相规则的提出不是归纳的结果,后二相本身也不是一个归纳推理,它也没有归纳出同、异喻体。宗以外只要有一个同品有因就满足了第二相,所以第二相同品定有性根本不靠归纳推理得出。它们本身也不归纳出什么结论,它们只是规范了同、异喻体,换句话说,同、异喻体符合二、三相的要求便正确。第二相和第三相异品遍无性是从九句因的二、八正因中概括出来的。陈那创建的九句因理论本身也不是归纳推理。它把因与同、异品的九种情况列举出来加以比较辨析,判定四种不定因、两种相违因,判定只有第二、第八句才是正

---

① 　陈大齐:《印度理则学》,第 97 页。

② 　同上,第 112—113 页。

③ 　同上,第 109 页。

因。然后从二、八句中概括出因的后二相。可见,整个九句因理论与归纳说没有关系。

因三相规则本身只是个规定,陈那认为,遵守了因三相,三支作法就能"生决定解",即能证成宗,能取得辩论的胜利。同喻要正确,必须同时满足因的后二相,异喻要正确,必须满足第三相。如同三段论第一格第一式的两条规则"大前提必须全称"和"小前提必须肯定",遵守这两条规则其形式便正确,不遵守便错误。应当遵守它们与它们怎么来的和它们能证成什么,毕竟是两回事。总之,"大前提必须全称"这条规则并没有告诉你它是怎么归纳来的。同样,第三相异品遍无性也没告诉你它是怎么归纳来的。怎样得到普遍原理,压根就与陈那因明理论和三段论理论无关。在一个三支作法内,同品是否有因,异品是否遍无因,因明本身也无法断定,这都与论证的内容有关,与实际知识有关。

同、异喻体的实际内容一可以是原初的真实的原理、规律,也可以是已有的普遍知识和经验。它们既然是借来用的,那就不能说陈那因明三支作法自带归纳。三段论的大前提是吃现成饭的,同样,陈那三支作法的同、异喻体也是吃现成饭的。众所周知,运用三段论的人要从百科知识和已有经验中去找那些真实的原初的理由。除非在简单事物上,临渴掘井的事在使用三段论时不太会有。逻辑论证的理由很少是临时归纳来的。能说这两条规则本身是归纳推理吗?当然不能。同样的道理,不能说因的第二相"同品定有性"和第三相"异品遍无性"本身是一归纳过程。至于这百科知识和已有经验怎样由归纳所得,与因明毫无关系。

最后,陈大齐先生在形式逻辑的范围内,凭空借助"归纳的飞跃"来解释不完全归纳推理可以获得全称命题,从而消除同、异品除宗有法与同、异喻体为全称命题的矛盾,显然违背形式逻辑常识。

要回答陈那因明理论中根本没有归纳理论,还得从陈那因明三支作法的组成和整个体系讲起。这是因为,如果在陈那因明三支作法之外再去找归纳理论和归纳推理,那么与本题无关。因的后二相尽管是因明体系内的理论,如上所述,无论它们(尤其是异品遍无性)是否归纳,都与判定本题无关。每一个同、异喻体所反映的较为普遍的命题都涉及具体知识。这具体知识由演绎、归纳、类比哪一种推理方式得出,都与同喻体的组成方式"说因宗所随"和异喻体的组成方式"宗无因不有"无关,而与具体内容有关。这与逻辑三段论理论只管形式对错而不管内容真假完全相同。假如陈那因明还要管怎么自带归纳等,那么学习因明便可代替学习百科知识了。

第二节　归纳说有"成异义过"或"同所成过"

陈那的三支作法和整个体系中根本就不允许再出现归纳推理,根本就不允许其论据(包括因和喻)的真实性还要靠临时归纳而证得。假如出现这种情况,就有过失。因明把这种过失称为"成异义过"或"同所成过"。

"成异义过"或"同所成过"是在《入论》所列宗、因、喻的33种过失之外的过失,是立论方和敌论方都力求避免的过失。这是印度佛教因明著作中隐而不显的潜规则。

陈那中的三支作法和整个因明体系,都只限于讨论一个思维过程,就是用满足因三相的一个因和同、异喻来证成当下立、敌双方对诤的宗论题。在陈那的《理门论》和其弟子商羯罗主的《入论》中,规定了一个三支作法的组成,只有宗、因、喻三支。

陈那的《理门论》说:"为于所比显宗法性故说因言;为显于此不相离性故说喻言;为显所比故说宗言。于所比中,除此更无其余支分,由是遮遣余审察等及与合、结。"①意为,为了显示宗有法遍有因法,因此要说因支;为了显示因法与宗法的不相离关系,因此要说喻支;为了要显示立论的对象,因此要说宗支。为了论证宗义,除宗、因、喻三支外不需要其他支分。由于这样,便要遣除其余审察支等以及五分作法中的合支和结支。

商羯罗主的《入论》随顺《理门论》,说:"唯此三分,说名能立。"②"唯"字强调只有宗、因、喻这三支组合起来,就成为能立。

在一个三支作法中,只有一个论证过程。例如,在《入论》中,佛弟子立"声无常"宗。由于《入论》只讨论共比量而不讨论自比量和他比量,共比量要求除了宗体"声无常"为声论派反对外,组成宗的"声"和"无常"两个宗依概念的真实性和因支、喻支的真实性都必须得到立论方和敌对方的认可。三支中的因支、喻支都是为证此宗而立,三支合成一个论证的思维过程,也只有这一个思维过程。如果在整个论证过程中有第二个思维过程出现,那么就有过失。因明称之为"成异义过"。逻辑术语称为转移论题。

---

① 转引自吕澂、释印沧:《证文》,《内学》下册,第一〇五〇页。
② 转引自吕澂:《讲解》,第17页。

《入论》"谓极成有法,极成能别"这一句对论题的组成概念有规定。窥基的《大疏》在疏解这一句处首提"成异义过"。

《大疏》说:"极者至也,成者就也,至极成就故名极成。有法、能别,但是宗依,而非是宗。此依必须两宗至极共许成就,为依义立,宗体方成。所依若无,能依何立?由此宗依,必须共许。共许名为至极成就,至理有故,法本真故。若许有法、能别二种非两共许,便有二过。一成异义过,谓能立本欲立此二上不相离性和合之宗,不欲成立宗二所依。所依若非先两共许,便更须立,此不成依,乃则能立成于异义,非成本宗。故宗所依,必须共许。依之宗性,方非极成。极成便是立无果故,更有余过。……由此宗依,必依共许,能依宗性,方非极成。能立成之,本所诤故。"①

本段大意为,所谓"极"是至极,所谓"成"是成就,有至极的成就因此称为极成。有法和能别这两个名词,只是宗依,而不是宗支。这两个宗依必须立敌双方共许为至极的成就,宗依成立了,才能形成宗论题。如果所依的宗依都不能成立,作为能依的宗体怎么立得住呢?假若允许有法、能别二种并非双方共许,便有二过。一是有成立别的宗义的过失,这是说能立本来要成立由不相分离的二种宗依和合而成的宗体,不是要成立组成宗体的两个所依。假如所依即有法、能别不是先由双方共许,便须另外先来证成这不极成的宗依,乃至使得能立证成别的宗义,没有证成本来要成立的宗。因此宗之所依,必须共许。两个宗依组成的宗体,才是不共许极成的,因为宗体要是立敌共许,便没必要辩论了。除了犯"立无果",还会有其他过失。因此宗依必须依赖于共许,而作为能依的宗体,才成为不共许的争论对象。因为能立要证成的,就是立敌本来对诤的对象。

窥基在解释似宗所别不极成、能别不极成和俱不极成处说:"若此上三不立过者,所依非极,便更须成。宗既非真,何名所立?"②这是说,对于以上三种不成宗过,宗依不共许,便必须重新成立。宗既然不是真宗,怎么能称为所立呢?

因明关于真宗或正宗的规定共三条。一是上述关于两个宗依必须共许极成。二是由能别差别有法,形成有法与能别的不相离性即宗体,《入论》称之为"差别性故"。三是《入论》所说"随自乐为所成立性",意为,所立之宗是立者当下乐意成立,而且是当下敌对者乐意辩论的题目。如果在上述三支之外,辩论者临阵磨枪,靠临时归纳来证成因和喻,这已不是立论之初立敌双方乐意认可的辩论题目,那么同样转移了论题,也犯"成异义过"。

对这第三点"随自乐为所成立性",文轨《庄严疏》解释说:"此简滥也。即简

①　窥基:《大疏》卷二,页二右至页三左。
②　窥基:《大疏》卷一,页十四右。

因、喻。一释,宗、因、喻言俱成己义,理应三种齐得名宗。为去此滥故以两义简之。一乐为简不乐为,谓所立之宗违他顺己,自所尊重是所乐为,能立喻、因自他共许成宗,故立非所乐为。故乐为是宗,余二非也。二所成立性简能成立性,谓宗义既是所成,即唯自所尊主。因、喻既是能立,共许何得名宗? 故所立为宗,余二非也。……问,何者因、喻是所成耶? 答,如对声显论者立'声无常',因云'所作性故',其声显论不许声是所作,遂更立云'声是所作',因云'以随缘变故',同喻云'如灯焰等',其同喻等准此可知也。"①

文轨的意思是,"随自乐为所成立性"有简滥的作用。一是以乐为简去不乐为。因和喻在这一个三支作法中已为立、敌双方共许,并非双方乐意讨论的对象。二是宗有所成立性,因、喻则有能成立性,所成立的宗把能成立的因和喻从宗义中简别出来。他举例说,声显论不赞成声音有"所作性",若另立"声是所作"为宗,以"以随缘变故"为因,则此三支作法另立了一个宗。

窥基的《大疏》也解释说:"'乐为所成立性',简能成立者。能成立法者,谓即因、喻。因、喻成立自义亦应名宗。但名能立,非所成立,旧已成故,不得名宗。今显乐为新所成立方是其宗。虽乐因、喻非新成立,立便相符,故不名宗。"②因、喻是原先已成立的,非当下立敌双方所乐于辩论的对象,若立为宗便有相符极成过。

《大疏》又说:"因既带似,理须更成。若更成之,与宗无别,名同所成。似宗、二喻亦在此摄。"③意为,本来举出共许之因,是为了证成宗果。因既然带有过失,此因本身理当另外证成。如果另外来证成其因,则与待证之宗没有区别了,这就叫与所成之宗相同。似宗和似同喻、似异喻也是这个道理。"同所成"是"成异义"的反面说法。一个三支作法只允许一个宗,"同所成"是增加了宗,同样为因明所不许。窥基还用真因、真喻作对比说,真因、真喻由于没有各种过失,它们本身就是立敌共许的,因而不同于所要成立的宗。

第三节　因和喻必须是共同认可的已有知识或经验

有的归纳说的赞成者如苏联科学院院士舍尔巴茨基和我国的王季同先生主

---

① 文轨:《庄严疏》卷一,页十右至页十一右。
② 窥基:《大疏》卷二,页十二右至十三左。
③ 同上,页一右至页二左。

张,同、异喻体是根据逻辑中判明现象因果联系的求同求异并用法得到的。陈大齐先生说"同品定有性近于逻辑的契合法,异品遍无性近于逻辑的差异法。"许多研究者没有说是哪一种归纳推理,只说是归纳所得。

众所周知,与三段论理论只管推理形式是否有效,只管能不能必然推出结论,不关心前提内容是否真实不同,陈那因明三支作法要求因和喻必须真实可靠。三支作法关心应该用什么样的理由或论据来证宗,即用符合因三相规则的因和同、异喻来证宗。

《理门论》做了如下规定:"此中'宗法'唯取立论及敌论者决定同许。于同品中有、非有等亦复如是。何以故?今此唯依证了因故,但由智力了所说义,非如生因由能起用……于当所说因与相违及不定中,唯有共许决定言词说名能立,或名能破。非互不成犹豫言词,复待成故。"①

这一大段话可以看作陈那为他比量中关于共比量的总纲。因明大、小二论中悟他门即为他比量只涉及共比量,而未涉及自比量和他比量。共比量的要求是:首先,两个宗依必须同许;其次,因概念必须同许,因概念在宗有法上遍依、遍转即遍是宗法性(所有有法是因法)必须同许;再次,同品、异品必须同许,同品有、同品非有、异品有、异品非有等都得同许。这一条中实际包含了同、异品除宗有法。《理门论》在这一段话里虽未明言同、异品除宗有法,但这是又一条潜规则。最后,同、异喻体要同许,同喻依要同许,异喻依则可以缺无,甚至可以举虚妄不真的对象如兔角、龟毛等。同喻依是一身二任,既是宗同品,又是因同品。同品要除宗有法,同喻依也要除宗有法。同样,异喻依也要除宗有法。

在共比量中,陈那首先规定"宗法"必须立、敌决定共许。"宗法"即因法,《入论》所举实例中的"所作性"。宗法共许极成包含两层意思:第一,因支"所有声是所作性"能成立,满足因的第一相遍是宗法性要求。这第二层意思是强调它是"决定"而没有丝毫的犹豫不定。陈那首创九句因理论,是为了从中概括出因的后二相。九句因都以满足第一相为前提,正因必须是宗上有法之法。如果一个因只符合第二、三相,而不符合第一相,那么此因与证成此宗毫无关系,成为不相干论证。为了证宗,所举之因必须包含所有宗上有法。

陈那接着说的一句"于同品中有、非有等亦复如是"含义丰富。整个九句因都必须立、敌双方共许。九句因是指因与同品、异品在事实上有九种不同关系。以第一句"同品有因、异品有因"为例,这第一句是说"所有同品都有(是)因并且所有异品都有(是)因"。

---

① 转引自吕澂、释印沧:《证文》,《内学》下册,第一〇四三页。

首先,同品、异品的范围即外延必须确定,要得到立、敌双方共许。因此,同、异品除宗有法,应当看作是"立论及敌论者决定同许"的内容。

其次,是"所有同品是因并且所有异品都是因"这一联言判断要为立、敌共许。例如,"声常,所量(认识对象)性故",常的同品如空,常的异品如瓶等,立、敌双方都共许所有同品有所量性,也都共许所有异品有所量性。其余八句因都包括这样两层意思。

再以第五句因为例,"声常,所闻性故",这句是说"所有同品不是因,所有异品不是因"。立、敌双方要共许这一句,只有满足一个条件,即同、异品除宗有法。九句因都作如是观,然后才能探讨九句因中哪些是正因,哪些是似因。

宗法要共许,九句因都要共许,就是说因法概念和九句因中的正因、似因(判断)都得共许。为什么呢?陈那回答说:"今此唯依证了因故,但由智力了所说义,非如生因由能起用。"①这是说,因的证宗作用依赖于敌、证的智了因,当敌论者、证人的智慧了知、赞同立者之因,该因便有证宗之功能;反之,当敌、证之智不了知该因,能立之因便起不到开悟敌、证的作用。智了因不同于言生因。如种生芽,并非由智力知才为因,智力知,它是生因,智力不知,种仍为芽之生因。尽管如此,生因能不能成为敌、证解悟的智了因,还有一个能否得到敌、证主观认可的问题,所以因的选择要符合立、敌双方共许极成,以共许因法证不共许宗法。

陈那又进一步解释说,九句因中的每一句所反映的情况都必须立、敌双方共同认可,在此基础上再来判定每一句的真假,然后才能把正因说成能立,把似因说成能破的对象。

《大疏》在引《理门论》上述论述之后紧接着说:"故知因、喻必须极成,但此论略。"②此论指《入论》。综上所述,一个真实而又正确的三支作法,所用因和喻已经得到了立敌双方的认可,完全不用"每立一量,即须归纳一次"。

第四节　因明典籍中的"忆念"说

三支作法中的因和喻,是临时归纳来的还是吃现成饭的,不能凭空而论,要有文献依据。请看:

---

① 转引自吕澂、释印沧:《证文》,《内学》下册,第一〇四三页。
② 窥基:《大疏》卷二,页九右。

一、陈那新因明的"忆念"说

（一）陈那《理门论》的"忆念"说

陈那《理门论》说："若尔，既取智为了因，是言便失能成立义。"①神泰解释说："别人难云：若尔智为了因，前说由宗等多言说名能立，此之多言便失能成立义。"②神泰的解释说，别人问，在言、义、智三因中，既然你取智了因为因，那么言了因便失去意义了。

陈那回答别人的问难："此亦不然，令彼忆念本极成故，是故此中唯取彼此俱定许义，即为善说。"③

神泰解释说："今明言因，令彼敌论人忆念此声上有所作性于瓶等同品上本极成定有、异品通无。此所作性因敌论人亦先成许有，名曰极成。然恐彼废忘，复须多言令彼忆念本极成义。"④

神泰对陈那的答问解释说，言了因没有失去意义，现今言了因被陈述出来，可以使敌论人回忆起此因具备三相，即声有所作，同品瓶有所作性，所有异品无所作性。这个所作性因是敌论人本来就认可的，称为极成。然而担心他们年久忘记，因而要借助因、喻多言使其回忆起共同认可的道理。

以上对话显然表明，陈那三支作法中的因和喻以及支撑它们的因三相都是立、敌双方事先共同认可的理由，"令彼忆念本极成故"，并非临时归纳得出。

《理门论》又说："此有二种：谓于所比审观察智，从现量生或比量生；及忆此因与所立宗不相离念。由是成前举所说力，念因同品定有等故。是近及远比度因故，俱名比量。此依作具、作者而说。"⑤

比量智的产生分两种情况，其一，显示宗法智的因或者从感觉量生，或者从推论所生，它们都是远因；记忆起因法与宗上之法间不相离关系（同品定有、异品遍无）的念则是近因。此念能增强远因所生之智的力度，因为此念所回忆的是显示因后二相的同、异喻。这近因和远因都是通过比较而成为因的，因从果名都可称为比量。远因与近因的不同是依照工具和使用工具的人与对象之间的亲疏关

---

① 转引自吕澂、释印沧：《证文》，《内学》下册，第一○四三页。
② 神泰：《述记》卷一，页十八左。
③ 转引自吕澂、释印沧：《证文》，《内学》下册，第一○四三页。
④ 神泰：《述记》卷一，页十八右。
⑤ 转引自吕澂、释印沧：《证文》，《内学》下册，第一○四三页。

系来分别的。

（二）《集量论》的"忆念"说

汤铭钧博士根据《集量论》对应文句藏译（金铠译本）所作因三相今译如下："而且在比量中，有如下规则被观察到：当这个推理标记在所比（有法）上被确知，而且在别处，我们还回想到（这个推理标记）在与彼（所比）同类的事物中存在，以及在（所立法）无的事物中不存在，由此就产生了对于这个（所比有法）的确知。"[1]

在《集量论》中，陈那在讨论火与烟的无则不生关系的形成和运用时说："'因无错乱者，从法、于余显，彼成、则了解，具彼之有法。'谓火与烟，无则不生之系属，要先于余处显示之后（先在余处见到火与烟无则不生之关系），次于别处，虽唯见有烟，以若处有烟，则彼处有火。亦能显示成立有火。若不尔者，不能显示各别余处，所立火与烟，无则不生也。"[2]

"先于余处"这四字表明两点，一是除宗有法，二是指已有经验。"余处"明言火与烟

无则不生之关系不包括立论之际的此处。"先于"表明火与烟的无则不生关系是已有的经验，并非立论之际当下的经验总结。

（三）窥基《大疏》的"忆念"说

窥基《大疏》关于比量的定义说："六者比量，用已极成，证非先许，共相智决，故名比量。"[3]

即比量就是用已知的立敌双方共许的知识来论证尚未被双方认可的宗，由此确定的共相智，就称为比量。正因此，慧沼指出："缘因之念为智近因。忆本先知所有烟处必定有火，忆瓶所作而是无常，故能生智，了彼二果。"[4]

《大疏》将"念"称为比量智的"近因"。比量用来证宗的理由依赖记忆即"念"而获得，由记忆回忆起过去的各种已知知识和道理。

窥基"用已极成，证非先许"，与《理门论》"令彼忆念本极成故，是故此中唯

①　汤铭钧、郑伟宏：《同、异品除宗有法的再探讨》，载《复旦学报》（社会科学版），2016年第1期，第78页。

②　转引自法尊：《集量论略解》，北京：中国社会科学出版社，1982年版，第36页。

③　窥基：《大疏》卷一，页九右。

④　窥基：《大疏》卷八，页二十一左。

取彼此俱定许义"一脉相承。可见,窥基认为因和喻的获得并非当下。

二、法称《正理滴论》的"忆念"说

法称因明虽与陈那因明有不同的逻辑体系,但它们用来证宗的理由的获得有共性。在法称的《正理滴论》中,法称提出自性因、果性因也不是当下即临时归纳出来的,法称建立同法式和异法式的两个喻体,也不是通过运用归纳推理得到的。

法称明确指出:"如是一切能成立法,其为正因,当知唯由此能立法,若为实有,即能与其所成立法,相属不离。此义随宜,先由正量,已各成立。"①

意思是说,一切能立法只要它是实有的自性因法,就是正因,就能与所立法建立相属不离的普遍联系。这种普遍命题的真实性是由先前的"正量(现、比量)"所证成了的,即已有的真实知识。同样,依果性因和不可得因建立同、异喻体这两个普遍命题也不是当下归纳来的。按照法上的解释,是依照了"正、反两面的经验"。② 经验是立论前已有的并为双方认可的。可见,一个普遍命题的获得不应该从法称的比量形式或因三相规则中去找根源。回过头来看,这个道理同样适合陈那因明。

为什么法称因明又能从前提必然推出结论而不犯循环论证呢? 这因为法称因明创建了三种正因,保证了它的同、异喻体是真实的和原初的。至于什么样的因能满足三种正因,则不是因明本身能回答的。

---

① 转引自李润生:《正理滴论解义》,香港:密乘佛学会,1999 年版,第 130 页。
② 转引自李润生:《正理滴论解义》,第 145 页。

第十一章　现当代因明梵、汉、藏对勘研究评介

第一节　因明研究呼唤通才

因明之所以成为绝学,原因之一是因明人才难得。要成为一个杰出的因明研究者需要具备的条件较为特殊。

首先,是语言方面的要求。印度因明典籍的原本是使用梵文。陈那因明的《因轮论》和晚期代表作《集量论》都有藏译本。法称因明及其后学的文献大量保存在藏文中。当代唯识专家周贵华说:"事实上,从翻译的学术角度看,在唯识旧译中,充满了半成品、改造品与次品,而玄奘新译则相当完整与准确。在学术界,梵本是最受重视的,其次是藏译,再次是奘译。奘译排在藏译之后,并非指玄奘所译不可靠,而是因为汉译无论多么忠实,也由于其简洁性而不如藏文的表述那样可与梵文直接相对照。"[1]韩廷杰先生认为,藏译本比汉译本更接近梵文原典。因明的研习,最好要精通梵、藏语种,这是显而易见的。若能兼具日语、英语,则有利于借鉴近代以来的国外因明研究成果。韩廷杰先生说:"西方某些国家明文规定,研究佛学必须兼通梵、巴、藏等文种,这是完全必要的。只靠汉文资料,不可能准确把握经典原意,一种文字不可能百分之百地表达另一种文字的含义。"[2]反过来说,由于汉传因明忠实地弘扬了陈那因明,不懂汉语,读不懂汉传因明,也很难把握陈那因明的精髓。

其次,还需要较高的佛学修养。因明是论辩术、逻辑和认识论三者的结合。陈那前期因明的主体是论辩逻辑。它是大乘佛教的论证工具。它的论证目的、

---

[1]　周贵华:《唯识明论》,北京:宗教文化出版社,2011年版,第34页。

[2]　韩廷杰:《〈韩镜清佛典翻译手稿〉序》,《灵山海会》,2010年12月刊,第74页。

论证内容与佛教密切相关。因明虽是大乘佛教的逻辑，它是大乘瑜伽行派与外道和佛教内部各宗各派辩论的工具。不懂佛学，不懂外道等知识，难通因明也是显而易见的。

再次，当然还要具备因明的基本常识。这句话几近空话。然而，事实不得不令人惊诧。对不少因明家来说，搞懂因明的常识，还是个问题。此话绝非危言耸听。一个因明研习者，至少要懂得陈那因明的论辩逻辑性质吧。陈那因明并非纯逻辑。用形式逻辑简单地去套因明，那是削足适履，因明被毁容了。如果连一门学科的性质都搞不清楚，那么连基本概念和基本常识都会发生问题，其研究成果还有多少价值就可想而知。

除了上述，还有一个非常重要的条件是懂形式逻辑。有数理逻辑的眼光更好，能够识读那些用数理逻辑工具来整理因明的论著就够。至少不会被某些不真正懂因明的数理雄文吓唬住，不至于上当受骗。从古因明到新因明，其中蕴含的逻辑不超出形式逻辑范围。杀鸡焉用牛刀？不懂逻辑，完全放弃用逻辑来指导因明研究，难得新因明逻辑体系真谛。许多优秀的佛学理论家之所以不谙因明，是由于害怕接触因明中的逻辑思想。在当代因明研究领域，本来应该由佛学家领衔的，反让逻辑学者抢了风光。中国逻辑学会下属的中国逻辑史学会于1983年起承担了国家社科基金"六五"重点项目《中国逻辑史》（内含因明）的撰写任务，中国逻辑史学会的因明研究者从此成为当代因明研究的主力军。这充分说明，因明与逻辑比较研究在因明研究中占了多么重要的地位。佛门中的许多高僧大德终身无缘问津因明，惧惮因明中的逻辑，也是重要原因之一。

一百多年来，汉传因明研究中，因明与逻辑比较研究的成果较为突出，在这一领域出现的问题也最为严重。只有具备因明与逻辑两方面的正确知识，才有可能得到正确的比较结果。逻辑修养的高低，决定了因明研究成就的高低。没有正确的逻辑知识为指南，就连基本的因明常识都会讲不清楚。

就因明与逻辑两个学科本身的研究来说，可以说，因明学科的研究落后形式逻辑学科的研究，相形见绌。从时间上说，相差有六七十年之多。从学科性质、对象的研究来说，形式逻辑的任务早已经完成。举国之内，逻辑专业内外，没有人再去讨论其性质、对象和演绎逻辑能不能推出新知识。对印度佛教陈那因明的论辩逻辑性质，于当今因明研究数者中多数人还讲不清楚。

以上各种条件之中，语言能力是基础，佛学与外道知识是修养，逻辑知识是指南。当代因明研究呼唤符合上述条件的因明通才。本文的重点是《入论》梵、汉、藏对勘研究述要。考察的重点是《入论》梵、汉、藏对勘研究中相关的义理问题。可以发现，逻辑修养的高低，直接影响到梵、汉、藏对勘中因明义理研究的正确与否和能达到的高度。

现代以来,提倡用汉、藏文因明译本作对勘研究的第一人当推欧阳竟无。第一个利用梵、汉、藏文因明原典作对勘研究的实践者则为吕澂。百年以来,由于语言能力的限制,因明研习人才的稀缺,能够采用此方法的因明研究者鲜有其人。吕澂之后,著名的有韩镜清和王森先生。非常可惜的是,韩镜清先生除有译著《正理滴点论》《定量论》(法称著)外,他还译有胜自在慧《集量论解说》,尚未整理正式出版,仅有手抄本存世。王森先生译有法称的《正理滴论》。在《入论》三种文本的对勘方面,除吕澂首创外,继有巫白慧、郭良鋆、韩廷杰等,他们各有劳绩。

第二节　欧阳竟无倡导因明研究汉、藏对勘

欧阳竟无虽然没有撰写关于《入论》论著,也没有关于因明研究梵、汉、藏对勘的尝试,但是他倡导因明研究的汉、藏对勘。他高屋建瓴,先立其大,不但为汉传因明的研究接续了唐代正脉,还为汉传因明研究的深入发展在方法论上指明了方向,可谓厥功至伟。

欧阳竟无(1871—1943),名渐,江西宜黄人。有宜黄大师之称,与梅光羲、桂伯华被称为"江西三杰"。早年博涉经史百家,兼修天文、数学,得风气之先。他从杨文会学习唯识,研究瑜伽。由于学习精进、深受器重。1911 年杨文会临终托以重任。从此,欧阳竟无刻经、办学、呕心沥血,直到谢世。欧阳竟无主持的金陵刻经处与支那内学院继承杨文会遗风,所刻经典校刊周详,刻印精良,特别重视包括因明在内的法相唯识著作的刻印和流通。三十多年间刻成佛典二千余卷。其中继承杨文会遗志辑印的《藏要》,质量之高,无与伦比。欧阳竟无亲自为许多经论作"叙(序)",述其源流和要旨,颇有见地。在已出版的《藏要》三辑中,有玄奘译传的大、小二论《门论》和《入论》。

欧阳竟无没有撰写因明专著。其因明思想主要体现在《藏要》中的《因明正理门论叙》和《成唯识论叙》中。从二种序文中可知,他强调汉藏文的对勘和对陈那、商羯罗主、法称代表作的钩玄提要。

针对自唐以来《理门论》的疏解和研究较为薄弱的情况,欧阳竟无高度评价了陈那新因明代表作《理门论》在因明发展史上的地位,是陈那因明八论中的奠基之作。虽称为"论"而实际起到"经"的作用。

《入论》虽比《理门论》好读，但它只是后者的入门阶梯，二者犹如通俗读物与学术专著。唐代的传统就是《入论》疏远远多于《理门论》疏。欧阳竟无认为，《理门论》"大开正理之门，虽称论而实经也"①，治学要知其然，更知其所以然。"监其脑而百体唯吾号令，是为学髓"。②治学的精髓是掌管好司令部，《理门论》与《入论》的关系犹如脑与全身的关系。

欧阳竟无认为，要读通《理门论》，必须从藏传因明中取来汉传所没有的陈那《集量论》和《因轮》，对照阅读，再参照窥基《大疏》的解释。他深知《理门论》"文幽义博，诵读奇难"，"集量未来，悼无将伯"。慨叹陈那后期代表作《集量论》没有汉译本，使得研习《理门论》缺少了帮助。"自唐后此术无匠久矣"。唐以后汉传因明史上就一直没有治《理门论》的专门人才。

出路在哪里？欧阳竟无指出："《丹珠藏》中有《集量》《因轮》，取而对诵，并参基疏，斯不亦扣阍有路，而《理门》可读欤。"③陈那因明有八论，晚出的《集量论》是集大成代表作，它充分运用《理门论》的立破之说来成就唯识的认识论。因此，《集量论》又是读通《理门论》的最重要参考书。

九句因是陈那《理门论》的首创。是陈那改造因三相，创建三支作法的理论基础。《因轮论》是关于九句因的专著，与《理门论》中的九句因理论可以相互发明。在取读二论基础上，再参照大量引述《理门论》要旨并详加诠释的窥基《大疏》，难治的《理门论》便有了解读之路。

欧阳竟无的设想被他的得力助手吕澂付诸实践。吕澂从藏文本中翻译了《九宗因轮论》和节译了《集量论》，题为《集量论释略抄》，填补了汉传因明的空白。又对勘藏本《集量论释》，与释印沧合作校订了《理门论》，题为《因明正理门论本证文》，为《理门论》的研习提供重要入门书。

欧阳竟无还对陈那新因明大、小二论与法称因明作了对比。《理门论》关于宗过，共有五相违，《入论》增加了四种：能别不成，所别不成，俱不极成和相符极成。欧阳竟无解释说："此其所以异者，《门论》义摄而略，《入论》作法而详也。"④《理门论》重在原理，《入论》重在论式，这是二论的重要区别。欧阳竟无实际上告诫我们，研习《入论》，不要忽略《理门论》阐发的原理。实际上《理门论》所阐发的原理中也是包括了这四种宗过的。《入论》增加了这四种宗过也是本之于

① 欧阳竟无：《因明正理门论叙》，《藏要》，上海书店，1995年版，第511页。
② 同上。
③ 同上。
④ 同上。

《理门论》之义理。欧阳竟无又解释说:"如宗违因,《门论》既破,《入论》无文,非是师资故相矛盾。"①《入论》是《理门论》的简明读本,是研读《理门论》的入门阶梯。《理门论》中的有些原理,《入论》是当作成说接受下来,而未予阐发。例如,《理门论》有九句因,《入论》则只字不提;《理门论》强调因、喻共许极成,《入论》则只说及宗依极成。并不能因此说二论相矛盾。《叙》文把相符极成当作"四不成"之一,这是不正确的。

关于因过,《入论》与《理门论》一致,法称因明有所不同。欧阳竟无说:"然四、六翻因演四相违,共不共外演三分遍与违决不定,《入论》则同,法称独缺。法称所以独缺者,根本克实之谈也,《入论》所以相同者,作法取详之旨也。……岂是师资故相矛盾?"②法称因明中没有将相违因翻成四相违,也不设不共不定和相违决定因。欧阳竟无认为这是"根本克实之谈",即照实之谈。对这句话的理解可以参考吕澂1954年发表在《现代佛学》上的《佛家逻辑——法称的因明说》。吕澂说:"法称掌握到语言与思维一致的原则,因而解决了为他比量里的一些纠纷的问题,这主要表现在废除'不共不定''相违决定'的两种因的错误上。……他以为平常思维里并不会有'不共不定'那样的情形。因为比量思维都从同异比较上着眼,假使当时想到的理由只限于所比的事物才有,自不会进行比量,那又何从表现于语言?……不过,陈那所判也有事实的依据"。对于相违决定因过,"他以为这在正常的比量中也是不会发现的。只要任何一种因能充分地成立了宗,即使再举得出别种因来,也自会相顺而成,否则原来因的本身就有问题。话虽如此,但胜声两家主张的矛盾事实俱在,又如何解释呢?法称以为,这只是不信任经验,但恣言教演绎比量,以致对于所讨论的问题会构成这样的混乱"③。

欧阳竟无的"根本克实之谈"的意思,就是根据思维实际的普遍情形来设过失,取消历史上出现过的特例。这应当是法称对因明理论的发展。该《叙》文结尾处提出,"因明学,应祖陈那而宗法称",充分肯定了法称对陈那的发展。实际上把法称因明当作新因明的最高成就的代表。欧阳竟无认为"此若提婆之续龙树,无著之有世亲"。"然七论不来,正理方隅亦无译籍,揳瓶观井,曾何与沧海澒洋,应有何缘,一济饥渴欤。"④

在法称七论都未有汉译的情况下,欧阳竟无就为汉地学者指明了研究方向,

---

① 欧阳竟无:《因明正理门论叙》,《藏要》,第511—512页。
② 同上。
③ 刘培育等:《因明论文集》,兰州:甘肃人民出版社,1982年版,第211—213页。
④ 欧阳竟无:《因明正理门论叙》,《藏要》,第517页。

应该说是很有远见卓识的。《叙》文中对三位代表人物的因明著作的比较，还涉及了喻过。总的来说，这种比较还是初步的，没有涉及法称因明在辩论术、逻辑和认识论三方面对陈那因明的根本改造，是为不足。后人也不能苛求。

第三节　对勘研究，别开生面
——吕澂的梵、汉、藏对勘研究

一、吕澂其人其书

吕澂是 20 世纪著名的佛教学者、因明专家。从 1918 年起，他协助其师欧阳竟无创建南京支那内学院，为近代中国培养了一大批佛学人才。吕澂先生在佛学和因明研究两个方面都成绩卓著。他的主要因明著作和编译有《因明纲要》（1926 年 9 月）、《入论十四因过解》（1928 年）、《集量论释略抄》（1928 年）、与释印沧合注《因明正理门论本证文》（1928 年）、《因轮决择论》（1928 年译注），解放后有《因明入正理论讲解》（1983 年 12 月出版）等。他还有重要论文《佛家逻辑——法称的因明说》（1954 年）。

吕澂是百年以来在因明研究方面难得一见的通才。他不但佛学根底深厚，尤精唯识，又旁通外宗，更具语言优势，通晓梵、藏、英、日。他深通汉传因明，又了解藏传因明。他对汉、藏传统既虚心领会，又能批判继承和时发新见。吕澂因明研究的起点很高。他特别重视研读印度因明的原典，强调摆正研读论、疏二者之间的主次关系。这就把因明研究的大厦安放在坚实的因明经典基础之上。吕澂的因明研究，既继承了唐代正脉，又有所开拓，有所前进。

吕澂的因明研究，得力其深厚的佛学功底，并且得力其广泛占有梵、汉、藏文因明资料，冶梵、汉、藏文于一炉。他的研究成果，开创了自唐以来汉传因明研究的新局面，在将近一个世纪以来在国内外都发生了广泛而深远的影响。意大利著名因明家杜齐在其名著《汉译陈那之前的佛家因明论典》中引用过吕澂在南京支那内学院《内学》年刊上发表的关于藏译本《集量论》的研究（《〈集量论释〉略抄》）。① 支那内学院《内学》年刊很重视与国外佛学界的交际。当年年刊出版后"即分赠东西各国大学图书馆及佛教学者"。"又东西各国学者收到年刊后，多以

---

① 高山杉：《图奇与民国佛学界的书信往来》，《灵山海会》2010 年 12 月刊，第 183 页。

著作报赠"，计有日本、法国、比利时、意大利等国，有英文、法文、意文多种语言。杜齐就曾回赠用意大利语写的《宗教传说材料之研究》。

吕澂的因明研究也有其不足，这主要表现在因明与逻辑比较研究方面有些欠缺。①

二、《因明纲要》评介

吕澂因明研究从其写作《因明纲要》起就为自己和所有汉传因明研习定下了研习因明的纲要。他认为，因明研习的指导思想是"宜宗论而简疏"②，而因明研究具体方法是："辨别古今""旁考外宗"和"广研诸论"③。

为什么要"宗论而简疏"呢？他提出了四条理由：第一，"因明译籍不过三数"。陈那的因明论著共有八论，八论相互发明。玄奘偏重论证，只选择了《因明正理门论》和商羯罗主的《因明入正理论》，从汉传因明的典籍说，虽有代表作，但很不完全。

第二，所译二论拘于格律，文字比较晦涩，在表面上讲求，有些地方很难得其确解，如加以揣摩，又易流于穿凿。玄奘译经时随闻笔录以成注疏的就有神泰、文轨诸家。因明作为一门新鲜学问，各家理解不一，据所闻而加以发挥更多有异说。疏记虽是入门的向导，但尽信疏则可能导致错谬与理解兼收并蓄。因此，要强调读因明原著，"必得直取其解，以为是非"④。

第三，如果只求对因明作一般了解，"期于闻持旧文"⑤，那么读唐疏是捷径，可以说舍此无由。但要超越唐人，发前人所未发，就不能满足于入门。

第四，吕澂在其他著作中对奘译提出了质疑。汉传因明历来只依靠奘译进行传习，有局限性。奘译历来被认为是唯一精确直译之文，而吕澂的研究表明奘译是忠实之意译，对梵文原典时有增损，这样，阅读原本就很有必要。

玄奘对《理门论》的译讲，保存了那烂陀寺对陈那因明的权威解释。由于他述而不作，他译讲中的口义，均由唐疏保存下来。例如，唐疏数家保存有印度因明的题中应有之义即同、异品除宗有法等重要观点。《因明纲要》便格外加以关

---

① 本专题在拙著《佛家逻辑通论》（复旦大学出版社 1996 年版）基础上修订完成。

② 吕澂：《因明纲要》，上海：商务印书馆，1926 年版，页四左。

③ 同上，页四左一右。

④ 同上，页三右。

⑤ 同上。

注。他在讲解因的第二相和第三相时分别提到同、异品除宗有法。他说:"此则应观宗外余处,若亦有义,与宗所立(言陈意许皆在其内)邻近均齐,即其处法,名为同品。"①又说:"故应更观,宗外余处,无此所立,即名其处以为异品。"②吕澂先生坚守住了玄奘法师的遗训,坚守住了陈那因明原著隐而不发的精髓。虽说"简疏",但不是不要疏。

为达到"宗论而简疏",吕澂从20世纪20年代起,几十年间做了两方面的工作。一是翻译原著,扩大汉传因明研习者的眼界。吕澂翻译的《因轮决择论》是唯一的汉译本,而《集量论释略抄》则是唐以后所能见到的第一个汉译本。《因明正理门论本证文》(与释印沧合作校注)是国内外迄今为止唯一的利用梵、藏资料校注的汉译本。《因明入正理论讲解》由1961年吕澂先生的讲稿整理而成,经由作者修改审订。这是国内第一个梵、汉、藏对勘研究的讲解本。二是在对梵、汉、藏三种文本作比较基础上,探寻义理。

吕澂通过对奘译《观所缘释论》的研究,提出了三点结论性意见:"一奘师译文与其谓为忠实之直译,宁谓为忠实之意译。二奘师意译与其谓为信于原本,宁谓为信于所学。三奘师所宗与其谓为护法之学,宁谓为晚起变本之说。"③"唐人学者,皆深信奘译为唯一精确直译之文,无原本之推勘,无学说之溯源。恃其天才,纵横演绎,其短长得失,固有可议"④。后来又评论说,"奘译喜以晚说改易旧文,谨严实有不足"⑤。从吕澂对《入论》梵藏汉本的比较结果看,以上结论也适用《入论》之奘译本。

吕澂广泛利用梵、汉、藏文资料研究因明,是研究方法上的创新。这是就研究手段或者说使用哪些工具而言的。在《因明纲要》中,他还专门谈到因明研究具体方法。这里说的方法是指要通过哪些途径来把握因明理论。

《因明纲要》提出的第一个方法是辨别古今。吕澂分佛教因明古今演变为五期:前二期追溯佛教因明之源,建立论法,佛教因明并非无源之水。这就是窥基"因明论者,源唯佛说"的意思。后三期建立论轨,即初则借鉴正理,继则创建新的论证形式。

第一期"论法初行",自佛说法至于马鸣。散见于四阿含诸小乘论。第二期

① 吕澂:《因明纲要》,页十二右。
② 同上,页十三左。
③ 载《内学》下册,上海:中西书局,2014年版,第九五六页。
④ 同上,第九六〇页。
⑤ 吕澂:《辩佛学根本问题·复书七》,转引自《中国哲学》第11辑,北京:人民出版社,1984年版,第177页。

"论法渐详"，自龙树至于青目。散见《中》《百》《十二门论》等。第三期"论轨具备"，自弥勒至于世亲、德慧。散见《瑜伽师地论》《显扬》《方便心论》《如实论》等。在论式上基本借鉴正理派。

第四期自陈那至于亲光、无性。陈那创建新因明，新、古因明之分于此为界。特别提到《广百论释》《般若灯论》中有大量因明实例。《因明纲要》全书立破学说中举出实例多达62则。

第五期自法称至于天喜。吕澂说："因明再盛，译籍无专书，但梵蕃本俱在。"①

《因明纲要》仅仅对因明发展作了简要划分，指出每一期的特点和代表作，而没有展开评述，惜其过简。《因明纲要》对陈那新因明理论中重要原理因三相之源流和九句因之作者有简略的考证，纠正了当时流行的错误观点。作者在论及"因及似因"时说，"因三相语，原出外宗。无著以降，内渐引用。迨及陈那，复事广说，列因九句，真似大明。其意盖在显后二相。"②在这一段话中，《因明纲要》一连作了三个注。第一个注说因三相始见于《顺中论》，其提法是："一朋中之法，二相对朋无，三彼自朋成"，朋即宗之异译。第二个注说在无著的《如实论》中有因三相的说法。第三个注是说九句因的："旧传九句因足目所说，然今寻正理经文无此，惟陈那因轮，理门，广辨其相，以理推征，应创自彼。"此说为九句因归属正名。

第二个方法是"旁考外宗"。《因明纲要·引论》认为，"古因明说，多取诸外，正理宗言，尤为关合"。意思是古因明来源于正理学说，甚至《理门论》所说过类，也还保留着《正理经》的内容。正理是印度古代的一般逻辑学说，传说为正理学派的学者足目所始创。佛家因明既然源于"外道"，"旁考外宗"就显得很有必要。一可"见渊源"，二可"愈明义蕴"。不足之处是只说其同，未见其异。陈那所说过类，不但种类有异，而且对每一过类的批评，均用新因明的原理，摒弃正理和古因明旧说。

第三种方法是"广研诸论"。吕澂在《因明纲要·引论》中认为，因明是佛家辩论的工具，要熟悉因明论式，必须详细掌握实例。佛家因明是为宣传佛家学说服务的。不懂得佛家理论就难以理解因明的论式，而不懂得因明论式也难通诸论。精通因明与精通诸论这是相辅相成的两件事。因此，作者主张"以是恒言不

① 吕澂：《因明纲要》，页四左。
② 同上，页十三右。

悉因明莫通诸论,今谓非研诸论难晓因明。"①从诸论中选了许多实例来讲解因明的法式。特别是《大疏》在解能破和似能破时,义例不详,《因明纲要》补其不足,搜讨颇详。

总观上述,吕澂的研究成果,填补了汉传因明的许多空白,对现代以至当代的因明研究仍然起到深刻的影响。就拿九句因的归属来说,这不是一个小问题。它与新因明因三相的创建关系密切。在《因明纲要》前后的大多数因明著作认为,九句因是古因明所创,甚至是正理派创始人足目就已提出,但是多为猜测,而缺乏考证。例如,太虚法师在《因明概论》中最早提出:"旧因明之概要即九句因与五分作法也。"②密林认为:"此九句因,相传为足目所造。但九句因中,除二八为正因外,四六属法自相相违,余五皆不定过摄,其四不成后三相违,及决定相违等过,皆九句因所不摄。故新因明之立因三相,较之古因明九句因为完整也。"③陈望道认为:"检别因的正不正,在古因明中曾有所谓九句因。把因对于同品和异品的关系一一网罗了来,而把它们分为九个范畴。"④

关于宗依有法与能别之关系,《因明纲要》评论说:"大疏卷一,更名有法为前陈,能别为后陈。此特可就译文言之,若梵语云,阿在陀耶,赊薄陀,无常先声,与此相反,故般若灯论直译梵言每曰'无常声'也。分前后陈,遂成颠倒。又大疏名二互差别不相离性为宗体,亦于文句,主语不能反解叙述,故差别义,无有相互。又不相离性在因明中乃谓因不离宗,见理门论,说宗中有,嫌于相混,故此数义,今皆不从。"⑤

对有的因明理论问题,《因明纲要》发表一家之说,无论正确与否,都有助于对因明义理的探讨。例如,对同喻体的表述和对《大疏》增设因同品、因异品两名词的批评。吕澂认为《大疏》误解了《入论》,杜撰了因同品、因异品二名词,带来了矛盾。《纲要》说:"大疏谓同喻显相正显因同品处宗法随有,异喻显相兼显因异品处宗亦随无。窥师所据,在小论解同喻处'显因同品决定有性'一句,以'显因同品'为读,遂立名目。解作因同品处决定有宗。于是广衍其说,释喻释因,触处葛藤,莫由拔豁。其实勘彼理门,一则曰,'能显示因同品定有异品遍无。'再则曰'以具显示同品有异品遍无,能正对治相违不定。'三则曰'然此因言唯为显了

① 吕澂:《因明纲要》,页四右。
② 太虚:《因明概论》,第 27 页右。
③ 密林:《因明入正理论易解》,上海佛学书局,1940 年版,第 28—29 页。
④ 陈望道:《因明学》,上海:世界书局,1931 年版,第 14 页。
⑤ 吕澂:《因明纲要》,页六右。

是宗法性,非为显了同品异品有性无性,故须别明说同异喻言。'是喻所显,因后二相,毫无可疑,小论之文,自是同品属下,而谓显因之'同品定有性',此则同品决定有因谓因有宗适成矛盾。立因同异,法相淆然。故彼解非,应知简别。"①吕澂所引的《理门论》三处说法,都不过是说明同异喻显示因之后二相同品定有异品遍无,但据此得不出无因同品一说结论。同异喻的陈述是对象语言,而因三相规则是用元语言陈述的规则,二者本来就是有区别的。

吕澂在《入论十四因过解》中,比较了《入论》关于同喻体表述的藏汉译本。吕澂指出,按照藏本,同喻体的逻辑形式应是"因与同品有性",的确没有因同品一说。此外,吕澂在他后来参照梵、藏本作了精密校勘的支那内学院藏要本《入论》中也为汉译本"若于是处显因同品决定有性"一句作注说,"二本此句意云,显因之同品定有"②。吕澂的结论仍然是值得商榷的。陈大齐就列举五条理由为《大疏》设因同、异品一辨。其最重要一条是看其是否有利于阐发因明义理。

我认为在《理门论》讲到与因相对的"不同品",就是双指宗异品和因异品。《理门论》在讲似喻处说:"谓于是处所立、能立及不同品虽有合离而颠倒说。"③神泰解释说:"谓于是瓶等处所立无常能立所作,是同品也。及'不同品'者,如虚空等,是异喻也。"④满足同喻依的条件是宗、因双同,满足异喻依的条件是宗、因双异。"不同品"既异于因同品,又异于宗同品,故为异喻依。既有因异品,自有因同品。"不同品"是玄奘汉译的用词,它是否对应梵本《理门论》,最终要以梵本《理门论》为准。这是其一。还有其二。奘译是否更准确更简洁地表达原文意义呢?从《入论》的梵汉对勘来看,这完全有可能。在《入论》中就有因同、异品两名词的踪迹可寻。《入论》在总结三支作法处,讲到同喻体为"随同品言",此"同品"不可能是宗同品,而是因同品。同喻体的逻辑结构,只能是宗同品随因同品。这符合《理门论》对同喻体的规定"说因宗所随"。

窥基《大疏》关于"因同品"的解读晚于文轨的《庄严疏》。对此,文轨说:"'因'者,谓即遍是宗法因。'同品'谓与此因相似,非谓宗同名同品也。'决定有性'者,谓决定有所立法性也。此谓随有有法处,有与因法相似之法,复决定有所立法性,是同法喻。此则同有因法宗法名同法喻。若同有因法,宗法不同有

<hr/>

① 吕澂:《因明纲要》,页二五右。
② 转引自吕澂:《讲解》,第15页。
③ 神泰:《述记》卷三,页二十二左。
④ 同上,页二十二右。

者,虽名同法而非喻也。故下《论》云,'此因以乐以空为同法',故亦是不定。"①其中"此因以乐以空为同法"出现在不定因过俱品一分转中。② 唐疏两家无论旧疏还是新疏,它们的解读很可能就是玄奘的口义。

《大疏》设因同、异品并非无源之水,并非凭空新创。这有助于解决争议。

关于同喻体的表述,清净在《因明入正理论释》中有另一种解释,解同品为所立法。"谓因同品决定有性。因,即能立。同品,谓所立相似义品。如是能立所立二法,决定俱有,方名同法。""是故此说显因同品决定有性,即是因及同品俱定有能显之言,方为同喻体性也。谓若所作者:此显因决定有。见彼无常者:此显同品决定有。先因后宗者:显示彼宗,不离此因。即说因宗所随也。具此二者,为同喻体。"③这一解释有其合理性,它满足同喻体的构成方式,与《大疏》说因同品定有宗同品异曲同工。

说到最后,《入论》梵本关于同喻体的表述符合《理门论》吗?它会引起多种解释,看来,商羯罗主对同喻体的阐述本身不够明确。这不严密的表述本身为玄奘法师所纠正,也可能是一种合理的推测。

再则,关于有体、无体两名词概念含义的探讨,就为其他研习者开拓了空间。

吕澂《因明纲要》认为宗、因、喻都有有体、无体之分,不光涉及命题,并且涉及概念,而且首先是有法、能别等概念有有体、无体之分,才引起宗体等的有、无体之分。这一见解是正确的。究竟有体、无体指什么,《因明纲要》却未能专门给出定义。

作者主张区别有体宗与无体宗之标准是看有法是有体还是无体。有法有体则为有体宗,有法无体则无体宗。吕澂在书中还讨论了宗、喻间有体、无体之关系,但未分自比量、他比量和共比量。这是不足之处。此外,他还赞成有通二之因,例如,所知性因既通有体宗,又通无体宗,这在逻辑上是讲不通的。

陈大齐的《蠡测》是唯一详论有体、无体的著作。该书给无体、有体下定义说,"立敌不共许其事物为实有者,是名无体","有体者谓立敌共许其事物为实有"。书中还指出有法、能别、因法、喻依等概念均有有、无体之分。《蠡测》详细探讨了有无体与表诠、遮诠以及有义、无义之关系,并且认为《纲要》和《删注》关于有体宗、无体宗之论述,未分自、他、共。该书还指出《大疏》关于宗因喻间有体

---

① 文轨:《庄严疏》卷一,页二十二右至页二十三左。
② 转引自文轨:《庄严疏》卷三,页三右。
③ 清净:《因明入正理论释》,北京三时学会,1934 年版,第 29 页。

无体之关系的三种说法未能先后符顺,原因是"泛说有无,未分自他及共"。①

三、《因轮论图解》评介

根据唐代义净的见闻,陈那有因明著作八种。其中有本专论九句因的著作称为《因门论》,对因作了严密的研究。《因门论》梵本已不存,而藏文中有《因轮决择论》,又名《九宗法轮》,吕澂认为大概就是此书的译本。吕澂翻译的《因轮决择论》汉译本刊登在南京支那内学院院刊《内学》第四辑上。比较玄奘汉译《理门论》与由藏本转译的吕澂汉译本《因轮决择论》,可知两者关于九句因的内容大部分相同。由此可见,九句因理论为陈那首创确定无疑。

在汉传因明中九句因最初见于《理门论》。由于文字简略,不好理解。《因轮决择论》是详析九句因之正、似的专论,不仅用详列九宗与九因之实例,而且详列除第五句外的同、异喻依,还附有因轮图,便于传习。从第三颂的后半颂到第十一颂讲述九句因。九、十两颂释九句因以及相应的同、异喻依。对藏译本,吕澂作了一点删削和补正。《因轮论图解》对九句因的组成方式作了详细说明,作者转译其图,这对汉地学者研习九句因和因三相无疑是一大方便。

吕澂在其所著《因轮论图解》(附有《因轮决择论》译文)的前言中说明了重翻本颂之目的:"《因轮论》旧传为《因门论》。陈那因明八论之一。梵本久佚,西藏藏经丹珠 mdo ce 帙译存一卷,系沙和罗班的达菩提萨埵及比丘达磨阿输迦所出,凡十一颂,附图,共二纸,(奈旦本九三页上下,曲尼本九二页上下)。颂文简略,颇不易解,费氏印度因明全史(A History of Indian Logic)二九九页转译其图,并系分析,以为此论尽列因、喻相关之九式,剖解真似,由图而明云云。此于论议犹未罄洽,盖本论具陈三相,不仅九句之异同。又次第推移,乃见因轮之合喻,爰重翻本颂,增图附说,以见陈那明因三相之所根据云尔。"②

吕澂指出威提布萨那《印度逻辑史》说法不全面,本论不光讲了与因、喻相关之九句,还讲了因三相。实际是,《因轮决择论》除了"尽列因、喻相关之九式",还在第一颂中专讲了正因的第一相。这是九句因的前提。但是此论只是区分了九句中的二、八正因和四、六相违因以及一、三、七、九不定因,外加第五句不共不定因。并未如吕先生所说"决择"了"因后二相"。因后二相固然概括于二正因。但二正因不等于因后二相(同品定有性、异品遍无性)。二正因与因后二相这是

---

① 陈大齐:《蠡测》,第二二四页。
② 吕澂:《因轮论图解》,《内学》第四辑,第一〇七页。

两个有内在联系但不完全相等的概念，不能混同。《因轮决择论》并未建立因后二相。因后二相的正式建立归功于《理门论》。《因轮决择论》与《理门论》是小论与大论之间的关系。前者为后者创建新因明的九句因尊定了基础。

《因轮决择论》很简短，只有十一颂。它完整地勾勒了九句因的理论框架。内容包括：以满足因的第一相为基础，九句的构成方式，九句的正、似决择，九宗与九因的实例以及除第五句外的同、异喻依的实例，文末还给出四个图解。

吕澂对原文十一颂依次作了疏解。第一颂后二句是"因法三相轮，决择今当说"。吕澂解释说："因三相轮决择，是论异名。可知论文详三相也。"①前言中的失误根源在此。应当说，本论所"详"的对象为九句因而非因三相。须知，此"三相"非"因三相"之"三相"。不错，陈那创建九句因的最终目的是建立扶正祛邪的正因规则即新的因三相规则，但因三相规则是怎么来的呢？这是本论要回答的问题。首先，它要告诉你九句因是怎么组成的。这第一颂中"因法三相轮，决择今当说"仅仅是说要从九句组成的"轮"中决择出正因、似因。因三相只是对九句中二、八正因的概括，与七句似因无关。真正完整的因三相在本论中还没有出现。因三相规则的第一次出现是在《理门论》中。在讲似喻时才出现："又比量中唯见此理，若所比处此相审定；于余同类念此定有；余彼无处念此遍无，是故由此生决定解。"②陈那还强调比量中只有这三条正确的规则，遵守它便能确定地立正破邪。在《理门论》中，有了因三相的具体内容，还没有标明因三相这一名称。直到《入论》，才有陈那新因明的因三相名称。《入论》说："因有三相。何等为三？谓遍是宗法性，同品定有性，异品遍无性。"

此"因法三相轮"是指因与同品的三相(有、无、俱有俱无)和因与异品的三相(有、无、俱有俱无)两两结合而成的九句。即因与同品三相与异品三相合成的九句因轮。这九句才叫"轮"。因三相不叫"轮"。九句因也不等于因三相。本论是对因法与同品三相和异品三相合成的九句之"轮"的决择。本论文末有题号《九宗法轮》，为本论异名。对九宗法轮的决择，就分辨出正因与似因，而《理门论》和《入论》中的"因三相"涉及因与宗有法、同品和异品这三个方向上的有无关系。因三相只是对九句因的前提条件是所比法和对二、八正因的概括。可见，九句因不等于"因三相"规则。两者是不相同的。这从第四颂中"三者各三相"的"三相"是指因与同品三相和因与异品三相可以得到印证。本论还没有因有三相的文字概括。

---

① 吕澂：《因轮论图解》，《内学》第四辑，第一〇六八页。
② 转引自吕澂、释印沧：《证文》，《内学》第四辑，第一〇五〇页。

吕澂解释说,《因轮决择论》第二颂和第三颂的前半颂"此一颂半是因之初相,是宗法轮"。"此一颂半"为:

> 谓于所比法　有无,及俱二,
> 惟有是正因,无俱皆不成,
> 若彼二犹豫,合不成,悉尔。①

此一颂半表明,《因轮决择论》讨论了九句因的前提条件,即要成为正因,首先要满足一个条件,因必须是"所比"之"法"。"所比"指宗有法,"法"即因法。即因必须是宗上有法之法。在有、无、俱二(随一有因并随一无因)这三种情况中,"惟有是正因,无俱皆不成"。例如,"声是无常宗,所作性故因"。"所作性"因是"声"的法。假如为证宗而举出一因,此因与宗的有法如"声"没有关系,或与一部分有法没有关系,这个因还有什么用呢? 因此,因必须是全体有法的法,因必须确定地而毫不犹豫地是全体宗有法的法,才起到证宗的作用。这是因成为正因的先决条件。

在满足这一条件基础上再来谈九句中的正似。《理门论》和《入论》中四不成因(两俱不成、随一不成、犹豫不成、所依不成)中的前三种就是对此颂的阐发。在列举过四种不成的实例后,《理门论》总结说:"如是所说一切品类所有言词皆非能立。"②《因轮论图解》对四不成内容有简要评点,并点明:"奘师传译因之初相应遍是宗法也。"③应当指出,在藏译本《因轮决择论》中,九句因这个前提条件还没有强调因"遍"是宗上有法之法。"奘师传译因之初相应遍是宗法",于初相加上"遍"字是有增益之功的。这一点,吕师于别处有特别说明。还应指出,在《因轮决择论》中既然还未出现"因三相"这个概念,也就不会出现"第一相"或"初相"这个词。为讲解方便起见,我们姑且在对《因轮决择论》讲解时使用"第一相"说法。

在这一颂半中既讲了正因,又讲了违反这"第一相"的三种过失。其中因是不是有法之法共有三种情况:有、无及俱二。陈那明言,只有所有所比有因才是正因,"无俱皆不成,若彼二犹豫,合不成,悉尔",无因和有的有因并且有的无因以及各种犹豫因都是不成因。这就从正反两方面论述了正因的前提条件。

吕澂对原文十一颂依次作了注解,这对汉地学者研习九句因和因三相无疑

---

① 吕澂:《因轮论图解》,《内学》第四辑,第一〇六八页。
② 转引自吕澂、释印沧:《证文》,《内学》第四辑,第一〇四三页。
③ 吕澂:《因轮论图解》,《内学》第四辑,第一〇六八页。

是一大方便。第三个颂的后半颂和第四颂的前半颂说：

> 又于同品有，无及彼俱二，
>
> 异品亦复然，三者各三相。①

这四句颂文是讲九句因如何组成，并非讲如何决择因后二相。吕师对此颂评论"此决择因后二相"显然失当。

《理门论》有相同意思的颂：

> 宗法于同品，谓有非有俱，
>
> 于异品各三，有非有及二。②

二颂所说稍有不同之处为，《理门论》此颂首句"宗法于同品"比《因轮决择论》此颂首句"又于同品有"多了"宗法"二字，就把《因轮决择论》前一颂中涉及第一相的"谓于所比法"补上了。《因轮决择论》与《理门论》都强调，九句因的每一句因都是首先满足了第一相的。如果一个因不是宗有法之法，换句话说，举出一个因来，与论题的主项无关，那就不用再讨论此因与同、异品的九句情况了。从敦煌遗珍净眼疏可知，唐代研习者曾提出过九句因是否涉及第一相的疑问，净眼作出了正确的解答。现代因明研究者以为因三相比九句因多了第一相，显然是误解。

二颂所说的共同点为，述说了九句因是如何组成的。因与同品的关系有三种情况：有、非有、俱（俱二或及二）；因与异品的关系也有三种情况：有、非有、俱（俱二或及二）。因与同品的每一种关系分别与因与异品的每一种关系组合成一句，共有九句。

每一句都是由一个复合句表达的联言命题，而非选言命题。例如，正确的第一句因是："同品有因并且异品有因"，而非"同品有因或者异品有因"。日本的逻辑教授末木刚博把九句的每一句都表达成选言命题，是严重的误解。国内有的中国逻辑史家作为译介者又推波助澜，从而把陈那因明的逻辑体系搞得面目全非。

二颂所说的同品、异品是宗同品和宗异品，所谓宗法，就是因法，因法为宗上有法之法。所谓有，与有法之有意义相同。同品、异品也是体，宗法是义。体上有义。例如，以"声是无常"为宗，以"所作性故"为因，瓶是"无常"的同品，瓶体上有"所作"因之义。这里说的同品就是指宗同品，即宗的谓项所立法"无常"，

---

① 吕澂：《因轮论图解》，《内学》第四辑，第一〇六八页。

② 转引自吕澂、释印沧：《证文》，《内学》第四辑，第一〇四二页。

而不是指的因法（宗法，又称能立法），即不是指因同品，清楚明白，按理不会产生误解。《理门论》关于同品定义中的被定义项与九句因中的同品，与因三相中的同品是一脉相承的。

本来，讨论同品定义只与所立法即宗上之能别法有关，一个对象是不是同品，与因概念毫无关系。在此基础上，才能考察此同品与因有三种不同关系。如果同品的定义中已经加入了因概念的内涵，那么只剩一种关系，即同品有因，而不可能有三种关系。异品亦然，定义异品与非因所成无关。在此基础上，也才能考察此异品与因也有三种不同关系。

《因轮决择论》说，因法（宗法）在同品里有三种关系：有、无有、亦有亦无。更明白地说是：所有同品有因，所有同品没有因，有的同品有因并且有的同品没有因。这第三种关系在颂文中称为"俱"或"及二"，"俱"或"及二"并非有并且没有的矛盾形式，而是有的同品有并且有的同品没有。因法（宗法）在异品里也有这三层关系：有、非有（无有）、俱（有的有且有的没有）。即是说：异品有因，异品没有因，有的异品有因并且有的异品没有因。

第四个颂的后半颂和第五颂的前半颂决择因的正似，又把似因细分为"相违"和"不定"因，还把"不定"因进一步分为"共不定"和"不共不定"。规定九句中"上下"即二、八句为"正因"，"两边"即四、六句为"相违"因，"四隅"即一、三、七、九句为"共不定"因，"中央"即第五句为"不共不定"因。《理门论》用颂文"于同有及二，在异无是因，翻此名相违，所余皆不定"概括出正因与各种似因的逻辑特征。两相比较，《因轮决择论》是用因轮图的方位加因与同、异品的有无来决择正因和似因中的相违因、共不定因以及不共不定因，用方位来决择正因、相违因和共不定因、不共不定因，便于记忆九句的特征。在此基础上再用因与同、异品的有无即逻辑内涵来决择，便更容易理解九句不同的依据。《理门论》的颂文直接用因与同、异有无即逻辑内涵来决择正因和似因，其依据便与《因轮决择论》一脉相承。

吕译标明第五颂后二句和第六颂前一句举出九种因，第六颂后三句举出对应的九种宗。吕师说明"原译第六颂有五句，今删正"。第六颂中最后一句列出第七、八、九句宗是"成常、无常、勤"，可见原译的第八句正因的宗为"无常"，符合佛家观点。

第七颂和第八颂补充说明同品三相与异品三相如何转动配合构成九句，并据此转动后的同、异有无与方位判定正、似。吕澂先生有释文："转异品轮，左右两边与同品轮上下合，则成九句中二正因。上下与同品轮两边合，则成九句中二相违。两轮四隅异位相合，则为四共不定。中央直相叠合，则不共不定也。按图

一、二、三可知。"①这是说将异品轮九句向左转动两格后与同品轮九句两两配合就成为图三的两个图。

隅	上	隅
同有	同有	同有
同无	同无	同无
同俱	同俱	同俱

边 ... 边

隅 下 隅

图一

隅	上	隅
异有	异有	异有
异无	异无	异无
异俱	异俱	异俱

边 ... 边

隅 下 隅

图二

同异有有	同异有无	同异有俱
同异无有	同异无无	同异无俱
同俱异有	同异俱无	同异俱俱

隅,共	上,正	隅,共
边,违	中不共	边,违
隅,共	下,正	隅,共

图三

　　藏译第九颂给出了第一、第二和第三句因的同、异喻依的实例。第十颂给出了第四、六、七、八、九句因的同、异喻依实例。在《理门论》中没有专列关于九句因的喻例。《因轮决择论》列出同喻依便补全了宗、因、喻三支作法不可缺少的骨干成分。按惯例,三支作法的省略式是宗、因和同、异喻依。其中异喻依还可省略,而同喻依决不可省。省了便不知其同是否同品定有。同、异喻体可以省略是因为立、敌双方都可以根据因和所立法自行写出来的。异喻依可省则因其本来允许缺减,但同喻依不能缺减。同喻依是同喻依主项存在的标志,是满足第二相

---

① 吕澂:《因轮论图解》,《内学》第四辑,第一〇六九页。

的标志。藏译本未列第五句因同、异喻依的原因是同无、异无，在"声常宗，所闻故因"例中，根本找不到同、异品有因。吕师对第九、十颂解释说："二颂释九句因同异喻也。原译第十颂首句缺电字，今补正。九句第五不共，不举喻。"①从原译图四可知，吕译为第五句补上了"如瓶。如空"，补错了次序，应"如空，如瓶"。细究起来，有蛇足之嫌，还是藏译本空缺为好。

第十一颂藏译为："此依决定作，犹豫方便中，亦得有无俱，一分等相合。"吕师释文为："例释同异九句中得有犹豫全分等作法也。后二相犹豫等过，法称因明特详言之，见正理一渧注佛教文库本一五一页以下。"②

对第十一颂如何理解，颇费思量。统观《因轮决择论》对九句因的决择都是以"决定"因而非"犹豫"因来决择的，这应该是首句"此依决定作"的意思。后三句是说决择九句的正似，还提到"犹豫""有""无""俱""全分""一分"等"方便"法门，但本论没有展开讨论。

这里说的犹豫不同于四不成似因中的犹豫不成。九句因不涉及违反第一相的犹豫不成因。但是九句中的七句似因或者违返同有，或者违反异无，或者同时违反同有、异无。它们的过失在《因轮决择论》中都只表现为决定的，而没有讨论犹豫的情况。对此，第十一颂，作了补充说明，除了那些决定的过失因之外，还包括没有提到的那些犹豫不定的因。

"亦得有无俱"指什么？尤费思量。吕师亦无只字涉及。在本论关于九句因的组成方式中已说明过因与同品的三个方向是"有、无、俱"，因与异品的三个方向也是"有、无、俱"。这第十一颂是对九句因正、似的总结，按理不应补充说九句因的组成方式。那么这里的"有、无、俱"究竟指什么？在天主的《入论》关于同喻的"俱不成"过说："俱不成者，复有二种，有及非有。若言如瓶，有俱不成。若说如空，对非有论，无俱不成。"③《大疏》解释说："有，谓有彼喻依；无，谓无彼喻依。俱不成者，谓即二立两非有也。"④这是说，所谓有，指有体的同喻依；所谓无，即无体的同喻依。所谓俱不成，即指同喻依上能立法和所立法二者都没有。看来，"亦得有无俱"别有所指，另有更丰富的外延和内涵。至于有体、无体意义上的有、无，在《因轮决择论》的内容中还没有涉及。

颂文提到一分，与一分相对的还有全分。全分、一分不等同于逻辑直言命题

---

① 吕澂：《因轮论图解》，《内学》第四辑，第一〇七〇页。
② 同上。
③ 转引自吕澂：《讲解》，第46页。
④ 窥基：《大疏》卷八，页一左。

的量项全称和特称。有它们的特殊含义。在《因轮决择论》中也没有讨论七句似因的全分、一分过失。在《理门论》和《入论》中也没有出现过全分的字眼。在《理门论》中,一分共出现四次,意指两份或多份中的一份,与特称量词意义不同。

在《入论》中,一分的含义又有不同。《入论》在列举因过时说:"不定有六:一共,二不共,三同品一分转异品遍转,四异品一分转、同品遍转,五俱品一分转,六相违决定。"①在"三同品一分转、异品遍转"中,"转"是有的意思,一分指九句因中说的"有非有"。"同品一分转"即同品有的有因,有的没有因。此谓一分相当于自然语言中的"有的",它在这里表示命题的量项是没有疑问的。至于"异品遍转"中的"遍",是指称除宗有法以外的"所有"。因三相的"遍是宗法性"和"异品遍无性"中的"遍"也指称除宗有法以外的全体。这两个遍字原文没有,均为玄奘所加。在《理门论》和《入论》的汉译本中,尽管没有出现全分的术语,当《入论》作者以"遍"和"一分"相对时,"遍"也就是全分。

《因轮决择论》第十一颂的内容在窥基《大疏》中完全得到体现。全分、一分名词出现很多。窥基《大疏》按自、他、共三种比量,按犹豫,按有体、无体,按俱、不俱和全分、一分等五种标准详列宗、因、喻诸过,除《因轮决择论》未提及自、他、共三种比量这一标准外(在印度还不成系统),按其余四种标准来辨析过类是得到印度陈那因明的真传的。

最后,本论附有四个图解:图一同品轮、图二异品轮、图三九句因轮(两个图,已见前)、图四九句因轮作法(三支作法省略式实例加正因、似因判别)。

图四中,吕澂的释文说"九句第五不共,不举喻",因此吕先生补了同、异喻依,但吕先生补错了同、异喻依的顺序。他又将第八句之宗译为"声常",与《理门论》和《入论》不符,可能是错植。

综上所述,吕澂先生译讲《因轮决择论》,有许多成果。一是确认九句因以满足第一相为前提。自唐以来,直到现、当代都有研习者误以为因三相比九句因多了第一相。例如,陈望道说:"因的三相实际是从古因明的九句因中脱化出来。不过九句因网罗了同品和异品之间所可有的各式情境,而断定其中的第二、第八两句为正因;新因明却排除了九句因中不正的各因,单从正因抽出必须具备的性质来,规定为这里的第二相和第三相。说法上实际进步了许多。而且增加了第一相,规定因和宗前陈的关系,使因为逻辑上的媒概念的性质,格外地明白,也未尝不是新因明比古因明进步的一端。"②

---

① 转引自吕澂:《讲解》,第24页。
② 陈望道:《因明学》,上海:世界书局,1931年版,第26页。

二是确定藏译《因轮决择论》就是汉传提到而未译的《因门论》；三是纠正印度出威提布萨那《印度逻辑史》片面说法，本论不光讲了与因、喻相关之九句，还讲了九句因的前提条件即与宗相关的第一相；四是讲解了《因轮决择论》九句因与《理门论》中九句因的大体相同和细微差异；五是比《理门论》更详细地讲述了九句因的构成方式；六是更完整地给出了九句因实例，有《理门论》所无的同、异喻依（除第五句本来是同无异无外），特别是列出同喻依便补全了宗、因、喻三支作法不可缺少的骨干成分；七是补充说明九句因都是依"决定"因而非"犹豫"因来决择的；八是告知汉传中窥基《大疏》按"犹豫""有无俱"和"分"（全分、一分）详列宗、因、喻诸过亦有所本。

吕澂先生译讲《因轮决择论》也留有瑕疵。一是误以文中的因"三相"即陈那新因明的"因三相"规则；二是补例时，补错了宗体和同、异喻依的顺序。在几十年后的《因明入正理论讲解》中，第八句"声常"中被改正为"声无常"，第五句同、异喻依顺序仍旧错为"如瓶，如空"。

四、《入论十四因过解》评介

在 1926 年 12 月出版的专题研究《入论十四因过解》前言中开篇便对《因明纲要》的"辨别古今"稍有增益。这个前言言简意赅，实是一篇印度佛教因明史纲要。它提到第一期佛灭六百年内有胜论学派六句义学说"亦名论法，立此权舆。次有迦腻色迦王侍医遮罗迦，著述专集，旁通论议，更详典则"。正理、因明名称的前用名叫"论法"和"论议"。第二期的正理学派经典成形。"论法内容组织渐备。佛家抵取而有《方便心论》，立八论法，融洽旧言"。第三期的大乘瑜伽行论师弥勒改革旧五明"吠陀、证理、治法、农商、真我"为新五明：声明、医方明、工巧明、因明、内明。"初无因明之名，一一更易之，而后安立，故谓此名是佛家始创。然其内涵，犹同旧说。"述说了"因明"名称的沿革。此"因明"之名，《显扬》称为"论议"，《集论》又称为"论轨"。① 第四期世亲之后有陈那《集量》《理门》《因轮》诸制，备详论式，《集量》"尤致意于量"，"于是有量学而称因明，名乃符实"，"以因明详量学，是最精之义，亦最极之说矣"。② 第五期为法称释《集量论》"料简精纯，遂多出入"，"流播西藏，蔚为正宗焉"。③ 充分肯定了法称因明及藏传因

---

① 吕澂：《入论十四因过解》，《内学》第三辑，第七四一页。

② 同上，第七四二页。

③ 同上。

明的历史地位。

（一）关于藏文之参考著作

《入论十四因过解》说："诸籍大出,治学探源,无拘拘于注疏附益,因明之说,抑有甚焉,愚研入论,尝资取蕃藏数种以为参考。"①

参考著作共五种:《因明入正理门论》(奈留旦版)、《因明入正理论》(安土版)、《集量论释》(第二译安土版)、《正理微释疏》(圣彼得堡版)、《翻译名义大集》(京都版)。自 1896 年窥基《大疏》回归汉土,因明重光以来,几十年间唯有吕澂先生利用藏传典籍,并开展汉、藏因明比较研究,大大开拓了汉传因明研习者的眼界。

（二）关于上述各书之简评

对于藏本奈留旦版的《因明入正理门论》,吕澂指出"此为梵本入论之翻译。蕃藏无《正理门论》,即称此本为《理门》,作者亦即题陈那也。早岁印人费氏 S. Ch. Vidyabhusana 据此著述,绎词举例,大同我国《入论》。日人宇井伯寿见而疑之,以为蒙理门之名而取入论之实,不类也。"②由于当时《入论》梵本尚未发现,吕澂认为,藏地学者及印人费氏"但据译名推测,甚无当也,《入论》梵籍不存,得此可当原本读③。（吕澂先生在 1961 年在讲授《入论》时说到直到 1930 年和 1931 年才有两个梵本重新出版）在《入论十四因过解》文末附注中,作者又说,"顾犹有憾者,宇井氏不认藏译正理门论即是入论梵本直译"④。吕澂纠正了藏传因明中的一大错误。他认为《入论》与《门论》相比,"文词愈约,侧重显然"⑤,《入论》不能完全代替《门论》。长期以来,藏传因明不知有真正的《门论》,至为遗憾。实际的情形是,历史上有的藏传研习者见到过《理门论》梵本,但不为多数人认知,而于当代又重见天日,但至今未面世,令人费解。

吕澂介绍说,安土版的《因明入正理论》"此据奘师译本重翻。译家知为前书异译,故卷末注云,此本中土名入正理,藏人则通称理门也。……译时盖对照旧本而后著文。"⑥他还指出,对勘这两种《入论》译本,"以知唐译与梵本出入之如

① 吕澂:《入论十四因过解》,《内学》第三辑,第七四三页。
② 同上。
③ 同上。
④ 同上,第七五八页。
⑤ 同上,第七四二页。
⑥ 同上,第七四三页。

何,最为便利。又论之作者,亦依旧本改为方象(即陈那意译)"①。

关于安土版的第二译《集量论释》,吕澂认为"此为陈那因明之根本论"②。由于因明家解《入论》多据《门论》,而《门论》又通《集量论》,因此,"凡理门译文艰涩之处,复按集量皆易知也。"③《门论》难解,历来为因明研习者头痛。吕澂介绍了一条研习《门论》的途径。

圣彼得堡版的《正理微释疏》是法上解释法称著作的书。法称根据《集量论》"废立因明,作正理微",法上逐字研寻,详加解释。"自来因明术语无的解者,此释一一详之"。④ 并且别有梵本一种可对校。

京都版的《翻译名义大集》是一种辞书。"西藏新译著家,锐意改订前后译籍,集梵藏对翻辞书一种以为准式,即此本也。藏传因明术语原文如何,检此书一九九、二〇〇诸章,大半可得。"⑤

(三) 藏汉对勘研究的成效

《入论十四因过解》说:"取前诸籍审察名相,辨析言辞,而后入论义解大体刊定,略无遁形,旧疏得失亦可得而言焉。"⑥作者认为通过词、句的审察辨析,《入论》的本来意义大体可以确定,唐疏的得失也可说得出来。

吕澂在书中举了几个主要的例子:

如汉译本"宗等多言名为能立"一句,藏译本为"宗等多言说名为立"⑦,根据藏译,回避了所立、能立的划分的古今异说。吕澂认为《大疏》(卷一第二十二页左)关于这一句中的宗不是能立而是所立的解释是错误的,可删除。本来,在奘译中,"能立"有二义。八门相对而言时,宗、因、喻三支皆为能立;在一个论式内部,宗是所立,而因喻才是能立。汉译"宗等多言名为能立"是就八门中的能立而言,因此,此能立包括宗、因和喻三支。吕澂的见解是很正确的。他从藏译中找到了旁证。

又如汉译本"宗者,极成有法,由极成能别以为差别"。吕澂认为,根据《入

---

① 吕澂:《入论十四因过解》,《内学》第三辑,第七四四页。
② 同上。
③ 同上。
④ 同上。
⑤ 同上。
⑥ 同上,第七四四至七四五页。
⑦ 同上,第七四五页。

论》藏本并参见藏本《集量论》,"有法能别本非相互"①,而《大疏》(卷二第十页左)说"一切有法及法互相差别",这与藏本说只能由能别去差别有法不合。

关于因的第一、三两相,藏本《入论》和《集量论》以及法称的《正理微》都作"谓是宗法性"和"异品定无性",而汉译本为"遍是宗法性"和"异品遍无性,"吕澂指出"应知增益",就是说奘译增加了两个"遍"字。而藏本中第三相"异品定无性"中的"定"字,是有针对性的,"此相犹豫亦复成过,必致定言以料简也"。②汉藏两种译本的不同,反映出汉、藏译者对因的第一、第三两相的理解侧重不同。

再如藏本"同法喻谓说因与同品有性"③,而《大疏》以因同品为读,别开宗同因同之说,吕澂认为支离。按照藏本,同喻体的逻辑形式应是"因与同品有性",的确没有因同品一说。此外,吕澂在他参照梵、藏本作了精密校勘的支那内学院藏要本《入论》中,也为汉译本"若于是处显因同品决定有性"一句作注说,"二本此句意云,显因于同品定有"。④ 准此,梵本在此处亦无"因同品"一词。从对勘梵、汉、藏三种文本关于同喻体的表述,可以看出藏本是直译,而奘译是意译。这一对勘很有必要,它告诉我们汉译和基疏对梵本有所增益。但据此断定窥基《大疏》有"因同品"一说为支离,理由尚欠足。设因同品一说的利弊得失还需要探讨。陈大齐在《因明大疏蠡测》一书中列举种种理由为《大疏》助力,可资参考。

吕澂对《入论》中十四因过用藏本详加刊定,特别值得指出的是,他指出在有法自相相违因中,"唐译已依晚出学说有所改动"⑤,即是说藏译"正用无著世亲以来之胜论古说"⑥,而奘译"依护法清辨时代之胜论说"⑦。这为"奘译喜以晚说改易旧文,谨严实有不足"又提供了一个例证。

吕澂用藏汉对勘研究的又一重要成果是他与释印沧合注的《因明正理门论本证文》。

《因明正理门论本证文》是为研寻《门论》义理而作。序言说"证文者,借原本之复按,得章句之刊定,苟欲义解切实,舍是道莫由也。"⑧玄奘组织翻译的《门论》是新因明奠基作。但是文辞简拗,唐疏散残,有待考证之处,比比可见。吕澂

---

① 吕澂:《入论十四因过解》,《内学》第三辑,第七四五页。
② 同上。
③ 吕澂:《讲解》,第14页。
④ 同上,第15页。
⑤ 吕澂:《入论十四因过解》,《内学》第三辑,第七五八页。
⑥ 同上,第七五七页。
⑦ 同上,第七五六页。
⑧ 吕澂、释印沧:《证文》,《内学》第四辑,第一〇三九页。

和释印沧对勘藏本《集量论释》,"审其正宗即从理门录出,牒引文段,十同六七。理门原本虽不存,旁资此释以为格量,固绰然有余。因援证文之义比次勘之,庐面渐真,积疑涣解,盖亦研学因明一大快心事矣。"①

这个注释本为汉地因明学者研习《门论》提供了重要工具。它对汉传因明是有贡献的。

五、《集量论释略抄》评介

吕澂的《集量论释略抄》是一个节本。刊登在 1928 年南京支那内学院《内刊》第四辑上。他把陈那《集量论释》中申自宗部分抄出来,省略了破异执部分。《集量论》梵文亡佚,仅存藏译。由于《集量论》文词简奥,义理艰深,给翻译带来极大困难。吕译文字较为精当,义理也较忠实,当然对于初习佛学、因明者来说仍有诸多不便。20 世纪 80 年代初,第二个汉译本《集量论略解》问世,译者法尊法师本人对译文也还未尽满意,可见译事之艰。但吕译略抄本的出现,毕竟为现代因明研究填补了空白,扩大了汉地学者的眼界。丘檗利用吕译来疏解《理门论》,编撰《因明正理门论斠疏》,成为《唐疏》之后汉地难得的一本《理门论》疏记。

法称是印土佛家显教殿军之大师。西藏学者把龙树、提婆、无著、世亲、陈那和法称并称的"六庄严"。明代藏传佛教觉囊派高僧著名史家多罗那他说:"六庄严之中,龙树、无著与陈那三人为造论者,圣天、世亲、法称三人为作注释者。他们各据不同的时代,阐明佛教的行事是相等的,因此称为六庄严。"②这句话强调了造论者与注释者的共同点,即根据不同的时代,来阐明佛教理论的行事是相等的,但是,没有提到三个注释者们在新的时代条件下用新的理论来阐明佛教行事的发展变化。例如,无著不采纳由外道首创的因三相原理,而世亲第一个把因三相原理引入佛教因明中。世亲率先采用了三支作法和同、异喻体,为陈那创建新因明提供了思想资料,作了理论准备。又如,法称提出三类正因(自性因、果性因、不可得因)来改造陈那的因三相。多罗那他没有注意到注释者们对前辈大师的发展之功。这是后世各国诸多学者误以为法称之学完全等同于陈那之学的一个重要原因。

在 20 世纪,著名的印度逻辑史专家威提布萨那的《印度逻辑史》把法称在逻

① 吕澂、释印沧:《证文》,《内学》第四辑,第一〇三九页。
② 多罗那他:《印度佛教史》,张建木译,成都:四川民族出版社,1988 年版,第 183 页。

辑方面的创新思想都归到陈那名下,取消二者的差别,不符合历史的原貌。

吕澂在此译注本第二品"附注第三"中说:"费氏著书,引此二句(即《集量论·为自比量品》中'或说比余法,以因不乱故')于破声量一段中,别以'果性''自性''不可得',释因三相,勘论无文。殆系误引法称之说以为陈那当尔也。见 History of Indian Logic. pp. 280—281,288,311。"①此中"费氏"即今译威提布萨那。

在 20 世纪初,中国因明界初现学习西方的潮流中,吕澂纠正印度逻辑史专家的一大误解,表现了反潮流的勇气。在百年因明研究中实属罕见。

吕澂在翻译《集量论》的基础上,几十年来,对该论作了深入的研究。经他介绍,国内读者了解因明与佛教认识论之关系。

第一,关于《集量论》的性质。

他在《入论十四因过解》中说:"集量开卷云,成立量故摄集一切自论要义。一切论皆释量,集义则集量也。于是有量学而称因明,名乃符实。"②本来,瑜伽行学派把因明的重点放在论议上,即谈因明只是为了立破,陈那打破这一局限,把它贯串到佛学的全体,成功了一种佛家的认识论,即"量论"。陈那关于量的学说,散见的八部代表作中,而最能表示其体系的是最后一部《集量论》。"集"就是总结、合而为一的意思。此论是陈那关于认识论即量论集大成的代表作。

第二,关于《集量论》的结构。

吕澂在《入论十四因过解》中说:"集量译量六章。智源现识,故现量章第一。因现推度,为自比量第二。比义悟他,为他比量第三。而斟酌喻言,废立诸量,料简过类,皆因为他而出,复相次为三章。理无不罄,义无不备。理门者,特其第三四六章节本,偏详立破,固不足见因明之全也。"③《集量论》计 250 颂,有陈那自己的注以及另一家的注,所以全书结构,在藏译本中可以具见。论分六品,每品都先明本宗,然后破斥异说。书中破处的分量占的比重很大。明宗部分,大体上是在《门论》的基础上再作一些补充。各品都有陈那独创的见解及对于本宗说和他宗异义的批判。

第三,关于陈那量论的要点。

1. 陈那将当时印度各派所说的六种量(现、比、声、喻、义准、随生)简别为现、比二量。其余各类,不能独立,只隶属于比量,而比量又出于现量。

① 吕澂:《集量论释略抄》,《内学》第四辑,第九八四页。
② 吕澂:《入论十四因过解》,《内学》第三辑,第七四二页。
③ 同上。

2. 陈那对现、比量的定义,还有独到的看法,认为离开概念的为现量,运用概念的为比量。同时,他对概念的构成也有特殊的说法,认为概念都不是从正面表示意义,而是通过承认另一方的方法,所谓"遮诠"构成的。例如,青色的"青"这一概念是怎样构成的呢? 就是表示"青"为非"非青"。由否定一方(遮)来表示另一方(诠)。这种遮诠说,也是陈那量论的一个特点。遮诠说的本来意义,涉及概念而不涉及命题的质,遮诠不是否定命题。这一点对于纠正不少因明著作把遮诠当否定命题的错误非常重要。把遮诠误解为否定命题便不可能正确描述三支作法的逻辑结构,因明与逻辑的比较研究也就不准确。

3. 陈那对"过类"作了特别的简别。以前的正理学派和佛家中的古因明师都曾经讲到"过类"(有时所指并非真正的过失)。《集量论》作了简别,专门列为一品,名《观类品》。

第四,关于汉传因明的特点。

陈那的门下自在军、天主等,都在有关论证的一方面特别的发挥,我国玄奘传译、弘扬的因明理论,也偏重于此。吕澂认为实在不能算是完整的。今人也有与吕澂不同的看法,认为这正是玄奘慧眼卓识之处,只译因明代表作而不译量论。

以上对《集量论》的评介,有助于我们认识因明学是一种与佛家认识论密切联系的逻辑学说。本来,瑜伽行学派把因明的重点放在论议上,即谈因明只是为了立破,陈那打破这一局限,把它贯串到佛学的全体,成功了一种佛家的认识论,即"量论"。陈那关于量的学说,散见于的八部代表作中,而最能表示其体系的是最后一部《集量论》。"集"就是总结、合而为一的意思。此论是陈那关于认识论即量论集大成的代表作。

六、《因明入正理论讲解》评介

《因明入正理论讲解》由1961年吕澂先生的讲稿整理而成,经由作者修改审订。这是国内第一个梵、汉、藏对勘研究的讲解本。按本书整理者张春波的评论,"先生讲课虽然通俗易懂,但所讲之内容却深刻正确"。[①]《讲解》使国内读者第一次领略了《入论》梵本的基本原貌,奘译的风格和独特贡献,许多语句所表达义理的刊定依据等。《讲解》既有自己的独到见解,对梵、汉文字的不同理解又为后来者开拓了空间。

---

① 张春波:《讲解·整理者说明》,第2页。

《讲解》分"因明入正理论的三个本子和注疏"和对"因明入正理论本文"的讲解两部分,近 5 万字。

(一)《入论》典籍整理和研究简史

《讲解》中第一部分内容"因明入正理论的三个本子和注疏"言简意赅,实是一部精当的《入论》典籍整理和研究简史。"因明入正理论的三个本子和注疏"使国内读者第一次知道了《入论》梵本本身的流传和藏译本及其误解。

《讲解》一开头便指出宋代和元代《入论》各有一个藏译本。前者由玄奘汉译本转译,后者直接译自梵本。共同点是都以为作者是陈那,而不是其弟子商羯罗主,都误以为它就是陈那的《理门论》。

吕师介绍说,《入论》梵本一向被认为散失。印度逻辑史家威提布萨那 1921 年出版的遗著《印度逻辑史》还说梵本已佚。其实一直保留在耆那教徒手里。公元 11 世纪时,耆那教徒师子贤为之作注。12 世纪时胁天、吉祥月又各作复注(抄)。抄本中便有梵本原文。大约在公元 1909 至 1910 年,被俄国人米洛诺夫发现,他在印度杂志上发表介绍文章。印度人整理的梵本于 1930 年在印度出版。米洛诺夫整理的则于 1931 年在法国出版。"这两个梵本跟中国译本(汉、藏)是有出入的。究竟哪个本子是定本,至今也没有统一的看法。"[1]

《讲解》列举了《入论》唐疏代表作。初有神泰、靖迈、明觉等前辈注疏,继有文备、文轨、璧公等旧疏,旧疏中文轨《庄严疏》对后世影响较大。晚出的以窥基《因明大疏》为代表。唐疏大多散秩,日人凤潭于约当我国清初时作《因明论疏瑞源记》,说从唐到宋、明,有《入论》共有 50 家。凤潭在《瑞源记》里大约引用 30 家,保留唐疏许多精彩片段。吕师认为《大疏》原本不全,慧沼的续疏有广略二本。《大疏》于唐武宗会昌废佛时国内便散失,仅在宋代延寿的《宗镜录》里保存一小部分(指玄奘唯识比量)。

这个简史对初习因明者很有帮助。它未提及 20 世纪抗日战争时于山西广胜寺发现的有慧沼广本续疏的《大疏》,是为不足。

(二)对勘研究硕果累累

吕澂对勘梵、藏、汉文本,取得许多成果,列举如下:

使读者大致了解了《入论》梵文本的原貌,奘译增加了什么,删去了什么,汉译本的风格、特点。例如,夹注——告知,奘译增加了梵本没有的通俗实例;为更

---

① 吕澂:《讲解》,第 2 页。

易阅读,增加连贯上下文的句子;删去后人添加的文字;译文都经文字润色,尽管内容枯燥,但文句很优美;翻译风格为基本上字字对译基础上的忠实意译。在重要理论问题上既忠于原著,甚至在表述上高于原著,把原著中隐而不发的精髓作精准表达。

《讲解》为《因明入正理论》书名作注:"梵本论题无因明二字,藏本论题《量论入正理论》。"①从书名上便反映出汉传与藏传的差异。"'因明'是佛家讲逻辑的一个特定术语,并不是印度一般学者共用的术语。印度一般学者都用'正理'一词。……从现在发现的梵本看,《入论》的标题就叫《入正理论》,'因明'二字是玄奘翻译时加上去的。"②吕师说明加上"因明"二字是为强调它的学问性质,以引人注目。

吕师说:"陈那关于因明的论述前后有变化,而在《入论》里所见到的陈那观点还是早期的,陈那晚年对因明有发展,但在《入论》里并无反映,据此推测,商羯罗主也许是陈那早年的学生。"③吕师认为本论作者为商羯罗主,应相信译主玄奘,而藏译本误为陈那不可取。这段话是就《入论》作者商羯罗主为陈那早年的学生而做的推测,从中我们还看到吕澂先生一个重要观点。那就是"陈那晚年对因明有发展"。这也是汉传因明与藏传因明的一大不同,体现在书名上,汉传重立破学说,藏传重量论即认识论。对一些名词的解释上,《入论》没有反映陈那在《集量论》中的新说法。

对"随自乐为所成立性"一句,吕师在"随"字后作注:"二本此上有'唯'字。"在整句后又有注:"二本次有句云,不为现量等违害。考系后人所补。"④

古因明以宗既是所立,又是能立。《理门论》也有"宗等多言说能立"的颂文。《入论》沿用这一说法。吕澂解释说:"宗、因、喻是三数,所以说'多言'。"⑤吕澂知道陈那改变了旧说。又以藏本"宗等多言说名立"为旁证,说明此中之宗不是所立而是能立。但是,吕澂最终仍采用《大疏》用因有三相来解释《入论》"唯此三分,说明能立"。"陈那已后,举宗能等,取其所等一因二喻,名为能立。宗是能立之所立具,故于能立总结明之。"⑥没有坚持《入论》把宗归为能立的本来意义。

---

① 吕澂:《讲解》,第4页。
② 同上。
③ 同上,第5页。
④ 同上,第10页。
⑤ 同上,第9页。
⑥ 同上,第18页。

对因三相,《讲解》加注:"二本因初相缺此'遍'字。又二三相作定有定无。"①指出奘译本中因的第一相增加"遍"字,第三相改"定"为"遍",反映汉、藏译者对因的第一、第三两相的理解侧重不同。能揭示梵、汉、藏本在重要理论表述上的差异。这是一大贡献。我以为奘译对因三相的翻译既忠于原著,又高于原著。奘译吃透了陈那新因明精髓,能把原著中隐而不发的思想充分准确地表达出来。

在《入论》"同法者,若于是处显因同品决定有性"这一句后,吕著加有夹注:"二本此句意云,显因于同品定有。"②随后,在讲解同法时,本书整理者张春波先生引述吕澂《因明纲要》批评《大疏》解作"因同品决定有宗"。我的看法已如前述。能够从梵汉藏三个本子的对照中发现《入论》梵本原文无"因同品"一说,于重要名词的衍变和探讨还是有益的。

世间相违宗过,奘译有一例"怀兔非月,有故"。《讲解》注:"二本缺此句。"③让因明研习者了知此为奘译增益。

在讲解似能立部分,在奘译"已说似宗,当说似因"句后有注:"二本缺此句。"④"当说似因"是奘译增补的。这就告知读者,为了文句的连贯,便于阅读而增加了原文没有的文句。

在讲解六不定因过中,《讲解》插有对《因轮决择论》的解释。在前面《因轮决择论》评介中,我已指出,吕澂评论"又于同品有,无及彼俱二,异品亦复然,三者各三相"处说:"此决择因后二相。"这个讲解是有失误的。因为这几句颂文不是"决择因后二相",而是告知因与同、异品各有三个方向的联结。在《讲解》中则避免了这一误释,而采用了正确解释:"同品、异品各开三项,同品成九,异品也成九。"⑤

(三)可商榷处列举

这里列举的《讲解》中的失误不包括郭良鋆和韩廷杰二师在梵汉对勘中的新发现。

对于同、异喻之相互逻辑关系,《讲解》评论失当。《讲解》说:"形式逻辑三

---

① 吕澂:《讲解》,第 11 页。
② 同上,第 15 页。
③ 同上。
④ 同上,第 22 页。
⑤ 同上,第 25 页。

段论式里有中词,它出现在两个前提里,必须一度周延,这才能使论证无误。因明不用这样的规则,而用两个比喻(同喻和异喻)。这也能保证论证无误。如同喻说:'若所作,见彼无常。'这不是全称判断,而是假言判断,那么是不是说'所作'还有常呢? 异喻解决了这个问题。异喻:'若是其常,见非所作。'这两个判断就可以证明'凡所作皆无常'。"①

中国著名逻辑学家金岳霖指出:"仅有三名词的假言命题很容易变成表示名词关系的直言命题"。他举例说:"'如果一个人是河北人,则他是中国人',我们可以把它限制到狭义的表示,解作'所有的河北人都是中国人'。这似乎毫无牵强的地方。"②"如果一个人是河北人,则他是中国人"是一个外设命题,它是对任何一个人而言的,金先生认为它就等值于"所有的河北人都是中国人"。同样,我们可以认为,"若所作者,见彼无常"也等值于"诸所作者皆见无常",尽管它们的语言形式有所不同。

首先要打消《讲解》作者的顾虑,以为同喻体用假言命题就不是全称判断。真正的充分条件假言判断等值于全称判断。这是其一。其二,更重要的是同喻体无论是直言还是假言,根据同、异品除宗有法,根据因的后二相中的同、异品也要除宗有法,同喻体就不可能是真正毫无例外的普遍命题,而是除外的普遍命题。其三,这种除外的普遍命题必须同时满足第二相和第三相,换句话说,满足后二相才能双证正确的除外的同喻体。只满足第二相,只要有一个同品就够了,是得不到正确的除外的同喻体的。既然正确的除外的同喻体满足了第三相异品遍无性,那么,同喻体就能推出异喻体,而不必担心"所作"还有常。其四,因明设异喻,在逻辑上是多余的。它只是论辩术,使人们在论辩中更明白所用之因能得到同喻体和同喻依便能"生决定解",能证成宗,取得辩论的胜利,而不必满足今人的主观愿望——演绎论证。须知,异喻推不出同喻。异喻依可以缺无,异喻体主项有可能主项不存在,如第五句因,两个问题都存在。相反,同喻体倒可以推出异喻体。其五,只要承认同、异品除宗有法,承认同、异喻体是除外命题(除宗有法的普遍命题),同喻再加上异喻,并不能得到毫无例外的普遍命题,哪怕千万次叠加也无济于事。其六,保留异喻,这是古因明的痕迹,仅有助于论辩。用形式逻辑来衡量,同喻是可以推出异喻的,但不能倒推。对于喻体的逻辑形式,我在后面讨论喻体的语言形式处还会再加讨论。

吕先生在解释遍是宗法性处说"因的范围等于或超过有法是可以的,而不足

---

① 吕澂:《讲解》,第17页。
② 金岳霖:《逻辑》,上海:商务印书馆,1949年版,第166页。

便不能成立",他画了两个"因的范围等于或超过有法"的正确的欧拉图,又画了一个不成立的因概念包含于有法的图①。按理,不成立的图共有三个,该书却少画了交叉关系和全异关系的两个图,从逻辑上看不全面。

该书在解释第二相同品定有性处,又画了一个有文字说明的关于第八句"勤发"因的欧拉图。这只是"勤发"因为种概念、"无常"同品为属概念,两者为种属关系即包含于关系的欧拉图。少画了相容关系的另外三个图:全同关系、包含关系和交叉关系。这后三种相容关系及三个图表示的同品与因的关系同样满足第二相同品定有性。如具备形式逻辑概念间外延关系的知识,就很容易理解相容关系的四种情况和图示都满足和表达同品定有性。只有同品与因是全异关系和相应图示才不满足第二相。同品的外延等于、大于或与因交叉,都满足同品定有。可见,吕著对第二相的图示也是片面的。

总之,吕著对第一相和第二相的逻辑表达,都不完整和严密,不利于准确理解此二相的准确的逻辑含义。

《讲解》对"所作性"这一名词外延的解释前后矛盾。既说:"如所作性可以包括瓶、电。"②又说:"事实上,无常并非全是所作。如瓶等无常,是所作,而电等也是无常,但并非所作。"③应当说"无常"与"所作"是全同关系,"电"既是所作也是无常。无独有偶,有的当代因明家也说电等无常非所作,原来受此影响。④

《讲解》对《入论》不定因过"同品一分转、异品遍转"的逻辑分析有误。吕澂认为:"相当九句因中的第七句。转是有的意思,也可以作包含解。"⑤应当说"可以作包含于解",一字之差,逻辑形式迥异。"异品遍转"是说"所有异品是因",或"所有异品等于因"。

《讲解》在解释"不离"和"倒离"异喻过处,两次指出藏本的实例,但未揭示其错误,即未照引《入论》实例。⑥

《讲解》对喻体的语言形式的解释有重大错误,本文要费更多笔墨加以讨论。《入论》的梵、汉、藏文本均存。《入论》汉译本虽亦出自玄奘之手,但是喻体的语言表述,在讲真似能立时却有不同。在讲真能立时,《入论》的同、异喻体的语言形式为"若……,见……"。在讲似喻中的能立法不成和倒合的例子时,汉文本又

---

① 吕澂:《讲解》,第13页。
② 同上,第15页。
③ 同上,第48页。
④ 沈剑英:《佛家逻辑》,第332页。
⑤ 吕澂:《讲解》,第30页。
⑥ 同上,第49—50页。

用了"诸……见……"的语言形式。

为此,吕澂先生评论道:"这里说:'诸所作者,皆是无常.'梵本、藏本都说:'若是所作,见彼无常.'此论在前面能立那一部分里也是这样说的。看来,这是玄奘给改动了。玄奘为什么要做这样的改动呢?这是因为玄奘在翻译此论时,还不可能发现这两判断是不同的,所以在翻译时便随意作了改动。从形式逻辑观点看,'诸所作者'是直言判断,'诸是所作'则是假言判断。这两个判断在性质上还是不完全相同的。'诸所作者,皆是无常'主要表明某事物是某种性质;'若是所作,见彼无常'主要表明事物的条件与结果之间的关系。"①接着又说:"形式逻辑的直言判断(全称肯定判断),结论预先就包括在前提里。如说'诸所作者,皆是无常',这个大前提里就包括声在内,而因明三支的假言判断说'若是所作,见彼无常',口气就活些。并且,因明的三支还要求举出例子,'如瓶等',这就兼有归纳推理的意味了。"②

吕澂先生指出了在喻体的语言表达上,汉译本与梵、藏本的同喻用语都是"若……,见……",而异喻的用语与梵、藏本有差别,而用"诸……,见……"。

由于陈那的梵本《理门论》虽已发现但至今未公开面世,陈那梵本《理门论》的喻体语言形式究竟是"若……,见……",还是"诸……见……",目前无从查考。在梵本《理门论》重见天日之前只能存疑。退一步着想,就算玄奘改动了二位先师的用词,能不能说他改动了喻体的命题形式呢?这才是问题的实质。

关于喻体的逻辑形式,有人认为是假言命题;有人认为是直言的全称肯定命题;有人认为可以是充分条件假言命题,也可以是直言的全称命题,因为二者可以转换;也有人认为喻体既不是充分条件假言命题,也不是直言命题,而是外设命题;我认为以上的不同观点有一个共同的特点,就是都把喻体看作全称命题,反映了毫无例外的普遍原理,都不符合陈那三支喻体的逻辑本质,都没有认识到陈那的喻体与喻依有不可分割的联系,没有认识到它实际上是除外命题。

新因明的代表作是陈那的《理门论》,喻体的语言形式应以此论的梵文原本为依据。玄奘是精通大小二论的。《入论》翻译在先,《理门论》的翻译在两年之后。假如说玄奘在翻译《入论》时,对喻体的语言表达,在用词选择上有"若"有"诸"还不一致的话,那么,在《理门论》译本中则归于一律了。正似同异喻共有四处,打头的那个词全用"诸",而不用"若"。

在汉译本中,共有两处完整陈述了喻支。

---

① 吕澂:《讲解》,第47—48页。
② 同上,第48页。

第一处是举出真能立中的喻支实例："同法者，谓立声无常，勤勇无间所发性故，以诸勤勇无间所发皆见无常，犹如瓶等。异法者，谓诸有常住见非勤勇无间所发，如虚空等。"

同、异喻体的语言形式为"诸……见……"。"诸"在汉语里是"众多"的意思，不同于"所有"，并不能看作形式逻辑中直言的全称肯定命题。

第二处是在解释似喻时陈述的："同法喻言，诸无触对见彼皆常，如业，如极微，如瓶等。异法喻言，谓诸无常见有触对，如极微，如业，如虚空等。"

此处的同、异喻体的语言形式、逻辑形式与前一处完全一样。根据喻体的语言表达，显然不能判定三支作法为演绎推理。这是《理门论》的喻体表达传达的逻辑意义。

"口气就活些"，"归纳推理的意味"脱胎于太虚的说法。几十年后，吕先生仍很注意同、异喻体都要除宗有法，这很值得称道。失足之处是误判了喻体的命题性质。他认为梵、藏本喻体上用"若"而不用"诸"是假言命题而非直言判断，"口气就活些"，就能避免循环论证。把陈那因明当成运用充分条件假言推理的演绎论证可谓一大失误。玄奘法师在《理门论》中之所以在喻体上连用四个"诸"，是与他强调同、异品除宗有法有关，与因后二相除宗有法有关，与陈那整个因明体系都强调避免循环论证有关。在古汉语中，"诸"是多义词。有一种解释是"凡是"，但不等于"所有"。它还有"众""各个""别的""其他"等解释。总之，不能一见"诸"就把它当直言命题的全称量词看待。

"若"也不单单解作"如果"或"假设"，它还可解作"如"，即"像"。还有"如此""这样的""这""这个"。解作假如、如果的有"若其""若果"。单单解为假使、假如的有"若使"。而"若是"则有如此、这样和如果、如果是两种解释，也不能单一认定为"如果"。对比一下《入论》同、异喻体的实例"谓若所作，见彼无常"和"谓若是常，见非所作"，异喻用"若是"，仍有两解。怎么能一见"若"就认定其为"如果"呢？

自吕澂先生对《入论》同、异喻中那个打头的"若"字解作假言命题的联结词"如果"以来，几乎所有的研究者都遵从其说，误入了歧途。汤铭钧博士发现梵文中那个"若"字，还有举例说明的另一含义。好在有《入论》的梵本在，懂梵文的可以鉴别对错。

由于《理门论》梵本在汉地绝迹一千多年，虽然近年在藏地有新发现，但是一般人还是看不到。研究者只能猜测"若"和"诸"的梵文同为一字，都没有全称和假言的意思。总之，我们不能一见"若"或"诸"，就想当然地断为"全称命题"或"假言命题"，进而错误主张因明体系本来就具有演绎证论的功能。

总观上述,吕澂的研究成果,填补了汉传因明的许多空白,对当代的因明研究仍然起到深刻的影响。因明,作为佛家认识论的逻辑,既与佛学认识论密切联系,又是关于推理、论证的学说。因此,研究因明理论,应该从佛学和逻辑学两方面着手。在 20 世纪,逻辑学已经是一门成熟的科学,西方逻辑理应成为整理因明理论的指南针。"五四"以后,因明、逻辑的比较研究在国内蔚然成风,也取得了可喜的成果,在这一方面,吕澂的因明研究显得无力。在一些理论问题上有所失误。如上所述,对概念间的关系和对命题的表述都有片面性,并且不适当地强调了同、异喻体在逻辑形式上是假言命题还是直言命题的差别,又如不明白西方逻辑充分研究了矛盾律,因明反而相形见绌等。

第四节　郭良鋆的《入论》梵汉对照研究

郭良鋆教授《〈因明入正理论〉梵汉对照(上)》(以下简称《梵汉对照》)发表于《南亚研究》1999 年第 2 期,该文(下)发表于 2000 年第 1 期,均为宗教哲学专栏。

郭良鋆教授《梵汉对照》有个前言①。前言有四点说明:

一是,本对勘以奘译和唐以后第一个梵汉藏对勘本即吕澂本为参照。吕澂先生曾经参照梵文本和藏文本对玄奘所译《入论》作了校勘,收入《藏要》中,1983年,中华书局出版吕澂先生的《因明入正理论讲解》(张春波整理),正文采用这个《藏要》校刊本,校注则以夹注形式排入正文。郭教授对吕澂先生的首创之功的评价是"作了认真的校勘"。

二是,对《入论》的玄奘汉译本做出评价。从《因明入正理论》的梵汉对照中,可以看出玄奘译文的"忠实和简洁",尤其是在译介一种国内不熟悉的新学问时,遣词用语的"艰辛"。

三是,交代本次对勘的体例、特点:"这里提供的梵汉对照,梵文原文依据达鲁瓦校刊本,但仿照米洛诺夫校刊本标出序号。每个梵文词汇下面标出汉文词义。所附玄奘译文依据吕澂先生的《因明入正理论解》。"

四是,"最后附上笔者对吕澂先生的有些校勘夹注所作的补充说明,以供有兴趣的学者研究时参考"。"补充说明"四字表达了郭教授对前辈的谦诚和充分

---

① 郭良鋆:《梵汉对照(上)》,载《南亚研究》,1999 年第 2 期,第 40 页。

的敬意。依我看,在郭教授按照字字对译的梵汉对照本中丝毫不讳言吕澂《讲解》对梵文的误读、对《入论》的误释和对勘方面的遗漏等。实际就是纠偏。相对于吕先生的《讲解》郭绎是锦上添花,是修正瑕疵,是为今日研习者提供一个更完美接近《入论》原貌的版本。

在郭译梵汉对照本当中随处有对吕澂《讲解》夹注的评点,而在这个文本之后,郭教授有六条集中的评点。以下将上述评点合并依《入论》原文顺序介绍。

在《入论》初颂前两句"能立与能破,及似唯悟他"后,吕澂有夹注"梵藏二本此句末有故字。"后两句"现量与比量,及似唯自悟"后有"同上"二字。对此,郭译认为,《讲解》误读,以为句末有"故"字,应是第五格从格,说明原因。实际上,辅音收尾的阴性名词,单数第五格的语尾应为 as。而这里的语尾是 e,应为第四格,说明目的,即"为了悟他"和"为了自悟"①。

《讲解》在《入论》"如是总摄诸论要义"之"诸"字后有注:"二本(梵本、藏本,下同)无此字",郭译的梵汉字字对译则为"如是诸论义总摄"②,可见,奘译"如是,总摄诸论要义"并非《讲解》所说"无此字"而随意添加。

在奘译"极成能别差别性故"后有藏要夹注:"……今译改第三转为第五转,又加性字,故云差别性故。"郭按:藏要夹注和《讲解》认为玄奘是"为了凑四字一句的格式。……梵文的'差别性故'本来是第三转声,是'由'的意思。玄奘给改为第五转声,是'所以'的意思,因之译成'故'。经过这样改动仍然凑不足四个字,于是又加了个'性'字。其实这里的'性'字并无什么特殊意思,仅指实有其事"。郭教授认为:"其实,梵语第三格也有说明原因的意思,译成汉语也可用'故'字,奘译未必是将第三格改为第五格。而重要的是,'差别性故'中的'性'字并不是玄奘擅自加上的,是梵文原文中就有的。抽象名词语尾 ta,译成汉语通常用'性'字。这里玄奘采用字字对译的方法,符合原文,并不是为了凑数才加上这个'性'字。"③

在奘译"随自乐为所成立性"一句中的"随"字后,有藏要夹注:"二本此上有唯字。"郭按:"此句两个梵文校刊本的梵文原文中,均没有夹主所注的语气词'唯'。奘译符合梵文原文。"④在此整句后,有藏要夹注:"二本次有句云,不为现量等违害。考系后人所补。"郭按:"正如夹注所注,此处梵文原文译成汉文是'现

---

① 郭良鋆:《梵汉对照(下)》,载《南亚研究》,2000 年第 1 期,第 70 页。

② 《梵汉对照(上)》,第 40 页。

③ 郭良鋆:《梵汉对照(下)》,第 70 页。

④ 同上。

量等不相违,补充语',玄奘中没有此句。而奘译中的'是名为宗'这句梵本没有,藏要夹注没有注出。"①

在奘译"如有成立,声是无常"之后,郭按:"按照梵文原文,此句汉译应为'如有成立,声常或无常'。奘译将'声常'删略。藏要中没有注出奘译与梵本的这个差异。"②

关于因三相,吕注:"二本因初相缺此'遍'字,又二三相作定有定无。"③郭译字字对译为"宗法性同品有性异品和无性",初相仅为"宗法性",确无"遍"字。我们可以确认,吕师是指出梵本初相无"遍"字第一人。二、三相也无"定"字。根据郭译可知,奘译因三相"谓遍是宗法性,同品定有性,异品遍无性"中两个"遍"字和一个"定字"确实为玄奘所加。从郭译中又可知,梵本中并无吕师所说"二三相作定有定无",而在后文举二正因处,梵本表明它们满足同品"定"有,并未说到第三相"定"无④。

吕澂先生在奘译"同法者,若于是处显因同品决定有性"后加注:"二本此句意云,显因于同品定有。"⑤自唐以来,对奘译此句有三种不同解释,已如前述。郭译对同喻的字字对译是"同法于是处因同品有性显(说)"⑥。从字面意义上看,商羯罗主的原文表达上不够明确,领会起来容易有歧义。这是引起争议的根源。

此处郭教授改动了吕澂在《讲解》中所用奘译本的标点:"同法者,若于是处,显因同品,决定有性。"⑦《讲解》中此句奘译"若于是处显因同品决定有性"是没有逗号的。"显因同品"后加上逗号,这表明郭师认为奘译此处有三字连读的"因同品",即"因"与"同品"名词连读。看来她默认了玄奘弟子文轨和窥基的解读。

文轨说:"'因'者,谓即遍是宗法因。'同品'谓与此因相似,非谓宗同名同品也。'决定有性'者,谓决定有所立法性也。此谓随有有法处,有与因法相似之法,复决定有所立法性,是同法喻。此则同有因法宗法名同法喻。若同有因法,宗法不同有者,虽名同法而非喻也。故下《论》云,'此因以乐以空为同法',故亦

---

① 郭良鋆:《梵汉对照(下)》,第70页。
② 同上。
③ 吕澂:《讲解》,第11页。
④ 郭良鋆:《梵汉对照(下)》,第41页。
⑤ 吕澂:《讲解》,第15页。
⑥ 郭良鋆:《梵汉对照(下)》,第41页。
⑦ 同上。

是不定。"①其中"此因以乐以空为同法"出现在不定因过俱品一分转中。② 窥基《大疏》关于"因同品"的解读随顺文轨的《庄严疏》。唐疏两家的解读很可能就是玄奘的口义。

在奘译"一者同法,二者异法"处有《藏要》夹注:"梵文此句第三转声,云由同法,次句云由异法,下释文也同。"③

郭译按:"此处藏要夹注是对的。"④但在《讲解》中说道:"'同法''异法',梵本仅有相同、相异之义,这里的法并无意义,也可以叫'同喻''异喻'。"⑤郭教授认为:其实不能说这里的"法"并无意义,这里同法就是指属性相同的比喻,异法就是属性相反的比喻。所以,如若说这里的"法"字并无意义似不妥。只是为了理解和叙述方便,才通常使用同喻和异喻。奘译本身没错,也没作添加。⑥

第五节　韩廷杰的《入论》梵汉对照研究

一、写作说明

本文根据韩廷杰研究员《梵本〈因明入正理论〉研究》(以下简称《研究》)和《有关梵本〈入论〉的几个问题——兼评〈藏要〉本〈入论〉校注》(以下简称《几个问题》)两篇论文作综合评介。⑦ 它们撰写和发表于巫白慧研究员的论文《梵本〈因明入正理论〉——因三相的梵语原文和玄奘的汉译》和郭良鋆教授的《〈因明入正理论〉梵汉对照》之后。⑧

在《研究》和《几个问题》前作者都有简要的写作说明。在《研究》中他说很

---

① 文轨:《庄严疏》卷一,页二十二右至页二十三左。
② 文轨:《庄严疏》卷三,页三右。
③ 吕澂:《讲解》,第15页。
④ 郭良鋆:《梵汉对照(下)》,第70页。
⑤ 吕澂:《讲解》,第15页。
⑥ 郭良鋆:《梵汉对照(下)》,第82页。
⑦ 韩廷杰:《梵本〈因明入正理论〉研究》和《有关梵本〈入论〉的几个问题——兼评〈藏要〉本〈入论〉校注》,均收入《梵文佛典研究(一)》,北京:宗教文化出版社,2012年版。
⑧ 巫白慧:《梵本〈因明入正理论〉——因三相的梵语原文和玄奘的汉译》,收入巫白慧著《印度哲学——吠陀经探义和奥义书解析》,上海:东方出版社,2000年版。

赞赏同学郭良鋆女士对吕先生的校勘夹注"提出某些不同意见","拟在前人的研究基础上,对梵本《入论》进行逐字逐句逐段的分析研究",对这部被世人普遍关注的因明著作进行"更详细更深入的探讨"。①

韩先生在《心经不同版本论》中曾经对玄奘译经的整体风格有过评价:2000年12月的《香港佛教》发表了高振农先生的一篇文章《浅谈吕澂对玄奘翻译的评价》。吕澂先生把玄奘翻译的《观所缘缘论》及释和真谛译本、义净译本、西藏译因本进行比较研究,认为玄奘的翻译是意译,甚至是"不忠实原本的意译"。近来,由于梵文教学的需要,韩先生自己对玄奘翻译的《心经》《阿弥陀经》《因明入正理论》《唯识三十颂》《唯识二十颂》等和梵本原文进行过对照,结论是"吕澂先生的意见是对的"。②

在《研究》正文第5条中,韩先生说:"从本论的遣词造句来看,玄奘对翻译这部论是深思熟虑的。对于中国人来说,当时的因明是一门新学问。如何把这门学问介绍给中国人,玄奘法师下了很大的工夫,他没有拘泥于文字,不是直译,有的地方删略,有的地方增加,有的地方改写。当然,玄奘法师的这些技术处理,有的恰到好处,有的欠妥,不能一概而论。可以肯定玄奘的译文是意译,不是直译。"③在第12条又说:"翻译应当忠实于原文,只有在不得已的情况下,才允许加字或减字。"《研究》的这个看法贯串始终,所以《研究》的对勘使读者第一次阅读到了极其完整的《入论》梵本。这应是本《研究》的一大特色。

在《几个问题》中韩先生说:《藏要》本《入论》对照梵本、藏本进行校勘,并作校注"这无疑是很有意义的工作",我在作《因明入正理论校释》时,一一查对《藏要》本校注,"发现有些问题,有的应当说明,但没有说明;有的虽然说明了,但值得商榷"。④

《研究》对勘《入论》梵文原本、奘译和《藏要》夹注,除前言、初颂和总述一句外,正文长行共93条。这93条对勘涵盖了《入论》全文。《几个问题》择其要者32条作进一步探讨。其中对有的问题的看法作了修正。对每一处对勘,《研究》都分四个步骤:梵文原文、译(韩译)、玄奘译文、释(韩释)。眉目清楚。在解释部分,每一条都不厌其烦地作详细的梵文语法讲解。这不仅为对勘提供了语言

①　韩廷杰:《梵本〈因明入正理论〉研究》,转引自《梵文佛典研究(一)》,第36页。

②　韩廷杰:《心经不同版本论》,引自《梵文佛典研究(一)》,第29页。

③　韩廷杰:《有关梵本〈入论〉的几个问题——兼评〈藏要〉本〈入论〉校注》,转引自《梵文佛典研究(一)》,第100页。

④　韩廷杰:《梵本〈因明入正理论〉研究》,转引自《梵文佛典研究(一)》,第98页。

依据,而且为梵文初习者提供莫大方便。

将梵本《入论》与玄奘汉译本作对勘研究,如果不说是一项巨大工程,那么至少可以说是因明领域一项十分重要的工程。它直接关系到对玄奘和汉传因明的评价,直接关系到对《入论》某些因明义理的解释。这项工程的完成,不会一蹴而就,需要几代人来共同完成。在吕澂先生、郭教授的基础上,韩先生的劳作,又为后人提供了范例。

二、对勘成果评介

以下先对韩教授关于标题和《研究》中前言、初颂和总述以及93条择其要者依次作评介。对应32条的相关条目合并评介。在《几个问题》中作进一步讨论的32条中,第一条是关于《入论》梵本的标题的对勘,特别重要,所以我最先拿来作评介。

(一)关于标题。韩先生指出,《藏要》本有校注说明如下:"梵本论题无因明二字。"韩先生作补充说明,梵本标题直译应为《入正理经》,而外道正理派的经典是《正理经》,如果直译,很容易让人误解为正理派经典。所以玄奘加了"因明"二字。这就标明本论是因明著作,并非正理派著作。这明明是论,梵本为什么称为"经"呢?原来"经"字有广义、狭义之分。狭义的"经"是指佛说的经藏。广义的"经"包括经、律、论三藏。律是佛为教徒制定的戒律,也是佛说,也可以称为"经"。论是菩萨造的论述佛说的教义理论,绝无违佛之意,和佛说的经完全一致,也可以称为"经"。我们平常所说的《大藏经》,就是广义的"经",包括经、律、论三藏。直译不一定好,意译不一定不好。玄奘在翻译论题时,作此技术处理,是完全正确的,说明玄奘翻译技巧之高超。《藏要》本校注没有说明梵本原为"经"而非"论"。① 郭译虽然译出了"经"字,却没有解释为什么把"经"译为"论"。

以上一大段讲解非常重要,韩先生使自唐以来的因明研习者第一次知道,玄奘在翻译本论论题时,还有这么一番技术处理。他认为:"是完全正确的,说明玄奘翻译技巧之高超。"《藏要》本校注没有说明为什么把"经"译为"论",确实令人遗憾。

(二)关于"如是总摄诸论要义"。藏要本无"诸"字。《研究》则指出"总摄诸论要义"是由"诸论""要义""总摄"三个词构成的复合词,是六合释中的依主释,是阳性、单数、体格。从词义和语法两方面支持了郭译对藏要本的纠正。

---

① 韩廷杰:《研究》,引自《梵文佛典研究(一)》,第98页。

（三）关于"差别性故"。《研究》说："我完全赞同郭良鋆的意见，这是浅显的梵文语法问题，不应发生歧义。"①在《几个问题》中，又说："由此可见，本段玄奘译文准确无误。吕澂的批评毫无道理。'性'字本来就有，不是玄奘为了凑字数而加。"②从中可以看到，两个科班出身的梵文专家在梵语的识读上确实有自己的优势。

（四）关于奘译"随自乐为所成立性"。《藏要》夹注：二本此上有"唯"字。郭良鋆对《藏要》本夹注提出不同意见。认为此句两个梵文校刊本的梵文原文均没有夹注所注的语气词"唯"。"我完全赞同郭良鋆的上述意见。她认为'奘译符合梵文原文'，我基本赞同，我认为加'故'字更好一些。"

（五）关于梵本"余言是：现量等不相违"。《研究》认为：玄奘译文中没有这句话，但有"是名为宗"一句，而梵本无。猜测是所依据的底本不同。梵本中的这句话很重要，"极成有法"和"极成能别"，是保证其宗不犯"四不成"错误，再加本句的"现量等不相违"，就保证其宗不犯"五相违"错误。在《几个问题》中，韩先生作了进一步研究。认为上面那句梵文应当译为"还需说明，不能犯现量相违等"。《藏要》本校注称："二本次有句云，不为现量等违害，考系后人所补。"韩先生认为："《藏要》本校注所译'不为现量等违害'显然是误译。"而"考系后人所补"则"缺乏根据"。还认为玄奘不译"不能犯现量相违等"，是避免"画蛇添足"。因为"极成有法，极成能别"和"差别性故"已规定了宗依的极成和宗体的组成，而"随自乐为所成立性"已规定了宗体的违他顺自。这里已没必要讲后面要讲的宗过问题。对于梵本无的"是名为宗"一句，他在《几个问题》中说："玄奘法师为了使文章层次分明，加上这句话，《藏要》本校注没有指出。"③

（六）关于梵本"如有成立：声是常或无常"。奘译为："如有成立：声是无常。"《研究》认为：玄奘不译"声常"，可能是受信仰影响。玄奘信仰的佛教主张声是无常。正统婆罗门教的弥曼差派、吠檀多派等都主张"声常"。数论、胜论、正理和佛教徒则主张"声无常"。把梵本内容完整翻译，才能真实反映当时的斗争形势。④ 在《几个问题》中韩先生认为："按翻译规则来说，不应当这样做。这显然是玄奘的宗教偏见所致，……就只剩佛教一家之言了。对于这样重要的问

①　韩廷杰：《研究》，引自《梵文佛典研究（一）》，第41页。

②　同上，第99页。

③　韩廷杰：《有关梵本〈入论〉的几个问题——兼评〈藏要〉本〈入论〉校注》，引自《梵文佛典研究（一）》，第101页。

④　同上，第42—43页。

题,《藏要》本竟然没有说明。"①

（七）关于"谓遍是宗法性、同品定有性、异品遍无性"。《研究》认为："玄奘在第一相、第三相加'遍'字,在第二相加'定'字,加得好! 玄奘加这两个字是有根据的,他的根据就是耆那教因明学者柯利贤(Haribhadra)所著的《入论疏》,参见巫白慧教授论文《梵本〈因明入正理论〉因三相的梵语原文和玄奘的汉译》。"②在《几个问题》中韩先生认为："'遍是'二字,玄法师加得非常巧妙,说明他对因明理论掌握得非常准确。也说明他翻译技巧高超。"③藏要本在"遍是宗法性"后加注如下："二本因初相缺此'遍'字,又二、三相作定有定无。"《研究》说："此注显然不对。应当是初相、三相缺'遍'字,二相缺'定'字。"④

（八）关于奘译"如立无常,瓶等无常,是为同品"。《研究》认为：梵本的宗体是完整的"声无常",缺有法"声"便不构成宗体,"还是把梵本原文翻译完整为好"。

（九）关于奘译"若有是常,见非所作,如虚空等"。《研究》指出,末尾"等"字为玄奘所加,实际上没有必要。

（十）关于奘译"此中所作性,或勤勇无间所发性,遍是宗法,于同品定有性,异品遍无性"。《研究》按梵本字字对译为"此中所作性或勤勇无间所发性,在同品中就是'有',在异品中就是'无'",在《几个问题》中指出"藏要本校注没有指出"⑤。

《研究》的解释是,本段有四个问题值得注意：其一,因三相这里只讲到后二相同品定有性和异品遍无性,未讲到第一相"遍是宗法性"（玄奘译为"遍是宗法"）。为了把问题说全面,玄奘把三相补足。玄奘的根据就是耆那教因明论师柯利贤所著的《入论疏》,参见巫白慧教授的论文《梵文〈因明入正理论〉——因三相的梵语原文和玄奘的汉译》；其二,梵语原文出现两个 eva（就,本来起加强语气的作用）,玄奘把第一个 eva 译为"定",把第二个 eva 译为"遍"。玄奘作此处理也是根据柯利贤的《入论疏》。这本书的重要观点都在他翻译的《入论》中体现出来。其三,梵语原文讲到的"同品定有"和"异品遍无"并无"性"字,为前后

① 韩廷杰：《有关梵本〈入论〉的几个问题——兼评〈藏要〉本〈入论〉校注》,引自《梵文佛典研究(一)》,第101页。

② 同上,第43—44页。

③ 同上,第102页。

④ 同上。

⑤ 同上。

文一致,玄奘特意加上"性"字,唯独玄奘补充的第一相"遍是宗法"无"性"字,这只能说是玄奘失误,也可能是排版时丢了一个"性"字;其四,这里把"所作性"和"勤勇无间所发性"作为"声无常"之因,这是分别针对声论师的两派声生论和声显论讲的。①

以上第四条,《研究》的解释是对的,我补充一点,它们分别是二、八正因实例,在逻辑上只有二、八句是符合因三相的正因。

(十一)关于奘译"一者同法,二者异法"。郭译曾纠正吕澂《讲解》关于此"法"字无意义的失误。《研究》识读了语词和语法后认为:"这词在梵文中意义很多,这里是指事物的属性、性质","所以,如若说这里的'法'字并无意义似不妥。只是为了理解和叙述方便,才通常使用同喻和异喻,奘译本身没错,也没作添加。我完全赞同郭良鋆的意见,同喻、异喻分别是同法喻和异法喻的简称"。②

(十二)关于奘译"同法者,若于是处显因同品决定有性"。韩译为"此中由于同法,若于是处,显因同品,就是有性"。与郭译相同的是,都在"显因同品"之后加逗号断开,都实际上默认"因同品"一说。对"显因同品决定有性",《藏要》本校注称:"二本此句意云:显因于同品定有。"韩先生认为,本句依梵本原文应直译如下:"于同品就是有性,被显示出来。"他认为:"eva(就)起加强语气的作用,严格来讲不能译为'定'。"③

(十三)关于奘译"如说'怀兔非月,有故'"。《研究》说此例:"梵本无,玄奘的根据是什么? 不得而知,也许是他根据当时的一般习俗而添加"。④

(十四)关于奘译"俱不极成者,如胜论师对佛弟子立我以为和合因缘"。韩译为"俱不极成,如胜论师对佛弟子立'我是乐等的和合因缘'"。《研究》指出,玄奘译为"和合因缘","乐等"没有译出。⑤

(十五)关于奘译"已说似宗、当说似因"。《研究》说玄奘加"已说似因"一句。"玄奘所以加这句话,是为了引起下文。因为从此以后,即讲似因。"⑥

(十六)关于奘译"法差别相因"。玄奘译为:"法差别相违因者,如说眼等必为他用,积聚性故,如卧具等。此因如能成立眼等必为他用,如是亦能成立所立

---

① 韩廷杰:《研究》,《梵文佛典研究(一)》,第46—47页。

② 同上,第48—49页。

③ 韩廷杰:《有关梵本〈入论〉的几个问题——兼评〈藏要〉本〈入论〉校注》,引自《梵文佛典研究(一)》,第102页。

④ 韩廷杰:《研究》,《梵文佛典研究(一)》,第56页。

⑤ 同上,第57页。

⑥ 同上,第58页。

法差别别相违积聚他用,诸卧具等为积聚他所受用故。"

韩译为:"法差别相因,如说眼等为他所用,积聚性故,如床、椅子等分差别。犹如此因成立眼等为他所用一样,如是亦能成立为积聚性他和神我所用,两俱决定故。"

《研究》认为:"玄奘对后部分采取意译,把床、椅子等译为卧具,欠妥。'神我'一词未译,译为'所立法差别相违积聚他'可能是为了和'法差别相违因'相对应。"①

(十七)关于奘译"已说似因,当说似喻"。《研究》指出,这一句"梵本无","玄奘加的这句话,能够起到承上启下的作用",但是,《研究》认为用此句增译来代替梵本中原有的"似喻有二种:似同法喻和似异法喻"不妥,"这句话不应当略去,这句话是讲'似喻'的总纲。"②

(十八)关于奘译"似同法喻有其五种,一、能立法不成,二、所立法不成,三、俱不成,四、无合,五、倒合。似异法喻亦有五种:一、所立不遣,二、能立不遣,三、俱不遣,四、不离,五、倒离"。《研究》指出,梵本此处本来只列有似同法喻五种,奘译紧接着把"似异法喻亦有五种"列出不妥。"玄奘译文把67段和68段的内容移至此处。这样做毫无道理,按照梵本的次序,先讲'似同法喻',后讲'似异法喻'层次分明,很合逻辑。"③

(十九)关于奘译"不离者,谓说如瓶,见无常性,有质碍性"。韩先生将梵本原文翻译为"不离,谓于是处,没有遣除所立和能立,被看见异品有。这正如说瓶的时候,见到质碍性和无常性。"《研究》指出:"玄奘译文,前半部分略去未译。"④吕澂《讲解》有注"藏本举例云,如空见常及所作",吕澂未指出藏本举例有误,也未指出藏本缺译。韩先生的评论也未指出《讲解》的这两个失误。

(二十)关于奘译"倒离者,谓如说言诸质碍者,皆是无常"。韩先生将梵本原文翻译为"倒离,如应当说'诸无常见者,见彼质碍'的时候,而说'诸质碍者,见彼无常'"。⑤《研究》指出:"玄奘译文略去前半部分。因为这里是讲喻过,玄奘省略正确部分。这不能算是好的翻译。应当把全文都翻译过来,先说明如何是正确的,把正确的颠倒过来,就是倒离。"⑥

---

① 韩廷杰:《研究》,引自《梵文佛典研究(一)》,第72—73页。
② 同上,第75页。
③ 同上,第76页。
④ 同上,第86页。
⑤ 同上,第87页。
⑥ 同上。

以上把郭译与奘译和藏要校注本的主要差异大致列举出来。奘译与梵本的差异，在《研究》总计93处对勘中至少有39处。这39处或增字句，或减字句，或移动段落，或连络上下文，或增加实例，或改造实例，或依文义增补内容，或依文义减少内容。这些改动，韩先生提出商榷意见的居多。但其中最为醒目的改动是《入论》题目的改动。《研究》在结尾处指出：玄奘的改动，有两个问题很值得注意。一是"因明"二字是玄奘加的，用以说明这篇论文是因明著作。原文"入正理经"，很容易让人把佛教的因明著作误认为外道正理派的著作。由此可见，这篇论文的题目不能死译。"正理"一词的梵语原文是 nyaya（音译尼夜耶），意谓"引导"，即引导出正确结论，所以商羯罗主的《因明入正理论》是《因明正理门论》的入门著作。二是将"经"字改为"论"字。"经"是佛说的，"论"则是菩萨造的，是论述佛经义理的。菩萨所造的"论"与佛所说的"经"，义理完全一致，绝不允许有丝毫违背。从这个意义上来讲，"论"也是可以称为"经"，狭义的佛经。玄奘为了突显本文的属性，特把"经"字改为"论"字，意义更明确、更确切。在《几个问题》中进一步讨论了32个问题，把题目列为第一个，可见其重要性。韩先生说："玄奘在翻译论题时，作此技术处理，是完全正确的，说明玄奘翻译技巧之高超。"

在《几个问题》中，韩先生指出藏要校注本存在误校的问题至少有10处。

三、可商讨之处

关于奘译"能立与能破，及似唯悟他。现量与比量，及似唯自悟"。在《几个问题》第二条认为，第一个"唯"字，梵本原文是 eva，应译为"就"，起加强语气的作用。第二个"唯"字，梵本原文是 tu（而），起转折的作用。玄奘一律译为"唯"，欠妥。因为能立与能破，不仅可以悟他，也可以自悟。现量与比量，不仅可以自悟，也可以悟他。藏要本校注没有说明。

告诉读者两个"唯"的梵文分别是 eva 和 tu 及原意，这是韩译的作用。但是仁者见仁，智者见智。奘译之所以这样译，自有其理由。唐代文轨的《庄严疏》释两个"唯"字是为了强调目的不同。初颂前四门与后四门的差别只是悟他与自悟。奘译不顾两个梵文字的不同原意而选择同一"唯"字，既照顾到了义理，又有汉语朗读之美。可看到其不忠实之意译之一例。

关于梵本"余言是：现量等不相违"。《研究》认为"猜测是所依据的底本不同"，还认为玄奘不译"不能犯现量相违等"，是避免"画蛇添足"。因为"极成有法，极成能别"和"差别性故"已规定了宗依的极成和宗体的组成，而"随自乐为所成立性"已规定了宗体的违他顺自。这里已没必要讲后面要讲的宗过问题。

对此,汤铭钧博士发表了详细的评论:"此中,'问'的意思是'极成有法'简别了所别不极成过,'极成能别'简别了能别极成过,二者并举简别了俱不极成过。此外'随自乐为所成立性'则简别了相符极成过。这三种不极成和相符极成仅是宗过的一部分。其余五种相违宗过合称'违现量等',为何对于这五种相违过不作简别?就是说,为何在这里不必说明立宗必须'不违现量等'?""文轨的回答是:原则上都要简别,但是对宗的构成起直接影响的还是'极成有法'、'极成能别'和'随自乐为所成立性'这三个要素,它们'亲揽成宗',而'不违现量等'并不直接影响到宗的构成,'不揽成宗'。因此,没有必要在这里就进行简别。'亲揽成宗'和'不揽成宗'在《明灯抄》里又称为'胜'和'非胜'。这里是'据胜'所以'偏简',非欲'具简'。这就是为何此处不必说明'不违现量等'的缘故。在窥基《大疏》、慧沼《义纂要》和智周《后记》等著作中也有相同的解释。奘门弟子在这一点上的契合正说明这是玄奘的口义,是奘师对于不译'不违现量等'的特别说明。因此,汉译缺少非版本不同,奘师不译乃有意为之。"①

关于奘译"显因同品决定有性"。在《几个问题》第十条中说,《藏要》本校注称:"二本此句意云:显因于同品定有。"本句梵本原文直译如下:于同品就是有性,被显示出来。eva(就)起加强语气的作用,严格来讲不能译为"定"。前文已经说明:一相、三相的"遍"字,二相的"定"字,是玄奘加的,正是高明之处。

关于奘译"此中所作性或勤勇无间所发性,遍是宗法,于同品定有性,异品遍无性"。《研究》指出本段有四个问题值得注意,第一个是说玄奘补上"遍是宗法",是"为了把问题说全面,玄奘把三相补足。玄奘作此补充是有根据的,他的根据就是耆那教因明论师柯利贤所著的《入论疏》"。第二个是说,梵语原文出现两个 eva(就),玄把第一个 eva 译为"定",把第二个 eva 译为"遍"。"玄奘作此处理也是根据柯利贤的《入论疏》。由此可见,玄奘虽然没把《入论疏》翻译过来,但他肯定仔细研究过这本书,这本书的重要观点都在他翻译的《因明入正理论》中体现出来。"韩先生两次说到玄奘参照柯利贤,都说明自己参考了巫白慧教授的论文。问题在于,巫先生的论文中明确表示柯利贤是公元 12 世纪人:"耆那教因明学者柯利贤论师(Haribhadra,公元 1112 年)"在他的《入论疏》对"eva"作了解释②。按照巫先生论文的说法,玄奘显然不可能参照晚了几个世纪的后人的著

---

① 汤铭钧:《陈那、法称因明推理学说之研究》,上海:中西书局,2016 年版。

② 巫白慧:《梵本〈因明入正理论〉——因三相的梵语原文和玄奘的汉译》,见巫白慧著《印度哲学——吠陀经探义和奥义书解析》,上海:东方出版社,2000 年版,第 480 页。

312

作。巫先生也没有为柯利贤的生活年代提供依据,因此,柯利贤的准确的生活年代存疑。为此,有人说,巫先生依照奥地利 1995 年出版的《佛教逻辑学——认识论学派文献纵览》的资料,柯利贤引用过一位约 730 至 790 年间的佛教因明家 Arcata 对法称《因滴论》的注释,可见,柯利贤生活的年代不会早于玄奘。他的生活年代最早也就在八世纪。

第四个是说,"所作"和"勤勇"因是分别针对声生和声显二师。我以为,除分别二师外,还有一个重要的逻辑理由,因为它们分别代表二、八正因。

韩先生的对勘研究,绝大多数都言之有理,甚至有创新,很有参考价值。难免也有个别地方有误释。在《几个问题》第八条中说:"第二相说明宗后陈法与因法的关系。宗同品的外延可以等于因法,也可以大于因法,绝对不能小于因法。"这就误解了第二相的逻辑意义。第二相说同品定有因:至少一个同品有因,多少都可以,甚至可以是全部同品有因,所以九句因中的第八句因是正因。用形式逻辑两概念间外延关系来表示,相容关系的四种情形都满足同品定有性。全同、包含于、包含、交叉这四种情形都表示至少一个同品有因。同品包含于因法就是指同品外延小于因法。在同喻体中,所立法即同品法不能小于能立因法,否则不满足异品遍无性。单满足第二相不能得到正确的同喻体,正确的同喻体必须同时满足二、三相。

第六节 巫白慧的因明梵、汉对照研究

巫白慧先生的因明论文除《入论汉译问题试解》(以下简称《试解》)发表在论文集《因明新论——首届国际因明学术研讨会文萃》外①,大都收集在他本人的论文集《印度哲学——吠陀经探义和奥义书解析》(以下简称《印度哲学》)中。该文集的第三部分为《印度佛教》,其中最后一个专题为《佛教与当代中国文化》。此专题的第四部分为《独特的逻辑体系——新因明》,概述了他本人的因明观点。《印度哲学》的第四部分题为《正理逻辑》,内容包括因明的译文、论文、书评、资料整理、国外因明研究述评和词典条目。巫先生因明梵、汉对照研究的成果集中体现在上述作品中。此外,巫先生作为主要评审专家负责撰写了两篇博

---

① 张忠义、光泉、刚晓:《因明新论——首届国际因明学术研讨会文萃》,北京:中国藏学出版社,2006 年版,第 18 页。

士论文的评语,也成为巫先生因明思想的主要构成成分。

巫先生的因明梵、汉对勘研究是自吕澂先生以来有较大的影响。对陈那因明逻辑的认知在《试解》的《后记》中有明确的表述。他作为东方哲学家对因明领域大是大非的争论,做出了自己的裁判。这一裁判沿袭了百年来国内外的传统观点,即总体上支持陈那因明为演绎论证,而赞成"异品不除宗有法"的观点,又有违自太虚法师以来绝大多数现代因明家继承唐疏同、异品皆除宗有法的传统。巫先生鼎力支持一篇博士论文违背历史主义研究方法,替古人捉刀,修改陈那的异品定义,即主张异品不除宗。缺乏自己独立的研究成果,总是人云亦云。这样的事例一而再、再而三的发生,甚至连自己梵、汉对勘中的正确观点都可以因为别人的一个错误"创见"而随便放弃。

一、因明贡献

(一) 关于因三相梵文副词 eva 的作用和翻译

玄奘译文:"此中所作性或勇无间所发性,遍是宗法,于同品定有,于异品遍无,是无常等因。"巫先生对勘梵文,作了汉语直译:"在这里,所作性或勤勇无间所发性,于同品中肯定有,于异品中肯定无。如是因在无常等。"①

巫先生认为:"从梵语原文和对原文的两种译法来看,有两个值得讨论的问题:一个是原文中的两个副词 eva 的作用及翻译;一个是原文没有'宗法'一语,但在奘法师的译文中却增补了'遍是宗'。我们先来讨论第一个问题,梵语副词 eva 是一个加强语气的不变词,直译可作'肯定地、确实地'。这节原文有两个eva,一个插在 sapaksa 与 asti 之间,表示所作性或勤勇无间所发性(因)在同品中肯定地有;另一个插在 vipakse nasti 之后,表示所作或勤勇无间所发性(因)在异品中肯定地无。在词义上把两个 eva 同样译作'肯定地'是确切的,然而,同品和异品是两个相异的逻辑范畴,二者与因的关系恰好是一正一反的关系。eva 在这两个不同的逻辑范畴里所起的强调作用显然有所区别。如何识别这一区别?如何在汉译中把它合乎因明原理地反映出来?玄奘法师敏锐地观察到这一点,因而把同一梵语语气副词 eva 译成为不同的副词性的汉语单词,即'遍'和'定',并用前者(遍)来修饰第一相(遍是宗法性)的'是'字,和第三相(异品遍无性)的'无'字;用后者(定)来修饰第二相(同品定有性)的'有'字。这一译法完全符合

① 巫白慧:《入论汉译问题试解》,《因明新论——首届国际因明学术研讨会文萃》,第21页。

因三相的逻辑原理;因为'遍'字说明了因对宗(有法)的包摄或周延的程度和范围,并且使因与同品和因与异品的一正一反的关系鲜明地揭示出来……。显然,奘师的这一译法——把原文的两个ewa分别译作'遍'与'定'在因三相的逻辑关系中,无疑起了画龙点睛的作用。"①

对因三相,吕澂在《讲解》中第一次指出玄奘汉译本与梵本的差异。他在《讲解》中加注:"二本因初相缺此'遍'字。又二三相作定有定无。"②指出奘译本中因的第一相增加"遍"字,第三相改"定"为"遍",反映汉、藏译者对因的第一、第三两相的理解侧重不同。揭示梵、汉、藏本在重要理论表述上的差异,这一首创归功于吕先生。"又二三相作定有定无",实际上就是解说了两个ewa都是"肯定地、确实地"的意思。

巫先生第一次直接把梵本中的两个语气副词eva拿出来辨析,它仅有"肯定地、确实地"的意思。这进一步使读者了解到奘师在第二相中加"定",在第三相中加"遍",于梵语原文表达上没有依据。至于奘师把第二相译为"同品定有性"和把第三相"异品遍无性",我以为是因为奘师吃透了陈那新因明精髓,能把原著中隐而不发的逻辑思想充分准确地表达出来,是对陈那因明九句因理论深刻理解基础上做出的创造性翻译,并非对两个语气副词eva词语本身作了创造性翻译。

(二) 关于梵语原文缺"宗法性"问题

巫先生紧接前面所说,讨论了第二个问题,"即原文没有提宗法性问题"。吕澂《讲解》未注意到这个问题,是个缺憾。这是巫先生的一大发现。巫先生引用了柯利贤《入论疏》的一则相关对话。

"问:如果(因)于同品中有,则在此之外、余处(因)于宗有法非有故,法性不能成立。答:不是定理未被理解故;宗法性不言而喻故。"③

巫先生解释说:在这里,有人提出质疑,上节原文没有提及第一相(宗法性)。因除了于同品中有、异品中之外、不与宗法性(宗有法)发生关系;果如是,便缺宗法性,整个论题便不能成立。柯利贤回答:"不是定理未被理解,宗法性不

---

①　巫白慧:《入论汉译问题试解》,《因明新论——首届国际因明学术研讨会文萃》,第21—22页。

②　吕澂:《讲解》,第11页。

③　此注为巫白慧先生所加,说明"此则梵语原文,见(柯利贤)《入论疏》,第18页,第1—3行"。

言而喻故。"提问者认为,不提第一相宗法性,"整个论题便不能成立",《入论》原文便有缺陷。在柯利贤看来,不提也可,因为这是"不言而喻"的。

我以为这个问题提得好,柯利贤回答得也好。《入论》这一段讨论的对象是"所作""勤发"两个实例,它们是满足第二、三两相的正因。未说到它们都满足第一相,对熟知陈那因明的读者来说,这是不言而喻的。因为陈那的《因轮论》里已规定,九句因中每一句都以满足第一相为前提。《入论》笔墨省俭,可以理解,不能说有欠缺。对不了解的研习者来说,提出问题很正常。对于汉译来说,增补一句,有利初学者理解,很有必要。从唐至现、当代,不断有人质疑九句因未涉及第一相,足以说明当初奘师为《入论》梵本增益大有必要。巫先生认为:"这段原文是对因三相理论的总结,应该三相并提,这样做,又可以和原文初页中最先提出的因三相次序相应、一致。"这样解释是对的。

但是,巫先生对柯利贤"不言而喻"的解释,令人难以理解。巫先生说:"不言而喻似有二层含义:第一,'说因宗所随'这个定理,不言而喻,天主论师是完全理解的;第二,在讨论同、异品时,宗法性(定理)的存在是不言而喻的,但没有必要用具体形式表现出来(这反映柯利贤论师是在遵循'同、异品应除宗有法'的规定)。"①本来是讨论要不要补上第一相的问题,即要不要补充说明因概念包含或全同于宗有法。这与同喻体"说因宗所随"毫无关系,也与"同、异品应除宗有法"毫不相关。把第一相说成同喻体"说因宗所随"是黄志强博士论文的一大错误。巫先生本来认为第一相是讲因与宗有法的关系,"因为'遍'字说明了因对宗(有法)的包摄或周延的程度和范围"②,实例就是"(所有声是)所作性"或"(所有声是)勤发故"。被这篇博士论文所诱导,便把自己原有的正见丢掉了。柯利贤主张"同、异品应除宗有法",应当为之点赞。但在这里讨论第一相的地方,把"同、异品应否除宗有法"问题拉扯进来就离题了。更何况巫先生是为巫博士修改异品定义(主张异品不除宗)高唱赞歌的。

(三) 关于奘师译文"若于是处、显因同品,决定有性"的读法

巫先生的汉语直译为:"在这里因于同品中的肯定有性能揭示出来。"巫先生解释说:"原文是喻支中同法喻的定义,句型是一个主谓结构、被动态的直言判断句。同样,汉语直译的句型也是一个主谓结构、被动态的直言判断句。柯利贤论师对这句原文有准确的解说,他说:'所指之因,即所说之相,在同品中的肯定

① 巫白慧:《入论汉译问题试解》,《因明新论——首届国际因明学术研讨会文萃》,第23页。
② 同上,第22页。

性被揭示出来。在同品中,即所说之相在同品之中;有性,即存,在被揭示出来,即用语言表述出来。'柯利贤论师这个解释完全契合原文含义。"①

巫先生又说:"我国学者很可能据此而误读成两个句子,把'因于同品中'误作一个'因同品'的术语。按原文的句型和句义,这个被动态句子是在于强调因(所作性)在同品中肯定存在,并非在构筑一个'因同品'的术语。基于此,玄奘法师的译文'显因同品,决定有性',应读作'因于同品中,决定有性'。"②

巫先生的直译随顺柯利贤和吕澂的解释。他们都认为《入论》梵文原本在这句话中就没有"因同品"这个术语。这是对梵文原文的一种解释,有助于我们进一步探讨《入论》作者商羯罗主在表达方面是否明确、是否准确,也有助于我们对文轨、窥基增设"因同品"概念作出正确的评价。

（四）关于宗支译文的删节

奘师译文:"此中宗者,谓极成有法,极成能别,差别性故。随自乐为,所成立性,是名为宗。如有成立声是无常。"

对此段奘译,巫先生对照《入论》梵本作了汉语直译:"在这里,宗是极成有法,以有极成能别及差别性故;按照自己的意愿,所成立性。还应补充:不违现量等。例如,立声是常或是无常。"

巫先生核对原文,认为奘法师在译文中做了两处删节。一处是删去了原文中的补充说明"不违现量等"。另一处是删去了"立声是常",只说"如有成立声是无常"。吕先生《讲解》只注意到第一次删节,"二本次有句云,不为现量等违害。考系后人所补。"《讲解》未注意到第二次删节。

巫先生认为:"奘法师在译文中删去这个句子,似乎是因为他认为宗支的定义中只讲成立极成的所立,即仅仅阐明正宗,不涉及似宗。因此在论述正宗时,'不违现量等'这个前提不言而喻,毋须明言。"③

关于第二处的删节,巫先生认为:按原文,这个例句是一个选言句型,用以说明"随自乐为,所成立性",谁都可以按照自己的意乐成立所立:"声是常",或者"声是无常"。原著作者的用意是显然的:执声常者(尤其是吠陀语法学家或声

---

① 巫白慧:《入论汉译问题试解》,《因明新论——首届国际因明学术研讨会文萃》,北京:中国藏学出版社,2006年版,第24页。

② 同上。

③ 巫白慧:《梵本〈因明入正理论〉——因三相的梵语原文和玄奘的汉译》,转引自《印度哲学》,第489页。

论师)可以按照自己的意乐成立"声常"宗;持声无常论者(特别是佛教徒)也可以按照自己的意乐成立"声无常"宗。"奘法师的译文中,把原文的选言句型改为直言句型;删去'声常',留下'声无常'作例子。从逻辑和语言角度看,删去'声常'无关宏旨。但从佛教徒的立场说,把'声常'删去,似有特殊意义。"①又说:"玄奘法师作为一位伟大的佛教徒和梵汉佛典权威,在译述三藏圣典中自然怀有同样自利利他的崇高愿望。这里,他把'声常'二字删去,突出地反映了他如何高度地热爱佛教教义,如何坚定地维护佛教正统。"②

(五)关于译文《论初期佛教逻辑及其有关文献》

这篇收入《印度哲学》第四部分《正理逻辑》的译文最初发表于吉林教育出版社于1989年出版的因明论文集《因明新探》。③ 意大利杜芝教授(G. Tuci),汉译又有图齐、杜齐,是国际上著名的因明家。他是欧洲和印度中少见的能用汉语阅读的因明家。他曾将真谛汉译本《如实论》倒译为梵文本。他不仅熟知玄奘汉译二论,还将奘译《因明正理门论》转译为英文本。据汤博士的评论,英译文总体很好,唯有对第二相"于余同类,念此定有"的翻译,漏译了关键的"余"字。此"余"字表明同品除宗有法。这一失译可能误导英语读者对陈那因明中同、异品必须除宗有法观点的理解。杜芝教授对陈那因明逻辑体系的认知沿袭了印度威提布萨那和苏联科学院舍尔巴茨基的观点,即演绎论证。在本文中不仅考察了弥勒、无著学说的若干方面,还考察了古因明包括龙树《方便心论》、陈那因明、法称因明直到法称后学的逻辑思想及其相关文献,实际不限于初期而是一整部佛教因明逻辑简史及文献。因此,杜芝教授的因明观点,无论得失,译文的发表都有助于国内因明研究者拓宽眼界。

译文分三部分,分别对应原书的第三、四、五章。第一部分概述佛教逻辑在印度思想史上的重要地位,评论因明怎样由佛教徒不应随便修习转变到菩萨必须掌握的学问的原因及过程,以及以《瑜伽师地论》为代表的古因明的最初模型大量表现为在辩论过程中应守的行为准则的形式。

杜芝在本章开篇说:"晚近印度逻辑研究表明了佛教逻辑理论的重大意义和

---

① 巫白慧:《入论汉译问题试解》,《因明新论——首届国际因明学术研讨会文萃》,第25页。

② 同上,第25—26页。

③ 中国逻辑史学会因明研究工作小组:《因明新探》,长春:吉林教育出版社,1989年版,第205页。巫白慧本人作注:"选自意大利杜芝教授(G. Tuci)《论弥勒无著学说的若干方面》一书的第三、四、五章"。

它在印度思辨的总的发展过程中所占的重要位置。……佛教思想家力图解释一些哲学的基本问题,诸如人们的知识来源和知识的有效性问题,主观和客观之间的关系问题,他们是以这样一种深度和创见来探讨这些问题,他们竟先于近代西方思想家,提出了后者所解释的观点。不幸的是,佛教大师们这些论述逻辑体系的著作,和许多其他佛教思想丰碑一起,从印度土地上丧失殆尽。"①所以,当我们想从梵文典籍方面获得关于他们的理论的清晰的了解时,我们不得不求助于婆罗门教和耆那教的著作引来的引语和对他们的评论。

杜芝认为:"佛教逻辑,应该说,印度逻辑的最繁荣、最辉煌的时期,是从陈那开始,而结束于法称。"②他还提到中亚的许多大的逻辑学派,其中有玄奘正从事逻辑研究。"在《释量论》中评注他老师陈那的著作,纠正陈那的许多论点,标志着他对陈那理论的无可否认的发展,这时候,陈那的逻辑体系已不再有实用的意义,而只有历史的意义。"③请注意,杜芝认为,法称是"纠正"了陈那的许多论点,而不是如其他学者那样认为,法称仅仅祖述陈那。杜芝认为:"至少从弥勒时代起,形式逻辑在佛教各学派中已有重大的发展这一点所以值得我们论及,因为其中有些逻辑著作,一般说来享有比其他著作更为古老的声誉。如果相信它们的权威性,就会发现'因明'或'思辨'(tarka)是受谴责的。这是佛教僧徒不应随便修习的学问之一。好辩者在佛教徒当中,似乎并不比在《摩诃婆罗多大史诗》的编纂者中有更好的名声,大史诗的编纂者们也同样以蔑视的态度指称好辩者。但是,事情逐渐起了变化。跟着注释时代而来的是议论时代,出现了许多观点,而且往往不一致。信徒们常常对经典作自由的解释,而这种自由的解释是佛教最有特色的特征之一。同时,由于必须维护自己一派的观点,反对对立面(佛教或非佛教)的理论,辩论技术上的或教义上的问题便变得越来越重要,评论和注释(经典)兴起的时代,也是佛教徒开始把他们的注意力转向辩论和辩论规则的时代。"④

杜芝认为,"佛教逻辑作为一系列供辩论使用的规则而出现,这说明为什么留传给我们的佛教逻辑的最初模型,具有关于争论者在辩论过程中应守的行为准则的形式"。⑤ 这便解释了古因明以辩论术为中心,逻辑和认识论处于附庸地

---

① 巫白慧:《印度哲学——吠陀经探义和奥义书解析》,上海:东方出版社,2000 年版,第 421 页。

② 同上,第 423 页。

③ 同上,第 422 页。

④ 同上,第 426 页。

⑤ 同上。

位的原因。

在第二部分,杜芝上来便指出:"《瑜伽师地论》作者(弥勒或无著)是第一位把论争包括在菩萨需要知道的课题之内的人。"①我注意到,杜芝认为,《方便心论》不是龙树的著作,不同意汉译本的观点,但他未说理由。只能存疑。杜芝在本部讨论了该论关于能立和论式以及现量问题。

在第三部分,杜芝讨论了比量问题。重点讨论了因三相理论的归属。"实际上,因三相——遍是宗法性、同品定有性、异品遍无性,也见于胜论派赞足(Praśastapāda)论师的作品中,所以,学者们有两种不同的意见。一些学者认为,因三相理论是陈那引进的一种革新理论;另一些学者认为,赞足论师是这一理论的创立人。这是一个存疑的问题,因为我们实际上不知道陈那之前的佛教逻辑。但是,我们正在讨论的这部正理著作——《如实论》可以解决这一难题,因为这部著作,如果不是《论轨》本身,便是在所有论点上复述了几乎与《论轨》一样的理论,而那些论点可以在两部作品间进行比校。当然,就别的原因而言,赞足论师似乎不可能是因三相理论的首创者。首先,因为陈那的《因明正理门论》有一个完整的句子,直接地为赞足所引用,而这个句子也见于《集量论》。但是《如实论》的中国译本毫不含糊地指出,因三相理论在陈那之前就存在,并且表明在这位伟大的论师之前,佛教各派曾就各种逻辑学说进行过广泛和系统的探讨;这一情况,虽无梵语原本、但有汉语译本的逻辑著作所证实,同时也为陈那本人在他《集量论》的注释中所证实。"②

以上一大段引文表明,杜芝不懂得陈那新因明的因三相与古因明因三相有根本区别。这是他的一大欠缺。陈那新因明的因三相由陈那独创,是对古因明因三相作了重大改造建立起来的。它的基础是九句因,是对二、八正因的概括。九句因学说是陈那《因轮论》的产物。胜论派的赞足既然照引过《理门论》的完整句子,只能说明他接受了陈那学说,如同正理派后学受陈那因明影响改变了自家学说的论证形式。

二、值得商榷的因明观点

巫白慧先生在《入论汉译问题试解》的后记中说:"我选读了一些与会学者的著作和论文,并参加了研讨会的讨论。这使我想起了在上届研过会上说过的'因

---

① 巫白慧:《印度哲学——吠陀经探义和奥义书解析》,第430页。

② 同上,第442页。

明研究有两个重大的理论问题：1. 逻辑体系；2. 推理性质’。第一个问题，已经得到解决。第二个问题，仍在探讨中。也就是说，第二届因明学术研讨会还没有解决因明的推理性质问题。现在，在杭州经全面观察、分析这第三届国际因明学术研讨会所取得的因明科研成果，我得到一个结论：因明的推理性质问题已经趋向解决。因为在这届研讨会上持‘因明推理就是演绎推理’看法的学者提出了可信的科学依据，论证了其看法的正确性。”巫先生接着说，主张演绎的学者提出“用多角度的科学方法（特别是数理逻辑和语言逻辑的方法）来论证因明推理形式中类比残余是可以消除或变换的；而随着类比残余的消失，因明的推理自然变成了纯必然性的演绎推理。”又说：“上述论点可以说是解决因明推理性质的两个科学方案，是本届因明学术研过会所取得的具有重要学术意义的科研成果。”①

我之所以大段引述巫先生在后记中的结论性意见，是由于完全不赞同。巫先生好似体育比赛的裁判员，对因明领域正在进行的学术讨论做出裁决。真理在谁手里，靠谁宣判一下于事无补。既然“逻辑体系”问题“已经得到解决”，怎么又会有“因明的推理性质问题已经趋向解决”？“趋向解决”就是还未解决。难道回答“逻辑体系”离得开“因明的推理性质问题”吗？这本来就是一而二、二而一的问题。

巫先生的逻辑是，用了不同于形式逻辑的逻辑工具，即“特别是数理逻辑和语言逻辑的方法”就能够“消除或变换”“因明推理形式中类比残余”，“因明的推理自然变成了纯必然性的演绎推理”。这就犯了古籍研究的大忌——违背历史主义原则。并非用了不同的逻辑工具，就一定能按它的本来面目加以研究。美国的理查德·海耶斯用数理逻辑工具刻画陈那因明，早就做出了与巫寿康博士完全不同的结论。如果不懂得因明的基本常识，那么会利用的逻辑工具越好，就越可能犯南辕北辙的错误。这是其一。其二是，以为工具好，不是实事求是地从研究对象出发，而是从研究者主观愿望出发，就可以改变研究对象本身的内容，把它变成自己想要的东西。这还是古籍研究吗？

与巫先生可商讨的问题较多，我们选择三个主要问题加以商讨。

（一）修改异品除宗以保证陈那因明是演绎论证

修改异品定义，即异品不除宗，这是因明博士巫寿康的一大“发明”②。这是巫先生鼎力推荐的观点。巫先生认为：“借助数理逻辑方法，成功地找到这样的

---

① 巫白慧：《入论汉译问题试解》，《因明新论——首届国际因明学术研讨会文萃》，第 27 页。

② 巫寿康：《〈因明正理门论〉研究》，北京：生活·读书·新知三联书店，1994 年版。

'同品'和'异品'的新定义,从而提供一条可以了结千年议论不休的因明悬案的新途径,实现对《正理门论》体系的完整性的维护。"①对这一评价,我不敢苟同。巫博士的《〈因明正理门论〉研究》(后文简称《研究》)修改异品的定义,牵一发而动全身,其实是搞出了一个20世纪80年代的新因明体系,不仅把古人陈那的因明体系改造得面目全非,而且矛盾百出。

我从1988年发表论文《论因明的同、异品》起,对修改异品定义的研究方案进行了批评。后来在本人的连珠体专著《佛家逻辑通论》《因明正理门论直解》《汉传佛教因明研究》《因明大疏校释、今译、研究》和由我主编的《佛教逻辑研究》(教育部逻辑基地重大项目)与《印度因明研究》中,我一直坚持己见。以下就融合以上论著再作简评。

第一,修改古人绝非古籍研究之所宜。《研究》的作者由于有较高的数学和逻辑修养,所以能敏锐地发现按照陈那同、异品除宗有法和九句因、因三相规则不能保证宗命题为真,即从喻和因不能必然地推出宗,三支作法不是演绎推理。这本来是一个值得称道的了不起的发现。但是,该文作者跨入了真理的大门又莫名其妙地重返歧途,最终通向了谬误。《研究》仅凭陈那"生决定解"四个字,就断定陈那三支作法为演绎推理。这个本来需要论证的论题被拿来当作现成的结论,并以此为出发点,去寻找陈那《门论》体系中的"矛盾",不惜修改陈那因明体系中最重要的最基本的概念异品的定义。这种修改古人以适合自己的主观想法的研究方法,绝非古籍整理之所宜。

第二,《理门论》在给同、异品下定义之前已经规定了同、异品必须决定同许:"此中宗法唯取立论及敌论者决定共许,于同品中有非有等亦复如是。"

在这里不仅规定了在共比量中宗法即因法必须立敌共许,还规定了同品有非有等亦须立敌共许。同品有非有等共许包含了好几层意思。首先,双方得共许某物为实有;其次,双方得共许其有所立法,是共同品;再次,还得双方共许其有因,或没有因,或有的有、有的没有因。再从立宗的要求来看,立宗必须违他顺己,立方许所立法于有法上有,敌方则不许所立法为有法上有。这就决定了宗之有法不可能是共同品,也不可能是共异品,由此可见,同、异品除宗有法是因明体系中应有之义,二论关于同、异品定义未明言除宗有法并无缺失。

第三,同、异品除宗有法可以从九句因的第五句因上表现出来。第五句因是同品无、异品无。例如在声常宗,所闻性因中,除声以外的一切具有常住性的同品都不具有所闻性因,除声以外的一切具有无常性的异品中也都不具有所闻性

① 巫白慧:《佛教哲学与精神文明》,载《佛教文化》第二期,1990年12月。

因。由于同品有因是正因的必要条件,因此,因明规定九句因中的第五句因同品无(非有)、异品无(非有)犯不共不定过。如果同、异品不除宗有法,那么就不可能存在第五句因。因为同、异品是矛盾概念,非此即彼,其间没有中容品。同品无则异品必有,异品无则同品必有,绝不可能出现同、异品俱无因的情况。再则,因明是论辩逻辑,在共比量中,证宗的理由必须双方共许。立者以声为常宗,自认声为同品,但敌者不赞成声为常,以声为异品。因此,在立量之际,声究竟是同品还是异品,正是要争论的问题。如果立敌各行其是,将无法判定是非。当立取声为常住的同品时,其所闻性因,同品有非有而异品非有,则成正因;当敌取声为常住的异品时,所闻性因于同品非有而异品有非有,又成相违因,出现过失。同一个所闻性因,既成正因又成相违因,是非无以定论。因此,在立量之际,因明通则,同、异品均须除宗有法。否则,立、敌双方都会陷入循环论证,同时,一切量都无正因。因为敌方只要轻而易举地以宗有法为异品,则任何因都不能满足异品遍无性。所立之量便非正能立。

第四,《理门论》因三相中第二相表述中"于余同类,念此定有",直接讲同品除宗,第三相中异品虽未明言除宗,但亦随顺除宗。[1]

第五,《研究》的错误导向。同、异品除宗有法不仅是陈那因明中的题中应有之义,而且是从《正理经》到古因明的题中应有之义。《正理经》和古因明的五分作法中的同喻依、异喻依不能是宗有法,正是同、异品除宗有法的体现。同、异品除宗对法称以前一切新古因明家来说,是不言而喻、不言自明的道理。

研究古人的著作切忌用自己的主观想法来代替古人,而应按古人的本来面目加以研究。九句因、因三相是不是使宗为真的充分条件?三支作法是不是演绎推理?陈那本人没有说过,他也没接受过古希腊逻辑中充分条件、演绎推理等概念。九句因、因三相、三支作法具有什么性质,这正是我们要研究的问题,是我们要用逻辑的格加以衡量的问题。这一需要论证的论题被《研究》的作者(根本没有论证过)就事先当作了结论。再以这样的主观的结论作为标准来修改陈那的定义和体系,使之适合这一标准。在这个意义上我们说《研究》的导向是错误的。

按照我们上面的讨论,九句因、因三相不能使宗命题为真,它们是保证宗命题为真的必要条件,是必要条件仍有意义。古因明的因三相不能保证宗为真,但是没有人说它没有意义。新因明的因三相避免了古因明有无穷类推的弊病,提

---

① 参见汤铭钧、郑伟宏:《同、异品除宗有法的再探讨——答沈海燕〈论"除外说"——与郑伟宏教授商榷〉》,《复旦学报》(社会科学版),2016 年第 1 期。

高了类推的可靠程度,这就是意义所在。同、异品除宗,并不与《理门论》基本理论矛盾,而只是与《研究》作者的主观想法矛盾。

当我们仔仔细细来检查《研究》的异品新定义和由此建立起来的新体系时,便发现它捉襟见肘,有很多矛盾。首先,异品不除宗的新定义从根本上就不可能成立。因为,敌方把宗有法当异品,则立方无论用哪一个正因,异品都有因,都不满足第三相,都不可能证宗。其次,新定义使第五句因不可能存在。第五句因特点就是同、异品皆除宗,是不共不定因。没有了第五句,整个九句因理论都被取消。从二、八正中概括出来的第二、三相也不复存在。

综上所述,《研究》对陈那异品定义以至整个体系的修改是不切实际的,它不符合陈那时代因明家的实际思维水平。同品除宗,限制了立方,异品不除宗,偏袒敌方,这样的逻辑工具是不可能为各宗各派所接受的。因明是佛家逻辑,但因明作为思维工具其原理应为各宗各派所共同遵守。但在陈那时代,作为立论者轻易奉送敌方一种反驳自己的特权,这是不可想象的事。

(二)把第一相"遍是宗法性"解作同喻体

绝大多数论著都把"遍是宗法性"解作"所有的宗上有法都具有因法性质"。以 S 代表宗有法,以 M 代表因法,则第一相的命题形式为"所有 S 是 M"。例如,在"声是无常"宗、"所作性故"因中,"所作性故"省略了主词"声"和全称量词。因支的完整表述应是"所有声都是所作性",满足第一相,第一相涉及宗上有法与因法的关系。

有一种观点较为特殊,把第一相解释成同喻体。"因法是该相中的媒介概念,即是相中被省略的主项,其完整句式是:因法遍是宗法性"。① 还得到一批专家的赞同,称之为"警世之作","开辟了因明研究的新领域"。② 巫先生特别赞同"因法普遍具有宗法性",他认为"这一解释很接近梵本原本"。③

该文虽然也承认,陈那在《理门论》中把宗之后陈法即宗之谓项和因法都称为"宗法",但又坚持第一相中的"宗法"只能是宗后陈法。该作者在一系列论文和专著中重申,"第一相说的是喻体,即凡因法都具有宗法性"。④

---

① 黄志强:《因三相管见》,载《社会科学战线》,1997 年第 6 期;《佛家逻辑比较研究》,香港:新风出版社,2002 年版,第 85 页。

② 引自《佛家逻辑比较研究》首页推荐书。

③ 同上。

④ 《三支论式规则探析》,载《广西师院学报》,2000 年第 1 期;《三支论式的逻辑本质》,载《十方》,2000 年第 2 期。

　　黄文的新解问题很多。他说"遍是宗法性"中省掉的是主词"因法",这完全是主观臆想。新因明的"因三相"源出陈那《理门论》。玄奘汉译本关于第一相的表述是"若所比处此相审定",其中"所比"就是指宗上有法,例如在"声是无常"宗中的主词"声"。"此相"是指宗上有法之法即因相。陈那在阐述一个论式的必要成分时说:"为于所比显宗法性,故说因言。"明明白白告诉我们,因支就代表第一相,"宗法性"意为因概念就是"所比"这宗上有法之法。简言之,这里的"宗法"即因法。

　　窥基《大疏》在解释一因、二喻与因三相的对应关系以及因外别说二喻的原因处就附带解释了《理门论》关于因支显示第一相,二喻显示第二、第三相。陈那在《理门论》中对古师的问难作了答辩,阐述了因外别说二喻的理由。基疏对古师的问难作了解释,也对陈那的答辩作了申说。古师难云:"若尔,喻言应非异分,显因义故。"基疏解释说:"古师难意,若喻亦是因所摄者,喻言应非因外异分,显因义故。应唯二支,何须二喻?"古师意思是,既然说喻为因所摄,那么因明论式只要二支就行,同、异喻便是多余的。基疏引陈那答难并作解释:"喻体实是因尔,不应别说,然立因言,正唯为显家法性是宗之因,非正为显同有异无顺返成于所立宗义,故于因外别说二喻。"①这是说,二喻实际是因,但由于因言只表达了第一相,而后二相没有显示出来,因此必须在因外别立二喻以显示后二相。

　　"遍是宗法性"出自玄奘汉译本《因明入正理论》。《入论》作者商羯罗主忠实地宣传其师陈那的新"因三相"。二论汉译本同出玄奘译场,虽然三相表述文字有异,但精神实质完全一致。可见,第一相就是规定宗上有法与因法的关系。

　　再从第一相的作用来看,它起到归类的作用。因法只有周遍地把宗有法的外延包括在自己的外延之中,才有可能起到证宗的作用。黄著对第一相的新解,再加上他认为第二相只与宗同品(有论题谓项属性的对象)有关,第三相又只与宗异品(没有论题谓项属性的对象)有关,便使得因的三相全都与宗有法(论题主项 S)风马牛不相及。既然一个因(中词 M)与论题的主项 S 毫无关系,那是不会有一点论证作用的。这是逻辑的基本常识。他还说"因三相"反映了三段论的两个公理,那更是不着边际了。

　　在《理门论》中,并非如黄文所说只有一处说到因是宗法。我们在上面就举出了一处,真要悉数道来还真是不胜枚举。例如:

---

① 窥基:《大疏》卷四,页四左至右。

"此中'宗法'唯取立论及敌论者决定同许。"①

"决定同许"的当然不是宗上不共许的后陈宗法即宗论题的谓项,而是因法。又说:

"夫立宗法,理应更以余法为因成立此法。"②

这是说因作为宗上有法之共许"余法",可用来成立宗上不共许之后陈宗法。显然,这里的因法也就是宗法(宗后陈法)之外的有法之法。在论及"九句因"的组成时又说:"宗法于同品,谓有、非有、俱。"③

"九句因"专论因与同品、异品的关系,其中"宗法"除了指称因法,绝无他解。在"本颂"中的后两句是:"说宗法相应,所立余远离。"④应读作"说宗法、相应、所立,余远离",意为一个论式包括因、喻和宗三支,此外没有其余支分。其中"宗法"就指因支。对这样明明白白、毫无疑义的指称,可惜该文作者完全不理解。

在汉译因明著作中,一词多义和一句多解的情况随处可见,但应看到,在具体的语言环境中,每一字、词、句其含义又是确定的,不容随意解释。抛开汉传因明的权威经典,仅从字面意义来谈论上述新解与梵文原文"宗法性""很接近",是不可取的。这样的梵汉对勘实在不值得提倡。

在汉译因明中,一个"宗"字,有三种不同含义:一指总宗(命题或判断),二指前陈有法(主项),三指后陈法(谓项)。对于这三种不同的含义,在藏译中,"诸字各异,故无此弊"(法尊语)。"宗法性"单从字面意义理解,不能说省略的一定是因法,不能说"宗法性"指的就是"凡因法是宗之后陈法"。

整部印度逻辑史,凡涉及"因三相",其第一相皆由因支代表。按照梵文的语法,因支省略的一定是主词,即宗上有法。例如,"声是无常,所作性故",因支"所作性故"就是"声是所作性故",在字面上省掉的是宗有法"声"。不省反倒不合梵文语法。⑤

黄志强似乎连《入论》的原文都没好好读过,《入论》在讲完宗、因、喻三支时举例说明:"如说声无常者,是立宗言;所作性故者,是宗法言;若是所作,见彼无常,如瓶等者,是随同品言;若是其常,见非所作,如虚空者,是远离言。唯此三

---

① 陈那:《因明正理门论本》,《内学》第四辑,第一〇四三页。
② 同上,第一〇四四页。
③ 同上,第一〇四二页。
④ 同上,第一〇五〇页。
⑤ 周叔迦:《因明新例》,上海:商务印书馆,1936 年版,第 36—37 页。

分,说名能立。"①"所作性故者,是宗法言",因支就代表了第一相。梵文对勘者总不能只顾梵文的一字多义而直截了当反对原著吧!

只顾得"创新",竟然连印度因明的原著都要加以否定,这样的研究实在不够批评的水平。难道要说连《入论》作者本人都没搞清什么是第一相吗?

玄奘译场中的"证义"大德神泰所撰《述记》在解释"了因"时说:"一者义因,谓遍是宗法所作性义。"②明白无误地指出常用实例中的因支"所作性故"就体现了第一相"遍是宗法"。

在因明研习方面,窥基得到玄奘耳提面命的传授,独得薪传。其著作《因明大疏》最具权威性:"遍是宗法性,此列初相。显因之体,以成宗故,必须遍是宗之法性。据所立宗,要是极成法及有法不相离性。此中宗言,唯诠有法。有法之上所有别义,名之为法。此法有二:一者不共有,宗中法是;二者共有,即因体是。"③

窥基首先阐明第一相是"显因之体",因支即因体。基师还明确解释"遍是宗法性"中的"宗言","唯诠有法",非常明确地强调只是指称宗有法,而因是成立宗有法之"法",而且必须遍及宗有法,即所有宗有法"声"都是立、敌对诤的对象。在第一相中,因概念是肯定命题的谓项,衡于形式逻辑,一律不周延。

窥基在《大疏》中还讨论了因法是否遍、是否为宗法的四种情况并举例说明。所用之因如果非宗有法之法,便违反第一相,称为"不成"因。"不成"因又有全分、一分之别。一个因如果不是所有宗有法之法,便是"全分不成";如果不是一部分宗有法之法,便有"一分不成"因过。例如,"色等实有"宗,"眼所见故"因,此"眼所见"因,于有法上唯"色"上有,"声"等上无。"色等"中包括了"声",这样,"眼所见"因就不成为"声"的法,就有一分不能成宗之过。可见第一相中"遍"有特定含义,涉及的是宗有法的全部外延,而不是指因法的全部外延。

把"遍是宗法性"中的"遍"解释成遍及因法,这只是望文生义。"遍"即周遍。有法与因法,前者是体,后者是义。从体望义,称有,体为有,义为体有;从义望体,称依,表示义依于体,体为义所依。"遍是宗法"是从义望体,表示因对于有法须周遍依周遍转,换句话说,有法的全体被因所依所转。

值得一提的是,黄文的新解,在古今中外的论著中,尽管罕见,却并非前无古人。我在《明代汉传因明概述》一文中说过,明代的僧人真界把"因三相"全解释错了。关于第一相,他说:"遍是宗法性者,谓能立因全是宗法,如所作因全是无

---

① 转引自吕澂:《讲解》,第17页。
② 神泰:《述记》卷一,页一左。
③ 窥基:《大疏》卷三,页一左。

常。以是宗法故,则因遍宗法"。①

"所作因全是无常"即同喻体。现存明代的四种《入论》疏解都作此误解。黄文竟将此糟粕当作精华归为己有,并贴上了当代新解的标签。明代的高僧大德们由于完全缺少唐疏的借鉴,简直是在黑暗中摸象。面对绝学,他们虽竭尽所能,苦苦探究,仍难逃丛生错解的厄运。这是完全可以理解的。但是在唐疏由日本回归中土百年后,再发此论,就是缺乏基本文献常识了。

(三) 玄奘对因明"未予重视"

在《正理逻辑》的第二篇《国外因明学研究》中,第二部分讨论了"印度因明大师的年代问题"。其中讲到玄奘为何从来没有提到法称。巫先生说:"奇怪的是,玄奘为什么没有结识这样一位人物?他是和自己同敬一师(戒贤)、同住一寺(那烂陀)的同窗。商克利谛延那大师推测说,玄奘对法称保持沉默可能有如下几种原因:(一)玄奘留学那烂陀寺的时间是公元 635 年,此时法称早已去世。(二)玄奘对因明研究不深,因而没有浓厚的兴趣,不然,为什么像《集量论》这样重要的因明经典著作也被忽略而不翻译介绍呢?(三)如果法称和玄奘是同时人,法称也不会很年轻,玄奘一定听说过法称在因明学上的巨大成就和崇高声望。玄奘归国后可能谈论过他,但为玄奘传略编写者有意删去。本文作者认为,上述三种原因中,第一种原因可能性大些。在玄奘看来,因明只是一种议论工具,无关佛理宏旨。他的正常法事是翻译自己带回来的主要大小乘经论,至于《正理门论》和《因明入正理论》的翻译只被看作一种副业。玄奘不像对因明没有研究,而是未予重视而已。"②

我不赞成商克利谛延那大师的三种推测。以玄奘在印度求学的热忱和经历来看,假定玄奘在印求学期间,法称已有七论并成名,玄奘不向他请教是完全不可能的事。其时,盛行的只能是陈那因明。玄奘不但听讲《集量论》多遍,而且多方请益,排除疑难,穷尽幽微。尽管因明非他主攻方向,但他始终高度重视,否则日后就不会有汉传因明的辉煌成就。

总结巫白慧先生的因明研究,懂梵文是有利条件,但在因明和逻辑的常识上往往失足。因此,其梵汉对勘的一些成果经不起批评,关于陈那因明逻辑体系的观点不利于当代因明研究的推进。

---

① 郑伟宏:《因明正理门论直解》,上海:复旦大学出版社,1999 年版,第 288 页。

② 巫白慧:《印度哲学——吠陀经探义和奥义书解析》,第 453 页。此段引文后,巫白慧有自注,他本人的看法参考了罗炤论文《玄奘译〈因明正理门论〉年代考》(《世界宗教研究》1981 年第二期)。

第七节 总 结

一、欧阳竟无、吕澂的开拓之功

梵汉藏对勘研究是全面、准确领会汉译本《入论》《理门论》义理的必由之路。

在汉传因明复兴之初,欧阳竟无作为梵汉藏因明文本对勘研究的倡导者,厥功至伟。吕澂作为实践者,有开拓之功。百年来,汉传因明能重回因明研究之巅,我们不能忘记前辈之功勋。

欧阳竟无虽然没有撰写关于《入论》的论著,也没有关于因明研究梵、汉、藏对勘的尝试,但是他高屋建瓴地倡导了因明研究的梵汉藏文本对勘,不但为汉传因明的研究接续了唐代正脉,还为汉传因明研究的深入发展在方法论上指明了方向。难能可贵的是,他还对陈那新因明大、小二论与法称因明的某些不同作了对比研究,在现代因明研究中开了先河。

《理门论》关于宗过,共有五相违,对《入论》增加的四种,欧阳竟无解释说:"此其所以异者,《门论》义摄而略,《入论》作法而详也。"《理门论》重在原理,《入论》重在论式,这是二论的重要区别。欧阳竟无实际上告诫我们,研习《入论》,不要忽略《理门论》阐发的原理。

在法称七论都未有汉译的情况下,欧阳竟无就为汉传因明指明了研究方向,应该说是很有远见卓识的。法称因明中没有将相违因翻成四相违,也不设不共不定和相违决定因。欧阳竟无认为这是"根本克实之谈",即照实之谈,就是根据思维实际的普遍情形来设立过失,取消历史上出现过的特例。这应当是法称对因明理论的发展。他还认为"因明学,应祖陈那而宗法称",充分肯定了法称对陈那的发展,实际上把法称因明当作新因明的最高成就。

他对三位代表人物的因明著作的比较,总的来说,还是初步的,没有涉及法称因明在辩论术、逻辑和认识论三方面对陈那因明的根本改造,是为不足。当然我们也不能苛求。

欧阳竟无的设想被他的得力助手吕澂付诸实践。吕澂从藏文本中翻译了《九宗因轮论》和节译了《集量论》,为汉传因明填补了空白。他又与释印沧合作校订了《理门论》,《证文》,成为《理门论》研习的重要入门书。

吕澂指出威提布萨那《印度逻辑史》说法不全面,本论不光讲了与因、喻相关之九句,还讲了因三相。实际是,《因轮决择论》除了"尽列因、喻相关之九式",还在第一颂中专讲了正因的第一相。这是九句因的前提。但是此论只是区分了九句中的二、八正因和四、六相违因以及一、三、七、九不定因,外加第五句不共不定因。并未如吕先生所说"决择"了"因后二相"。因后二相固然概括于二正因。但二正因不等于因后二相(同品定有性、异品遍无性)。二正因与因后二相这是两个有内在联系但不完全相等的概念,不能混同。《因轮决择论》并未建立因后二相。因后二相的正式建立归功于《理门论》。《因轮决择论》与《理门论》是"小论"与"大论"之间的关系。"小论"成为"大论"的有机组成部分。

吕澂译讲《因轮决择论》纠正了自唐以来国内外专家学者的诸多误解。其成果有八点之多:一是确定藏译《因轮决择论》就是汉传提到而未译的《因门论》;二是确认九句因以满足第一相为前提;三是纠正印度出威提布萨那《印度逻辑史》片面说法,本论不光讲了与因、喻相关之九句,还讲了九句因的前提条件即与宗相关的第一相;四是讲解了《因轮决择论》九句因与《理门论》中九句因的大体相同和细微差异;五是比《理门论》更详细地讲述了九句因的构成方式;六是更完整地给出了九句因实例,有《理门论》所无的同、异喻依(除第五句本来是同无异无外),特别是列出同喻依便补全了宗、因、喻三支作法不可缺少的骨干成分;七是补充说明九句因都是依"决定"因而非"犹豫"因来决择的;八是告知汉传中窥基《大疏》按"犹豫""有无俱"和"分"(全分、一分)详列宗、因、喻诸过亦有所本。

吕澂译讲《因轮决择论》也留有瑕疵。一是误以文中的因"三相"即陈那新因明的"因三相"规则;二是补例时,补错了宗体和同、异喻依的顺序。在几十年后的《讲解》中,第八句"声常"宗被改正为"声无常",第五句同、异喻依顺序仍旧错为"如瓶,如空"。

吕澂读法称《正理滴论》纠正了威提布萨那,是全面、准确领会《入论》原文的重要文献。否则,任其跑马,则丛生错解。今天我们可以追溯到国内外评论陈那、法称因明体系同异的失足原因之一是以法称代替陈那。吕澂的梵汉藏对勘研究为后人作准确的因明与逻辑比较研究提供了文本依据。

二、郭良鋆、韩廷杰继往开来

郭良鋆、韩廷杰的《入论》梵汉文本对勘研究硕果累累。他们不愧为对勘研究的中坚力量。这得益于他们的深厚梵文功底。他们在梵文语言上没有障碍,到底是科班出身。

依我看,在郭教授按照字字对译的梵汉对照本中丝毫不讳言吕澂《讲解》的瑕疵,如对梵文的误读误释,例如关于"差别性故"。韩廷杰说:"我完全赞同郭良鋆的意见,这是浅显的梵文语法问题,不应发生歧义。"还有对勘方面的遗漏等,实际就是纠偏。相对于吕先生的《讲解》郭、韩的对勘研究是锦上添花,是修正瑕疵,是为今日研习者提供一个更完美接近《入论》原貌的版本。他们的详细对勘,使读者完整地欣赏到了梵本的原貌和原义,也使读者具体而微地领略了汉译的风格特征。二论的汉译总体上是字字对应,既有大量的直译,也有少数意译,还有个别增删和段落调动。

奘译《入论》在义理上基本忠实原意,甚至比原文更加准确地表达。例如因三相的翻译,做到忠于原文且高于原文。两个"遍"字和一个"定"字,逻辑表达上比原文更为准确,超过了当今的国内外许多专家。

在枝节问题上可以有不忠实原文的意译。再强调一下韩先生的说法:"对于中国人来说,当时的因明是一门新学问。如何把这门学问介绍给中国人,玄奘法师下了很大的工夫,他没有拘泥于文字,不是直译,有的地方删略,有的地方增加,有的地方改写。当然,玄奘法师的这些技术处理,有的恰到好处,有的欠妥,不能一概而论。可以肯定玄奘的译文是意译,不是直译。"①"我在作《因明入正理论校释》时,一一查对《藏要》本校注,发现有些问题,有的应当说明,但没有说明;有的虽然说明了,但值得商榷"。②"翻译应当忠实于原文,只有在不得已的情况下,才允许加字或减字。"③《研究》的这个看法贯串始终,所以《研究》的对勘使读者第一次阅读到了极其完整的《入论》梵本。这应是韩先生《研究》的一大特色。

例如,关于标题。韩先生指出,《藏要》本有校注说明如下:"梵本论题无因明二字。"韩先生作补充说明,梵本标题直译应为《入正理经》,而外道正理派的经典是《正理经》,如果直译,很容易让人误解为正理派经典。这是玄奘加"因明"二字的原因。梵本称其为"经",是指佛教包括经、律、论三藏的广义的"经"。《藏要》本校注却没有说明梵本原为"经"而非"论"。

梵本本无"是名为宗"一句,他在《几个问题》中说:"玄奘法师为了使文章层次分明,加上这句话,《藏要》本校注没有指出。"

梵本举宗之例为"如有成立:声是常或无常"。奘译为:"如有成立:声是无常。"《研究》认为:玄奘不译"声常",可能是受信仰影响。正统婆罗门教的弥曼

---

① 韩廷杰:《几个问题》,引自《梵文佛典研究(一)》,第100页。
② 同上,第98页。
③ 韩廷杰:《研究》,引自《梵文佛典研究(一)》,第46页。

差派、吠檀多派等都主张"声常"。数论、胜论、正理和佛教徒则主张"声无常"。把梵本内容完整翻译,才能真实反映当时的斗争形势。韩先生认为:"按翻译规则来说,不应当这样做。……对于这样重要的问题,《藏要》本竟然没有说明。"

关于奘译"若有是常,见非所作,如虚空等"。《研究》指出,末尾"等"字为玄奘所加,实际上没有必要。

关于奘译"如说'怀兔非月,有故'"。《研究》说此例"梵本无,玄奘的根据是什么?不得而知"。

关于奘译"已说似因,当说似喻"。《研究》指出,这一句"梵本无","玄奘加的这句话,能够起到承上启下的作用",但是,《研究》认为用此句增译来代替梵本中原有的"似喻有二种:似同法喻和似异法喻"不妥,"这句话不应当略去,这句话是讲'似喻'的总纲。"

百年来梵汉藏对勘研究的后起之秀是汤铭钧博士。其众多研究成果在因明与逻辑比较研究中闪闪发光。本专题虽未专门讨论他的对勘研究成果,但在相关部分都一一列举,没有遗珠之憾。例如,唐疏大都解释能立不包括宗支,显然有违二论原意。唐以后至今没有人质疑,唯有汤博士释难。这是因为陈那后期代表作《集量论》改变了《理门论》观点。这虽然是玄奘所传的那烂陀寺的新观点,但是不能讳言陈那早期的看法。又如,汉译《理门论》中只有第二相明言同品除宗有法,而汤博士指出,《入论》藏本中第二、三相都具有除宗标记。还有,前人均未注意到二论喻体前打头的汉译"若"和"诸",其实皆非假言或全称用语,唯有他指出,只是举例说明。这后二例对解决百年来因明与逻辑比较研究重大争端起到关键作用。

三、文字解读要服从因明体系和逻辑体系

梵汉藏对勘中文字的解读要服从义理,义理之争要服从因明体系和逻辑体系。文字的解释又要服从相关段落的背景甚至整个体系。

吕澂先生在奘译"同法者,若于是处显因同品决定有性"后加注:"二本此句意云,显因于同品定有。"此注讲明了梵文确非"因同品"。郭译认为,商羯罗主的原文表达上不够明确,领会起来容易有歧义。这是引起争议的根源。此处郭教授改动了吕澂在《讲解》中所用奘译本的标点:"同法者,若于是处,显因同品,决定有性。"《讲解》中此句是没有逗号的。"显因同品"后加上逗号,这表明郭师认为奘译此处有三字连读的"因同品"。看来她默认了玄奘弟子文轨和窥基的解读。

韩译与郭译相同的是,都在"显因同品"之后加逗号断开,都实际上默认"因同品"一说。对"显因同品决定有性",《藏要》本校注称:"二本此句意云:显因于同品定有。"韩先生认为,本句依梵本原文应直译如下:"于同品就是有性,被显示出来。"他认为:"eva(就)起加强语气的作用,严格来讲不能译为'定'。"

唐疏中文轨《庄严疏》率先解此"因"为"因同品"。窥基《大疏》随顺《庄严疏》说。两家解读很可能就是玄奘的口义。陈大齐提出五条理由,力主唐疏增设"因同品"之说的合理性。

我认为,《入论》此句是述说同喻体的组成方式,而不是陈述因的第二相,也不是论述同喻体应满足第二相。它的组成方式就是《理门论》的表述"说因宗所随"。因此,"因同品"三字连读符合《入论》本意。可见,懂得语言环境有助于找到对勘的正确答案。

光有梵汉藏语言修养而不具备因明和逻辑的基本知识,要想讲清楚语句的义理也难。又如第一相的所指,因三相的主语,第二相中"定"的逻辑含义等。

参考文献

[01] 陈那.集量论释略抄[M]//内学(第四辑).吕澂,译.南京:支那内学院,1926、1927(合刊).

[02] 陈那.集量论释略抄注[M].吕澂,译.丘檗,注.成都:成都佛学社,1934.

[03] 陈那.集量论略解[M].法尊,译编.北京:中国社会科学出版社,1992.

[04] 陈那.因明正理门论本[M].玄奘,译.南京:金陵刻经处,1957.

[05] 陈那.因明正理门论本证文[M]//内学第四辑.吕澂,释印沧.南京:支那内学院,1934.

[06] 商羯罗主.因明入正理论[M].玄奘,译.北京:三时学会,1933.

[07] 法称.释量论[M].法尊,译.北京:中国佛教协会,1981.

[08] 文轨.因明入正理论疏(庄严疏)[M].南京:支那内学院,1934.

[09] 神泰.因明正理理论述记[M].南京:支那内学院,1923.

[10] 窥基.因明入正理论疏[M].南京:金陵刻经处,1896.

[11] 慧沼.因明入正理论疏后疏[M]//卍续藏经(第86册).

[12] 慧沼.因明入正理论疏义纂要[M]//卍续藏经(第86册).

[13] 慧沼.因明入正理论疏义断[M]//卍续藏经(第86册).

[14] 智周.因明入正理论疏前记[M]//卍续藏经(第86册).

[15] 智周.因明入正理论疏后记[M]//卍续藏经(第87册).

[16] 善珠.因明论疏明灯抄[M]//大正藏(第68册).

[17] 凤潭.因明入正理论疏瑞源记[M].上海:商务印书馆,1928.

[18] 宝云.因明正理门论新疏[M].兵库:瑛光寺藏版,日本弘化二年(1845).

[19] 大西祝.论理学[M].胡茂如,译.保定:河北译书社,1906.

[20] 谢无量.佛学大纲·佛教论理学[M].扬州:广陵古籍刻印社,1994.

[21] 太虚.因明概论[M].武汉:武昌中华大学讲义,1922.

[22] 慧圆居士.因明入正理论讲义[M].武汉:武昌佛学院讲义,1920年代初.

[23] 吕澂.因明纲要[M].上海:商务印书馆,1926.

［24］ 吕澂.中国佛学源流略讲［M］.北京：中华书局,1979.

［25］ 吕澂.印度佛学源流略讲［M］.上海：上海人民出版社,1979.

［26］ 吕澂.因明入正理论讲解［M］.张春波,整理.北京：中华书局,1983.

［27］ 熊十力.因明大疏删注［M］.上海：商务印书馆,1926.

［28］ 陈望道.因明学［M］.上海：世界书局,1931.

［29］ 许地山.陈那以前中观派与瑜珈派之因明［J］//燕京学报第9期,1931.

［30］ 韩清净.因明入正理论释［M］.上海：光明书局,1934.

［31］ 周叔迦.因明新例［M］.上海：商务印书馆,1936.

［32］ 周叔迦.因明入正理论讲义［M］.北平：民国大学印行,1937.

［33］ 周叔迦.因明入正理论释［M］.北京：社会科学文献出版社,1989.

［34］ 王季同.因明入正理论摸象［M］.上海：商务印书馆,1936.

［35］ 虞愚.因明学［M］.上海：中华书局,1936.

［36］ 陈大齐.因明大疏蠡测［M］.重庆：重庆书商刊印,1945.

［37］ 陈大齐.印度理则学［M］.台北：台湾政治大学研究所印行,1952.

［38］ 陈大齐.因明入正理论悟他门浅释［M］.台北：台湾中华书局,1970.

［39］ 丘檗.因明正理门论斠疏［M］.成都：成都佛学社,1934.

［40］ 欧阳竟无.因明正理门论叙［M］//藏要.上海：上海书店,1995.

［41］ 欧阳竟无.成唯识论叙［M］//藏要.上海：上海书店,1995.

［42］ 郭良鋆.因明入正理论梵汉对照（上、下）［J］//南亚研究,1999（2）、2000（1）.

［43］ 韩廷杰.梵本《因明入正理论》研究（一、续）［J］.法源,2001、2002.

［44］ 石村.因明述要［M］.北京：中华书局,1981.

［45］ 舍尔巴茨基.佛教逻辑［M］.宋立道,舒晓炜,译.北京：商务印书馆,1997.

［46］ 梶山雄一.印度逻辑学的基本性质［M］.张春波,译.北京：商务印书馆,1980.

［47］ 末木刚博,等.现代逻辑学问题［M］.杜岫石,孙中原,译.北京：中国人民大学出版社,1983.

［48］ 刘培育,周云之,董志铁.因明论文集［M］.兰州：甘肃人民出版社,1982.

［49］ 中国逻辑史学会因明工作小组.因明新探［M］.兰州：甘肃人民出版社,1989.

［50］ 中国逻辑史研究会资料编选组.中国逻辑史资料选［M］.兰州：甘肃人民出版社,1991.

［51］ 刘培育.因明研究［M］.长春：吉林教育出版社,1991.

［52］ 沈剑英.因明学研究［M］.北京：中国大百科全书出版社,1985.

［53］ 沈剑英.佛家逻辑［M］.北京：开明出版社,1992.

［54］ 李匡武.中国逻辑史（五卷本）［M］.兰州：甘肃人民出版社,1989.

［55］ 水月.因明文集（第一册）［M］.台南：台湾智者出版社,1989.

［56］ 水月.因明文集（第二册）［M］.台南：台湾智者出版社,1992.

［57］ 水月.古因明要解［M］.台南：台湾智者出版社,1992.

［58］ 法尊.法尊法师佛学论文集［M］.北京：中国佛教文化研究所,1990.

［59］ 巫寿康.《因明正理门论》研究［M］.北京：生活·读书·新知三联书店,1994.

［60］ 张忠义、光泉、刚晓.因明新论：首届国际因明学术研讨会文萃［M］.北京：中国藏学出版社,2006.

［61］ 巫白慧.印度哲学——吠陀经探义和奥义书解析［M］.上海：东方出版社,2000.

［62］ 郑伟宏.佛家逻辑通论［M］.上海：复旦大学出版社,1996.

［63］ 郑伟宏.汉传佛教因明研究［M］.北京：中华书局,2007.

［64］ 郑伟宏.因明正理门论直解（修订本）［M］.北京：中华书局,2008.

［65］ 郑伟宏.因明大疏校释、今译、研究［M］.上海：复旦大学出版社,2010.

［66］ 郑伟宏.佛教逻辑研究［M］.上海：中西书局,2015.

［67］ 郑伟宏.因明大疏校释（繁体修订本）［M］.上海：中西书局,2020.

［68］ 郑伟宏.印度因明研究［M］.上海：中西书局,2022.

［69］ 汤铭钧.陈那、法称因明推理学说之研究［M］.中西书局,2016.

［70］ 汤铭钧,方岚,程瑜.正理之门：郑伟宏先生从教四十五周年纪念论文集［M］.上海：中西书局,2016.

［71］ S. C. Vidyabhusana. *History of the Medieval School of Indian Logic*［M］. Calcutta：Calcutta University, 1909.

［72］ G. Tucci. *The Nyāyamukha of Dignāga*［M］. Heidelberg：Materialien zur Kunde des Buddhismus, 1930.